Hans Maier
Böse Jahre, gute Jahre
Ein Leben 1931 ff.

Hans Maier

Böse Jahre, gute Jahre

Ein Leben 1931 ff.

Verlag C. H. Beck

Mit 68 Abbildungen

© Verlag C.H.Beck oHG, München 2011
Satz: Fotosatz Reinhard Amann, Aichstetten
Druck und Bindung: CPI – Ebner & Spiegel, Ulm
Gedruckt auf säurefreiem, alterungsbeständigem Papier
(hergestellt aus chlorfrei gebleichtem Zellstoff)
Printed in Germany
ISBN 978 3 406 61285 5

www.beck.de

Meiner Frau und unseren Kindern

Inhalt

Erster Teil
Die Freiburger Welt

«In Freiburg ist trotzdem das Pulver erfunden
worden. Berthold Schwarz steht als unerschüt-
terliches Wahrzeichen … auf dem
Franziskanerplatz.»
Anton Fendrich

1. In der Oberau 79

«Kleines Stadt-Glück, wetterwendisch»

Vom Balkon sah man die Schwarzwaldberge. Blau in der Ferne, grün in der Nähe füllten sie den ganzen Horizont. Als Kind hing ich an diesem Blick. Hoch oben auf dem steinernen durchbrochenen Balkon saß man inmitten einer weiten Landschaft von Hügeln, Wäldern, Baumspitzen. Nach links fiel der Blick auf die Rebhänge, die sich am Schlossberg entlang zogen – Freiburg war ja eine Weinstadt. Geradeaus schaute man über die Dächer der Nachbarschaft zu den Türmen des Lehrerseminars und der Mariahilf-Kirche. In der Ferne tauchten die wuchtigen Rundköpfe des Südschwarzwalds auf. Hinter unserem Wohnhaus, in der Kartäuserstraße, lag die Seidenfabrik Mez; ihr ellenlanger Kamin war ein Blickfang für Kinder, denn immer wieder kletterten Kaminkehrer mit ihren Zugbesen in schwindelnder Höhe an ihm auf und ab. Nordöstlich, am Hirzberg, lag «die Flinsche» – die Papierfabrik Flinsch mit den gleichmäßigen Reihen ihrer Arbeiterwohnungen, die sich zum Fluss hin dehnten. Rechts, ganz nahe, breitete sich die Brauerei Ganter aus, unübersehbar durch ihre Größe, ihre gelbe Farbe – und überall in der Gegend zu schnuppern durch ihren Malzgeruch.

Oberau und Oberwiehre waren eine ruhige Gegend, ein wenig abgelegen, aber doch noch in der Nähe der Altstadt. Den Nord- und Südrand des Viertels umgab ein grüner Pelz von Laubwäldern. Die schnurgeraden Wohnstraßen wurden durchzogen von industriellen Einsprengseln, einer Bier-, Textil-, Papierfabrik. In der nahen Schwarzwaldstraße rollte der Verkehr den Bergen zu oder in die Oberrheinebene hinab, ins Höllental oder in den Breisgau.

An unserer Wohnung floss die Dreisam vorbei, ein gemächlicher, ruhig dahinplätschernder Fluss – nur im Frühjahr konnte sie sich nach Regengüssen für ein paar Tage plötzlich in ein schäumendes braunes Wildgewässer verwandeln. Dann wagten sich manchmal mutige Kanufahrer in die Wellen und trieben mit lautem Hallo an unseren Fenstern vorbei. In früheren Zeiten, so erzählte man, hatte die Dreisam bei Hochwasser sogar einmal die Brücke beim Schwabentor weggerissen. Doch das war lange her. Jetzt hörte man von ihr meist nur ein gleichmäßiges Rauschen, das die Anwohner nachts, wenn die Fenster offen standen und der Verkehr verstummte, mit leisem Takt in den Schlaf wiegte. Manchmal, in Sommernächten, übertönte der Lärm der Grillen in den umliegenden Gärten und Wiesen das Rauschen des Flusses.

Meine Eltern hatten die neue Wohnung nach dem Ersten Weltkrieg bezogen. Sie lag in der Oberau, im 1907 erbauten Kaiserhof, einem stattlichen Bau mit einem Restaurant im Erdgeschoss. Der Wechsel war nötig geworden, weil unser Vater, kaufmännischer Angestellter bei einer Fabrik für Geschäfts- und Durchschreibebücher, in der Nähe seiner Arbeitsstätte wohnen wollte, die in der Kartäuserstraße lag.

Es war die Nachkriegs-, die Inflationszeit. In den Betrieben waren die Mittagspausen kurz, sie dauerten oft kaum eine Stunde. Fast nirgends gab es Kantinen. Wer immer konnte, strebte mittags zum Essen nach Hause. Der Kaiserhof, ein Eckhaus, entsprach den Erwartungen der Eltern, er hatte alles, was man zum Wohnen und Leben brauchte. Die Mietwohnung mit zwei großen und zwei kleinen Zimmern lag zwar weit oben, im vierten Stock; man musste viele Stufen steigen, herumwandernd in einem viereckigen dunklen Treppenschacht. Aber sie kostete nur sechzig Reichsmark, war angenehm ruhig und hatte beachtliche Geschosshöhen; selbst Erwachsene mussten sich auf einen Tisch stellen, um die Decke mit den Händen zu erreichen. Außerdem besaß sie den schönsten Balkon der Gegend, der den Erker am Eckpunkt des Hauses nach oben krönend abschloss.

Die Familie meines Vaters stammte aus dem Schwarzwald, aus dem nahe gelegenen Spirzendobel. Der Großvater Hermann Maier war Handwerker gewesen, er hatte als Hutmacher gearbeitet, bis er durch die Industrialisierung seinen Beruf verlor und sich als Bauarbeiter durchschlagen musste. Von seiner Familie kannten wir den jüngsten Sohn, Onkel August mit seiner Frau Maria sowie den Kindern Bernhard und Rita. Er arbeitete als Schriftsetzer beim Verlag Herder und hatte es mit Fleiß und Geschick zum Fachmann für die alten Bibelsprachen gebracht. Onkel August sollte über 92 Jahre alt werden. Sein älterer Bruder – mein Vater – starb dagegen schon im frühen Mannesalter.

Meine Mutter kam aus der Oberrheinebene, aus Hausen an der Möhlin, einem Dorf zwischen Tuniberg und Rhein. Sie entstammte einer mit zehn Kindern gesegneten Bauernfamilie. Der Vater August Klingler war Bürgermeister von Hausen. Obwohl das Land fruchtbar war, mussten die Eltern sich anstrengen; in den schwierigen Zeiten nach dem Ersten Weltkrieg war mit einer großen Familie nicht leicht durchzukommen. Am Oberrhein gab es nur wenige größere Höfe, im Unterschied zum Schwarzwald. Es war ein altes Realteilungsgebiet – eine Gegend, seit jeher gezeichnet von Armut und Landflucht, mit hohen Auswanderungsquoten nach Amerika. Bei großen Familien reichte es selten zu einer eigenen Existenz für sämtliche Kinder.

Karl, der älteste Sohn der Familie Klingler, war schon 1911 nach den USA gegangen. Nach dem Krieg, in den zwanziger Jahren, folgten Hermann, Augusta und Josephine («Schössele») ihm nach. Sie ließen sich in Kleinstädten im Mittleren Westen nieder. Zwei weitere Töchter blieben am Oberrhein auf dem Land, heirateten in Bauernfamilien und hatten ihr bescheidenes Auskommen. Die vier verbleibenden Töchter, darunter meine Mutter, suchten ihr Glück in der Stadt. Zwei von ihnen arbeiteten als Haushälterinnen und Haushaltshilfen in Freiburg und an anderen Orten und blieben bis ans Lebensende unverheiratet. Die eine versuchte vergeblich, dauerhaft in einen Orden aufgenommen zu werden. Eine weitere, mit einem Lehrer in Langenbrand verheiratet, starb früh an Lungenschwindsucht. Auch meine Mutter Paula – «s'Päule» genannt – arbeitete zunächst als Dienstmädchen, brachte aber für diesen Beruf wohl nicht die nötige Demut und Dienstwilligkeit mit. Als eine Professorenfrau, bei der sie untergekommen war, immer wieder keifend nach dem «Määädchen» rief, fragte sie zornig: «Mit wie viel ä schreiben Sie Mädchen?» – und kündigte. Ein wenig mehr Freiheit fand sie in Metzgereien in Freiburg und in Stuttgart, zu denen ihr Vater sie vermitteln konnte – er besaß eine Ausbildung als Metzger und war im Dorf zuständig für die beim Viehverkauf vorgeschriebene Trichinenschau.

Und dann geschah es: In eine der Freiburger Metzgereien in der Flaunserstraße, wo Paula bediente, kam eines Tages als Kunde auch der junge Witwer Josef Maier aus der nahegelegenen Gresserstraße mit seiner Tochter, der kleinen Gretel – und Paula verliebte sich in den Mann, in sein schwarzes Haar und seine blauen Augen. Das war kurz vor dem Ersten Weltkrieg. Wenig später, im August 1915 – Josef war Soldat in Frankreich – heirateten die beiden.

Hatte Mutter damit das kleine Glück gefunden, das sie in der Stadt

Oberau 79, früher «Kaiserhof» (heutiger Zustand)

Der Stadtteil Wiehre mit Lehrerseminar und Mariahilf-Kirche

gesucht hatte? Vielleicht, man durfte es hoffen. Doch das Glück war wetterwendisch. Zwar verstand und liebte sich das junge Paar. Drei Kinder wurden geboren. Vater und Mutter ergänzten einander gut, da sie ganz verschiedene Temperamente hatten: der Vater schwungvoll, rasch entschlossen, manchmal ein wenig leichtsinnig; ein Skatspieler und Fußballfan, ein Freund des Theaters, der begeistert Opern und Operetten anhörte und jede Melodie gleich nachpfeifen konnte. Die Mutter pünktlich, sorgfältig und genau, haushälterisch und sparsam, immer den nächsten Tag, die nächste Woche im Auge. Aber wirtschaftlich war das Leben mühselig, und es wurde in den Jahren nach dem Krieg nicht leichter. Vater wurde zwar eines Tages Prokurist bei der Firma, in der er tätig war, aber das war nur ein Titel. Wenn er nach einer Gehaltserhöhung fragte und auf die wachsende Kinderzahl hinwies, schüttelte der Firmenchef den Kopf: «Das ist ja schließlich Ihr Privatvergnügen.»

Dann kam ein böses Doppeljahr, von Mitte 1931 zu Mitte 1932. Es begann zunächst freudig. Das vierte Kind der Familie wurde geboren, nach Gretel, Helen und Ernst, ein Bub, Hans Hermann. Am 18. Juni 1931 kam ich im Entbindungsheim St. Elisabeth zur Welt und wurde, wie man in Freiburg sagt, mit Dreisamwasser getauft. Doch ein halbes Jahr später, im Dezember 1931, verunglückte mein erst achtjähriger Bruder Ernst, als er der Mutter beim Bäcker Hirschhornsalz für das Weihnachtsgebäck holen wollte. Ganz in Eile, um schnell wieder zurück zu sein, nahm er das Treppengeländer, rutschte mit Schwung herunter, verlor das Gleichgewicht, stürzte in den großen dunklen Treppenschacht und erlitt einen Schädelbruch, dem er nach kurzer Zeit erlag. Wieder ein halbes Jahr später, im Mai 1932, erkrankte mein Vater an einer Lungenentzündung, die in eine Sepsis mündete. Er starb mit 44 Jahren. Antibiotika, die ihn hätten retten können, gab es damals noch nicht.

Die beiden Schläge in Jahresfrist waren ein Schock für meine Mutter. Für einen langen Moment war sie fassungslos. Das kleine Stadt-Glück schien für immer dahin zu sein. Sie stand nun ganz allein da mit drei Kindern, war Witwe und blieb es ein Leben lang. Gewiss, sie fasste bald wieder Mut und blickte nach vorn, sorgte mit einer kleinen Witwenrente und mit Hilfe der Töchter für die Kinder und ihre Erziehung, kümmerte sich um das Hauswesen. Aber sie kam vom schmerzlich Erlebten lange Zeit nicht los. Jede Woche besuchte sie auf dem Hauptfriedhof das Grab von Mann und Sohn. Als jüngstes Kind war ich meistens dabei – erst im Kinderwagen, später auf den eigenen Beinen. Die Spaziergänge zum Friedhof, die Rast auf dem «Bänkle» unter den Kastanienbäumen, die Gespräche mit anderen Frauen, deren Männer gleichfalls früh gestorben waren und deren Gräber in der Nähe lagen (einer hatte in einem Walzwerk ein schreckliches Ende gefunden), das Grabgießen und Buchsschneiden, das Laub-Rechen und Saubermachen der Wege und am Ende das Gebet für die Verstorbenen, im Stehen verrichtet, mit gefalteten Händen – das alles gehört zu meinen frühesten Eindrücken und Erinnerungen. Bis zu ihrem Tod im Jahr 1981 trug meine Mutter beide Eheringe, den des verstorbenen Mannes und ihren eigenen, an der Hand, wie es die Witwen früher taten; und wenn etwas zu unterschreiben war, vergaß sie nie, den Familienstand hinzuzufügen: Paula Maier Wwe.

2. Kleinfamilie, Großfamilie

«Mit den winzigen Grammgewichten der Liebe»

In ihrer Jugend war Mutter, wie sie selbst erzählte, ein fröhliches, sorgloses, ja übermütiges Kind. Sie sang und spielte gern. In Hausen erzählte man sich, wie die Klingler-Töchter jedes Jahr bei der Weinlese in den Reben «Sekunda sangen». Sie galten als eine zwar nicht reiche, aber feine Partie: «Kaufmannswar', nit Krämerwar'»! Paula las mit Begeisterung Erzählungen und Romane. Das wollte nicht so recht zur täglichen Arbeit im Stall und auf dem Feld passen. «Wart, dir lies ich Romaane!» (das Wort auf dem gedehnten a betont, mit kurzem dumpfem e am Schluss) rief der Vater drohend, wenn er «Päule» auf der Treppe mit einem Buch ertappte. Viele Gedichte kannte sie auswendig, alemannische und hochdeutsche, viele Reime hatte sie im Gedächtnis, ein ganzes Leben lang. Aber in der Stadt, nach dem Tod ihres Mannes, mit drei Kindern vor einer ungewissen Zukunft stehend, war sie nicht mehr so heiter und unbekümmert wie in ihrer Jugend. Als auch noch ihre bescheidenen Ersparnisse durch den Betrug eines Beraters verloren gingen, wurde sie vorsichtig, ja misstrauisch. «Früher hab ich allen blind vertraut. Ich hab Lehrgeld bezahlt.»

Was ihr zeitlebens blieb, war eine scharfe Beobachtungsgabe, ein manchmal grimmiger Witz – und ein besonderes handwerkliches Geschick. Sie nähte und wusch, sie organisierte und reparierte alles selber; einzig um das Herdfeuer anzumachen, kaufte sie sich «Sprissele» auf dem Markt, was fast ein Luxus war – kleine Hölzer, die in runden Bündeln aufgeschichtet im Keller lagen. Ferien machte sie in ihrem ganzen Leben nie, fuhr auch nie ein Auto – das wäre viel zu teuer gewesen. Der einzige Luxus war ein Fahrrad. Eine Waschmaschine gab es nicht. Das war in den damaligen Haushalten auch noch kaum üblich. Eine Nähmaschine dagegen stand im Gang – ein tüchtiges Vesta-Modell, fahrbar, versenkbar, mit Schwungrad und Lederriemen, wichtig, ja unentbehrlich für die Familie; denn es lieferte alles, was die Kinder brauchten. Schnittmuster wurden gekauft, geprüft, miteinander verglichen und am Ende mit dem Rädchen sorgfältig ausgestanzt. Mutter bevorzugte das Altbewährte: Wäsche von Hand am Waschbrett, keine Dosennahrung, sondern sorgfältig Eingemachtes in der Speisekammer, Feuerung des Herdes, des Kachelofens mit Hölzern, Briketts und Eierkohlen.

Wir lebten sparsam, meine Schwestern und ich – und doch aßen wir gut. Mutter kochte herrliche Suppen, Spätzle und Knödel, buk köstliche Waffeln, Zimtsterne und Lebkuchen. Im Keller lagerten Sauerkrautstanden mit Wacholderbeeren und Apfelschnitzen, Krüge mit essigsauren Zwetschgen, Eier im Wasserglas. Oben in der Wohnung, in der Speisekammer, standen ganze Säulenreihen von Weckgläsern mit Bohnen, Birnen, Pfirsichen, gefolgt von Kompanien zierlich handbeschrifteter, mit Cellophan verschlossener Marmeladegläser. Mutter schien fürs Kochen und Backen immer Zeit zu haben. Langsam und bedächtig ging sie schon am zeitigen Vormittag zu Werk. Einen Schnitz Butter ans Gemüse, an den Kartoffelbrei gönnte sie sich immer. Es ging in unserem Haushalt gewiss nicht üppig zu, es gab nie Wein, kaum Südfrüchte. Vieles im Keller, in der Speisekammer war für Krisenzeiten bestimmt und wurde lange geschont und aufgespart. Aber in Mutters frommer Lebensökonomie war auch den Kindern, bei aller Sparsamkeit, immer wieder eine Überraschung zugedacht, selbst in Notzeiten – kleine Genüsse, behutsam dosiert, sorgfältig abgewogen auf der alten Eisenwaage in der Küche, mit den winzigen Grammgewichten der Liebe.

Kaum ein Jahr nach Vaters Tod kamen die Nazis an die Macht. Zwölf Jahre lang sollte die «Nationalsozialistische Deutsche Arbeiterpartei (NSDAP)» Deutschland beherrschen. Über Hitler hatte der Vater, wenn der Name im Radio fiel oder in der Freiburger «Tagespost» zu lesen war, nach Mutters Bericht immer denselben Satz gesagt: «Wenn der drankommt – und voraussichtlich kommt er dran! –, dann ist Deutschland ein zweites Mal kaputt.» Vater sollte recht behalten. Der erste Stoß des neuen Regimes traf den Großvater in Hausen: die Nazis setzten den Zentrumsmann als Bürgermeister ab; ein brauner «Bauernführer» trat an seine Stelle. An ein selbständiges politisches Leben, auch im bescheidenen Rahmen von Gemeinde und Kreis, war jetzt nicht mehr zu denken. Alles wurde «gleichgeschaltet». Selbst auf dem Land waren die nachbarlichen Verhältnisse an vielen Stellen vergiftet, überall herrschte Misstrauen, Andersdenkende wurden verdächtigt und denunziert. Politisch entmündigt und voller Groll gegen die Nazis, suchte Großvater Verbindung mit anderen abgesetzten Bürgermeistern und mit Freunden. Sie trafen sich regelmäßig in einem Gasthaus, um Neuigkeiten auszutauschen. Als Hitler mit seinem Gefolge im Mai 1939 bei der Besichtigung des Westwalls durch Hausen fuhr, schloss Großvater die Fensterläden am Stubenfenster: «Den will ich nicht sehen.»

Es war schon viel, dass Großvaters landwirtschaftlicher Betrieb weiterlaufen konnte, ein wenig bescheidener als früher – die Kinder waren ja inzwischen alle aus dem Haus. Manchmal spürten wir Jüngeren in Freiburg sogar noch einen kleinen Hauch vom vergangenen Renommee, von der «Exzellenz» des Großvaters in dem oberrheinischen Dorf. Dies galt vor allem, wenn Besuch kam – eins der Kinder von auswärts, am Ende gar ein Sohn oder eine Tochter aus Amerika. Dann wurde aus dem Nachbarhaus die «Chaise» (Kutsche) geholt, die Rösser wurden angespannt, und Großvater fuhr hoch auf dem Bock, die Zügel fest in der Hand, zum Bahnhof in Krozingen, um den Gast abzuholen. Onkel Karl kam schon früh, in den zwanziger Jahren, nach Freiburg und Hausen, ich kannte ihn nur aus den Schilderungen meiner Mutter: ein Mann in Knickerbockern und geblümter Weste, mit Schildmütze und riesiger Krawatte, der von «Dollars» redete und wie man sie «macht», der Schultern klopfte und Zigarren paffte – ein Yankee, wie er im Buch stand. Dagegen lernte ich Tante Augusta selbst kennen, eine Frau mit munteren Augen und kräftigen Armen, von sensibler Korpulenz und stets vergnügt: sie pflegte ihre Verwandtschaft, die so etwas nicht kannte, zum Essen ins Gasthaus einzuladen: «Ich nehm euch aus!»

Meine Mutter: Paula Maier geb. Klingler (1894–1981)

Mein Vater: Josef Maier (links), 1887–1932, mit zwei Freunden

Für uns, die Enkelkinder in Freiburg, hatte Großvaters Amtsverlust und Abstieg sogar einen Vorteil. Plötzlich hatte er mehr Zeit für uns. Oft kam er mit seinem kleinen Motorrad von Hausen nach Freiburg und kehrte im vierten Stock der Oberau 79 ein. Dann steckten er und Mutter die Köpfe zusammen und politisierten miteinander. Manchmal ging es laut und heftig her. Er konnte sich gewaltig aufregen über die Zeitläufte und die Menschen. Er war empört, dass es plötzlich das Zentrum, seine alte politische Heimat, nicht mehr gab. Jahre später, als ich größer wurde, zog er mich ins Vertrauen und erzählte mir vieles aus früheren Zeiten. Zum ersten Mal hörte ich die Namen Brüning, Kaas, Schofer – die Namen des früheren Reichskanzlers und der alten Zentrumsführer im Reich und in Baden. An der NSDAP ließ Großvater kein gutes Haar. Er spottete über die «Goldfasanen», die in der Öffentlichkeit paradierten, besonders wenn es sich um alte Bekannte handelte, die plötzlich die neue braune Uniform trugen. Er schüttelte den Kopf über die Aufmärsche, die Straßensammlungen, das Auftrumpfen gegenüber allen, die anders dachten, die Einheitsmeinung in den Zeitungen. Mutter legte den Finger an den Mund; denn das Haus war hellhörig, und es gab neben den «Neutralen» (das waren die meisten!) in den zweimal fünf Etagen des Kaiserhofes auch ein paar Nazis, die nur darauf warteten, mögliche Opponenten gegen Führer und Reich beim Ortsgruppenleiter oder bei der Gestapo anzuzeigen.

In der Gestalt von Großvater begegnete mir zum ersten Mal in meinem Leben ein politischer Mensch, ein Akteur. Wenn er mit den Leuten redete, forderte er sie immer ein wenig heraus. Jedes Gespräch war gespickt mit kleinen Provokationen. So erzwang er Aufmerksamkeit – bei Erwachsenen, aber auch bei uns Kindern. Meine älteste Schwester Gretel neckte er, indem er den Kindervers «Da sind zwei kleine Mädelchen» verdrehte: «Da sind zwei kleine Gretelchen» – worüber sie regelmäßig in Zorn geriet. Übrigens hat Mutter ihn bis zu seinem Lebensende stets in der zweiten Person Plural angeredet («Vater, habt Ihr Hunger, wollt Ihr etwas essen?»), so wie es das Herkommen auf dem Land verlangte.

Bei Besuchen in Hausen stand ich nicht nur bewundernd vor der Urkunde über Großvaters Trichinenschau-Prüfung, die im Wohnzimmer groß an der Wand hing. Ich fand später, als ich schon lesen konnte, in seinem Schrank auch den zweibändigen «Kleinen Herder» – ein probates, knapp gefasstes Lexikon, das mit vielen Stichworten, Bildern und

Kurztexten aufwartete. Die bündigen Sätze schlüpften rasch ins Gehör und ins Gedächtnis. Als ich mich später für Musik und Literatur zu interessieren begann, leisteten sie mir bei der Orientierung erste Hilfe. Im Lexikon stand vieles, ein kleines Universum war da versammelt, sogar Zeitgenossen, Mitlebende fand ich hier – so zu Beispiel Franz Johannes Weinrich, den Dichter, der in der Nähe, in Breisach, wohnte. Was hatte er geschrieben? Gedichte, Geschichten, vor allem aber ein Schauspiel, dessen beschwingten Titel ich im Gedächtnis behielt: «Mit dir ertanze ich den nächsten Stern.»

Mutters Großfamilie erstreckte sich fast über den ganzen Oberrhein. Man besuchte sich gegenseitig. Es gab kleine und größere Höfe mit Pferden und Kühen, Hühnern und Hasen; Kornfelder und Obstgärten mit allen Herrlichkeiten, Hügel mit Rebstöcken an den Hängen und mit Spargeln im Lössgrund in der Tiefe. Fuhr man nach Krozingen oder nach Breisach, zum Tuniberg oder zum Kaiserstuhl, konnte man in vielen Dörfern Verwandten begegnen. Die wichtigsten waren neben dem Großvater in Hausen die Baumanns in Munzingen mit Tante Hedwig und Onkel Hugo und ihren fünf Kindern, die Bohrers in Feldkirch, wo das schöne Schloss stand, das einst Wessenberg gehört hatte, dem letzten Generalvikar des untergegangenen Bistums Konstanz. Gotti (Tante) Lina lud uns zum Ostereiersuchen in ihr Haus in Feldkirch ein. In dem kleinen Vorgarten mit seinen Kräutern und Büschen fand man mühelos die Eier, die Schlotzhasen, die Schokoladentäfelchen. Bei ihren Söhnen Alois und Georg lernte ich auf den kiesreichen Wegen in Rheinnähe Rad fahren (man musste heftig treten, um nicht umzufallen!).

Zu den Land-Familien kamen die Stadt-Tanten hinzu, Maria und Adelheid. Sie besuchten uns oft in der Oberau, öfter, als wir selbst zu ihnen kamen; denn Mutter führte nach dem Tod von Vater ein zurückgezogenes Leben. Den Verkehr zwischen Land und Stadt hielt vor allem Tante Maria aufrecht, meine Patentante, die bei mir in hohen Ehren stand. Sie war herzensgut, hilfsbereit, neugierig, gesprächig, gewinnend – ein echtes Kommunikationstalent. Mutter nannte sie respektlos, aber liebevoll «unser Tagblatt».

3. Draußen und drinnen – erste Erkundungen

«Geh nur, auf dem Weg fällt dir was ein,
da kommen dir gute Gedanken!»

Trotz der Stille, die nach dem Tod des Vaters bei uns einkehrte (die Schwestern arbeiteten tagsüber), war das Leben in der Oberau nicht langweilig. Jeder Tag steckte voller Überraschungen. Es gab eine Menge zu entdecken. Bald begann ich die Gegend rings um den Kaiserhof zu erkunden, eroberte mit dem «Ruderrenner», einem gurtgezogenen flachen hölzernen Vierrad, das mir meine Mutter geschenkt hatte, den Gehweg an der Dreisam, baute mit gleichaltrigen Buben Steinburgen am Fluss und legte am Uferweg Vorräte von Kastanien an, die wir benutzten, um uns im Werfen zu üben. Wer es im Schwung bis über den Fluss schaffte, hatte gewonnen.

Fast immer war ich auch dabei, wenn Mutter bei «Gmeiners» einkaufte, einem Schwesternpaar, das einen Laden in der Schwendistraße betrieb, gegenüber der Küferei Rohrwasser, die mit Türmen hölzerner Fassdauben die Blicke auf sich zog. Später, als ich schreiben konnte, führte ich mit kindlicher Pedanterie Buch über Mutters Einkäufe. Unmittelbar vor dem Krieg mussten die Schwestern Gmeiner der Mutter öfter Bescheid geben, dass es dies und jenes nicht mehr gab. Sie lobten den bereitstehenden Ersatz: da gab es «entrahmte Frischmilch» statt Vollmilch; Schokolade, mit dünner Creme gefüllt, statt der richtigen, massiven Blockschokolade. Mutter reagierte mit sarkastischen Bemerkungen. Den Spruch «Kanonen statt Butter» hörte ich schon damals, als ich, kurz bevor ich in die Schule kam, den Mariahilf-Kindergarten besuchte. War das nun ein Propagandaspruch oder ein Protestspruch? Oder etwas von beidem zugleich, wie oft im «Dritten Reich»?

Aber nicht nur draußen auf den Straßen, auch im Haus konnte man Entdeckungen machen. Da ich viel allein war und lange Zeit in Mutters Nähe lebte, interessierten mich an unserer Wohnung vor allem die Küche, der Haushalt, dazu der ausgedehnte Keller und der Speicher. Frühmorgens zündete Mutter das Feuer im Herd an und hielt die nötige Glut zum Kochen und zum Backen bis zum Mittag vor. Die eiserne Kochfläche am emaillierten Herd war durchbrochen, die Kochringe konnten herausgenommen werden – und dann kam in die größte Öffnung oft das mit Teig gefüllte runde Waffeleisen hinein, das man beim Backen über dem Feuer drehen konnte. Im Keller lagerten neben «Sprissele», Holz und Briketts auch Essvorräte – und es gehörte zu meinen Aufgaben, alles in Eimer oder Töpfe einzuladen und in den vierten Stock zu befördern. «Geh nur, auf dem Weg fällt dir was ein, da kommen dir gute Gedanken!», sagte meine Mutter, wenn ich maulte und keine Lust zeigte, andauernd die vier Stockwerke hinab und hinauf zu steigen.

Eine besondere Rolle bei meinen Erkundungen spielte ein Küchenmöbel, genannt «Étagère». Das französische Wort wurde im Badischen hartnäckig mit dem sächlichen Artikel verbunden. Damals schwammen am Oberrhein im Umgangsdeutsch noch viele französische Wortbrocken herum: Trottoir, Lavoir, Plafond, Lambris – von ihnen ist heute nur noch die Etage in Gebrauch. Das Étagère war ein Wandgestell, auf dem Salz und Zucker, Kümmel und Pfeffer, Zimt und Nelken standen, alles Dinge, die man für die Küche, fürs Kochen und Backen brauchte. Sie waren in kleinen viereckigen Steingutdosen schnurgerade aufgereiht. Aber nicht der Inhalt beschäftigte mich, sondern die Blockschrift, die in Großbuchstaben auf jeder Dose prangte. Ich schrieb die Buchstaben ab, prägte sie mir ein, suchte nach ähnlichen Buchstaben in Büchern und Zeitungen – und konnte auf einmal lesen. Ganz unbewusst war ich nach der Methode verfahren, die man die analytische nennt und die damals auch in den Schulen noch die übliche Lernart war. Ihre Konkurrenz, die Ganzheitsmethode, feierte erst viel später, nach 1945, ihre kurzlebigen Erfolge (übrigens saß deren Erfinder, der Pädagoge Arthur Kern, in Freiburg). Nach ihr verfuhr ich, ohne es zu wissen, als ich im Liederbuch meiner Schwester Helen auf drei hintereinander gedruckte Worte stieß, die alle gleich aussahen. «Ist das nicht ‹Mädle ruck ruck ruck›?» fragte ich meine Schwestern. Und wirklich, es war so.

Mein Vater hatte für seine Töchter ein Klavier gekauft. Das war eine teure Anschaffung, mühsam abgestottert in Inflations- und Rentenmarkzeiten. Aber ein Klavier in der Nähe und ein wenig Hausmusik für die Familie und für Besucher, das gehörte sich einfach, das war man sich schuldig. Meine Mutter bewahrte und pflegte das kostbare Möbel nach dem Tod des Vaters treulich; meine Schwestern, Klavierschülerinnen, malträtierten es nicht übermäßig. Mir, dem Jüngsten, fiel es sozusagen in die Hände. Ich lernte darauf zu klimpern, mit den Fingern

Die vielen Kinder am Oberrhein-Kindergarten (Munzingen) um 1910

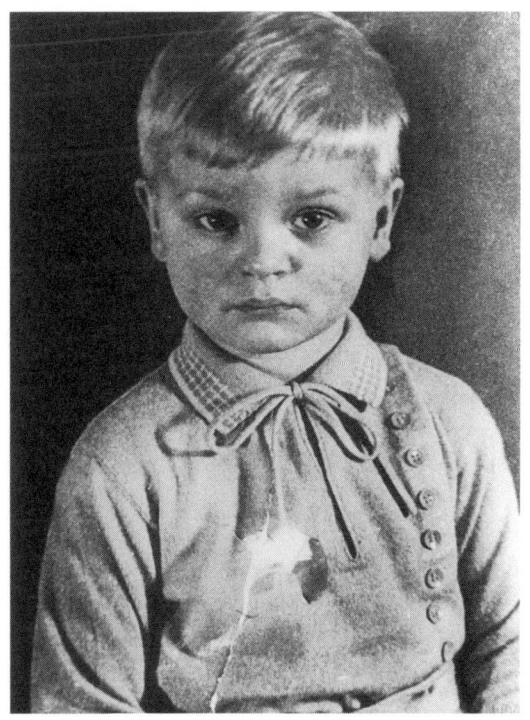

*Im Bleyle-Pullover.
Hans im Kindergarten-
alter*

herumzuwandern und schließlich ordentlich zu spielen. Klavierlehrerinnen brachten mir später das Nötige bei: Tonleitern, Fingersätze, das Spiel mit beiden Händen. Noten lernte ich mit «Mozarts kleiner Notenschule», einem Buch mit einer Setztafel und vielen Notenplättchen, die man in Kartons einstecken konnte. Es gab halbe, ganze und Viertelnoten, dazu die Violin- und Bassschlüssel, es gab Pausenzeichen jeder Länge, breit daliegende und von oben herabhängende – am schönsten waren die kleinen schwarzen Kobolde der Viertel- und Achtelpausen. Meine Schwestern schenkten mir das Buch, als ich die ersten Klassen der Volksschule besuchte.

Das Lesenlernen vom Étagère war schon eine Einstimmung auf die Schule gewesen. Und die Tastenspiele auf Vaters Klavier waren meine erste nähere Bekanntschaft mit der Musik. Ein Drittes kam im Lauf der Zeit dazu: der regelmäßige Gang zur Kirche, gemeinsam mit der Mutter und den beiden Schwestern. Die Glocken der Mariahilf-Kirche waren in der Oberau immer gut zu hören. Der Weg war kurz.

In der Kirche stand nichts still. Beim Gottesdienst, in den Andachten und Vespern war immer etwas in Bewegung. Am Altar schritten feierlich die Geistlichen, die Ministranten. Aber auch die Kirchengemeinde rührte sich in den Bänken; man blieb nicht immer ruhig sitzen, es sei denn beim Hören der Predigt, die aber meist nicht lang war; man stand auf, setzte sich wieder, schlug manchmal ein Kreuz über die Brust, nahm Weihwasser oder trug bei Prozessionen eine Kerze. Die Bewegung in der Kirche unterbrach wohltuend die tiefe Ruhe und Stille zuhause. Die Schritte des Pfarrers und der Ministranten am Altar, ihre Kniebeugen, ihre Gesten und Zurufe, das Läuten der Schellen, das Klirren der Weihrauchfässer, der weiße Rauch um den Altar – das beschäftigte mich und fesselte meine Fantasie. Ich baute mir zuhause auf dem Klavier einen kleinen Hausaltar auf, um das heilige Geschehen nachzuspielen.

Oft sangen in der Kirche die Geistlichen am Altar lateinisch, und die Gläubigen erwiderten ihnen – meist laut, mit rauen ungeübten Stimmen. Aber es gab in den Kirchenbänken auch geübte Sänger mit weichen Solo-Tönen. Bei vielen Gottesdiensten spielte die Orgel. Es wurde gelesen, gebetet – vom Pfarrer, von den Vorbetern, vom Chor, von allen. Besonders die Litaneien gefielen mir, die vom Pfarrer und vom Volk im Wechsel rezitiert wurden. In unendlichen Abwandlungen kamen die Anrufungen daher, besonders in der Lauretanischen Litanei, die der Gottesmutter gewidmet war – eine lange, nicht endende Folge: «Du elfenbeinerner Turm, Du geheimnisvolle Rose, Du goldenes Haus, Du Bundeslade, Du Pforte des Himmels, Du Morgenstern.»

4. Ich gehe zur Schule

«Wenn du noch a weng mehr Technik hättsch,
könnt aus dir direkt no e Schläger were!»

An Ostern 1938 kam ich in die Volksschule. Es war die Emil-Thoma-Schule am Messplatz, benannt nach einem früheren Freiburger Oberbürgermeister. Übrigens besteht sie heute noch.

Wir wurden in dem großen Gebäude freundlich aufgenommen, in unser Klassenzimmer geführt und in feste Holzbänke gesetzt, in denen Tintenfässer und Vertiefungen für Griffel und Bleistifte eingelassen waren – ungefähr 40 Buben, die damals übliche Klassengröße. Der Unterricht der ersten Klasse – ich habe das Zeugnisheft noch heute – umfasste die Fächer Religion, Lesen und Sprachlehre, Schönschreiben, Größenlehre (so hieß das Rechnen!), Erdkunde (Heimatkunde) und Gesang. Fettgedruckt an oberster Stelle standen: Betragen, Fleiß und Aufmerksamkeit.

Später, im Schuljahr 1939/40 (endgültig 1941), fiel Religion auf Anordnung der NS-Schulbehörde weg. Wer wollte, zog freiwillig in Kirchenräume um, wo der Unterricht fortgeführt wurde. Wir behielten denselben Religionslehrer, den Vikar Ketterer aus der Mariahilf-Pfarrei.

Gut erinnere ich mich an den Schulweg. Er führte von der stillen Oberau über die belebte Schwarzwaldstraße zur Schützenallee und dauerte eine Viertelstunde. Großenteils ging er durch Gärten. (Heute ist alles asphaltiert!) Der Schulweg wäre schön gewesen, hätte es da nicht die lieben Mitschüler gegeben, die unablässig mit den anderen rauften. Besonders die Älteren übten einen wahren Terror aus, indem sie sich die Schulranzen vor den Bauch schnallten und sich auf diese Weise gepanzert auf die Schwächeren stürzten. Ich war zwar groß, aber im Raufen ungeübt. Es ärgerte mich, dass man auf dem Schulweg ständig mit anderen Schülern kämpfen musste. Manchmal kam ich erschöpft in der Schule an – und entnervt nach Hause. Es dauerte einige

Zeit, bis ich mich zu wehren wusste. 1943, ich war längst aus der Volksschule heraus und auf dem Gymnasium, meinte ein früherer Mitschüler anerkennend, ich sei jetzt besser im Raufen – mir fehle es nur noch an der nötigen Übung. Ermunternd sagte er zu mir: «Wenn du noch a weng mehr Technik hättsch, könnt aus dir direkt no e Schläger were!»

Die Lehrer waren eigentlich ganz passabel, erfahrene Pädagogen, bei denen man etwas lernen konnte. Das galt besonders von unserem Erstklass-Lehrer Kiefer. Auch an den Lehrer Rothenberger in der zweiten Klasse erinnere ich mich gut, er war Junggeselle und fuhr einen BMW – zum ersten Mal in meinem Leben sah ich auf einem Autokühler die bayerischen Rauten. Rothenberger war mir sehr zugetan. Er informierte meine Mutter fast feierlich, dass ich begabt sei und unbedingt aufs Gymnasium müsse; er machte, um dies mitzuteilen, eigens einen Besuch im vierten Stock der Oberau 79. Und er setzte mich förmlich zu seinem kleinen Hilfslehrer ein für diejenigen ABC-Schützen, die sich mit dem Lesen, Schreiben, Rechnen schwertaten. Das war zwar ehrenvoll, aber doch kein guter Einfall, wie sich zeigen sollte; denn einer meiner Schützlinge, älter und stärker als ich, entwickelte heftige Aggressionen und schubste mich in der Schule von hinten die große Steintreppe hinunter, so dass ich mir den Arm brach. Die Familie, immerhin, entschuldigte sich bei meiner Mutter.

Der Lehrer der dritten Klasse war ein überzeugter Katholik – wir kannten ihn aus der Kirche. Derjenige der vierten Klasse dagegen war ein bekannter Nationalsozialist, aus der Kirche ausgetreten, «gottgläubig» geworden (so der damals gängige Ausdruck). Und auch eine Lehrerin, die vertretungsweise zu uns kam, war nicht ungefährlich («ein Frauenschaftsweib», sagte meine Mutter). Wie verhält sich ein Kind von acht Jahren, wenn es in der Schule gefragt wird: «Warum habt ihr an Führers Geburtstag nicht geflaggt, ihr wohnt doch in einem Eckhaus?» Der Hinweis, dass meine Mutter Witwe sei und nicht sehr begütert, verfing nicht. «Habt ihr vielleicht zu Haus noch eine andere Flagge?», hieß es lauernd. Da half nur Sich-dumm-Stellen und Verstummen. Ein Disput hätte die Mutter ebenso wie die Schwestern, die schon im Beruf standen, in Gefahr gebracht. Es wimmelte damals von Denunzianten; leider waren auch immer ein paar Lehrer dabei.

1938 prangte auf dem Hirzberg ganz in unserer Nähe, weithin sichtbar, ein riesiges holzgezimmertes JA. Der Anschluss Österreichs sollte durch Volksabstimmung bestätigt werden. Es ist meine früheste Erin

Liebevolle Begleiterin: meine
Patentante Maria Klingler
(1903–1994)

Dorfbürgermeister und
politischer Erzieher:
Großvater August
Klingler (1867–1957)

nerung an ein politisches Ereignis. Mit Nein zu stimmen war gefährlich, ja eigentlich fast unmöglich; die wenigen Nein-Stimmen wurden
sofort entdeckt, und das hatte Folgen. Immerhin: meine Mutter ging
nicht zur «Wahl».

Im selben Jahr 1938 geisterte ein Regenschirm durch unseren Schul-
unterricht – ein Lehrer höhnte über den britischen Premier Chamberlain, der in München, wo über das Schicksal der Tschechoslowakei
verhandelt wurde, am Flughafen mit eben diesem Utensil gesichtet
und fotografiert worden war. Das Bild ging durch alle Zeitungen. Mit
Vatermörder und sorgfältiger Kleidung wirkten die Herren Daladier
und Chamberlain neben den uniformierten Diktatoren Mussolini und
Hitler schon deplaziert genug – und dann auch noch der Regenschirm!
Betrachtet man die Bilder heute, so sprechen sie eine deutliche Sprache.
Die Kleidung der westlichen Staatsmänner, auffällig abstechend von
den Uniformen der Dikatoren, offenbarte ein Stück hilfloser Zivilität.
Der Anblick hätte einen in der aufgereizten Stimmung jener Monate
eigentlich rühren müssen. Die Männer in Uniform freilich, die Diktatoren, sahen in einem Schirm, einem Hut oder in Handschuhen wohl
nichts als ein Zeichen der Schwäche.

Dann scholl der Lärm von Kriegsmaschinen durch unsere Schule:
Die Wochenschau zeigte den Einsatz der Sturzkampfflieger, der «Stu-
kas», in Polen im September 1939. Auch im Unterricht wurden die Bilder gezeigt. Technikbegeistert ahmten Schüler mit Modellen die Sturz-
flüge nach. Inzwischen hatte der Krieg begonnen. 1940, nach dem
Frankreichfeldzug, versammelte der Rektor der Emil-Thoma-Schule
alle Schüler auf dem Schulhof, um den Sieg zu feiern, während über die
Schwarzwaldstraße die siegreichen Truppen – und französische Gefangene – zogen. Aus seiner Rede habe ich nur noch einen Satz in Erinnerung, den er mit dem Brustton der Überzeugung aussprach: «Kinder,
wir leben in einer großen Zeit!»

Zu meinen Schulkameraden aus der Emil-Thoma-Schule habe ich bis
heute einen guten Kontakt. Wir treffen uns immer wieder in Freiburg.
Heute sind wir allesamt Männer in den siebziger, achtziger Jahren. Ich
sinniere manchmal darüber, wenn ich diese friedlichen und ruhigen Herren betrachte, warum wir uns einst auf dem Schulweg so viel geprügelt
haben. War es einfach jugendlicher Übermut? Oder die große Spann-
weite der Schulpopulation des «Emil Thoma», die von der bürgerlichen
Wiehre bis zu den «Knopfhäusle» – einem Fabrikwohnviertel am Mess-

platz – reichte? Waren es die Spannungen zwischen den guten und den weniger guten Schülern? Oder die NSDAP mit ihren Parolen: «Zäh wie Leder, hart wie Kruppstahl, flink wie Windhunde»? Ich weiß keine Antwort, aber ich kann die Erinnerung an meine Schulzeit nicht trennen von den ersten Erfahrungen mit Schlägereien und Gewalttätigkeit.

Natürlich waren wir damals alle – fast alle! – noch viel strammer, militärischer, «rechtwinkliger an Leib und Seele», als heutige Schüler sich das vorstellen können. Bei einem Wiedersehenstreffen nach dem Krieg wollten wir Fotos von uns in unseren alten Schulbänken machen. Aber Klassen mit Bänken für 40 Schüler gab es längst nicht mehr, die Schulklassen waren inzwischen viel kleiner geworden. Die Bänke reichten nur für 20 Mann. Also mussten wir in zwei Gruppen antreten. Als unser Fotograf mit der ersten Gruppe fertig war, kommandierte er mit lauter Stimme: «Aufstehen!» Augenblicklich erhoben wir uns – militärisch wie ein Mann – und lachten schallend über uns selbst, überrascht und beeindruckt von der eigenen Disziplin. Die saß uns einfach in den Gliedern. Wiederum kann man sinnieren: Hat solche Disziplin, die ja in allen Schichten des Volkes verbreitet war, den Nazis ihr Geschäft erleichtert? Sicher zu einem beträchtlichen Teil, ich zweifle nicht daran. Aber anderseits: Auch Widerstand gegen die Nationalsozialisten war ohne eine – manchmal fast übermenschliche – Disziplin nicht möglich. Ich denke an den Oberst Graf Stauffenberg, der in der Wolfsschanze mit seiner zerschmetterten Hand die Bombe schärfte. Sekundärtugenden wie Fleiß, Disziplin, Beharrlichkeit sind ambivalent, sie können Gutes und Böses bewirken. Jedenfalls: Unsere Generation, eben noch gestreift von Drittem Reich und Krieg, wurde durch sie geprägt auch für das spätere Leben – ohne dass wir es damals schon ahnen konnten und uns darüber Rechenschaft gaben.

5. Münster und Mariahilf-Kirche

«Jungs, der Mond – ich hab' Vertrauen zu euch!»

Eigentlich gehörte die Oberau zur Dompfarrei. Unsere Wohnung lag ganz am Ostrand des Münster-Pfarrsprengels. Näher war es allerdings zu der neubarocken Mariahilf-Kirche in der Wiehre mit dem großen

Zwiebelturm und den vielen weißgoldenen Stuckengeln im Innern – ein paar Schritte über die Schwarzwaldstraße, und man war dort. Aber das ehrwürdige Münster Unserer Lieben Frau zog natürlich alle Freiburger an wie ein Magnet. Dort hinzugehen war eine Verpflichtung – vor allem für die Pfarrangehörigen. Der berühmte durchbrochene Turmhelm beherrschte das Stadtbild, in den Sonntagsgottesdiensten versammelten sich viele Menschen aus der Nähe und Ferne – und niemand von den Pfarrkindern der Dompfarrei wäre auf den Gedanken gekommen, bei wichtigen Anlässen in eine Nachbarpfarrei auszuweichen.

Zum erstenmal erlebte ich das Freiburger Münster in allen Einzelheiten von innen bei der Hochzeit meiner ältesten Schwester Gretel. Sie heiratete im Sommer 1938 einen Herder-Zögling, den Buchhändler Rupert Enderle. «Zögling» – das war der offizielle Name für den Buchhändler-Nachwuchs des Verlags. Es gab ein Zöglingsheim, es gab vor allem den «Zöglingsvater» Hans Rombach. Der war eine wichtige pädagogische Figur, er war so etwas wie eine Ikone der Jugendbewegung. Erstaunlicherweise hatten sich unter dem Herder-Dach ein paar bündische Traditionen erhalten, ein kleiner Hauch von Quickborn und Neudeutschland – und dies selbst in der Nazizeit, als öffentliche Auftritte der katholischen Jugend strikt verboten waren. Man verständigte sich mit Hinweisen und manchmal mit Sätzen von feierlichem Nachdruck, die heute seltsam, ja komisch wirken. Rupert erzählte uns in der Oberau, dass «Vater Ro» einmal um Mitternacht mit seinen Schutzbefohlenen vor die Zöglingshütte im Hammerloch im Schwarzwald getreten sei und ausgerufen habe: «Jungs, der Mond – ich hab' Vertrauen zu euch!» Der Satz wurde berühmt. Der jugendbewegte Tonfall lässt uns heute lächeln; aber für die jungen Menschen jener Zeit waren solche Formeln eine Bestärkung, ein Appell; sie stifteten ein Bündnis zwischen Älteren und Jüngeren, oft für ein ganzes Leben lang.

Zur Trauung im Münster waren viele Menschen gekommen. Das Mittelschiff und der Chor waren dicht gefüllt. Alle Verwandten hatten sich eingefunden, eine große Schar; aber auch eine Menge anderer Leute, Bekannte und Unbekannte, bevölkerten die Kirche. Es hatte sich in der ganzen Stadt herumgesprochen, dass Braut und Bräutigam in Kürze Deutschland verlassen würden – für längere Zeit, vielleicht für immer. Das Schiff in Bremerhaven war bereits gebucht; vier Wochen sollte die Reise dauern, an drei Erdteilen vorbei, durchs Mittelmeer, durchs Rote Meer, durch den Indischen Ozean (wir suchten die Route mit dem Finger auf dem Atlas). Das Ziel war Japan. Rupert und Gretel sollten dort eine Herder-Niederlassung begründen und Lexika in japanischer Sprache herausbringen – auch liturgische Bücher und geistliche Literatur für die Katholiken im Fernen Osten. Kühn und aus freien Stücken hatten sich die beiden jungen Leute zu diesem Aufbruch entschlossen, der ihr Leben in eine neue Richtung lenkte. Es gab übrigens mehrere solcher Herder-Neugründungen in aller Welt in den zwanziger und dreißiger Jahren, einige fielen sogar in die Zeit des Nationalsozialismus.

Schon Jahre zuvor hatte Rupert das Terrain erkundet. Er war mit der Transsibirska durch das ganze östliche Russland gefahren, hatte Moskau, Omsk, Nowosibirsk und Tschita kennengelernt, ehe er über Mandschukuo nach Japan kam. Gebannt und staunend las ich, als ich zur Schule ging, seinen ausführlichen Bericht über diese Fahrt an «Vater Ro» in Freiburg. Wer wagte damals solche Reisen? In der Oberau erschienen plötzlich japanische Gäste, die Herren Kobayashi und Takahashi; sie bereiteten die Reise der Schwester und des Schwagers und ihre ersten Schritte in Japan vor. Besonders Takahashi, ein Kinderbuchautor, gefiel mir gut, er konnte mit den Augen rollen, sie weißlich oder rötlich funkeln oder plötzlich ganz verschwinden lassen, so dass man zusammenfuhr und erschrak. Kimonos tauchten in unserer Wohnung auf, Stoffschuhe, bemalte Taschen, Kartenspiele, winzige Würfelbecher, kleiner als Streichholzschachteln. Die Bonhomie unserer Gäste war nicht zu übersehen, ihre gelben Gesichter blickten freundlich, sie zwinkerten mit ihren kleinen schmalen Augen. Das waren also die Japaner – offenbar eine besondere Art von Menschen, anders als wir Deutschen, anders als die Europäer überhaupt. Ich machte mir als Kind ernstlich Gedanken darüber, ob wohl Gretels und Ruperts Kinder, wenn sie in Japan zur Welt kämen, auch Schlitzaugen hätten wie unsere Gäste.

Nach der Trauung im Münster ging es zurück in die Oberau 79, wo im großen Wohnzimmer und auf dem Balkon ein Festmahl mit mehreren Gängen auf uns wartete. Ich weiß noch, dass es mit einer Eisbombe endete – damals etwas Besonderes, schon fast nicht mehr Vorstellbares. Der Bräutigam schnitt das weiße Gebilde mit einem großen Messer an, als sei es ein Braten. Viele Leute waren da; man saß gedrängt nebeneinander; auch der Dompfarrer Rudolf Geis war gekommen. Am Ende sang man Lieder, fröhliche und traurige, bis in den späten Nachmittag hinein. Es war ein Fest und zugleich ein Abschied – die Braut, meine Schwester, saß im weißen Tüllkleid am Fenster, der Bräutigam stolzierte im Cut einher.

Vorher hatten Rupert und Gretel eine Abschiedstour bei Verwandten und Bekannten gemacht. Zu den Bekannten, denen sie Adieu sagten, zählte auch das Fräulein Cohn in der Lugostraße, das uns Kinder bei Besuchen immer mit einem Hallo empfing und mit einem Glas Wasser voller Brausetabletten erfreute. Fräulein Cohn war eine alleinstehende Frau, eine Jüdin. In den Nazijahren wurde ihr Leben zunehmend schwieriger, Schikanen und Bosheiten von Seiten der Nachbarn häuften sich. Tante Maria, meine Patin, die bei Fräulein Cohn als Haushaltshilfe tätig war, berichtete uns davon.

Rupert und Gretel reisten am 13. September 1938 nach Japan ab. Sie waren längst im Fernen Osten, als in Deutschland im November 1938 die Synagogen brannten. Auch in Freiburg ging die Alte Synagoge in der Werderstraße in Flammen auf. Meine Schwester Helen, täglich unterwegs in der Stadt, hatte den Brand gesehen. Auch Großvater sprach davon. Entsetzt kam Tante Maria einige Wochen später – man schrieb schon 1939 – zu uns in die Oberau: Während sie in der Stadt beim Einkaufen war, hatte Fräulein Cohn in der Küche den Gashahn aufgedreht. Sie lag tot am Boden, als Maria zurückkam. Zwar war das tägliche Dasein immer mühseliger geworden, aber bis dahin hatte Fräulein Cohn wenigstens ihr Haus und ihre Wohnung behalten können. Hatte man ihr jetzt mit der Wegnahme gedroht? War das der Grund für ihre Verzweiflungstat?

Es dauerte einige Jahre, bis ich wieder mit dem Freiburger Münster in Berührung kam – diesmal länger und intensiver. 1942 ging ich dort zur Erstkommunion. Die Dompfarrei hatte auf ihrer Zuständigkeit für die Bewohner der Oberau bestanden (obwohl wir näher an Mariahilf wohnten), und so lenkten wir jungen Leute, neun-, zehn- und elfjährig, unsere Schritte zur Altstadt hin. In der Alten Kooperatur am Münsterplatz wurden wir auf den großen Tag gebührend vorbereitet. Der Münsterkaplan Hemlein führte uns in die Geheimnisse der Messe, der Wandlung ein. Unter anderem lernten wir die Kanongebete auswendig. Verstanden wir alles? Hemlein fragte nach, erläuterte und veranschaulichte, mühte sich, das unerklärbare «Das ist mein Leib, das ist mein Blut» zu erklären. Ich durfte auf dem Harmonium die Lieder begleiten, die wir einübten, und ich weiß noch, dass mir das damals ziemlich schwerfiel; denn die vierstimmigen Sätze im Orgelbuch standen fast alle – warum nur? – in den abgelegensten Kreuz- und b-Tonarten.

Am Weißen Sonntag versammelten wir uns im Kornhaus auf der Nordseite des Münsterplatzes und zogen – eine große Schar, Buben und Mädchen – feierlich über den Platz mit dem alten Buckel-Pflaster ins Münster ein. Noch mehr als sonst bewunderte ich die Eingangshalle mit den vielen Figuren, das hohe schlanke Kirchenschiff und das große Glasfenster im Chor mit dem Doppeladler (wir hatten in der Heimatkunde gelernt, dass Freiburg lange Zeit die Hauptstadt Vorderösterreichs gewesen war). Aber auch die elektrischen Liedanzeige-Tafeln mit ihren eckigen roten Zahlen (runde waren damals technisch noch nicht möglich) fesselten mich – es war spannend, sie immer wieder aufleuchten und verschwinden zu sehen.

Ministrant wurde ich dann aber doch nicht im Münster, sondern in der Mariahilf-Pfarrei. Dort und im benachbarten St. Johann lernte ich zwei meiner engsten Freunde kennen: Klaus Hemmerle, den späteren Theologen und Bischof, und Kurt Wörner, den Bäckermeister und Musikliebhaber aus der Scheffelstraße. Über beide kam ich an weitere wichtige Leute der Münsterjugend heran, an «Hika» und «Oka». So hießen Karl Himmelsbach und Karl Osner in der damals unter Jugendlichen üblichen «fetzigen» Abkürzungssprache. Karl Osner besaß in späteren Jahren ein Motorrad und nahm mich manchmal auf dem Rücksitz mit. Er sollte in der Nachkriegszeit als Verwaltungsmann und Planer im Entwicklungshilfe-Ministerium in Bonn eine wichtige Rolle spielen.

Wie wurde man damals Ministrant? Erst einmal musste man sich tüchtig im Lateinischen üben, anders kam man nicht in den Chorraum, in die Sakristei, an den Altar. Jeder von uns musste ein ganzes Zaumzeug lateinischer Sprüche und Reden anlegen, ehe die Geistlichen ihn zu den Altarstufen traben ließen, zu Leuchtern und Schellen, Schiffchen und Weihrauchfass. Wir Zehn-, Elf-, Zwölfjährigen lernten schnell. Wir hatten auch gar keine Wahl. Denn während wir in roten Röcken am Altar herumstolperten und lateinisch radebrechten, während wir das Staffelgebet und das zungenbrecherische «Suscipiat» auswendig lernten, Wasser und Wein einschenkten und zur Wandlung schellten, hatten die Älteren im schwarzen Rock, die Oberministranten und Zeremoniare, schon ihren Einberufungsbefehl in der Tasche oder erwarteten ihn bald. Sie verschwanden plötzlich – zur Flak oder zur Front.

An der Mönch-Orgel
in der Mariahilf-Kirche
in Freiburg (1950)

Der Komponist und Kirchenmusiker Kurt Boßler (1911–1976), mein Musiklehrer

Und wir Jüngeren erhielten weit vor der Zeit das Schiffchen oder das heißbegehrte Rauchfass in die Hand gedrückt. Rätselhafterweise gab es immer irgendwo noch Holzkohlen und Weihrauch, die der Mesner Gebhard Fuchs in der Sakristei sorgfältig verwahrt hielt. In der Maiandacht, dem Hochamt, der Ewigen Anbetung schwenkten wir die Weihrauchfässer und erfüllten den Kirchenraum mit großen weißen Rauchschwaden.

Vikar Ketterer, der Jugendvikar, spielte mit uns auf dem Pfarrhof Fußball, ohne die Soutane abzulegen – das machte ihm so leicht keiner nach. Auf seinem Zimmer hörte er mit uns Schallplatten, damals noch etwas Besonderes, Nicht-Alltägliches. Kostbarkeiten waren darunter: «O wie schön ist Deine Welt» von Schubert, «Mondnacht» von Schumann – gesungen von Karl Erb, begleitet von Michael Raucheisen. Einen ganzen Abend lang saßen wir stumm bei unserem Vikar im Zimmer, auf dem großen Sofa, über dem ein Foto von Riemenschneiders Johannes hing, und durften Tschaikowskis «Pathetique» hören, ein langes Stück – als Belohnung für das Richten des riesigen Adventskranzes in der Kirche.

Aber der Vikar erzählte uns auch von Heinrich Brüning und von Ludwig Wolker, dem Generalpräses der Katholischen Jugend, einem Bayern, er schaltete kurzerhand den Professor Salis von Radio Beromünster ein (was streng verboten war), er erörterte die Kriegslage mit uns, sprach davon, wie es in Afrika, in Italien, in Russland aussah. Altklug begannen wir mitzuhalten und die gefährlichen Namen Hitler, Göring, Himmler, Goebbels zu verschlüsseln – Göring in «Hem», weil er gesagt hatte, wenn ein feindliches Flugzeug in den deutschen Luftraum eindringe, wolle er Hermann Meier heißen! Die Sirenen, Fliegeralarm ankündigend, zwangen uns immer häufiger in den Kirchenkeller. Unter einer großen Decke kauerten wir, zitternd vor Kälte, und machten uns Luft mit kühnen Reden, bis uns der Dekan Vogelbacher, der mit uns unter der Decke saß, ans Schienbein trat; denn unter denen, die den Luftschutzkeller der Mariahilf-Kirche aufsuchten, war auch der Blockwart der NSDAP.

Ich hatte inzwischen den Chorraum mit der rückwärtigen Empore vertauscht und war Organist geworden. Karl Hausch, der Stadtpfarrer von Mariahilf, hatte gehört, dass ich Klavier spiele, und bat mich, das Orgelspiel zu lernen. Er brauchte dringend jemanden, der das noble Instrument bedienen konnte; denn der Organist, Josef Hagenunger, war im Krieg. In der Achttausend-Seelen-Gemeinde waren viele Gottesdienste zu spielen, trotz des kriegsbedingten Ausfalls der Männer (umso eifriger gingen die Frauen zur Kirche). Am Sonntag fanden vormittags zwei, manchmal drei Messen statt, eine Vesper am frühen Nachmittag und eine Andacht am Abend. Ich nahm Stunden bei der Organistin in der Nachbarpfarrei St. Johann, und bald durfte ich auf der großen viermanualigen Mönch-Orgel in Mariahilf spielen. Das Instrument, neobarock, ein Vorzeigestück der Orgelbewegung, klang herrlich; nur manchmal blieb der Strom aus, dann fiel der Ton in sich zusammen. Ich übte und übte, meine Hände und Füße glitten über Manuale und Pedale, während ich bei Gottesdiensten im Rückspiegel den Altar und den Geistlichen und die roten Punkte der Ministranten auf den Stufen suchte. Ein Hochamt, eine Vesper mit fünf Psalmtönen, ein Requiem, gar mit einem unmusikalischen Zelebranten, der keinen Ton abnahm und keinen hielt – das war bei Gott nicht einfach! Und dann: die Kirchendiener wurden immer weniger. Zwei Oberministranten waren in Russland gefallen, und die Tenöre und Bässe des Kirchenchors waren fast alle zur Wehrmacht eingerückt. Nur ein paar Frauenstimmen hatten wir noch für die Totenmessen am frühen Morgen, die im Lauf der Zeit immer häufiger gesungen werden mussten; denn die englischen Bomber und die amerikanischen Jagdflieger beherrschten schon bald den Luftraum am Oberrhein.

Mir blieb noch Zeit, meine Musikkenntnisse zu vervollständigen. Meine Klavierlehrerin Maria Walterspiel meldete mich in der Musikschule in der Werderstraße an. Dort führte mich die Pianistin Edith Axenfeld an Hand der «Silberstiftzeichnungen» von Julius Weismann in die spätromantische Moderne ein. Ich lernte Arpeggien spielen und Glissandi und mit dem Pedal umgehen. Kurt Boßler, ein kleiner verwachsener Mann, Komponist und Improvisator, ein begnadeter Lehrer, brachte uns Musikschülern Harmonielehre bei, ließ uns Melodien mehrstimmig aussetzen, spielte uns Akkorde und Tonfolgen vor, die wir auf Notenpapier festhalten mussten. Durch solche «Gehörsdiktate» lernte ich Musik nicht nur hören, sobald sie erklang, sondern schon, wenn sie in Noten vor mir lag – ein Gewinn fürs ganze Leben.

Unter den Mitschülerinnen in der Musikschule war auch die Tochter des Musikprofessors Willibald Gurlitt, der in den zwanziger Jahren in Freiburg den Nach- und Neubau einer Orgel nach dem «Syntagma musicum» des Michael Praetorius veranlasst und sich damit einen Namen gemacht hatte, ehe er im Dritten Reich «aus rassischen Gründen» sein Amt an der Universität verlor. Sie erzählte von einem Kreis, der sich jede Woche «beim Dichter Reinhold Schneider» in der Mercystraße treffe. Das waren wohl Nazi-Gegner, vermutete ich – doch das verriet sie, erschrocken abbrechend, natürlich nicht.

6. Im Berthold-Gymnasium

«Ich dachte, das Führerprinzip sei abgeschafft!»

Seit 1941 besuchte ich das Gymnasium. Dort fühlte ich mich von Anfang an wohl, weit mehr als in der Volksschule. Lag es daran, dass nun auch Mädchen in unserer Klasse waren? In der Volksschule hatte man sich von den Mädchenklassen heftig abgegrenzt, – und wehe dem Jungen, der nicht wie ein richtiger Bub aussah, man rief ihm höhnisch nach: «Du Mädlegsicht»! Ganz allgemein herrschte an den Gymnasien ein freundlicherer Ton als an anderen Schulen. Es wurde nicht so viel geschlagen, körperliche Strafen waren die Ausnahme, während an der Emil-Thoma-Schule Schläge, vor allem «Tatzen» mit dem Rohrstock auf die ausgestreckte Hand, ganz alltäglich waren, selbst im Religionsunterricht. Waren wir die Feineren, die Zivilisierteren? Brauchten wir solche Disziplinierungsmittel nicht? Jedenfalls, sie waren nicht üblich, sie bestimmten nicht das Bild der Schule, und je älter wir wurden, desto unwahrscheinlicher wurden Schläge im Unterricht.

Der Anglist Ernst-Christoph Brühler, der das Friedrich-Gymnasium leitete, war ein Deutschnationaler, doch gewiss kein Nazi (er sollte nach dem Krieg in der Deutschen Partei Karriere machen und es bis zum Fraktionsvorsitzenden im Deutschen Bundestag bringen). Er bemühte sich, das «FG» als anspruchsvolle Schule zu erhalten, als Gelehrtenschule, nicht als Paukanstalt. Das gelang ihm in hohem Maß. Dagegen war sein Kollege am Berthold-Gymnasium, am «BG», an das wir später wechselten, der Altphilologe Hubert König, eher ein Nationalsozialist, freilich keiner von der fanatischen Sorte, mehr ein Opportunist. Sehr auf Formen bedacht, suchte er in seinen Kundgebungen und Durchhalteappellen im Krieg immer einen Bezug zu den Griechen und Römern herzustellen – das reichte von Tyrtaios' patriotischen Kampfliedern bis zu dem in Kriegszeiten seit jeher vielgequälten Horaz-Vers vom «süßen und ehrenvollen» Tod fürs Vaterland.

Was den Lehrkörper anging, so fanden sich an den damaligen Freiburger Gymnasien wenig «alte Kämpfer», die Zahl der Lehrer, die das NS-Parteiabzeichen trugen, war klein, der humanistische und christliche Hintergrund der Schule war noch immer deutlich zu spüren. Aber natürlich war auch unser Gymnasium kein Hort des Widerstands, und die übliche Aufmüpfigkeit der Schüler, die üblichen Schulstreiche richteten sich meist gegen ungeliebte Lehrer, nicht so sehr gegen das System. Wenn der Kreisjägermeister Gärtner, unser Zeichenlehrer, uns 1943/44 regelmäßig zu Beginn seiner Stunden das aufrüttelnde Lied «Volk ans Gewehr!» singen ließ und einige von uns vernehmlich dagegen sangen «Holzhammer her!» – worauf er in mächtigen Zorn geriet und ein hinter ihm hängendes Schwert von der Wand riss und mit ihm herumfuchtelte –, so lag darin weniger ein politisches Bekenntnis unserer Klasse, es war eher ein Aufschrei gegen die beleidigende Stupidität, den Unsinn dieses Nazi-Liedes. Und wenn wir den einzigen wirklich überzeugten Nazi an der Schule, den Hausmeister Arnegger, «Golo» genannt, ärgerten, so weniger aus politischen Gründen, sondern weil er wirklich beschränkt und dazu auch noch fanatisch war und bei der Rechtschreibung groteske Fehler machte; seine Anschläge und Appelle am Schwarzen Brett waren Gegenstand ständigen Gelächters.

Die Lehrer am Gymnasium – ein weites Feld. Da gab es einmal die, die sich ganz und gar mit der Schule identifizierten, deren Leben in ihr aufging; im Zweifel waren sie Junggesellen oder Junggesellinnen (verheiratete Lehrerinnen habe ich in meiner ganzen Schulzeit nirgendwo kennengelernt). Zu dieser Gruppe gehörte unser Klassenlehrer Karl Späth, auch «Hammel» genannt, der mit uns Latein übte und dabei vor allem Grammatik trainierte. In atemberaubender Schnelligkeit liefen Deklinations- und Konjugationsformen von Bank zu Bank, wobei man jeweils aufstehen musste; kam man zu spät oder sagte man die falsche Form, rief der Meister: «Tauch unter, du Idiot!» oder ließ den nächstgelegenen Holzfederkasten auf die Köpfe sausen. Der Mann verbarg sein sensibles Innenleben hinter einer sehr rauen Schale. Selten ließ er sein Gemüt nach außen dringen. Doch erinnere ich mich, wie er, schon nach dem Krieg, vom Schicksal eines Freundes erzählte, der aus der Kriegsgefangenschaft heimgekehrt war und seine Frau bei einem anderen fand – der Junggeselle Späth weinte plötzlich und musste sich einen

Augenblick von uns abwenden, zur Wand hin. So etwas bleibt im Gedächtnis – ebenso wie die würzigen und schnoddrigen Anmerkungen
zu den Kriegshelden bei Homer und Vergil, ihren Exzessen, Verwun-
dungen, tödlichen Schicksalen; Kommentare, die jedes Pathos vermieden und die sich eher wie ein philologischer Lazarett- und Sanitätskurs
ausnahmen.

Späth war einer der wenigen Lehrer, die gelegentlich auch politische
Ereignisse glossierten – manchmal mit riskanter Offenheit, so zum Beispiel, als die Kirchenglocken im Krieg eingeschmolzen wurden. Darin
traf er sich mit unserem Religionslehrer am Gymnasium, mit Karl
Friedrich Krämer aus Mannheim. Krämer war Alttestamentler, ein ge-
lehrtes Haus, später mit einem Lehrauftrag für Hebräisch an der Universität Freiburg versehen – und er war zugleich Pfälzer, ein «Blomaul»,
das uns langsame Alemannen immer wieder durch seinen Redefluss
und seine Schlagfertigkeit verblüffte. Nicht nur, dass «Pong» – so hieß
er bei den Schülern – uns im Religionsunterricht gründlich gegen Alfred
Rosenbergs Thesen im «Mythus des 20. Jahrhunderts» impfte – er
zitierte die schönsten Stellen mit höhnischer Langsamkeit! –, er brachte
uns auch die Zehn Gebote in einer Weise bei, die mitten in die Aktuali-
tät hineinführte und keiner Schwierigkeit auswich.

Als die Nazis den Religionsunterricht verboten (an den Gymnasien
dauerte es etwas länger als an den Volksschulen), zog er mit denen, die
weiter teilnehmen wollten, in die St. Martins-Kirche und später in seine
Wohnung in der Schillerstraße um. Dort erzählte er uns, wie er mit dem
Freiburger Erzbischof Conrad Gröber 1933 die Klingen gekreuzt hatte,
als dieser gegenüber dem Nationalsozialismus eine allzu vertrauensse-
lige Haltung einnahm, die ihm den Beinamen «Brauner Bischof» ein-
trug. Gröber war damals sogar förderndes Mitglied der SS geworden
(sie galt in den NS-Anfängen gegenüber den SA-Rabauken als der vor-
nehmere Verein). Beim Heimgehen nach einem Begräbnis habe ihm der
Erzbischof – vielleicht ironisch, vielleicht auch mit schlechtem Gewissen – die Frage gestellt: «Na, Krämer, werden Sie auch bald förderndes
Mitglied der SS?» Er habe Haltung angenommen und geantwortet:
«Nein, Exzellenz, das überlasse ich dem Erzbischof und den Domkapi-
tularen!» Das war freimütig gesprochen, aber der Erzbischof – «Conrad der Plötzliche», wie die Freiburger sagten – hat es wohl kaum gern
gehört. Kein Wunder also, dass aus Karl Friedrich Krämer bei all seiner
großen Begabung in der Kirche nie etwas Besonderes geworden ist,

dass sich «seine Knopflöcher nie entzündeten» zum prälatenhaften oder bischöflichen Violett. Für mich und für viele Mitschüler aber war der Mann ein Glücksfall, denn er war glaubwürdig. Übrigens konnte er, nach dem Krieg, auch demokratischen Obrigkeiten, so dem neuen Direktor, kräftig in die Parade fahren, wenn er sich plötzlich mit dessen einsamen Entschlüssen konfrontiert sah: «Ich dachte, das Führerprinzip sei abgeschafft!»

Ähnlich offene und schroffe Meinungsäußerungen wie Späth und «Pong» konnten sich naturgemäß die Lehrer mit Familien, mit Frau und Kindern, im Dritten Reich nicht leisten. Sie mussten Kompromisse schließen, wenn sie ihr Lehramt behalten wollten. Aber man wusste doch bald, woran man mit ihnen war. Ein humanistisches Gymnasium bietet ja unendliche Möglichkeiten der Anspielung, der Mehrdeutigkeit, der Camouflage – vor allem in den alten Sprachen, aber auch in Deutsch und Geschichte, und selbst in Mathematik und Physik.

Übrigens sollte ich wegen meiner guten Noten eine «Napola», eine nationalpolitische Erziehungsanstalt, besuchen. Ein Werber kam zu uns nach Haus und erzählte wortreich, welche Zukunftschancen da auf mich warteten. Meine Mutter bog sein Ansinnen mit hinhaltender Taktik ab: sie sei allein und brauche mich dringend, als Witwe könne sie ihren Sohn auf keinen Fall entbehren. Der Mann zog schließlich unverrichteter Dinge wieder ab. Nie habe ich meine Mutter mehr bewundert als bei diesem Anlass. Sie führte das Gespräch ganz unaufgeregt und sicher, legte den nötigen Ernst an den Tag, drückte aber auch ein wenig auf die Tränendrüsen – erst als der Mann weg war, sah sie mich vielsagend an und lächelte.

Manche Eigenarten, manche Auffälligkeiten, die das BG als alte Gelehrtenschule mit sich führte, blieben in der Nazizeit bestehen, ja sie steigerten sich noch. So bei den alten Sprachen: Während ringsum der Krieg tobte (und bald auch Freiburg erreichen sollte!), saßen wir Schüler mit rauchenden Köpfen über antiken Carmina und Versepen – so wie die Ministranten am Altar noch lateinische Wechselreden mit dem Priester austauschten. Auch die Originalität unserer Originale – jede Schule hat solche, ein humanistisches Gymnasium aber offenbar besonders viele! – nahm in der Zeit allgemeiner Uniformierung eher zu als ab. Ebenso wie die griechischen und lateinischen Verse, die wir auswendig lernten, sind mir die vollmundigen Sprüche einiger Lehrer bis heute in Erinnerung geblieben. Ein Griechischlehrer, der zugleich Sportunterricht gab, renommierte mit seiner gewaltigen Körperstärke – so habe er in jungen Jahren durch Eintauchen seines Daumens den Zusammenstoß zweier Schiffe im Peloponnes verhindert! Ein Mathematiklehrer begrüßte die Klasse mit der Frage: «Ein Schiff ist 100 m lang und 11 m breit, wie lang ist dann der Kapitän?» Und ein Physiklehrer rief angesichts des gähnenden Unverständnisses der Klasse bei einem Schulversuch verzweifelt aus: «Wenn ich so groß wär' wie ihr dumm, dann hätt' mein Haupt ewigen Schnee!»

Bald fand keine Schule mehr statt. Fast das ganze Jahr 1944 gab es wegen der vielen Fliegeralarme Umzüge und Umquartierungen. Der Unterricht wurde aus der Stadtmitte an den Stadtrand verlegt. Die Direktion machte immer wieder neue Anläufe, um einen geordneten Schulbetrieb zu sichern. Doch vergeblich: gegen die Drohungen aus der Luft, die sich mit jedem Tag verstärkten, war mit Notmaßnahmen nicht mehr anzukommen. Schließlich blieben wir Schüler ohne Schule, ohne Lehrer, ohne regelmäßige Verpflichtungen uns selbst überlassen, mehr als ein Jahr lang, bis zum Kriegsende, ja weit darüber hinaus.

7. Jungvolk und Pfarrjugend

«Trotz der schlimmen Zeit war niemand von uns ein Trauerkloß»

Zum Jungvolk ging ich nur kurze Zeit. Die Appelle fanden auf dem Messplatz statt – zeitweilig übten dort drei Freiburger «Fähnlein»: Fähnlein 6, Fähnlein 8 und Fähnlein Goten. Nach dem einleitenden Appell verkrümelten sich einige wenige von uns immer in die Häuser befreundeter Schüler am Messplatz – ich gehörte dazu. Wir «stemmten» (vermieden) den Dienst, der im Vorfeld des Krieges immer mehr den Charakter sportlicher Wehrertüchtigung und ideologischer Schulung angenommen hatte. Unser Fähnleinführer war ein rundlicher Typ mit rüden Manieren, der, wenn er nicht gerade in lautem Ton Führer-Botschaften verlas, vor allem vom «Schleifen» schwadronierte. Er sah die ganze Jungvolkgruppe offenbar als eine Rotte fauler Nichtsnutze an, die man erst einmal ordentlich im Laufschritt über den Platz jagen müsse. «Ich schleif euch, bis euch das Wasser im Arsch kocht!», brüllte er. Das war nicht gerade einladend – trotz mancher Geländespiele im

Sternwald, die durchaus Spaß machen konnten und ein wenig Farbe in den «Dienst» brachten. Glücklicherweise hörte das ganze Jungvolk-Treiben mit der Kriegszeit ziemlich rasch auf – die Fähnlein- und Jungzugführer kämpften jetzt an anderen Fronten.

Neben Jungvolk, Hitlerjugend und BdM (Bund deutscher Mädel) gab es aber – kaum zu glauben – immer noch die katholische Jugend, genauer: die Pfarrjugend, im Münster wie in der Mariahilf-Pfarrei. Wir waren zwar nur ein kleines Häuflein, von den Offiziellen geschmäht und verdächtigt; immerhin: es gab uns. Wir durften nur innerhalb geschlossener Kirchenräume agieren (dies wenigstens verbürgte das 1933 abgeschlossene, von Hitler bald durchlöcherte Reichskonkordat). Aber manchmal steckten wir den Kopf doch ein wenig über die Zäune: so am Bekenntnissonntag, wenn im Münster der Erzbischof Gröber, inzwischen längst nicht mehr «braun», sondern ein mutiger Kritiker des NS-Staates, zu vielen Hunderten junger Zuhörer sprach, oder bei der montäglichen «Gemeinschaftsmesse» um 6.00 Uhr früh in der Mariahilf-Kapelle, wo wir Schüler und Lehrlinge nach dem Gottesdienst im Hof die Köpfe zusammensteckten und manchmal den Berichten eines Soldaten aus dem Kreis unserer früheren Oberministranten lauschten, der gerade auf Urlaub in Freiburg war.

Wichtig wurden die «Gruppenstunden» in der Borromäusbibliothek der Pfarrgemeinde. Unser Gruppenführer war Rudolf Ruby aus der Neumattenstraße – in späterer Zeit Produzent der «Harmonia Mundi» und Geschäftsführer des «Freiburger Musik Forums». Nur wenig älter als wir, hielt er unser kleines Häuflein mit Spielen, Geschichtenerzählen, Referaten und Gesang zusammen. Wir sangen gern und mit Begeisterung unsere Lieblingslieder: «Die Gedanken sind frei», «Platow preisen wir, den Helden» und «Der Hut, der hat drei Ecken». Aber wir beteten auch eifrig (niemand musste uns dazu auffordern); wir lernten Texte von Guardini kennen (den «Kreuzweg», das «Vaterunser»); wir machten kleine Fahrten, solange das noch möglich war, nach Muggenbrunn oder nach St. Peter, wo wir in einer «Hütte» wohnten, Nachtwanderungen unternahmen und «Stampf» kochten, mit abenteuerlichen Ingredienzien von Kartoffeln und Lauch bis zu Löwenzahn und Brennnesseln. Auch an den Titisee fuhren wir und einmal auch nach Donaueschingen – für uns die «ultima Thule». Und auch geraucht («gedämpft») wurde gelegentlich aus selbstgemachten Pfeifen: Es genügte eine ausgehöhlte Kastanie und ein Blasrohr. Ein Karl May-Bund wurde gegründet; «Bund zur Förderung und Rehabilitierung Karl Mays» lautete der bürokratisch präzise Name. Ich schrieb mit einer Tuschfeder und in verschiedenen Farben sorgfältig die Vereinsnachrichten; in jedem Blatt standen Auszüge aus Mays Selbstbiographie «Ich» nach Art eines Fortsetzungsromans.

Trotz der schlimmen Zeit war niemand von uns ein Trauerkloß; wir feierten, spielten, lachten, sangen und alberten gern und oft. So wie wir auch in der Schule nicht nur die betrüblichen Zeitläufte zur Kenntnis nahmen, sondern uns auch über ganz andere Dinge wunderten oder in Gelächter ausbrachen: etwa darüber, dass ein Referent aus der Schweiz sich bei seinem Vortrag als «Solothurner» vorstellte (wir hörten natürlich: Solo-Turner!); dass ein Stern im Orion den wundersamen Namen «Beteigeuze» führte – und dass unser Erzbischof in seinen Hirtenbriefen für Alt und Jung unverwandt die Anrede «Geliebte Erzdiözesanen» verwendete.

Der Tagungsort unserer Jugendgruppe war die Pfarrbibliothek. Sie lag mit Kirche, Pfarrhaus und Gemeindehaus, mit den Wohnungen für den Mesner, den Kirchenschweizer, den Organisten in dem weitläufigen Areal einer alten Villa in der Schützenallee, die der Pfarrer von Mariahilf, der Elsässer Karl Hausch, ein ebenso kunstsinniger wie ökonomisch versierter Mann, 1927 zu günstigem Preis für die neu zu errichtende Pfarrei Mariahilf erworben hatte. Das Pfarr-Areal war im Krieg zu einer kleinen Kirchenfestung geworden – die Gottesdienstbesucher nannten das rings von einer Mauer umschlossene Gelände «den Vatikan». Ausfälle aus dieser Burg, auch symbolische, wurden freilich in den späten Kriegsjahren kaum mehr gewagt. Der einzige Versuch, an den ich mich erinnere, war, im Frühjahr 1944, eine Aktion bei den Altersgenossen unseres Kommunionjahrgangs, die wir in persönlichen Gesprächen für Gottesdienstbesuch, Beichte und Kommunion zu gewinnen suchten. Aber in den meisten Fällen blieben wir mit unseren Aktionen in der Nähe des schützenden Kirchendaches. Die Mauern des «Vatikans» schienen in diesen unruhigen Zeiten ein wenig Halt und Sicherheit zu bieten.

In der Borromäus-Bibliothek lernte ich nicht nur Klassiker-Werke kennen, ich drang auch ein ins «katholische Milieu» – mit Romanen von Enrica von Handel-Mazzetti, Franz Herwig, Peter Dörfler, mit Novellen von Ruth Schaumann (wir sahen die Dichterin bei Besuchen in St. Märgen leibhaftig auf der Straße spazierengehen!). Barocke Autoren waren reich vertreten in dieser Bibliothek, sie fesselten durch ihren besonderen Ton, so Sebastian Sailer aus Weißenhorn und Abraham a Sancta Clara aus Krenheinstetten – später machte ich mir ein Vergnügen daraus, Einladungen und Glückwünsche in barockem Stil zu verfassen. Auch an der Reihe «Aus fernen Landen» hing ich sehr, ich kam von diesen Erzählungen, die für die Mission warben, zugleich aber Fernes, Unbekanntes, Exotisches einfingen, nicht los. In meiner Fantasie war ich oft in diesen Ländern unterwegs. In Träumen fuhr ich mit einer «Draisine», einem eisernen «Ruderrenner», auf dem Bahngleis – so schnell, dass ich mühelos einem ganzen Heer von Verfolgern entrann.

In einem kleinen Freundeskreis – meine Klavierlehrerin lud ihn regelmäßig ein – lasen wir mit verteilten Rollen den «Egmont» von Goethe. Der Krieg war inzwischen ganz nahe gerückt, Angriffe von Jagdfliegern häuften sich, ein Klassenkamerad war durch eine Fliegerbombe ums Leben gekommen. Das konnte 1944/45 jedem von uns passieren. Beklommen lasen wir Egmonts Aufschrei im Gefängnis: «Keine Rettung! Süßes Leben! Schöne freundliche Gewohnheit des Daseins und Wirkens! Von dir soll ich scheiden.» Das war zwar Literatur, aber doch nahe genug an dem, was wir erlebten. Im Luftschutzbunker sitzend und mit ängstlichen Ohren die näher kommenden Einschläge registrierend, dachten wir an Ferdinands Worte: «Hier ist kein Ausweg, kein Rat, keine Flucht.»

8. Kriegsschrecken, Kriegsende

«‹Clamor inopiae› – Gesangverein Notschrei»

Ich war 13 Jahre alt, als ein Luftangriff der britischen Royal Air Force das schöne Freiburg in Schutt und Asche legte. Das war am 27. November 1944. Nahezu 3000 Menschen, meist Frauen, Kinder und Greise, verloren ihr Leben, über 4000 wurden verletzt, mehr als 25 000 wurden obdachlos.

Meine Mutter war an diesem Tag bei Großvater in Hausen. Meine Schwester Helen kam erst gegen Abend von ihrer Arbeit beim Herder-Verlag nach Haus. Als die Alarmsirenen ertönten, machten wir uns gemeinsam auf den Weg in den Keller – nicht besonders eilig, weil wir oft erlebt hatten, dass Bombergeschwader über Freiburg hinwegzogen, zu anderen Städten, anderen Angriffszielen hin. Aber diesmal schien es ernst zu werden. Als wir durch die Schlitze der Rouleaus im sorgfältig verdunkelten viereckigen Treppenhaus blickten, sahen wir, dass draußen alles von Leuchtschirmen taghell erleuchtet war. Zugleich hörten wir, wie die ersten Bomben einschlugen. Wir rannten in den Keller, und kaum, dass wir dort angekommen waren, erfüllte ein ohrenbetäubendes Krachen und Bersten den Raum, gefolgt von einem Wirbel von Steinschlag, Staub und Geröll, der uns fast den Atem nahm. Eine Sprengbombe hatte unser Haus getroffen, hatte, wie wir anderntags sahen, das Treppenhaus in der Mitte zerstört und Teile der Wohnungen in die Tiefe gerissen.

Als wir den ersten Schreck überwunden hatten, sahen wir nach der Kellertür; sie ließ sich nicht mehr öffnen, da der Schutt des Treppenhauses dahinter lag. Wir waren also eingeschlossen. Die Einschläge gingen weiter, doch hatten wir den Eindruck, dass sie sich jetzt entfernten. Schließlich verstummten die Detonationen ganz; man hörte nur noch das Sirren und Dröhnen der abziehenden Maschinen. Wir machten uns mit Klopfzeichen an der Stelle bemerkbar, wo in der Kellermauer zum Nachbarhaus hin der vom Luftschutz vorbereitete Durchbruch lag. Nach einer Weile wurden die Klopfzeichen erwidert. Wir atmeten auf: das Schlimmste war uns erspart geblieben. Bald hörten wir Pickelschläge, und nach einer Stunde war das Loch in der Mauer groß genug, so dass wir ins Freie schlüpfen konnten.

Da wir unsere Wohnung (oder was davon übrig war) nicht mehr erreichen konnten, entschloss sich meine Schwester gemeinsam mit mir zum Aufbruch in die Stadt. Sie wollte bei ihrer Freundin vorbeischauen, die am Karlsplatz wohnte, um dann weiterzugehen zum Herder-Verlag, ihrem Arbeitsplatz. Wir kamen freilich nicht weit. Am Ende der Herrenstraße bildeten die von beiden Häuserseiten ausgehenden Brände einen Flammenriegel, der kein Durchkommen erlaubte. Wir versuchten es auf einem anderen Weg und trafen auf rauchgeschwärzte, zum Teil verletzte Menschen, die – den Schrecken über das Erlebte im Gesicht – im Freien auf den Resten ihrer Habe saßen. Von ihnen erfuhren wir, dass die Innenstadt und das Viertel vom Siegesdenkmal bis zu den Kliniken zerstört sei und in Flammen stehe. Wir traten den Rückweg an – über den Spazierpfad oben am Schlossberg, weil die darunterliegende Straße inzwischen gleichfalls brannte und das Feuer einen gefährlichen Sog entfaltete. Wir fanden schließlich Unterschlupf bei der Familie meines Freundes Kurt Hilberer in der Oberau.

Im Februar 1945 wurden wir in der Reischstraße erneut ausgebombt. Diesmal war meine Mutter allein zu Hause, sie entging dem Tod mit knapper Not. Ein über ihrem Kopf zusammengebogener Flechtstuhl, der die Steinbrocken der Decke abmilderte, war ihre Rettung. Der nächste Fliegeralarm trieb uns in ein Haus in der oberen Schwarzwaldstraße, wo wir in einer kinderreichen Familie freundlich aufgenommen wurden. Eins der Kinder war Conrad Schröder, in späteren Jahren Regierungspräsident von Südbaden.

Erinnere ich mich an jene Zeit, so bleibt als stärkster «leibhaftiger» Eindruck das Gefühl einer ungeheuren Beengung – und zugleich eines Drangs, auszuweichen, zu entschlüpfen, zu entkommen. Man war eingeschlossen, man saß in der Falle – und tastete zugleich nach Auswegen an allen Ecken und Enden. Bombenalarm und Beschießung durch Tiefflieger zwangen zum dauernden Sich-Verkriechen und Deckung-Nehmen. Der Ring zog sich täglich enger. Vom 27. November 1944 bis zur Besetzung durch die Franzosen am 21. April 1945 bin ich aus Freiburg nur einmal herausgekommen, mit dem Fahrrad zu den Verwandten am Tuniberg, kaum 20 Kilometer entfernt. Der harmlose Ausflug, in vielen «Hamsterfahrten» während des Krieges erprobt, geriet zur riskanten Expedition zwischen Bombentrichtern, Blindgängern und den gefürchteten Angriffen der amerikanischen Thunderbirds; es dauerte mehrere Stunden, bis ich zurückkam. Durch die Oberrheinebene zogen sich die eilends ausgehobenen Gräben des «Westwalls»; alles, was Arme und Beine, Schaufeln und Pickel hatte, war im Sommer 1944 dorthin gekarrt worden zur Schanzarbeit, zum «Schippen». In der Ferne sah man Breisach, des «Heiligen Römischen Reiches Schatzkästlein» – jetzt nur noch eine rauchende, schwarzstarrende Wildnis; die Westwand des Münsters mit dem Weltgericht Martin Schongauers, so hörte ich von den Verwandten, war bei der Beschießung eingebrochen, halbzerstört.

Bei aller Beengung war man freilich in jenen Tagen ungewöhnlich, ja absonderlich aktiv, vollbrachte sportliche Leistungen beim Klettern in Ruinen und über Trümmer, legte große Distanzen zu Fuß zurück, stürmte bei Fliegeralarm im Eiltempo in den nächstgelegenen Bunker, transportierte Möbelreste und andere Habseligkeiten viele Kilometer weit auf Leiterwagen oder auf dem Fahrrad; denn Autos gab es in der zerstörten Stadt kaum mehr und Straßenbahnen erst recht nicht. Wer noch konnte, floh in den Schwarzwald. Nur mit beträchtlichem Gottvertrauen ausgestattete Zeitgenossen unternahmen noch größere Reisen. Frühmorgens, als die Tiefflieger noch nicht regierten, zog ich einmal auf einem Leiterwagen die Habe eines orthodoxen Geistlichen, den es nach Freiburg verschlagen hatte und der wieder nach Berlin zurückwollte – gewiss ein vergebliches Beginnen –, an den Wiehre-Bahnhof; dort prangte in großen Lettern wie zum Hohn der Spruch «Räder müssen rollen für den Sieg». Einen ähnlich absurden Spruch fand ich auf ein paar verbliebenen Plakatsäulen, die eine Hölderlinlesung ankündigten: «Deutsche! Der Dichter deutscher Zukunft spricht zu euch!» Der Wehrmachtsbericht häufte beschwichtigende und verhüllende Worte. Tagsüber rannte man im Kreis herum, ohne ausbrechen zu können. Das Ende des Krieges war zwar greifbar nahe, aber niemand wusste, wann die Alliierten die Stadt erreichten und ob am Ende die Franzosen oder die Amerikaner im Südwesten das Rennen machen würden. Kurz vor Ostern stieg der Vikar Ketterer mit ein paar Buben aus der Pfarrjugend auf den noch unversehrten Turm der Mariahilf-Kirche, um zu beobachten, was am Oberrhein vor sich ging. Sicher hatte er ebenso Angst wie wir – aber das Wort «Kriegsgeschehen» klang aus seinem Mund wie ein furchterregender und zugleich lockender Trommelwirbel.

Wir zehn- bis vierzehnjährigen Buben, soeben dem Karl-May-Alter entwachsen, hatten Sinn für das Dramatische der Situation, wir fühlten uns verstrickt in ein etwas ernsteres Indianerspiel – aber natürlich begriffen wir den Ernst der Dinge noch nicht ganz, so wenig wie Kinder, wenn der Tod plötzlich in ihren Lebenskreis einbricht. Unter den Ruinen der Altstadt, durch die statt Straßen Trampelpfade führten, lagen viele Tote; bis zur Übergabe der Stadt kamen fast täglich weitere hinzu. In unserem Haus war am 27. November ein alter Mann, der nicht mehr rechtzeitig in den Keller gekommen war, von den Schuttmassen erschlagen worden. Auch die Milchfrau gegenüber, bei der wir jeden Tag eingekauft hatten, war unter den Opfern. Ich wohnte mittlerweile im Osten der Stadt, und ein fast täglicher Gang führte mich frühmorgens in unsere Pfarrkirche, wo ich beim Seelenamt für die jeweils bei jüngsten Angriffen ums Leben Gekommenen Orgel zu spielen hatte. Seltsamerweise fand sich bis zuletzt immer ein kleiner Chor älterer Damen (von den lateinkundigen Ministranten liebevoll-boshaft «Clamor inopiae» – Gesangverein Notschrei – genannt), die im Chaos unbeirrt das «Gib ihm die ewige Ruhe!» sangen. Beim Heimweg kamen die Tiefflieger; in einem Unterstand liegend, während das MG-Feuer über den Messplatz fegte, dachte ich nach über Vergangenheit und Zukunft. Ich weiß noch, dass mich ein sinnloser wilder Zorn packte: Warum war ich, gerade ich, hineingerissen in etwas, was ich nicht begonnen hatte, wofür ich keine Verantwortung trug und was sich wie ein Naturereignis meinem Willen entzog?

Da es keine Schule mehr gab, verlagerte sich vieles in die Pfarrjugend und in die Kirche. Die Männer waren im Krieg, und wir Halbwüchsigen hielten mit Frauen und Kindern die Gemeinde zusammen, unter den nachsichtigen Augen von Pfarrer und Vikar. Natur und Kirchenjahr bewegten sich mit majestätischer Unparteilichkeit durch die brodelnde Zeit. Schmerzhaft schöne Frühjahrstage bildeten den Hintergrund für die uralte Karliturgie. Man lebte im sichernden Rhythmus kirchlicher Feste, als gingen einen die Zeit, die Kämpfe, die Zerstörungen nichts an. Bald nach Ostern wurde die Stadt von französischen Truppen besetzt. Die Sirenen verstummten. Die Tiefflieger blieben aus. Der Krieg schien zu Ende zu sein.

Unsere Gruppenstunden gingen weiter. An einen Nachmittag im August 1945 erinnere ich mich lebhaft. Da kam unser Vikar Ketterer aus dem Pfarrrhaus in die Bibliothek herübergerannt und rief: «Die Amerikaner haben eine neue Bombe. Sie haben eine ganze Stadt in Japan zerstört.» Wenige Tage nach der Atombombe auf Hiroshima folgte eine zweite auf die Stadt Nagasaki. Helen und ich, wir zitterten sehr, denn unsere Schwester Gretel lebte ja mit ihrer Familie in Tokyo. Was geschah mit den Enderles, wenn eine dritte Atombombe, wie zu erwarten, auf die japanische Hauptstadt fiel?

Wir erlebten das Kriegsende in dem zerstörten, menschenverlassenen Freiburg als eine Folge von Anarchie, Plünderungen, Vergewaltigungen. Jedermann hatte Angst vor den Marokkanern, die einen Großteil der französischen Truppen ausmachten. Einige Zeit trauten sich viele Frauen nicht mehr allein auf die Straße. Von den Plakatsäulen leuchtete gewaltig-pathetisch die Kunde von der Eroberung von «Rhin et Danube» durch die Armee de Lattre de Tassignys. Und neben die blau-weiß-rot gerahmten Plakate traten bald auch Bilder von Konzentrationslagern – anklagende Bilder gefolterter, verbrannter Menschen. Man sah im täglichen Gerauf um Brot und Unterkunft darüber hinweg: Was sollten uns diese Bilder, da wir nach Fliegerangriffen so oft verbrannte Menschen gesehen hatten? Wir verstanden nicht, schoben die Sache von uns weg. Erst ein paar Jahre später lasen wir Eugen Kogons «SS-Staat» und begriffen langsam, was in den Konzentrationslagern geschehen war.

Kurzerhand zogen die Franzosen uns 12–15jährige Buben im Juni 1945 zu Straßenräumarbeiten ein, es war Pflicht, man bekam sonst keine Lebensmittelkarten. Bei mangelhafter Ernährung und schlechter Kleidung räumten wir die in Trümmern liegende Stadt notdürftig auf. Dann endlich, am 15. Oktober 1945, begann wieder der Unterricht, im Gebäude des Friedrich-Gymnasiums in Herdern, wo wir 1942 angefangen hatten. Man hatte alle Freiburger Gymnasien in ein einziges zusammengelegt, das den alten Namen Berthold-Gymnasium angenommen hatte. Im Winter saßen wir in kalten Klassenzimmern bei Schichtunterricht und Kurzstunden. Der neue Direktor Dr. Max Breithaupt, wiederum ein Altphilologe, trug in der kargen Zeit die Schätze der antiken Bildung wie einen Schutzschild vor sich her. Manchmal sprach er lateinisch – probeweise sogar im Unterricht. An Freunde verschickte er Karten mit lateinischen Texten, oft mit Abkürzungen, die nur Fachleute entziffern konnten. «Oh, die Antike fährt mit!», sagten Bewunderer mit leisem Spott, wenn er in einen Omnibus einstieg.

Mein Schulweg dauerte jetzt fünfviertel Stunden – vom Waldseeviertel bis zum leidlich unzerstörten Friedrich-Gymnasium in Herdern. Ein Stück führte durch Trümmerstraßen, vorbei an hohlen Fassaden, Bombentrichtern, abenteuerlich verbogenem Eisengestänge und einem Gewirr von Sand und Steinen. Es war mühsam, man brauchte viel Zeit. Aber ich war glücklich: endlich fielen keine Bomben mehr. Wir waren hungrig, aber niemand trachtete uns mehr nach dem Leben. Und nun begann die Nachkriegszeit.

9. Die Nachkriegszeit beginnt

«Bald prangt, den Morgen zu verkünden»

Denke ich an die Jahre 1946–1962 zurück – ich habe sie überwiegend in Freiburg verbracht, als Schüler und Student und später als Assistent und Dozent –, so war es eine Zeit der Befreiung, des Auf- und Einatmens, der Aufbruchstimmung. Wir waren noch einmal davongekommen. Wir kniffen uns in Arme und Beine und stellten erleichtert fest: «Hoppla, wir leben!» Wir wuchsen verwundert und nachdenklich inmitten von Trümmern auf. Hauptsache: wir waren frei. Plötzlich öffneten sich neue Horizonte. Wir stürzten uns in die Arbeit, wollten alles kennenlernen, was uns jahrelang verschlossen worden war. Wir sogen alle Neuigkeiten begierig auf wie ein Schwamm – vom politischen Leben bis zur Wirtschaft, den Medien, den Künsten. Die Nachkriegszeit empfanden wir – trotz Kaltem Krieg, trotz neuer weltpolitischer Spannungen und Polbildungen – nicht als eine Periode der Restauration. Sie war für uns eine Zeit unglaublich reicher, vielfältiger, in so kurzer Zeit kaum zu verarbeitender Anregungen.

Langsam stellten sich die Verbindungen nach draußen wieder her. Unsere amerikanischen Onkel und Tanten, Vettern und Basen meldeten sich mit Briefen – und schickten bald auch Care-Pakete nach Freiburg, eine willkommene Zugabe zu unserer kargen Lebensmittelkarten-Kost. Sie luden Großvater, der inzwischen wieder Bürgermeister von Hausen war, nach Amerika ein. Die Reise kam tatsächlich zustande; nur die Rückreise verzögerte sich, weil die Franzosen den alten Mann – einen zusätzlichen Esser – zunächst nicht mehr in ihre Zone hineinlassen wollten.

Über unsere Verwandten in Amerika gelang es, Kontakt mit Gretel und Rupert in Japan aufnehmen. Seit 1942 war die Verbindung abgerissen. Ich schrieb einen ausführlichen Brief an beide, Schwester und Schwager, in denen ich die Zerstörung Freiburgs, das Kriegsende und die ersten Nachkriegsmonate schilderte. Rupert zeigte den Bericht Pater Roggendorf SJ, dem Rektor der Sophia-Universität in Tokyo, der ihn ins Japanische übersetzte und als Broschüre drucken ließ. So wurde mein langer privater Brief aus Deutschland nach Japan im Sommer 1945 ganz ohne eigenes Zutun zu meiner ersten Publikation.

Die Familie Enderle hatte zahlreiche Bombenangriffe überstanden und das chaotische Ende des Krieges im zerstörten Tokyo erlebt. Am Ende hatte sie aber doch Glück gehabt, großes Glück sogar – trotz Hunger und Krankheit und obwohl das Verlagsgeschäft im Krieg fast ganz aufhörte. Die Eltern und alle vier Kinder waren am Leben. Die Wohnung in Chigasaki war erhalten geblieben. Und für die Zukunft ergaben sich – völlig überraschend – neue Perspektiven. Denn ausgerechnet der amerikanische Offizier, mit dem Rupert über die Wiederaufnahme der Verlagsarbeit zu verhandeln hatte, erwies sich im Gespräch als ein naher Verwandter – als der sprichwörtliche «Vetter aus Amerika». Stephen Klingler war der Sohn Karl Klinglers, des ältesten Bruders meiner Mutter. Er hatte sich freiwillig für den Krieg im Pazifik gemeldet, um dem Einsatz in Europa zu entgehen. Bald konnte in Rupert Enderles Verlag und Buchhandlung in Tokyo die Arbeit wieder aufgenommen werden; einzig die alte Verbindung mit Herder in Freiburg musste gelöst werden.

Auch in Deutschland regte sich neues Leben. Wir waren gelehrige Schüler – gespannt und neugierig, nachdem die Zeiten der Indoktrination, der Schwarzweiß-Informationen im Dritten Reich vorüber waren. In Ausstellungen lernten wir die Malerei des Jahrhunderts kennen, Matisse, Rouault, Beckmann. Lesungen und Interpretationen erschlossen uns die zeitgenössische Literatur. Begeistert besuchten wir das Theater: Thornton Wilders «Wir sind noch einmal davongekommen», Paul Claudels «Der Seidene Schuh», Christopher Frys «Die Dame ist nicht fürs Feuer» – das waren Favoritenstücke der Nachkriegszeit. In Eliots «Mord im Dom» übte ich mit einer Jugendgruppe den Mönchschor ein, der bei den dramatischen Höhepunkten hinter den Kulissen Choral zu singen hatte. In den Pausen kamen wir ins Gespräch mit den Schauspielern – darunter Träger berühmter Namen, die nun in kleineren Städten spielten, da die Theater in den großen Städten zerstört waren. An der Garderobe stand ich plötzlich neben der schlanken Gestalt Werner Bergengruens – zur Ehrfurcht vor Dichtern erzogen, wagte ich den «Letzten Rittmeister» erst nach einer Anstandspause anzusprechen.

Zeitungen erschienen neu – so die «Badische Zeitung» in Freiburg, von den lizenzgebenden Franzosen als Gegenstück zur «Neuen Zeitung» in München gedacht und geplant. Ein Häuflein der ehemaligen Redaktion der «Frankfurter Zeitung» versammelte sich im ausgebrannten Herder-Haus, angeführt von dem trefflichen Oskar Stark, der später einer meiner publizistischen Lehrer wurde. (Ich machte bei ihm nach dem Abitur eine «Schnupperlehre»!) Er bläute uns jungen Schreibern mit dem ihm eigenen Nachdruck journalistische Objektivität und den fundamentalen Unterschied von Meldung und Meinung ein; er ließ uns Ereignisse sammeln und bewerten, Nachrichten gewichten, Überschriften entwerfen. Auch die Zeitschrift «Die Gegenwart» erschien in Freiburg – in ihrer Redaktion lernte ich Wilhelm Hausenstein und Benno Reifenberg kennen.

Dann der Südwestfunk! Im Krieg hatte man nur den «Großdeutschen Rundfunk» gehört, falls man nicht auf Radio Beromünster umschaltete oder auf die Londoner BBC, den Sender mit dem beethovenschen Schicksalsmotiv. Im April-Mai 1945 verstummten die Radiosendungen gänzlich. Lange Zeit war Stille – bis sich eines Tages ein neuer Ton, ein neues Signal im Äther meldete, aufsteigend, mit kleinen ritterlichen Punktierungen: der Gesang der Drei Knaben aus der «Zauberflöte». Das war das musikalische Erkennungszeichen des Südwestfunks, des neuen Senders in Baden-Baden, dessen Sendegebiet die ganze Französische Zone umfasste, Südbaden und Oberschwaben im Süden, Rheinland-Pfalz im Norden – ein territoriales Gebilde mit den Umrissen einer Sanduhr.

Seit 1948 schrieb ich regelmäßig für Jugendzeitschriften und für Zeitungen Berichte und Rezensionen. Gemeinsam mit Gert Haedecke redigierte ich als freier Mitarbeiter beim Jugendfunk des Südwestfunks, der in der Kyburg in Freiburg-Günterstal zu Hause war, die Sendungen der Jugendverbände – evangelische und katholische Jugend, Falken, Pfadfinder, Naturfreunde, alles bunt durcheinander. In Diskussionen sprachen und stritten wir über Gott und die Welt, lösten alte Welträtsel und erfanden neue. Zu unserem eigenen Staunen galt dieser verbale Gedankenaustausch als Arbeit und wurde am Schalter bar bezahlt: eine ebenso erstaunliche wie erfreuliche Erfahrung. Am runden Tisch im Funkhaus saßen – neben den Redakteuren Hertha Sturm und Oskar Gitzinger – Günter Gaus, Hans Magnus Enzensberger und ich.

Später schrieb ich Rezensionen und «Features» für Herbert Bahlinger und Horst Krüger, die Nachtstudio-Gewaltigen in Baden-Baden. Aufsätze und Berichte für den «Fährmann» und die «Wacht» kamen hinzu. Amüsiert, gerührt und manchmal auch beeindruckt lese ich heute die zu jener Zeit verfassten, auf meiner Olympia-Schreibmaschine getippten, mit klopfendem Herzen den Redaktionen übersandten Texte. Nie mehr schreibt man so leicht und frech, so unbekümmert und selbstsicher wie zu Schülerzeiten, wenn das Leben noch vor einem liegt und kein Zweifel über die Schulter lugt.

Von meiner Schwester Helen erfuhr ich vieles, was draußen vor sich ging, aber nicht in den Zeitungen stand. Ihr Chef Josef Knecht, kaufmännischer Direktor bei Herder, wirkte mit beim Aufbau der «Badischen Zeitung» in Freiburg, bei der Entstehung des Südwestfunks, bei den ersten Schritten des Börsenvereins des Deutschen Buchhandels in Frankfurt. Das war ein kleines Fenster, durch das ich in die zeitgenössische Welt blicken konnte. Ein anderes Fenster öffnete mir ein Klassenkamerad, Georg Büchner. Sein Vater, der Pathologe Franz Büchner, war der erste Prorektor der wieder eröffneten Freiburger Universität. In seinem Haus in der Holbeinstraße fanden politische Gespräche statt, die zur Gründung der CDU in Baden führten. Seine einzige Tochter heiratete einen Sohn Heinrich Krones, des Mitarbeiters und späteren Ministers im Kabinett Konrad Adenauers – auch hier ergaben sich Ausblicke, diesmal direkt auf den Bundestag und die Bundesregierung. Georg wusste früh, dass Adenauer das – anfangs selbst übernommene – Außenministerium eines Tages in andere Hände legen würde. Dann würde Heinrich von Brentano, jetzt Fraktionsvorsitzender der CDU/CSU, als Außenminister zum Zug kommen – und so geschah es auch.

Unterdessen lief die Schule weiter. Überall in der Französischen Zone herrschte jetzt das französische Schulsystem mit seiner Disziplin und Strenge. Die Prüfungen waren zentral und anonym. Schriftliche Vorgaben galten zonenweit, von Mainz bis Tübingen, von Konstanz bis Kaiserslautern. Bei der Pädagogik hatte man, französischer Gewohnheit folgend, die «Normalisierung» des Menschen im Blick, das Abschleifen von Ecken und Kanten – ähnlich wie in der «École normale». «Sei doch vernünftig!» hieß jetzt die Parole – und nicht mehr feierlich «Werde, der du bist!» wie im deutschen Neuhumanismus. Umgänglichkeit, Höflichkeit, Geselligkeit waren die wichtigsten Erziehungsziele. Das französische Drama, der französische Roman waren nicht weit – wir lasen in der Oberstufe Racines «Andromaque» mit verteilten Rollen (welch ein Auftritt für unsere Klassenkameradinnen, die wir in diesen Rollen ganz neu erlebten!). Selbständigkeit war geschätzt, aber Eigenbrötelei und Ungeselligkeit waren verpönt. Wo sich das Selbstgefühl allzu mächtig nach vorn drängte, wo der Individualismus die Gleichheit zu stören begann, da griff die Erziehung ein. Und natürlich herrschte überall in den Schulen der Französischen Zone der «concours», der Wettbewerb, die Auszeichnung – als geordnetes Spiel unter «normalisierten» Gleichen.

Dann kam die Währungsreform. Zwei Tage zuvor hatte mich der Domorganist Carl Winter angerufen und gefragt, ob ich ihn bei der Einweihung einer wiederhergestellten Orgel in einer Kirche im Freiburger Westen vertreten könne, er sei krank. Ich übernahm die Vertretung gern. Ohnehin spielte ich in den Nachkriegsjahren als «fliegender Organist» an mehreren Freiburger Kirchen. Nach dem Gottesdienst ging ich zur Wechselstube. Es war der denkwürdige Tag, an dem alle Deutschen arm und reich zugleich wurden, da jeder mit dem gleichen «Kopfgeld» zu rechnen hatte: Die Reichsmark war weg mit einem Schlag, ersatzlos gestrichen, die D-Mark kam – und mit der neuen Währung füllten sich zu unserem Staunen und Ärger in wenigen Tagen die vorher gähnend leeren Schaufenster.

Am Abend dieses Tages hatte jeder Deutsche in den drei Westzonen 40 Deutsche Mark in der Tasche. Ich selbst aber hatte 50. Wie das? Nun, die dankbare Gemeinde hatte für mein Organistenhonorar ringsherum Pfennigbeträge der neuen Währung zusammengekratzt. 10 DM kamen bei der Sammlung heraus, ich nahm sie freudig an. Hätte ich damals meinen beträchtlichen Überschuss in langfristige Projekte investiert, ich wäre im Lauf der Zeit ein reicher Mann geworden!

Auf meine Musik-Einnahmen wirkte die Währungsumstellung sich freilich dämpfend aus. Alle Gemeindepfarrer, alle Hochzeitspaare, alle Tauf- und Trauergruppen drehten plötzlich den kostbaren neuen Pfennig dreimal um, ehe sie ihn springen ließen. So auch der als sparsam bekannte Stadtpfarrer Hausch in Mariahilf: als Gemeindemitglieder anregten, mir nach einem arbeitsreichen Sonntag ein ordentliches Honorar zukommen zu lassen, gab er die klassische Antwort: «Bub spielt so schön – kann man nicht bezahlen!» Damit war klargestellt, was in der Kirche den Vorrang hatte: die Ästhetik, nicht die schnöde Ökonomie. Ich aber begann mich ernstlich zu fragen, ob man für die geliebte Kirchenmusik ein Leben lang allein auf «das Schöne» bauen konnte. Ich sah die katholischen Organisten in Freiburg mit ihren Familien darben, ja manchmal Hunger leiden – und den evangelischen Kantoren (darunter meinem Lehrer Kurt Boßler) ging es in ihren Ämtern nur um wenige Grade besser.

1949 gewann ich beim Concours der Französischen Zone in Deutsch einen Preis und durfte nach Mainz fahren, um mit General Koenig, dem Oberkommandierenden, zu Mittag zu essen. Zum ersten Mal in meinem Leben sah ich eine überwältigend festliche Tafel mit kostbarem Geschirr, wunderbaren Schüsseln und Tellern, mit vier Gläsern nebeneinander für Wasser, Weißwein, Rotwein, Likör – ich kam aus dem Staunen nicht heraus. Gern wäre ich noch länger geblieben, aber Direktor Breithaupt wollte noch mit mir nach Frankfurt fahren, wo gerade das Goethehaus wieder aufgebaut wurde (historisch getreu, samt ausgetretenen Treppenstufen!).

Bei der Rückkehr nach Freiburg empfing mich vor der Schule ein rot-haariger Reporter mit dem Mikrofon in der Hand, um mich zu interviewen. Sein Statement begann er mit einem denkwürdigen Satz, der mir in Erinnerung geblieben ist: «Vor mir steht ein junger Mann, der auf den Namen Hans Maier hört» (das sagte man doch, dachte ich, sonst nur von Hunden!). Es war Kurt Sontheimer, ein wenig älter als ich, damals schon Student an der Universität, und zeitlebens ein eifriger Reporter, Beobachter, Publizist.

Wir lebten damals in der «Studienräterepublik». So nannte man das durch die Besatzungsgrenze halbierte oberrheinische Baden mit der Hauptstadt Freiburg, weil es hauptsächlich von Studienräten regiert wurde – dem Staatspräsidenten Leo Wohleb, dem Landtagspräsidenten Karl Person, dem für die Schulen zuständigen Beauftragten Paul Fleig. Es war ein Land, in dem Politik und Recht, Geist und Schule eng beieinander wohnten; allenthalben herrschte eine – manchmal leicht schulmeisterlich gefärbte – Redlichkeit. Selten versäumte ich in jenen Zeiten eine Sitzung des Badischen Landtags im Freiburger historischen Kaufhaus. Einige Male habe ich deshalb sogar die Schule geschwänzt. Zum ersten Mal erlebte ich als Sechzehnjähriger parlamentarische Debatten und Abstimmungen, Regierungserklärungen, Interpellationen – ja einmal sogar den Rücktritt einer ganzen Regierung wegen der Demontagen der Besatzungsmacht. Sozialkunde als Schulfach gab es damals noch nicht – aber den Aufbau einer jungen Demokratie von der Tribüne aus mitzuverfolgen, das war ein höchst anregendes Erlebnis, wichtiger als manche Schulstunde.

Manches an den parlamentarischen Gebräuchen kam uns Jüngeren merkwürdig vor, so der Zwischenruf «Hört, hört!» oder das Scharren von Abgeordneten mit den Füßen bei missfälligen Äußerungen anderer – aber gute Reden und intelligente Zwischenrufe wussten wir zu schätzen, und wenn sich die parlamentarischen Debatten zu lebhaften Wortwechseln, treffenden Sentenzen, witzigen Repliken steigerten, dann wurde Politik nicht nur interessant, sie machte auch Spaß. Politikverdrossenheit – so etwas gab es in dieser Zeit noch nicht. Ganz im Gegenteil, wir waren voller Erwartungen. Wir erlebten die ersten Schritte, die aus den Trümmern des Krieges, aus der drückenden Hinterlassenschaft des NS-Staates herausführten – die Anfänge des politischen Lebens in den Kommunen, den Ländern – und bald auch im Bund.

Ich schätzte und verehrte Leo Wohleb, den kleingewachsenen, beredten Streiter für die badische Sache – und verwaltete nach seinem Tod jahrelang Teile seines politischen Nachlasses, die mir seine Witwe anvertraut hatte, ehe sie zu meinem Schüler Paul-Ludwig Weinacht in Würzburg wanderten und später ins Staatsarchiv nach Freiburg kamen. Mit Wohleb kam ein Hauch von eidgenössischer Demokratie in die Politik im deutschen Südwesten. Ihm schwebte eine kleinräumige, kräftig pulsierende, die Menschen aktivierende Staatlichkeit vor, politische Verhältnisse, in denen – Originalton Wohleb – «jeder Landrat, jeder Bürgermeister weiß, wann die Frau im Haus ein Kind und die Kuh im Stall ein Kalb kriegt». Diese gemeindliche Nähe ging dann in den größeren Zusammenschlüssen und schließlich im Südweststaat unter, aber ich gedenke ihrer mit Respekt. Leo Wohleb war der erste Politiker, den ich persönlich erleben und aus der Nähe beobachten konnte, er war eine heute selten gewordene Mischung: Humanist, Orator, Volkstribun und Gelehrtenpolitiker, durchaus des Zornes, ja gelegentlich der Demagogie fähig, aber eben auch imstande, bei einem Abiturjubiläum hintereinander aus dem Stegreif deutsch, lateinisch und griechisch zu sprechen.

Wir nahmen es Konrad Adenauer bei aller Bewunderung übel, dass er kein Verhältnis zum alten Baden hatte – und wohl auch nicht zu seinen politisch-sozialen Traditionen, der katholisch-evangelischen Simultanschule und der bei uns üblichen Großen Koalition. Bei der legendären Rhöndorfer Konferenz, die 1949 der Bildung der Kleinen Koalition in Bonn vorausging, ließ der badische Vertreter Anton Dichtel seine Sympathie für eine Koalition mit den Sozialdemokraten erkennen. Freilich, Adenauer hatte wohl Recht, dass eine solche Große Koalition mit dem leidenschaftlichen und bitteren Kurt Schumacher nur schwer zu machen war.

Als junge Leute erlebten wir die Protagonisten der politischen Szene aus Berlin und Bonn, aus Stuttgart und Hannover bei ihren Besuchen in Freiburg. In einem Straßenbahndepot in der Urachstraße (alle anderen großen Räume waren zerstört) sprachen, warben und kämpften sie für ihre Sache. Am meisten war ich von Jakob Kaiser beeindruckt: der unbeugsame Mann, der den Nazis kein Zugeständnis gemacht hatte, stand in der Sowjetischen Zone auf verlorenem Posten. Er plädierte vor den zahlreich erschienenen Zuhörern für das neue Berlin. «Berlin», so rief er aus, «das ist nicht mehr die alte Kapitale des Preußentums. Es ist die Stadt der Freiheit!» Wir Badener hörten es gerne. Während der Blockade Berlins war auch im Süden und Südwesten eine neue Solidarität mit der angefochtenen alten Reichshauptstadt entstanden.

Ludwig Erhard gefiel uns menschlich sehr; er hatte nach der Währungsreform Mut bewiesen, auch gegenüber den Besatzungsmächten, und zeigte in seiner Rede gegenüber dem politischen Gegner Gelassenheit und Noblesse. Entspannt, fast im Erzählton berichtete er, wie der nordrhein-westfälische Wirtschaftsminister Erik Nölting, ein Sozialdemokrat, zu Weihnachten persönlich an ausgewählte Personen in Altersheimen Radios verteilt habe. Erhards Kommentar: «Das macht ja seinem guten Herzen alle Ehre, es ist aber keine Wirtschaftspolitik. Eine vernünftige Wirtschaftspolitik hätte die Aufgabe, eine Situation zu schaffen, in der sich viele, ja am Ende alle selbst ein Radio kaufen können.»

Ein Unikum war Thomas Dehler, der heute fast vergessene heftig-unberechenbare Franke, der in der Straßenbahnhalle einen Ton zwischen Bierzelt und Kabarett anschlug und gelegentlich in Reimen redete. In Reimen sprach auch Joseph Wirth, der in seiner Rede immer wieder politische Kollegen angriff: «Ja der Dehler, das ist der schlimmste Fehler». Von dem früheren Zentrumspolitiker Wirth erwarteten wir viel, war er doch ein gebürtiger Freiburger und ein ehemaliger Reichskanzler, der nach dem Mord an Rathenau 1922 im Reichstag ausgerufen hatte: «Dieser Feind steht rechts!» Doch wir wurden enttäuscht. Wirth war zu dieser Zeit gesundheitlich angeschlagen, er wirkte zerfahren, unkonzentriert. Seine Haltung gegenüber Adenauer – aber auch gegenüber der DDR – blieb unklar. Ich hörte später, dass er seine Kontakte zur DDR-Führung für gute Zwecke nutzte, unter anderem für die Freilassung des Journalisten Heinrich Scharp, der von der Rhein-Mainischen Volkszeitung kam und später als Autor und Rundfunkkommentator eine Rolle spielte. Doch in der Halle bot der über Siebzigjährige ein zwiespältiges, ein zerrissenes Bild.

Dann Kurt Schumacher, der SPD-Vorsitzende. Er hatte in den ersten Nachkriegsjahren ein ungeheures, fast unglaubliches Prestige. Er war der Anwalt der Geschlagenen, redemächtig, leidenschaftlich, manchmal maßlos in seiner Polemik. In der Französischen Zone hatte er lange Zeit Auftrittsverbot. Die Franzosen mochten ihn nicht, und die Abneigung war gegenseitig. Dabei hatte Schumacher große Verdienste um die frühe Bundesrepublik: ihm war es zu danken, dass sich «Hanno-

ver» gegenüber «Berlin» durchgesetzt hatte, der demokratisch-rechts-
staatliche Flügel der SPD gegenüber den Volksfront-Befürwortern unter
sowjetischem Einfluss. In Berlin und in der Sowjetzone war es zur Vereinigung von SPD und KPD gekommen, im Westen unterband Schumacher mit allen Mitteln eine solche Allianz. Das war nicht leicht: bei den
ersten Maifeiern nach dem Krieg konnte man in vielen Städten in den
Reden der Funktionäre Volksfrontparolen hören und die «Arbeiter-
parteien» gemeinsam hinter roten Fahnen herziehen sehen.

Schwerbehindert, ohne rechten Arm und linkes Bein, mühsam ge-
hend, betrat Schumacher die Halle, gestützt auf seine junge Sekretärin
Annemarie Renger. Seine Rede faszinierte. Aber sie weckte auch Zweifel und Bedenken. Wir sahen uns nachdenklich an. Am meisten überzeugte uns die Kritik an den Besatzungsmächten: «Ich saß 1936 im
KZ», rief Schumacher aus – «und wo saßen die? Im Olympiastadion zu
Füßen Hitlers!» Das war gut gesagt, wir klatschten Beifall. Aber Schu-
machers schneidende Schärfe, seine nationalistischen Töne gingen uns
dann doch zu weit. Offenbar konnte der Mann auch mit Europa, mit
der Europapolitik nichts anfangen. Ihr aber galten all unsere Hoffnungen. Einige von uns hatten in Breisach mit jungen Franzosen von der
Gegenseite für Europa demonstriert und symbolisch ein paar Grenz-
pfähle verbrannt. Und was sollte seine ungezügelte Polemik gegen den
politischen Gegner, seine Aversion gegen Kirchen und besonders Katholiken, was sollte der allen Ernstes geäußerte Verdacht, es habe bei
der Entstehung der Bundesrepublik ein geheimes Zusammenspiel zwischen «Amerika und dem Vatikan» gegeben? Wir gingen ratlos und befremdet aus der Halle.

Endlich Adenauer, der sich von all den bisher Genannten durch seine
kühle, überaus ökonomische, fast leidenschaftslos wirkende Rhetorik
und Gestik abhob: ein Mann, der sich aufs Dampf-Ablassen verstand,
auf das schmucklos-präzise Juristen-Plädoyer, auf den knappen ent-
waffnenden kölnischen Witz. Sogar das Visionäre in seiner Rede – wenn
es um die westliche Integration, den europäischen Zusammenschluss,
die deutsche Zukunft ging – klang in seinem Mund fast geschäfts-
mäßig. Wir fühlten: hier sprach ein großer Ernüchterer; schon durch
seinen rheinischen Tonfall, in dem nicht alles ganz ernst klang (wenigstens für unsere Ohren), war er das genaue Gegenstück zum Rausch-
haft-Übersteigerten, Tödlich-Entschlossenen der vorangegangenen
Zeit.

Die OIb des Berthold-Gymnasiums nach dem Abitur (Juli 1951)

Homer und Aristoteles am Eingang der Albert-Ludwigs-Universität Freiburg

Als Adenauer nach Freiburg kam, hatte Reinhold Maier, der Stuttgarter Ministerpräsident, im Bundesrat gerade eine Mehrheit gegen die Europäische Verteidigungsgemeinschaft (EVG) zustande gebracht, für die Adenauer sich einsetzte. Das ehrgeizige Projekt, in Frankreich heftig umstritten, war damit auch in der Bundesrepublik Deutschland ernstlich gefährdet. Maier ging aufs Ganze. Plakate warben für die FDP mit seinem Bild; darunter stand: «Auf den kommt's an!» Adenauer sagte ein paar Sätze über Freiburg, eine Stadt, in der er studiert hatte: Er sei zuerst einmal rund ums Münster gegangen – dann habe er auf den Straßen Plakate gesehen mit dem Bild des baden-württembergischen Ministerpräsidenten und der Parole «Auf den kommt's an!» «Meine Damen und Herren, ich sach Ihnen eins: Auf den kommt's jarnicht an!» Befreites Gelächter, brausender Beifall; es war, als hätte man einen Luftballon aufgestochen. Bei den Bundestagswahlen 1953 siegte Adenauer; Reinhold Maier musste zurücktreten. Freilich kam die EVG am Ende trotzdem nicht zustande, da sie in der Französischen Nationalversammlung keine Mehrheit fand.

Die Nachkriegszeit habe ich bis heute *im Gedächtnis*. Vor allem aber habe ich sie *im Ohr*. Ich höre Adenauers kühl-skeptisches, manchmal sarkastisch gefärbtes Rheinländisch, das hämmernde Niederdeutsch seines Kontrahenten Schumacher, das nuancenreiche Schwäbisch von Theodor Heuss, Carlo Schmid, Eugen Gerstenmaier, Kurt Georg Kiesinger. Ich höre Adenauer im Museum Koenig in Bonn das Grundgesetz verkünden – und unmittelbar danach spielt das Orchester den langsamen Satz aus der Vierten von Brahms. Damals hatte der Hörfunk unter den elektronischen Medien noch das Monopol. Das Fernsehen rückte erst langsam näher. Das Hörspiel war ein literarisches Genre – man denke nur an den «Hörspielpreis der Kriegsblinden». Niemand kann sich heute die Aufmerksamkeit, die Hingabe vorstellen, mit der man den Autoren-Stimmen, den Schauspieler-Stimmen im Radio lauschte.

Wir kannten ihre Stimmen alle, längst bevor wir sie als Personen zu Gesicht bekamen. Manchmal wurde der Südwestfunk für ein paar Mark bescheidener Gebühren zu einer richtigen Funk-Universität – und dazu gleich noch zu einer Musikhochschule: Hans Rosbaud mit dem Südwestfunk-Sinfonieorchester und Heinrich Strobel führten in die zeitgenössische Musik ein mit vorzüglichen Aufführungen und lehrreichen Kommentaren. Es war ein Kulturprogramm, das seinem Namen Ehre machte. Niemand fragte zu dieser Zeit nach Einschaltquoten. Es gab freilich auch nur *einen* Sender, nur *ein* Programm. Im Sommer 1951 legte ich am Berthold-Gymnasium das Abitur ab – mittlerweile zwanzig Jahre alt. Die Kriegsjahre, die Nachkriegsausfälle hatten viel Zeit verschlungen. Wie schon in den Jahren zuvor wurden die schriftlichen Abituraufgaben für die ganze Französische Zone zentral gestellt. Alles wurde sorgfältig anonymisiert. Bei den mündlichen Prüfungen kannten wir keinen einzigen unserer Prüfer – die kamen aus Konstanz, während unsere eigenen Lehrer in der Pfalz, in Kaiserslautern, prüften. Als Gewinner des Scheffel-Preises für Deutsch durfte ich, wie in Baden üblich, bei der Abiturfeier die Rede halten. Mit Direktor Breithaupt stritt ich über das Thema: Scheffel, der Autor des «Trompeters von Säckingen», des «Ekkehard», der populäre, heute vergessene Sänger und Dichter der Kaiserzeit erschien mir nun doch ein wenig zu weinselig und philiströs. Ich wollte meiner Ansprache lieber den Text eines echten Romantikers zugrunde legen – und wählte, des europäischen Themas wegen, «Die Christenheit oder Europa» von Novalis. Nach einigem Hin und Her ließ man mich gewähren, obwohl der Direktor mir wegen meiner Eigenmächtigkeit grollte. Aber Vater Büchner, der bei der Feier zugegen war, spendete Beifall und meinte verständnisvoll: «Sie wollten eben Ihr Licht nicht unter den Scheffel stellen!»

10. Drei Dichter

«Man kann mit einem Dichter nicht rechten um sein Gewissen.»

Da meine Schwester Helen im Verlag Herder arbeitete – und später auch für den Atlantis-Verlag tätig war –, hörte ich zu Hause viel von Manuskripten, Lektoren, Korrektoren, von Kalkulation, Satz und Druck, vom Falzen, Binden, Prägen – und natürlich auch von Schriftstellern und ihren Büchern. Eines Tages schwenkte Helen ein Bündel Briefe in den Händen: «Die darf ich nicht lochen, die muss ich ungefaltet ablegen.» Es waren Briefe von Ricarda Huch. Wir waren der grauhaarigen, straff aufgerichteten Dame schon einmal im Krieg mit ihrer Tochter Marietta und ihrem Schwiegersohn Franz Böhm in Freiburg begegnet. Noch andere Autoren sah man damals in der Stadt: Ruth

Schaumann, Jón Svensson, den Schöpfer der Nonni-Bücher – er kam 1944 bei einem Luftangriff auf Köln ums Leben –, Georg Thurmair, den Dichter der Jugendbewegung – und natürlich Reinhold Schneider. Zum ersten Mal sah ich Reinhold Schneider im Frühjahr 1944. Er ging am Lorettoberg spazieren – eine riesige ausgemergelte Gestalt, wie aus einem El-Greco-Bild geschnitten. Ministranten aus der Nachbarpfarrei St. Johann berichteten von kleinen Expeditionen in sein Haus in der Mercystraße; sie brachten Beeren aus dem Wald dorthin, denn Schneider, der magenkrank war, konnte nur wenig feste Kost zu sich nehmen. Ob ihm freilich dauerhaft zu helfen war, wusste niemand. Ein befreundeter Arzt, Hermann Paal, meinte: «Er *will* leiden.» Schneider wurde in jenen Monaten, hörte man, überschwemmt mit Briefen von der Front und aus der Heimat. Alles Leiden der Zeit sammelte sich in Kisten und Körben in seinem Arbeitszimmer. So hatte er – ohnehin unter Publikationsverbot stehend – längst aufgehört, an seinen großen, formvollen Länder- und Geschichtsdarstellungen weiterzuarbeiten; aus dem Insel-Autor war ein Tagesschriftsteller geworden, dessen Arbeiten sich auf eigenen Vertriebskanälen verbreiteten, überallhin, bis in die Schützengräben hinein. Ein christlicher, ein katholischer Schriftsteller zudem, der zum Glauben seiner Kindheit zurückgekehrt war, nach bewegten Irrfahrten auf den Wegen Nietzsches, Spenglers, Unamunos; einer, der zu letzten Entscheidungen aufrief und dessen Sonettzeilen manchmal wie Tagesbefehle klangen: «Allein den Betern kann es noch gelingen, das Schwert ob unsern Häuptern aufzuhalten ...» Noch heute besitze ich das illegal in Colmar gedruckte «Vaterunser» und die Essaysammlung «Stimme des Abendlandes»; ich kann sie nicht lesen, ohne an Schneiders elsässischen Verleger, den mutigen Joseph Rossé, zu denken, der zwischen Deutschland und Frankreich buchstäblich zerrieben wurde; er ging in einem französischen Gefängnis elend zugrunde.

Nach dem Krieg hörte ich Reinhold Schneider öfter in Freiburg. Er sprach leise, ungeübt-probierend, ohne rhetorischen Glanz und doch beschwörend-eindringlich – der Eindruck des Verkünders, des Propheten war unverkennbar, aber er wurde gedämpft durch Melancholie und Diskretion. Es war eindrucksvoll, wie Schneider Geschichte aufrief und zum Sprechen brachte – manchmal freilich auf eine Weise, dass sich professionellen Historikern die Haare sträuben mochten. Aber wo hätte ich später von meinen Geschichtslehrern Vergleiche gehört wie die zwischen Calvin und Ignatius, zwischen Prinz Eugen und Friedrich dem Großen, zwischen Maria Theresia und ihren Kindern? Wer hätte den Mut gehabt, Las Casas zu Karl V., Thomas Morus zu Heinrich VIII. sprechen zu lassen, mit erfundenen Reden – ganz so, wie antike Schriftsteller es in ihren Geschichtserzählungen taten? Wie unvergesslich hat Schneider historische Gestalten gezeichnet – Teresa von Avila, Shakespeare, Corneille, Mirabeau, Eichendorff – aber auch Zeitgenossen wie den alternden Wilhelm II., den er mehrfach in Doorn im Exil besuchte und den er in seinem Lebensbericht «Verhüllter Tag» (1954) eindrucksvoll und nicht ohne Sympathie geschildert hat.

Mit der Nachkriegspolitik tat sich Reinhold Schneider schwer. 1951 ließ er sich dazu verleiten, einen kommunistischen Aufruf zur Volksbefragung über die Wiederbewaffnung zu unterschreiben, nachdem er «jede Hoffnung verloren hatte, dass ein solcher Antrag von christlicher Seite wirksam vorgebracht werde», wie er sagte. Daraufhin fiel alles – fast alles – über ihn her. Man rief den «Abtrünnigen» barsch zur Ordnung. Ich verteidigte ihn in der Jugendzeitschrift «Der Fährmann» mit der vorlauten Weisheit meiner zwanzig Jahre; noch heute bin ich stolz darauf. «Man kann mit einem Dichter nicht rechten um sein Gewissen.» Schneider schrieb mir zustimmend; er fühlte sich verstanden. Ich sah ihn in den folgenden Jahren noch einige Male, einen gebeugten, kranken, abwesend wirkenden Mann. Fassungslos stand ich sieben Jahre später vor seinem im Freiburger Münster aufgebahrten Leichnam – der mehr als zwei Meter große Mann war am Ostertag 1958 beim Gang zur Kirche so unglücklich gestürzt, dass er noch am gleichen Tag an Gehirnblutungen starb, noch nicht 55 Jahre alt.

Am 14. November 1947 saß ich mit einigen Klassenkameraden im überfüllten Auditorium der noch halbzerstörten Freiburger Universität. Das Rednerpult war so umlagert, dass der Studentenpfarrer dem Gast mühsam einen Weg durch den Hörsaal bahnen musste. Ein zierlicher älterer Herr in französischer Uniform betrat das Podium. Es war Alfred Döblin, und das Thema seines Vortrags lautete: «Unsere Sorge der Mensch».

Auch dieser Poet war ein Bekenner, ein Mystiker, so zeigte sich rasch – aber ungleich härter, schärfer, aggressiver als Schneider. Der Mann am Pult hatte ein Berliner Mundwerk, er sprach schnell, gelegentlich mit sarkastischen Einschüben. Doch war seine Botschaft ernst gemeint, es war im Grunde die gleiche wie die Schneiders. Ich erinnerte mich an das Schneidersche «Allein den Betern …», als Döblin am Ende

seines Vortrags dazu aufforderte, Abstand zu gewinnen von den Tages-
realitäten, von Staat, Gesellschaft, Wirtschaft, zurückzugehen zu den
Quellen – und zu beten.

Döblin, der als Kulturoffizier der französischen Besatzungsmacht in
Baden-Baden tätig war, fand mit dieser Botschaft in Freiburg ein
freundlicheres Echo als in Berlin. Dort war er, wie er später in seiner
«Schicksalsreise» (1949) berichtete, auf Unverständnis gestoßen, auf
blanke Ablehnung, ja auf Hohn. Der Autor von «Berlin Alexander-
platz» – ein Konvertit? Ein Avantgardist, der zu Kreuz gekrochen war?
Schon damals kündigte sich Döblins Nachkriegstragödie an, das
Schicksal eines Exilautors, der heimgekehrt und doch nicht heimgekehrt war, der zwischen alle Stühle geriet: zu katholisch für seine alte
Leserschaft, zu avantgardistisch für die potentielle neue. Der Beifall im
Freiburger Auditorium täuschte. Döblin wurde nicht angenommen.
Die großen Werke, die nun zu erscheinen begannen, vor allem die Trilogie «November 1918», das Erinnerungsbuch «Schicksalsreise» – sie
blieben in den Verlagen liegen wie Ziegelsteine, waren nur in bescheidenen Auflagenzahlen abzusetzen. Für seinen «Hamlet» fand Döblin
in der Bundesrepublik Deutschland keinen Verleger mehr. Verbittert
und enttäuscht zog er sich 1953 nach Paris zurück. Erst als Kranker, in
den letzten Lebensjahren, kam er nach Deutschland zurück, nach Freiburg, Wiesneck, Emmendingen; in Emmendingen, wo er als junger
Arzt begonnen hatte, starb er am 26. Juni 1957.

Döblin fesselte und verwirrte mich. In den fünfziger Jahren habe ich
alles von ihm gelesen, was ich in Bibliotheken und Antiquariaten fand –
und natürlich auch das Neugeschriebene, Neuerschienene. Ich studierte inzwischen Geschichte, und Döblins November-Panorama stieß
in meinem Kopf mit den eigenen zeitgeschichtlichen Erkundungen und
Erfahrungen wunderlich zusammen. Karl und Rosa – Karl Liebknecht
und Rosa Luxemburg –, die Helden des ersten Bandes der November-
Trilogie, ins Mythische gesteigerte Repräsentanten einer neuen, einer
Anti-Politik, ließ ich mir als Kunstfiguren wohl gefallen. Aber wie
schockierend, wenn im Umkreis dieser Figuren Personen der realen
Zeitgeschichte auftauchten: ein abstoßend geschilderter Friedrich
Ebert, ein eher gewinnend gezeichneter Wilhelm Pieck! Döblins Mo-
mentaufnahmen einer anarchischen Bewegung im Stand der Unschuld
passte schlecht in die Frontverläufe des Kalten Krieges, der inzwischen
begonnen hatte: die Geschichte war weitergegangen; längst war der

«tapfere Pieck» des Romans Staatspräsident der DDR und galt als Exempel sozialistischen Bonzentums, während Eberts historische Leistung inzwischen überall Anerkennung fand. Ich fürchtete fast, beim Lesen in weiteren Bänden auch noch auf den Namen Walter Ulbrichts zu stoßen – aber das scheiterte glücklicherweise an dessen späterer Geburt. Kurzum, Döblins Geschichtsdarstellung war schwer zu verarbeiten. Ich tat mich leichter mit dem fantastischen Barock des «Wallenstein», mit der Jules-Verne-Welt von «Berge, Meere und Giganten» – und natürlich auch mit «Berlin Alexanderplatz», dem längst zum Klassiker gewordenen Roman; noch heute bin ich entzückt, wenn ich Franz Biberkopf in die Berliner Kneipen folge und mit den großen Mollen Bier und dem kleinen hellgelben Schnaps Zwiesprache halten höre; doch wäre eine so selektive Verzauberung wohl nicht in Döblins Sinn gewesen.

Übrigens schrieb meine Schwester Helen für ihn Manuskripte – unter anderem eine – vorsichtig polemische – Studie über den Algerienkrieg. Sie besuchte ihn später in Emmendingen, als er schwerkrank war. Sie brachte ihm Blumen, ein Maßliebchen, und er bedankte sich: «Oh, ein Liebchen mit Maß!»

Noch an zwei andere Abende in der Freiburger Universität erinnere ich mich, im Juni 1949. Dort lernte ich Elisabeth Langgässer kennen. Sie war eine hellstrahlende Nova am spärlich erleuchteten literarischen Nachkriegshimmel – ihr Roman «Das unauslöschliche Siegel» (1946) galt als eins der wenigen Beispiele großer, in der Nazizeit unter Schreibverbot entstandener Literatur. Außerdem war sie Halbjüdin; eine ihrer Töchter, so wurde erzählt, war nach Auschwitz verschleppt worden und dem Tod nur durch ein halbes Wunder entgangen.

Ich hatte Elisabeth Langgässers Roman 1946 für 17,55 Reichsmark erworben, hatte ihn in einem Zug gelesen, vieles nur halb begreifend, kam nicht davon los. Es war wohl – wie bei Schneider, wie bei Döblin – die Verbindung von realer Geschichte und Fiktion, von Wirklichkeit und Fabel, die mich reizte – dazu das Welttheaterhafte, die Großzügigkeit der Anlage, der rasche Schritt «vom Himmel durch die Welt zur Hölle». Die Schauplätze des Romans – rheinhessische, französische – waren höchst authentisch und doch kunstvoll verfremdet, geheimnisvolle Knotenpunkte in einem metaphysischen Netzwerk; so zwingend imaginiert, dass ich sie in den folgenden Jahren allesamt besucht habe, besuchen musste: noch in den achtziger Jahren bin ich mit Johanna, einer unserer Töchter, auf den Turm der Kathedrale von Senlis gestiegen, um dem Gespräch der deutschen Offiziere im September 1914 zu lauschen, das die Dichterin dort spielen lässt. Dazu kam in diesem Buch ein Element verfänglicher Erotik, eine glitzernde Mischung von rhetorischer Eloquenz und Mysterienzauber – verlockende Ingredienzien für einen Fünfzehn-, Sechzehnjährigen. Ich spürte: Das war weit entfernt von Storms «Immensee», von Stifters «Bergkristall». Gestalten wie Belfontaine, Suzette und Hortense waren mir bis dahin in der Literatur noch nicht begegnet.

Und nun war sie selbst da, die Erfinderin all dieser Gestalten, eine anziehende schwarzhaarige Frau; ich sah sie über die Belfortstraße kommen, erinnere mich an ihren langsamen, schwerfälligen Gang. Ich wusste nicht, dass sie krank war, multiple Sklerose, ein Leiden, dem sie ein Jahr später erliegen sollte.

Frau Langgässer sollte in Freiburg über den christlichen Roman der Gegenwart sprechen. Aus irgendeinem Grund war das Manuskript verloren gegangen oder nicht rechtzeitig eingetroffen; so trug sie Thesen vor: Der psychologische Roman sei mit Thomas Mann am Ende angelangt; an die Stelle individueller Personen träten künftig Typen, Figuren; die Fabel löse sich ab vom Psychologischen, entfalte sich in einem Raum a-kausaler Freiheit – der modernen Physik ebenso benachbart wie dem alten Mysterienspiel. Das alles illustrierte sie an eigenen Texten, vor allem aus der – damals noch unveröffentlichten – «Märkischen Argonautenfahrt». Gewiss vereinfache ich ihren Gedankengang. Aber er steht mir so plakativ vor Augen, weil er anschließend, im kleinen Kreis von Interessierten, heftige Diskussionen auslöste. Es war die erste Literaturdebatte, die ich erlebte – neben Frau Langgässer saß ihr Mann, der Philosoph Wilhelm Hoffmann, das Wort führten die Schriftsteller Eberhard Meckel und Horst Krüger und der Redakteur Rupert Gießler. Ich erinnere mich an eine pathetische Einlassung Meckels (er kannte Langgässer aus Berliner Zeiten): Wie könne sich denn, fragte er, der Leser mit Gestalten identifizieren, wenn nicht der kleinste Rest von Psychologie, von individuellem Umriss mehr vorhanden sei? «Das frage ich Sie – der Schreibende die Schreibende.» An ihre Antwort erinnere ich mich nicht mehr – nur das Literatenvölkchen steht mir vor Augen, das sie an diesem Abend wie eine Wolke umgab. Wie ein fremder Vogel saß sie, schon müde, unter ihren Kommentatoren, erklärte, erläuterte, ergänzte, verteidigte sich. Wäre ich älter gewesen, ich hätte sie chevaleresk am Arm genommen und ins Freie hinausgeführt.

Erst viel später hat mir Horst Krüger die Geschichte von Langgässers Tochter Cordelia erzählt. Kind des jüdischen Staatsrechtslehrers Hermann Heller und der Halbjüdin Elisabeth Langgässer, war sie, nach der zynischen Registratur des SS-Staats, «Volljüdin» und damit der Vernichtung preisgegeben. Die Mutter konnte sie vor der Verschleppung nicht bewahren, wollte sich wohl auch nicht für sie opfern. Cordelia Edvardson hat später ihr Schicksal in dem Buch «Gebranntes Kind sucht das Feuer» (dt. 1986) erzählt. Die wunderbare Rettung der Tochter aus den Fängen des KZ-Arztes Mengele in Auschwitz, ihre Rückkehr 1945 hat Elisabeth Langgässer zu einem ihrer schönsten Gedichte «Holde Anemone» inspiriert. Doch für Cordelia überschritt das Erlebte bei weitem die Grenzen dessen, was literarisch darstellbar (und erträglich) war. Die Beziehung zur Mutter ist nie mehr geheilt worden.

Vielen Schriftstellern bin ich in Freiburg in den fünfziger Jahren begegnet. Werner Bergengruen las im Gemeindesaal von Mariahilf seine Gedichte – mit sonorem Ton und rhapsodischem Schwung, mit der kräftig-präzisen Artikulation des gebürtigen Balten. Wilhelm Hausenstein trug im Kaufhaus seine Baudelaire-Übersetzungen vor. Marie Luise Kaschnitz kam aus dem nahegelegenen Bollschweil, Albert Schweitzer aus seinem Heimatort Günsbach im Elsass, wo er manchmal die Sommerferien verbrachte. Es gab in dieser Zeit auch Dichter, die noch keine waren, die sich erst anschickten, welche zu werden. Vor unseren Augen wurde «Enzio» – so nannten wir Hans Magnus Enzensberger, unseren Diskussionspartner im Jugendfunk – eine literarische Figur: wir staunten nicht schlecht, als er 1957 seine «verteidigung der wölfe» publizierte. In Tübingen begann Martin Walser mit kafkaesken Geschichten seinen literarischen Vogelflug über Oberschwaben, dem Hegau und dem Bodensee. Horst Krüger, der Nachtstudio-Mann in Baden-Baden, beschrieb seine Jugend im Dritten Reich in elegischen Bildern («Das zerbrochene Haus», 1966). Paul Celan las in Freiburg im Oktober 1967 seine Gedichte vor mehr als tausend Hörern im Auditorium maximum der Universität. In Stuttgart schrieb Hermann Lenz, fast für sich allein, Erzählungen und Romane.

Es war eine bewegte Zeit. Das politische Lebewesen Bundesrepublik erstand und regte sich – und zugleich entfaltete sich die Literatur. Beide, der Staat und die Literatur, hatten übrigens etwas gemeinsam: sie verboten sich von Anfang an das Pathos, die rauschhaft großen Worte. Nüchternheit war gefragt. Man wollte Inventur machen, die verbliebenen Habseligkeiten zählen. Seltsam: die Literaten spöttelten manchmal über Adenauers «tausend Worte», über die Kargheit und Glanzlosigkeit seiner Reden und Schriften. Aber hatten sie nicht selbst den «Harfnern», dem großen Stil, dem Pathos den Kampf angesagt? Konnte man von der Politik den großen rhetorischen Faltenwurf erwarten, wenn sich die Dichtung selbst in bescheidene, karge Gewänder hüllte? Der größte Teil der deutschen Literatur der Nachkriegszeit wurde bewusst im «stilus humilis» geschrieben. Die winzigen Ausnahmen bestätigen die Regel. Und auch die Politik der Bundesrepublik nahm sich zurück, machte sich so klein wie möglich, blieb unauffällig, manchmal fast unsichtbar. Hinzu kam das äußere Erscheinungsbild: das mittelgroße Bonn wirkte beruhigend auf ausländische Besucher; es war keine gewaltige Kapitale mit auftrumpfenden Bauten. Das Parlament zog zunächst in eine Pädagogische Akademie aus den frühen dreißiger Jahren ein. Bundespräsident und Bundeskanzler residierten in bürgerlichen Villen am Rhein. Die neue Bundeshauptstadt ließ die Beobachter von draußen eher an Beethoven denken als an Bismarck und seine Nachfolger.

11. Studien in Freiburg, München, Paris

«Eine Zeit in Gedanken gefasst»

Im Wintersemester 1951/52 schrieb ich mich an der Universität Freiburg als Student für Geschichte, Deutsch und Französisch ein. Ich strebte das gymnasiale Lehramt an, für das man damals in Baden ein Hauptfach und zwei Nebenfächer brauchte. Meine musikalischen und journalistischen Tätigkeiten setzte ich «im Nebenamt» fort: hauptsächlich mit Orgeldiensten in der Adelhauserkirche im Zentrum der Stadt und mit Beiträgen für den Südwestfunk, für Zeitungen und Zeitschriften.

Als Schüler war ich an der halbzerstörten Universität und ihrem von den Monumentalfiguren des Homer und des Aristoteles bewachten Eingang meist vorbeigegangen, wenn nicht gerade ein Vortrag oder ein

Konzert zum Eintreten lockten. Nun ging ich regelmäßig in den roten Sandsteinbau hinein. Die Immatrikulation fand im notdürftig wiederhergestellten großen Hörsaal statt, im Erdgeschoß – in Freiburg hartnäckig «Erster Stock» genannt. Der Rector Magnificus, der Kirchenhistoriker Johannes Vincke, ein Mann von niedersächsischem Schrot und Korn, nahm die Neuen mit Handschlag in den Kreis der Studierenden auf. Auch der katholische Studentenpfarrer, Wolfgang Ruf, kümmerte sich um uns. Wir wurden zu Spaziergängen, Gesprächen, Gottesdiensten eingeladen. Rufs Schwester Pia habe ich ein paar Jahre später, 1956, in der Adelhauserkirche mit «Finalkadenzen» (Jean Paul) in die Ehe mit dem Maler Emil Wachter «hineingeorgelt».

Mitten im Wintersemester lief in zwei Freiburger Kinos der Film «Hanna Amon» an. Sein Regisseur war Veit Harlan, es war eine seiner ersten Nachkriegsproduktionen. Ältere Studenten verteilten in den Hörsälen einen Aufruf – ich besitze ihn heute noch –, in dem zu einer Demonstration aufgerufen wurde. «Veit Harlan drehte den Kriegs-Durchhaltefilm ‹Kolberg› und den Hetzfilm ‹Jud Süß›. Heraus zum Protest!» Mit ungefähr 100 Mitstudenten zog ich zum Friedrichsbau und reihte mich in die Gruppe der Demonstranten ein. Die Sache war pikant, weil der Bruder Veit Harlans, Fritz Harlan, Professor für Gesang an der Freiburger Musikhochschule, eine Gegendemonstration zu organisieren versuchte. Es kam zu Zusammenstößen mit der Polizei. Aber wir setzten uns durch. Der Film wurde abgesetzt. Es war meine erste Demonstration, und ich war stolz, dass sie Erfolg hatte.

Damals begannen die Vorlesungen in der Universität schon morgens um acht. Den Anfang machte die Philosophie. Pünktlich betrat ein untersetzter Mann mit charakteristischem Intellektuellenkopf den Hörsaal und begann mit monotoner Stimme zu reden – Max Müller. Sein Gesicht wirkte streng; erst bei längerem Zusehen entdeckte man – aus der Nähe – hinter der randlosen Brille kleine Anzeichen von Spitzbüberei, etwas Eulenspiegelhaftes. Der gleichmäßige Rhythmus seiner langsam perlenden Sätze zog die Zuhörer in seinen Bann. Nicht alles, was er sagte, verstanden wir beim ersten Hören, bei manch spekulativem Exkurs verlor man ein wenig den Atem und die Übersicht. Aber die Energie der Darlegung fesselte und überzeugte. Der Redner vermied die Abstraktion, er bezog auch aktuelle Ereignisse ein. Am Ende kamen in Max Müllers Vorlesungen Historiker wie Systematiker auf ihre Kosten. Und selbst die Anfänger bekamen eine Ahnung davon, was es heißt: «eine Zeit in Gedanken gefasst».

Um neun Uhr eilten wir in einen größeren Hörsaal, um den Germanisten Walter Rehm zu hören. Er ließ in seinen Vorlesungen ganze Panoramen der deutschen, der abendländischen Literatur erstehen – oft zentriert um Leitfiguren wie Faust, Don Juan, Don Quichote. Es war ein faszinierender Blick von oben auf das literarische Geschehen in Vergangenheit und Gegenwart. Souverän gebot Rehm über die Texte; sein Vortrag glitt über Jahrhunderte, über Epochen und Personen hinweg – eine eindrückliche Kunst der Zusammenschau, vorgetragen in aufmunterndem Ton. Manchmal freilich hätten wir uns in Rehms Vorlesungen mehr Aufmerksamkeit fürs Einzelne und Besondere gewünscht. Philologische Textanalyse war nicht seine Stärke, oder richtiger: sie interessierte ihn kaum. Es fiel daher auf – und lief stets durch den ganzen Hörsaal wie ein Funke –, wenn der Professor unvermittelt in seine Darlegungen etwas Anekdotisches einstreute: so zum Beispiel, wenn er bei der Besprechung von Goethes «Iphigenie» die Bemerkung des Dichters aus den «Römischen Elegien» zitierte: manchmal habe er nachts in den Armen der Geliebten gedichtet und «des Hexameters Maß leise mit fingernder Hand ihr auf den Rücken gezählt». Das überraschte. Alle sahen sich an. Man hatte dem introvertierten Gelehrten eine solche Bemerkung gar nicht zugetraut.

Was wir bei Rehm vermissten, das gab es anschließend in Hugo Friedrichs Vorlesungen in Hülle und Fülle: Textauslegung, sorgsame Betrachtung von Sätzen, Worten, Silben. Der Romanist Friedrich war ein geborener philologus – textverliebt und wortbesessen wie damals nur wenige unter den Sprachgelehrten. Er war ein Star der Albert-Ludwigs-Universität; in seinem Hörsaal drängten sich die Studentinnen (die er freilich in seinen Seminaren, wie man hörte, oft recht grausam abfertigte, wenn sie philologische Schwächen zeigten). Friedrich war ein Meister des Wortes, das er mit betonter Lässigkeit handhabe. Fast im Plauderton beschritt er den Weg zu den Höhen und Gipfeln der Interpretation. In seinen Vorlesungen über Epochen und Personen bildeten die Textinterpretationen die heimlichen Höhepunkte; man wartete gespannt auf sie. Dabei war Friedrich nicht auf eine bestimmte Methode eingeschworen. Er war alles andere als ein Feldwebel der Stilanalyse (wie es sie später vielerorts gab). Lückenlos verschmolzen in seinen Vorlesungen weite historische Perspektiven mit

Nah- und Großaufnahmen von Texten. Ein Musterbeispiel war die Vorlesung über Blaise Pascal, bei welcher der ganze Hörsaal an seinen Lippen hing; es herrschte atemlose, neugierige Stille. Aber auch den französischen Roman brachte er uns nahe, Stendhal, Balzac, Flaubert – und mit der modernen Lyrik war er so vertraut wie kaum ein anderer Philologe jener Zeit. In den fünfziger Jahren entstand sein Buch «Die Struktur der modernen Lyrik» (1956), das rasch berühmt wurde und in vielen Auflagen erschien; wir erlebten in Friedrichs Vorlesungen, in seinen Interpretationen zu Baudelaire, Verlaine, Mallarmé gewissermaßen die Probeläufe.

Aber wo blieb die Geschichte? Ich hatte sie sehr bewusst zu meinem Hauptfach gewählt. Schon im Gymnasium gehörte ihr meine ganze Liebe. Ihr berühmtester Vertreter an der Albert-Ludwigs-Universität war Gerhard Ritter, der meist zur Mittagsstunde las. In federndem Rollschuhgang kam er in den Hörsaal und begann ohne Umschweife zu reden, sehr direkt, sehr unmittelbar, manchmal herausfordernd, ja provozierend, mit zugespitzten Formulierungen und Urteilen. Ein politischer Historiker sprach da, das spürte man rasch, einer, der mit seinen Meinungen nicht hinter dem Berg hielt, gleichgültig ob es um historische Abläufe ging oder um heikle Fragen der Gegenwart. Klar und pointiert, manchmal schnoddrig brachte er seine Ansichten vor. Die konnten ein süddeutsches Herz schon einmal verwunden – es war ein sehr borussisches Geschichtsbild, das da ausgebreitet wurde, wenigstens empfand ich es so. Im Gymnasium hatten wir andere Akzente gesetzt. So wurde im Jahr 1948 der Revolution von 1848/49 teilnehmend-stolz gedacht, wir waren ja in Baden – hier dagegen wurde die misslungene Achtundvierziger-Revolution eher mitleidig kommentiert.

Eines freilich an Ritter war gewinnend: die unbedingte Ehrlichkeit, die unverblümte Offenheit, mit der er sprach. (In heutigen Zeiten wäre er schon in wenigen Stunden ein Opfer der political correctness geworden!) Auch die Gelehrteneitelkeit, die er keinen Augenblick verleugnete, war sorgsam ausbalanciert, gedämpft durch Selbstironie und Selbstkritik. Zitierte er einmal ein eigenes Buch, so konnte er mit beiden Händen auf sich deuten: «Ein Werk von Gerhard Ritter – das bin ich!»

Aber mich lockte auch die mittelalterliche Geschichte. Gerd Tellenbach, der Mediävist, war eine noble Erscheinung, groß und schlank und gepflegt. («Der Knabe mit der Glockenstimme», sagte einer seiner

Kollegen.) Er las meist nachmittags. Manchmal fing er den ersten Satz seiner Vorlesung bereits an der Hörsaaltür an, während er noch die Klinke in der Hand hielt: «Wenn aber der Papst meinte, der Kaiser würde sich durch diesen Schachzug beeindrucken lassen, so täuschte er sich» – bei den letzten Worten erreichte er pünktlich das Katheder. Tellenbach, Offizierssohn, in Berlin geboren, in Baden-Baden aufgewachsen, konnte es an Formulierungskunst mit Rehm und Friedrich durchaus aufnehmen. Doch es lag ihm fern zu brillieren – er schätzte das einfache triftige Wort. Er investierte viel Zeit und Mühe in jede einzelne Stunde. Seine Vorlesungen über Bonifatius, über Gregor VII., über Franz von Assisi waren Kunstwerke, sie sind mir bis heute unvergesslich geblieben. Am eindrucksvollsten war der Umstand, dass Tellenbach fremde Leistung neidlos anerkannte, ja sie oft mehr als die eigene hervorhob und pries. In seinen Vorlesungen war die Forschung stets gegenwärtig; wir erfuhren viel über das, was in der Mittelalterhistorie in Deutschland und in anderen Ländern vor sich ging. Wir hörten von Dingen, die noch im Fluss waren, vernahmen Namen, die damals noch kaum einer kannte: Stephan Kuttner, Sergio Mochi-Onory, Edith Ennen.

Die Vorlesungen waren natürlich nicht alles. Um das Handwerk richtig zu erlernen, musste man die Seminare besuchen. Am leichtesten war das bei Tellenbach, der mit seinen Mitarbeitern, an der Spitze Josef Fleckenstein, ein ganzes Vorwerk für mediävistische Anfänger errichtet hatte, eine Reihe von Proseminaren, die Raum fürs Lernen und Probieren boten – ausgedehnte Wände für die ersten urkundlichen Kletterübungen. Am schwierigsten war es bei Friedrich, wo die meisten Teilnehmer schon an den von Stunde zu Stunde abzuliefernden Seminarprotokollen scheiterten: sie mussten nach seinem Willen präzise ausgefeilt und stilistisch untadelig sein. Mit einiger Anstrengung gelang es mir, in Friedrichs Seminar zu reüssieren, ich arbeitete stundenlang an meinem Text – und das fast widerwillig gezischte Lob des Meisters «Sie können schreiben!» war für mich wie ein Ritterschlag.

Auch Gerhard Ritter ließ mich nach wenigen Semestern, in denen mich sein Schüler Ernst Walter Zeeden betreute, in sein Seminar, wo stets frisch vom Fass gezapft und immer wieder Neues entdeckt wurde. Sowohl in seinen Übungen zur Reformation wie in seinem Seminar über den Schlieffenplan habe ich inhaltlich und methodisch viel gelernt. Allmählich kam ich ihm näher, der Eindruck der Grimmigkeit verlor sich (oder ich hatte mich daran gewöhnt). Ich begriff, dass seine Stärke im Seminar, in der Forschung, nicht in der Vorlesung lag.

Eines Tages lud er mich in sein Haus in die Mozartstraße ein. Ich staunte über die Bücherwand, noch mehr aber über die große Akten-wand in seinem Arbeitszimmer, aus der man unschwer die ganze pro-minente deutsche Historikerschaft aus den auf den Aktenordnern auf-geklebten Abkürzungen ermitteln konnte, die von Aub. bis Erdm., von Heimp. bis Herzf., von Rothf. bis Schra. reichten (ich erfinde jetzt die Abkürzungen, aber ziemlich genau so war es!). Ritter, zeitweilig Vorsit-zender des Historikerverbandes, war auch ein Kulturpolitiker – heute würde man sagen: ein «Geschichtspolitiker» – von Graden. Ich erfuhr, dass er die Evangelische Kirche in Deutschland politisch beriet. Aber nach wie vor war ich befangen, ich lag in Sachen Geschichte, Ge-schichtsbild, Politik einfach nicht auf seiner Linie, und daran war kaum etwas zu ändern.

Ritter hatte sich im Dritten Reich unbestechlich und integer gezeigt (wie nicht wenige Konservative): seine Unterschrift stand unter der «Barmer Theologischen Erklärung» – und nach dem 20. Juli 1944 war er, als Mitglied der «Freiburger Kreise», die in Verbindung mit Carl Friedrich Goerdeler und Dietrich Bonhoeffer standen, von der Gestapo verhaftet worden und dem Tod in Berlin nur knapp entgangen. Aber der gebürtige Hesse blieb ein national-deutsch denkender und fühlen-der Historiker mit einiger Distanz zur Gegenwart, mit Vorbehalten ge-genüber Demokratie, Parlamentarismus, Menschenrechten. Ich spürte seinen Widerstand, als ich in seinem Reformationsseminar Erasmus als Anwalt der Willensfreiheit gegen Luthers Thesen vom unfreien Willen verteidigte. Vielleicht kehrte Ritter mir gegenüber auch sein Altluther-tum und sein pessimistisches Menschenbild besonders nachdrücklich hervor. Vielleicht fühlte er sich gegenüber uns Jüngeren überhaupt in einer Verteidigungsstellung. Heute weiß ich, dass er in jenen Jahren in einer großen Anspannung, die nachträglich hohen Respekt abnötigt, einen Zugang zur westlichen Welt, zu Demokratie und Menschenrech-ten suchte. Seine Selbstkritik verschärfte sich im Lauf der Zeit. Am Ende hielt nicht einmal das naturwüchsig Borussische in ihm den eige-nen Zweifeln stand. Mit seinem großen vierbändigen Werk «Staats-kunst und Kriegshandwerk. Das Problem des Militarismus in Deutsch-land», das 1954 zu erscheinen begann (abgeschlossen 1968), wurde er

*Der große eckige Alte
aus der Mozartstraße:
Gerhard Ritter
(1888–1967)*

*Katholik und Demokrat:
Franz Schnabel
(1887–1966)*

gegen Ende seines Lebens zum prominentesten historischen Kritiker des Militarismus in Deutschland.

Dennoch: als ich 1954 in die Studienstiftung des deutschen Volkes aufgenommen wurde und mich finanziell ein wenig freier bewegen konnte – vorher musste ich in jedem Semester die Studiengebühren aufbringen oder sie mit «Fleißprüfungen» zu reduzieren versuchen –, da nutzte ich die Gelegenheit zu einem Sprung nach München. Dort lehrte Franz Schnabel, den ich einige Monate nach meinem Abitur, im Oktober 1951, in Freiburg bei seinem Vortrag im Stadttheater zum 150jährigen Jubiläum des Verlags Herder erlebt hatte. Seine «Deutsche Geschichte im 19. Jahrhundert» – neu erschienen nach 1947 – kannte ich mittlerweile in- und auswendig und bewunderte sie.

Schnabel las im Sommersemester 1954 in München vierstündig im dichtgefüllten Auditorium Maximum der Ludwig-Maximilians-Universität über «Aufbau und Ausbau der nationalen Verfassungsstaaten in Europa». Das war genau das Thema, nach dem ich lange gesucht hatte – und von dem ich immer hoffte, auch Ritter werde es eines Tages behandeln. Schnabel sprach von «nationalen Verfassungsstaaten» – Ritter hätte wohl eher, wie damals bei den meisten deutschen Historikern üblich, von den «Großen Mächten» gesprochen. Auch Schnabel schilderte die Großen Mächte in ihrer expansiven Dynamik, ihrer Staatsräson, ihrem Egoismus – aber er ergänzte dieses Bild durch eine Innensicht, durch den Blick auf die Entwicklung von Verfassung und Gesellschaft, auf die politischen Strukturen der einzelnen Staaten, auf die Personen und die Umstände der jeweiligen Zeit.

Schnabel war ein erfahrener Pädagoge, ein überlegener Stoff-Disponent, ein sorgfältiger und genauer Erzähler. Geschichtliche Abläufe gewannen in seiner Darstellung epische Dichte (und manchmal dramatische Wucht). Zugleich wurden sie durchsichtig und anschaulich. Schnabels Stil war von vollkommener Klarheit, man hätte die Vorlesung mühelos ins Englische, noch besser ins Französische übersetzen können – nirgends eine Spur von Verschwommenheit, nirgends der in Deutschland bei vielen Rednern, auch akademischen, so beliebte orakelhafte Ton. Zug um Zug entstand aus seinen sorgfältig gebauten, deutlich artikulierten Sätzen ein umfassendes, nuancenreiches Bild der Zeit.

Geschichte: das war bei Schnabel politische Geschichte; von einer Reduktion auf Ideengeschichte oder Kulturgeschichte hielt er nichts (und er hätte wohl auch die später beliebten Reduktionen auf Technik, Statistiken, Kurven, auf anonyme Verläufe und unpersönliche Strukturen entschieden abgelehnt). Doch in seiner politischen Geschichte war im Keim schon vieles von dem enthalten, was später in der Geschichtswissenschaft als neue methodische Eroberung verkündet und gefeiert wurde. Die Probleme der Größenordnung, der Gewichtung spielten eine Rolle; Fragen der Relevanz wurden behandelt; die Sprechweisen der Zeit wurden analysiert (Schnabel war empfänglich für das, was man später den «linguistic turn» nannte!). Auch die perspektivische Veränderung historischer Fakten im Verlauf ihres Weiterwirkens, ihrer Rezeption durch Spätere kam zur Sprache, und vieles andere mehr. Schon bei seinem Freiburger Vortrag «Der Buchhandel und der geistige Aufstieg der abendländischen Völker» hatte ich bewundert, wie Schnabel nicht nur die Erfindung Gutenbergs mit der verblüffenden Präzision des gelernten Technikhistorikers zu schildern vermochte, sondern auch die literarischen, religiösen, kulturellen, sozialen und politischen Wirkungen der beweglichen Lettern durch die ganze neuere Geschichte hindurch in allen Einzelheiten zu verfolgen und anschaulich zu machen verstand – einschließlich der «Gegenrechnung», die er stets in Sachen Geschichte bereit hielt, der Kritik an Massenhaftigkeit und Verflachung, der Klage über die im Lauf der Zeit gewachsene Uferlosigkeit der literarischen Produktion.

Ich wollte das Semester in München ausnützen. So bat ich Schnabel in der Sprechstunde um Aufnahme in sein Seminar, das er gemeinsam mit dem Privatdozenten Heinz Gollwitzer abhielt und in dem es unter anderem auch um Bismarck ging. Aber Schnabel, als er hörte, ich komme aus Freiburg, lehnte rundweg ab. «Sie haben ja in Freiburg einen hervorragenden Fachmann», sagte er – «was können Sie da bei mir noch lernen?» Ich spürte die leise Ironie in seinen Worten und war enttäuscht. Ich wusste, dass es zwischen Schnabel und Ritter Streit gegeben hatte, sie waren klassische Rivalen, schon seit den zwanziger Jahren. Dachte der misstrauische Schnabel am Ende, ein kleiner Student im sechsten Semester wolle ihn ausforschen, womöglich gar im Auftrag Ritters? Dabei war ich doch gerade nach München gekommen, weil ich «neuer Dinge begierig» war, überdrüssig der alt-nationalen Töne im Freiburger Hörsaal, hungrig nach zeitgenössischer, demokratischer Kost. Aber ich brachte es nicht übers Herz, Schnabel zu sagen, ich sei aus Überdruss an Ritters Vorlesungen (nicht an seinen Seminaren!)

nach München geflohen – geflohen zu Schnabel, einem liberalen Geist, einem katholischen Demokraten. Die Versuchung war groß, ihm das direkt zu sagen und mich so ins rechte Licht zu stellen. Das Geständnis lag mir auf der Zunge. Aber hätte ich ausgesprochen, was ich fühlte, ich wäre mir illoyal vorgekommen gegenüber dem großen eckigen Alten in der Mozartstraße in Freiburg. So schwieg ich also – und genoss während des schönen Münchner Sommersemesters den bedeutenden Historiker und urbanen Darsteller Franz Schnabel vorzugsweise in seinen Vorlesungen – dies freilich mit Gewinn und bleibender Wirkung.

Studierte man damals an einer «fremden» Universität, so versuchte man in Vorlesungen und Seminaren alle bedeutenden Forscher kennenzulernen, ohne auf Fakultäts- und Fachgrenzen zu achten. So habe ich in München Theologen wie Romano Guardini und Gottlieb Söhngen gehört, Philosophen wie Aloys Wenzl, Neuphilologen wie Wolfgang Clemen und Gerhard Rohlfs, aber auch Physiker wie Walter Gerlach und Nationalökonomen wie Bernhard Pfister – nicht zu vergessen den Kunsthistoriker Hans Sedlmayr, dessen eingehende Analysen viele Studenten anzogen (er konnte eine Stunde lang über ein einziges Bild sprechen – so über Watteaus «Giles» –, ohne die Zuhörer zu ermüden). Eine Entdeckung war der junge Germanistikdozent Paul Stöcklein, der völlig frei sprach, langsam die Worte wählte und abwog und immer wieder Überraschungen bot; seine «Wege zum späten Goethe» kaufte ich mir sogleich und genieße sie bis heute – er war vielleicht der einzige Literaturhistoriker im damaligen München, der das philologische Niveau und die sprachliche Kunst Hugo Friedrichs in Freiburg erreichte. Auch den Philosophen Fritz Leist, der zum Kreis der «Weißen Rose» gehört hatte, hörte ich mit Respekt und Gewinn.

Zwei Münchner Seminare sind mir in Erinnerung geblieben. Bei Hans Rheinfelder referierte ich im Romanistischen Seminar über Alphonse de Lamartine. Es war ein kleiner, sehr geselliger Kreis. Beim Lesen der träumerischen Verse Lamartines wurde die Landschaft um Cluny lebendig, das südliche Burgund, aus dem der Dichter stammte und das ich aus den Freiburger Exkursionen des Studium generale kannte. Übrigens war Lamartine seit 1832 Abgeordneter und im Revolutionsjahr 1848 sogar kurze Zeit französischer Außenminister gewesen, es hatte ihn aber ziemlich rasch wieder aus der Politik fortgeweht. Die Leute wollten, zitierte Rheinfelder eine zeitgenössische Stimme, einen Minister, «der Haare auf der Brust hat!»

Den Philosophen Alois Dempf erlebte ich in Vorlesungen und in einem Seminar über Wissenschaftstheorie (mein Thema war Karl Mannheim). Dort lernte ich zwei Mitstudenten kennen, Peter Hanke und Irma Tjaden, die ich später beide als Dozenten in Tutzing und in München wiedersehen sollte. Wissenschaftlich hatte Dempf damals wohl schon seinen Zenit überschritten – aber sein Lachen, sein kräftiger Händedruck, seine aufmunternden Gesten, seine kühnen Sprüche waren ihm geblieben. Sein Vortragsstil war gänzlich unkonventionell – manchmal glich er mit einer Mischung aus Improvisation und Eruption, aus heftigem Staccato und langen Pausen einer herrlichen bayerischen Theateraufführung. Ich dachte: So müssen Franz von Baader und Joseph von Görres in der Münchner Universität geredet haben, bilderreich und ausfahrend, volkstümlich einprägsam und ganz und gar unzünftig. Dempf, ein Denker von altbayerischer Vitalität, war auch Arzt und Ökonom gewesen, er hatte sich standhaft den Nazis verweigert, die ihn prompt 1938 von seiner Wiener Lehrkanzel vertrieben; schon 1933 hatte er den Papst vor einem Konkordat mit Hitler gewarnt, und seine unter dem Pseudonym Michael Schäffler erschienene Schrift «Die Glaubensnot der deutschen Katholiken» (1934) gehörte zu den frühesten Zeugnissen geistigen Widerstands.

Ich wohnte damals als «Zimmerherr» – für ganze 40 Mark – in Trudering. Im benachbarten Riem probierten gerade die ersten Lufthansa-Maschinen nach dem Krieg das Fliegen, vielbestaunt von der Bevölkerung; mit meinem Freund Herbert Dufner, der in München Theologie studierte, spazierte ich am Sonntag hin und schaute den Starts und Landungen zu. Die Zimmervermieterin hatte mich freundlich-grimmig gemustert, als ich bei ihr vorsprach, hatte bayerische Abkunft vermisst, atmete aber bei der Mitteilung «aus Freiburg» erleichtert auf: «Wengstens a Süddeutscher!» «Und Damenbesuch gibt's nicht, verstanden?», fügte sie hinzu. «Und abends um 10 san's dahoam!» Das waren Zeiten! Vor lauter Lernen dachte man gar nicht an «Damenbesuch». Den Studentinnen war es übrigens bei anderen Zimmerwirtinnen ähnlich ergangen. Wir lachten gemeinsam, wenn wir uns im Seminar unsere Erlebnisse erzählten.

In München gab es eine landeseigene Begabtenförderung – das sogenannte Hundhammer-Stipendium. Aber auch die Studienstiftung war an der Universität präsent. Mit einer Studienstiftlergruppe fuhr ich an einem Wochenende in den Bayerischen Wald. In der Nähe des Stifterfelsens, wo die Grenze verlief, patrouillierten tschechische Soldaten. Sie nahmen eine drohende Haltung an, sobald man in ihre Nähe kam. Die Atmosphäre war gefährlich gespannt. Es gab noch keinen «kleinen Grenzverkehr».

Durch die Studienstiftung lernte ich Robert Jütte, aus dem später ein Medizinhistoriker wurde, und Helmuth Kreutzer, der später als Kleist-forscher exzellierte, kennen. Vertrauensdozent in München war der Physiker Walter Gerlach. Der berief plötzlich mitten im Semester eine Vollversammlung der Münchner Studienstiftlergruppen ein – die Land-tagswahlen standen bevor. Ziemlich unvermittelt hielt er eine Brand-rede gegen den bayerischen Kultusminister Alois Hundhammer und forderte die Bayern unter den Studierenden unverblümt zur Wahl der FDP oder SPD auf. Das fand ich ungehörig und mit der parteipoliti-schen Neutralität der Studienstiftung kaum vereinbar; es wäre in der Freiburger Studienstiftung undenkbar gewesen. Ich erkundigte mich: Gerlach war im Krieg «Bevollmächtigter des Reichsmarschalls für Kernphysik für das deutsche Uranprojekt» gewesen, die Alliierten hat-ten ihn nach dem Krieg im englischen Farm Hall interniert. Er hätte also gute Gründe zum Schweigen oder wenigstens zum behutsamen Reden gehabt – während Alois Hundhammer von Anfang an ein Geg-ner der Nationalsozialisten gewesen war und 1933 zu den ersten KZ-Insassen in Dachau gehört hatte.

Zurück in Freiburg, begegnete mir auf der Universitätstreppe wie-derum der rothaarige Reporter aus meiner Gymnasiastenzeit. Kurt Sontheimer war inzwischen Assistent bei Professor Arnold Bergstraes-ser, der – nach Jahren der Emigration in Chicago und einer Professur in Erlangen – 1954 den neuen Lehrstuhl für «Wissenschaftliche Politik» an der Albert-Ludwigs-Universität übernommen hatte. «Wollen Sie nicht zu uns kommen?», fragte mich Sontheimer. «Sie könnten mithel-fen, die Seminarbibliothek aufzubauen!» Ich dachte nach. Politikwis-senschaft, politische Bildung – das war mir nicht fremd, vor allem dank meiner Erfahrungen in der Jugendarbeit und bei den Wohlfahrtspfle-gern der Caritas, wo ich als Werkstudent gearbeitet und Geschichte un-terrichtet hatte. Außerdem machte mich das «Patt» zwischen meinen bevorzugten historischen Lehrern in Freiburg und München, Gerhard Ritter und Franz Schnabel, ein wenig ratlos. Die geschätzte, geliebte Geschichte – musste ich sie aufgeben? Ein Gespräch mit Gerd Tellen-bach half mir weiter; er meinte, auch innerhalb der wissenschaftlichen

Politik könne man historisch arbeiten – außerdem sei ja, falls ich Lehrer werden wollte, die soeben eingeführte «Gemeinschaftskunde» ebenso ein Schulfach wie Geschichte und Sprachen auch. So reifte mein Entschluss, es im Studium mit der akademischen Politik zu versuchen. Ich sagte Kurt Sontheimer mein Einverständnis, schlug eine neue Seite in meinem Studienbuch auf, arbeitete mich in die Geschichte des neuen – und zugleich sehr alten – Faches Politik ein – und habe es nie bereut.

Arnold Bergstraesser war damals wohl der wichtigste Remigrant an der Freiburger Universität. Als Schüler von Max und Alfred Weber besaß er noch die Weihen der alten Heidelberger Kultursoziologie. Das war ein Fach mit weitem geselligem Umkreis – in der akademischen Zunft lange Zeit als unseriös verdächtigt, beargwöhnt wegen seiner unerwarteten Ausstrahlung in eine breite Öffentlichkeit hinein. Selbstironisch zitierte Bergstraesser eine methodische Devise der Heidelberger Soziologen aus der Vorkriegszeit: in der Soziologie gehe es darum, Dinge, die jeder verstehe und die niemanden interessierten, so zu sagen, dass niemand sie verstehe und dass sie alle interessierten.

Mit Bergstraesser kam ich leicht und schnell zurecht. Der hochgewachsene Mann, der im Ersten Weltkrieg ein Auge verloren hatte, war eine ungewöhnliche Persönlichkeit, er hatte etwas Aristokratisches, Fürstliches – bei den Schülern und Mitarbeitern trug er wegen einer in der Tat verblüffenden Profilähnlichkeit mit Lorenzo de' Medici den Spitznamen «Lorenzo der Prächtige». Aber er konnte auch einschüchternd wirken, und sein Zorn, der selten ausbrach, aber lange anhielt, war gefürchtet.

Aus der Emigration, aus amerikanischen Universitätserfahrungen, aber auch aus Weimarer Zeiten, als er den Deutschen Akademischen Austauschdienst mitgegründet und mit Ernst Robert Curtius ein Frankreichbuch geschrieben hatte, brachte er akademische Weltläufigkeit und politischen Weitblick mit. Darin, und in seinen rhetorischen Talenten, stach er von vielen deutschen Kollegen ab, welche in der nationalsozialistischen Zeit kaum hatten reisen können und daher die Welt außerhalb der deutschen Grenzen nur wenig kannten. Bald wurde sein außenpolitischer Rat geschätzt – auch in Bonn, wo er besonders mit Bundespräsident Theodor Heuss, später mit Außenminister Gerhard Schröder in Verbindung trat. Eine Zeitlang galt er sogar als Anwärter auf das Amt des Bundespräsidenten.

Der liberale Erzieher:
Arnold Bergstraesser
(1896–1964)

Ein lebender Mythos:
Martin Heidegger
(1889–1976)

Aber die größten Wirkungen entfaltete Bergstraesser beim Aufbau der Politikwissenschaft und der politischen Bildung in Deutschland. Hier entwickelte er Initiativen, die von Freiburg aus bis nach Hessen, Bayern, Rheinland-Pfalz, Nordrhein-Westfalen, Hamburg und Berlin ausstrahlten. Baden-Württemberg wurde durch ihn und durch seine akademischen Partner Theodor Eschenburg in Tübingen, Carl Joachim Friedrich und Dolf Sternberger in Heidelberg bald das unbestrittene Musterland des neuen Faches. Politische Wissenschaft – das hieß für Bergstraesser ganz selbstverständlich auch «Demokratiewissenschaft»; es ging ihm um den Aufbau und die Zukunft, um das Gelingen der Demokratie in Deutschland. Hier war er leidenschaftlich engagiert – und hatte sich inzwischen längst vom Postulat der «Werturteilsfreiheit», von den politischen Reinheitsforderungen und Neutralitätsgeboten seiner Heidelberger Lehrer entfernt.

Persönlich habe ich Arnold Bergstraesser in meiner Freiburger Zeit als einen Mann von großer Liberalität und erstaunlichem Einfühlungsvermögen kennengelernt. In seinem Seminar – wirklich einer «Pflanzstätte» – konnten sich die verschiedensten Talente und Neigungen entwickeln. Die kräftigsten Individualitäten kamen zum Zug, ich nenne aus einer großen Schar von Schülern nur Manfred Hättich, Gottfried-Karl Kindermann, Dieter Oberndörfer, Alexander Schwan, Hans-Peter Schwarz, Kurt Sontheimer.

Natürlich hatten wir Jüngeren dem «Prächtigen» gegenüber auch unsere Fragen und Zweifel. Uns entging nicht, dass der Meister zwar viele Anstöße gab – dass aber sein Konzept einer Zukunftswissenschaft, einer Sorge für die «res gerendae», in der wissenschaftlichen Ausgestaltung kaum über Entwürfe und Forderungen hinauskam. Auch zehrte seine intensive Reise- und Tagungstätigkeit, bei der er immer wieder vor allem deutsche und amerikanische Politiker und Wissenschaftler zusammenbrachte, die nötige Zeit für Lehre und Forschung auf. So gab es oft lebhafte Diskurse, in denen wir von Bergstraesser vergeblich mehr Beständigkeit, mehr Sesshaftigkeit verlangten. Doch wir verstanden auch seine Lage und seine Psychologie: viele Lebensjahre waren ihm verloren gegangen, seitdem die Nationalsozialisten ihn wegen «jüdischer Versippung» aus dem Land getrieben hatten; nun wollte er in Deutschland noch Gutes bewirken, Böses verhindern, den Rechtsstaat entwickeln, die Demokratie verbessern – und es blieb ihm nicht mehr viel Zeit.

Von Freiburg schwärmten wir immer wieder aus zu den «Großen» in der Nähe und Ferne: zu Karl Barth und Karl Jaspers in Basel, zu Max Horkheimer und Theodor W. Adorno in Frankfurt, zu Otto Brunner in Hamburg (nicht zu Carl Schmitt in Plettenberg, der für uns «Freiburger» vor allem wegen seiner Äußerungen im frühen Dritten Reich und seiner damaligen Kampagne gegen jüdische Kollegen tabu war). Wir kamen meist ernüchtert zurück. Die meisten der Berühmten erwiesen sich, aus der Nähe besehen, als Ordinarien alten Stils, als autoritäre Lehrer mit wenig Fähigkeit zur Selbstkritik. Ihre Vorlesungen wimmelten von Sottisen über Kollegen (von Bergstraesser habe ich nie Derartiges gehört).

So höhnte Karl Barth über das «Jasperle-Theater», wenn die Studenten in der benachbarten Vorlesung in Basel dem Philosophen Jaspers hörbar Beifall klatschten. Adorno in Frankfurt setzte seinen Mitemigranten Paul Hindemith verächtlich als «Musikanten» – bei ihm ein Schimpfwort! – herab. Ich war empört: als Schüler in Freiburg hatte ich den kleinen, rundlichen, überaus beweglichen Hindemith bei einem Vortrag in der Musikhochschule am Münsterplatz erlebt, war von ihm begeistert, probte seine drei Orgelsonaten, die alsbald zu meinem «Repertoire» gehörten. Und wie stand es mit den bedauernswerten Schülern der «Großen»? Ihnen wurde ganz offensichtlich eine Menge Verehrung und Anbetung und viel Nibelungentreue im Kampf gegen echte oder vermeintliche «Feinde» abverlangt, wenn sie in eine nähere Beziehung zu den Meistern treten, gar bei ihnen Examen machen, promovieren oder sich habilitieren wollten.

Am Ende priesen wir Freiburger unser Los und waren glücklich darüber, dass wir vor dem alten Nationalliberalen Arnold Bergstraesser nie das Rauchfass der Verehrung schwingen mussten, wie das anderswo die Jüngeren zu tun genötigt waren – dass wir ihm immer wieder auch einiges Kritische sagen konnten, ohne Sanktionen befürchten zu müssen. Und die Entwicklung der Wissenschaft? Nun, die nahmen wir mit fröhlicher Unbekümmertheit (und jugendlicher Selbstüberschätzung!) einfach in die eigenen Hände. In dem von Dieter Oberndörfer herausgegebenen Band «Wissenschaftliche Politik» (1962), der locker gefügten «Bibel» der Freiburger politischen Schule, schrieben Autoren, von denen die meisten zwischen fünfundzwanzig und dreißig Jahren alt waren.

Rasch einigte ich mich mit Bergstraesser über ein Thema für meine

Staatsexamensarbeit. Ich wollte ja noch immer Lehrer werden – freilich mit abnehmender Begeisterung, seitdem ich in dem für Lehramtsanwärter vorgeschriebenen Volksschulpraktikum einen alten Nazi-Lehrer erlebt hatte, der mir allen Ernstes vorwarf, ich «fraternisiere» mit den Schülern (in seinen Augen ein schlimmes Vergehen). Ich wählte ein historisches Thema: «Die Vorgeschichte der Démocratie chrétienne in Frankreich».

Das hatte mit der Französischen Revolution zu tun, mit der Parteihistorie Frankreichs, aber auch mit der Entwicklung des modernen Katholizismus nach 1789 und mit dem Hervortreten der Laien in der Kirche – das Thema war neu und reichte in die Gegenwart hinein, da der MPR (Mouvement Républicain Populaire) in Frankreich aus dieser Tradition – der Tradition der «Christlichen Demokratie» – hervorgewachsen war. Die Volksrepublikaner bildeten in der unruhigen französischen Nachkriegspolitik ein Element der Kontinuität und Stabilität. Bidault, Schuman, Pflimlin, Michelet waren christlich-demokratische Politiker. Der erste Schritt zur europäischen Integration, die Schaffung der Montanunion – verkündet 1951, im Jahr meines Studienbeginns – war von dem Lothringer Robert Schuman ausgegangen (auch ihn lernten wir Studenten später, nach seiner Außenministerzeit, in Freiburg kennen).

Beim Staatsexamen in den Fächern Geschichte, Deutsch und Französisch im Sommer 1956 (nach vorausgegangenem Philosophicum bei Max Müller) leisteten mir die alten Kenntnisse aus dem Berthold-Gymnasium noch einmal gute Dienste. Im Übrigen musste man – wie wohl bei jedem Staatsexamen – ein wenig improvisieren. Die schriftlichen Aufgaben waren (damals noch!) recht weit gespannt, und was an mündlichen Fragen auf den Prüfling zukam, war im Voraus kaum zu ahnen. Vorlieben und Abneigungen der Prüfer spielten eine große Rolle. In der Alten Geschichte bei Herbert Nesselhauf wäre ich beinahe über die Diadochen gestolpert; beim Übersetzen des Vertrags von Verdun, der Reichsteilung von 843 in der schriftlichen Prüfung für Geschichte machten mir die lateinischen Namen jener Orte Mühe, aus denen (später) französische und deutsche Städte werden sollten. Im zentralen Text der Französisch-Prüfung plagte und verwirrte mich ein Schlüsselwort, das ich nicht kannte: cargaison. In letzter Minute kam mir als rettender Gedanke die Erinnerung an Heinrich Heines Gedicht «Der Supercargo» – cargaison, das musste «Ladung» heißen, und in der Tat erschloss sich von daher der ganze Text.

Ich bestand das Staatsexamen mit «gut» – und hätte gleich in den Referendardienst an einem Gymnasium eintreten können. Aber ich hatte inzwischen Feuer gefangen, ich wollte gern weiter wissenschaftlich arbeiten und meine Untersuchungen über die christliche Demokratie fortsetzen – und am Ende mit diesem Thema auch promovieren. Die Erlaubnis hierzu – und auch die finanzielle Unterstützung – musste ich dem Römischrechtler Fritz Pringsheim, einem Katja-Mann-Verwandten (Vetter ihres Vaters Alfred), der mein Vertrauensdozent in der Studienstiftung war, in einem längeren Gespräch erst abringen. Er war von meinem Thema nicht ganz überzeugt. Übertrug er vielleicht Vorbehalte gegen die Unionsparteien und ihre aktuelle Politik auf den historischen Gegenstand? Wir diskutierten lange, mehr als eine Stunde. Am Ende erhielt ich wider Erwarten doch seine Zustimmung zu meinem Plan – als «Vertrauensvorschuss», wie er sagte. Ich konnte aufatmen und an die Arbeit gehen.

12. Lebensthemen, in Büchern gefunden

«Ich machte mich kühn an die Wiederentdeckung
der alteuropäischen ‹Policey›»

Lesend, schreibend, nachdenkend, diskutierend hatte ich mit meinen bescheidenen Kräften versucht, «die Zeit in Gedanken zu fassen» – wie es wohl die meisten tun, die das Glück haben, eine Universität besuchen und studieren zu dürfen. Ich versuchte mich zu orientieren, wollte die Gegenwart verstehen lernen. Ich suchte nach Sicherheit – einem Gran Sicherheit zumindest – in der Wissenschaft. Der Vorsatz war gut, doch die Ausführung erwies sich als schwierig. Noch hatte ich nichts in Händen, was sich für die Zukunft als tragfähig erwies.

Seit dem Krieg, genauer seit der Zerstörung meines Kinderparadieses in der Bombennacht vom 27. November 1944, war mir bewusst geworden, dass ein elementarer Wandel im Gang war, eine Veränderung, die uns immer mehr entfernte von den Lebensgewohnheiten und Überlieferungen der Vergangenheit. Vieles, was noch vor kurzem dauerhaft schien, war ins Wanken geraten. Nichts mehr war einfach vorhanden und verfügbar. In solchen Zeiten wird man fast von selbst zur Geschichte hingezogen; bei mir kam im Lauf der Zeit ein Interesse für Philosophie, später für öffentliches Recht, Nationalökonomie und Sozialwissenschaften dazu. Ich wollte erkennen, was ringsum vorging, wollte wissen, wohin die Zeit sich bewegte. Was war mit der Kirche in der Zeit nach den modernen Revolutionen, mit Staat und Verwaltung im demokratischen Zeitalter, mit der Person im Zeitalter der Massen? Gewiss standen mir diese Fragen noch nicht so deutlich vor Augen, wie ich sie heute formuliere. Aber sie beschäftigten mich, sie arbeiteten und rumorten in mir. Was ich sah, war verwirrend, entbehrte der Eindeutigkeit. Die Zeit schien ein doppeltes Gesicht zu haben – Revolution und revolutionärer Wandel auf der einen Seite; auf der anderen Seite die starken Widerlager des Überlieferten: Kirche, Staat, Verwaltung, Erziehung, Sprache.

1957 fuhr ich das erste Mal nach Paris – und kehrte in den nächsten beiden Jahren mehrmals dorthin zurück. Ich wohnte in einem kleinen Mansardenzimmer auf der Île Saint-Louis, in einer Umgebung, die damals ziemlich verfallen und schmutzig war, jedoch voller Erinnerungen steckte. Ganz in der Nähe hatte Baudelaire gewohnt, um die Ecke hatte Camille Claudel ihr Atelier gehabt. Auf meinem täglichen Spaziergang zur Nationalbibliothek ging ich am Palais Royal vorbei und stellte mir die Szenen vor, die sich dort in den Anfängen der Französischen Revolution abgespielt hatten.

Mich ergötzten die fliegenden Händler, die morgens mit lauten Schreien Obst anboten: der Ruf: «Pamplemousses!» klingt mir noch in den Ohren. Ich ging auch in die Hallen, den «Bauch von Paris», und leistete mir von meinen Südwestfunk-Honoraren raffiniert zubereitete Kutteln in einer «Triperie», oder ich aß eine originale Zwiebelsuppe, die lange Käsefäden zog. In der U-Bahn genoss ich die treuherzige Mahnung, die in den Waggons zu lesen stand: «Trinken Sie nicht mehr als einen Liter Wein pro Tag!» Auf dem Eiffelturm wurde ich Zeuge eines Streits zwischen zwei geschniegelten Parisern und einer ländlichen Gruppe aus der Provinz. Warum es ging, weiß ich nicht mehr – aber der Kommentar eines Dabeistehenden ist mir noch in Erinnerung, der im Brustton der Verachtung ausrief: «Typisch, Leute aus der Provinz!» – und bei dem breit ausgesprochenen Wort «de l'Intérieur» verzog er verächtlich den Mund. Ich besuchte auch Gottesdienste der Arbeiterpriester, die damals von sich reden machten – später berichtete ich darüber im Südwestfunk. Und ein Höhepunkt am Sonntag war es, die

Organisten anzuhören: Marcel Dupré in Saint-Sulpice und Olivier Messiaen in der Trinité.

Im Nationalarchiv und in der Nationalbibliothek vertiefte ich mich in die Quellen zur Geschichte der Französischen Revolution. Ich stieß auf merkwürdige Zusammenhänge. Im Schoß der «Konstitutionellen Kirche», der Kirche der «Jureurs», die 1790/91 den Eid auf die Verfassung ablegten, begegneten mir Gruppen, die eine «Démocratie fraternelle», eine «Démocratie chrétienne» erstrebten. Ihre Theologie stach deutlich ab von der überlieferten Kirchenlehre. Für diese «christlichen Demokraten» war Jesus der große Befreier der Menschen; verfolgt und getötet hatten ihn die «Aristokraten»; er war gestorben für die «démocratie de l'univers». Ich fand die (bis heute) ältesten historischen Belege für Begriff und Bewegung der christlichen Demokratie, sie lagen am linken Rand der theologischen Zeitströmungen, des revolutionären Parteienspektrums.

Diese Spuren verfolgte ich weiter durch alle Revolutionen hindurch, 1789, 1830, 1848 – bis hin zum Jahr 1892, als im Anschluß an die Enzyklika «Rerum novarum» Papst Leos XIII. – die berühmte «Arbeiterenzyklika» – in allen romanischen Ländern neuerlich christlich-demokratische Strömungen (unter diesem Namen!) auftauchten. Ich versuchte die personellen Verknüpfungen, die Überlieferungs-Zusammenhänge zu entschlüsseln, zu klären, wer sich auf wen berief, wer sich als Erbe früherer Persönlichkeiten und Traditionen empfand. Damit hatte ich nicht nur einen roten Faden zur Beschreibung der Frühgeschichte der christlich-demokratischen Bewegungen und Parteien in der Hand – diese Geschichte enthielt auch wesentliche Elemente der Auseinandersetzung zwischen der katholischen Kirche und der modernen Demokratie. Ein Thema war entdeckt: Kirche und Revolution, Kirche und Demokratie, Kirche und Moderne. Es sollte mich ein ganzes Leben lang begleiten – vom Bergstraesser-Seminar in Freiburg in den Fünfzigern bis zum Guardini-Lehrstuhl in München in den achtziger und neunziger Jahren.

Im Sommer 1957 wurde ich mit der Dissertation «Revolution und Kirche. Studien zur Entstehungsgeschichte der christlichen Demokratie in Frankreich (1789–1850)» in Freiburg bei Arnold Bergstraesser, Gerd Tellenbach und Hugo Friedrich summa cum laude promoviert. Aus der Dissertation wurde in zwei weiteren Jahren ein Buch. 1959 veröffentlicht, später in mehrere Sprachen übersetzt, wurde es mit sechs Auflagen der dauerhafteste Erfolg unter meinen wissenschaftlichen Publikationen. Gleich zu Anfang fand ich übrigens zwei verständnisvolle, ja begeisterte Rezensenten: Friedrich Heer in Wien und Hans Ulrich Wehler (damals in Köln).

In die stillen Räume der «Bibliothèque Nationale» in Paris war mittlerweile das Zeitgeschehen eingedrungen. Im Frühjahr 1958 arbeitete ich dort, um die Buchausgabe vorzubereiten und die Thematik der christlichen Demokratie bis zum Ende des 19. Jahrhunderts auszuweiten und in Exkursen bis in die Gegenwart weiterzuführen. Auf den Pariser Straßen spürte man, dass sich ein politischer Umschwung vorbereitete. Es gab Anschläge, Zusammenstöße. Die «Plastiqueurs» richteten Schäden an Gebäuden an. Die Vierte Republik lag offensichtlich in den letzten Zügen. Die französische Politik hatte zwar noch die Kraft gehabt, den Indochinakrieg zu beenden (der Stab wurde elegant an die Amerikaner weitergereicht!), aber sie versagte bei der Lösung des Algerienproblems.

Ein Eiferer hatte in der Nationalbibliothek einen Spruch an die Wand gemalt: «L'Algérie = 3 Départements. On ne négocie pas avec des départements!» (Algerien, das sind drei Departements. Mit Departements verhandelt man nicht!) Die nominalistische Logik verblüffte mich. (Ich sollte ihr in der französischen Politik noch oft begegnen!) Die Wandinschrift offenbarte einiges von den Schwierigkeiten, die Frankreich in Sachen Entkolonisierung hatte. Zu Hause in Freiburg angekommen, hörte ich, dass Präsident René Coty einen Ruf an General de Gaulle gerichtet hatte – der aber weigerte sich, zur Investitur vor der Nationalversammlung zu erscheinen, er stellte Bedingungen, bestand auf einem konstitutionellen Neuanfang, was inakzeptabel erschien. Daraufhin wurde der elsässische Volksrepublikaner Pierre Pflimlin mit der Bildung der Regierung beauftragt. Am Tag seiner Investitur, am 13. Mai 1958, besetzten Fallschirmtruppen in Algier das Generalgouvernement. Der gesetzlichen Gewalt in Paris stand plötzlich eine Militärmacht in Algerien im Aufstand gegenüber.

Was folgte, ist bekannt: um einen Bürgerkrieg zu vermeiden, willigten der Volksrepublikaner Pierre Pflimlin und der Sozialist Guy Mollet in die Berufung de Gaulles ein oder fanden sich mit ihr ab. Am Abend des 27. Mai reichte Pflimlin seine Entlassung ein mit dem berühmten Satz: «Wir bewirken damit keine Unterbrechung der Staatsgewalt.» Der Wechsel von der Vierten zur Fünften Republik ging am Ende glimpflicher vor sich, als viele Franzosen (auch viele Deutsche!) erwartet und befürchtet hatten: Weder trat eine reaktionäre Wendung in der Innenpolitik noch eine grundlegende außenpolitische Kursänderung ein – wenn auch die Gangart der Europapolitik sich für einige Zeit verlangsamte; denn für Charles de Gaulle, der sich ein Leben lang bedingungslos mit Frankreich identifizierte, war Europa zunächst ein Fremdwort. Den tapferen Robert Schuman hielt er für einen «Boche» — «un bon boche mais un boche», sagte er. Der General brauchte einige Zeit zum Nachlernen – am Ende aber nahm er die nötige Wendung doch schneller, als man gedacht hatte.

Mehrfach habe ich de Gaulle in Paris gesehen und gehört – einmal ganz aus der Nähe beim Besuch von Präsident Dwight D. Eisenhower in Paris, als die beiden Staatsmänner im offenen, für beide eigentlich viel zu kleinen Citroën DS über den Concorde-Platz fuhren. Inzwischen war in Paris bei Veranstaltungen dieser Art die alte Sorglosigkeit zurückgekehrt. Von größeren Sicherheitsvorkehrungen keine Spur. Zufällig begegnete ich bei einem Spaziergang im Bois de Boulogne einer Dame mit zwei männlichen bewaffneten Begleitern – es war Yvonne de Gaulle. Die de Gaulles waren bekannt für ihre persönliche Einfachheit und Anspruchslosigkeit, freilich war der General von seiner weltpolitischen Berufung und Bedeutung in jedem Augenblick tief überzeugt. Von General Hans Speidel – einem Freund Bergstraessers, damals Oberbefehlshaber der alliierten Landstreitkräfte in Mitteleuropa bei der NATO mit Sitz in Fontainebleau – hörten wir, als er im Freiburger Seminar zu Gast war, Einzelheiten über die erste Begegnung de Gaulles mit Adenauer in Colombey-les-Deux-Églises im Herbst 1958. Was hatte de Gaulle am Ende eines langen Besuchs, der glücklicherweise entspannt und freundschaftlich verlaufen war, über den Alten aus Bonn gesagt? Dass er mit ihm übereinstimme? Dass der deutsche Gast ähnlich denke wie er selbst? Nein, er verkündete im kleinen Kreis: «Il est digne de moi» – «er ist meiner würdig».

Für mein zweites Lebensthema machte ich die ersten Funde gleichfalls in Paris. Es ging nicht um die Kirche – es ging um den modernen Staat. In der Nationalbibliothek stieß ich auf Nicolas De la Mares monumentalen «Traité de la Police» (1705–1719). Die schweren Folianten – sie wurden damals noch von Saaldienern zu den einzelnen Arbeitstischen gebracht! – boten eine fesselnde Lektüre. Man fand hier ein umfassendes Register staatlicher Tätigkeiten, ein nahezu vollständiges «Maschinenbuch» der französischen Staatsverwaltung des 17. Jahrhunderts – vom Personenstand bis zu Markt und Handel, von den Kleiderordnungen bis zu den Reglements für Wohnung, Nahrung, Verkehr. Police, Policey – mit diesem altgriechischen Wort (politeia) wurde in Frankreich – und bald in ganz Europa! – die Summe der immer umfangreicher werdenden staatlichen Verwaltungstätigkeiten umschrieben. In De la Mares Traktat hatte der Leser all das übersichtlich geordnet vor sich, was der moderne Staat *in praxi* tat, er konnte die Felder, die Bereiche sehen, in denen dieser Staat über die alten Begrenzungen, die mittelalterliche Rechts- und Friedenswahrung hinauswuchs, er konnte im Einzelnen verfolgen, welche neuen Instrumente er sich schuf und wie er sein Tun theoretisch und politisch rechtfertigte und begründete.

Ich suchte nach Parallelen in Deutschland und stieß auf die Polizeiordnungen, wie sie sich seit dem späten Mittelalter in den Städten, später in den Territorien und im Reich entwickelt hatten. Lange Zeit waren sie über den gemeinrechtlichen Quellen, den Land- und Stadtrechten, übersehen worden; erst im Zeichen moderner sozialstaatlicher Verwaltung wurden sie wieder entdeckt, ediert und untersucht. Für das alltägliche Leben der Menschen in der frühen Neuzeit, ihr Wohnen und Arbeiten, ihre sozialen Beziehungen, ihre Gewohnheiten und Pflichten waren diese Gebote und Verbote von großer Bedeutung. Sie bildeten ein dichtes Netz – höchst eindrucksvoll, manchmal auch einschüchternd; jedenfalls viel gegenwärtiger und wirksamer als der rezipierte Quellenstoff des römischen Rechts, der die herkömmlichen Gewohnheiten zwar umformte, aber nicht verdrängen konnte.

In Deutschland schien die «gute Policey» einen besonders fruchtbaren Boden zu finden. So folgte den Polizeiordnungen bald eine systematische Polizeiliteratur – und später eine akademische «Polizeiwissenschaft» nach. Ich begann sie – noch ganz vorläufig – zu erkunden: in Göttingen in der Universitätsbibliothek (später in Berlin, Heidelberg und Tübingen), und war fasziniert: Was für eine reiche Überlieferung, wie viele Schriften, wie viele Autoren – und wie tief reichte die Lehre in die Praxis, in den Alltag hinein!

Aus den Quellen wurde der systematische Ort der Polizeiwissenschaft klar: Sie bildete das politische Kern- und Mittelstück der Trias «Ökonomie, Policey und Cammer-Sachen». Sie stand, modern gesprochen, als «Verwaltungslehre» zwischen der «Nationalökonomie» auf der einen, der «Finanzwissenschaft» auf der anderen Seite. Für rasch entschlossene Neugierige bot sich eine reiche Ausbeute. Bald stand mein Entschluss fest, die Polizeiwissenschaft systematisch zu erforschen und mich damit in Freiburg in der Philosophischen Fakultät, bei Arnold Bergstraesser, zu habilitieren (die Polizeiordnungen hatte schon Gustav Klemens Schmelzeisen ediert und erschlossen, mit dem ich darüber in Karlsruhe ein langes Gespräch führte). Was ich fand, war weit mehr als die übliche «Forschungslücke». «Policey» – das war ein ganzes Universum, ein kleiner Kontinent. Ich war – fast als erster – unterwegs auf einem weiten, noch kaum erschlossenen Gelände. Nachdem Otto Brunner die alteuropäische «Ökonomik» wiederentdeckt und in den Blick der Forschung gerückt hatte, machte ich mich kühn – und im Voraus vom Gelingen überzeugt – an die Wiederentdeckung der alteuropäischen «Policey».

Diesmal ging es leichter und rascher als bei der Dissertation. Ich hatte inzwischen eine Stelle als Tutor im Studium generale der Universität. Sie bot gute Gelegenheit zu Kontakten mit Professoren und Studenten. Daneben hielt ich im Seminar Übungen ab für Studierende der Wissenschaftlichen Politik, vor allem für Lehramtskandidaten. Ein Antrag an die Deutsche Forschungsgemeinschaft war erfolgreich: Ich erhielt für die Jahre 1960 und 1961 ein Forschungsstipendium, so dass ich mich ganz der Arbeit an der Habilitationsschrift widmen konnte. Die einzelnen Kapitel entstanden Zug um Zug, ich schrieb sie zuhause in der Oberau 75, wo ich – nach dem Bombenkrieg und nach mehreren Umzügen – bei meiner Mutter und Schwester wohnte, nur wenige Häuser von unserer alten, 1944 zerstörten (inzwischen wieder aufgebauten) Wohnung entfernt. Dazwischen reiste ich in Deutschland von einer Bibliothek zur andern, zur Sichtung und Auswertung der frühen Polizeiliteratur. Die Monate der Vorbereitung auf die Habilitation verflogen im Nu. Es war eine entspannte Zeit – vielleicht die entspannteste meines ganzen Lebens. Nie wieder habe ich mich später so intensiv, so unabgelenkt der Forschung widmen können wie damals – fast zwei volle Jahre lang.

Am 1. Januar 1962 übernahm ich eine Assistentur am Seminar für Wissenschaftliche Politik. Und im Frühsommer war es so weit: Die Arbeit über «Die Entstehung der älteren deutschen Staats- und Verwaltungslehre (Polizeiwissenschaft)» – so der ursprüngliche Titel – wurde als Habilitationsschrift angenommen. Das Kolloquium nahte, bei dem traditionellerweise die ganze Fakultät anwesend war. Es war der 19. Mai. Ich sprach über «Montesquieu und die Tradition». Hernach kamen Fragen von allen Seiten, eine knappe Stunde lang, und ich versuchte auf alle zu antworten. Die Philosophische Fakultät hatte eine große Breite, sie war hochspezialisiert und -differenziert, aus vielen Fächern zusammengesetzt. Auch der Anglist, der Musikwissenschaftler, der Linguist, der Althistoriker beteiligten sich am Gespräch, begehrten Erläuterungen. Von jedem «Neuen» wurde damals bei einer Habilitation nicht nur Fachwissen, sondern vor allem eine gute Allgemeinbildung verlangt. Dann wurde ich hinausgebeten – und nach kurzer Beratung der Fakultätsmitglieder wieder hereingeholt. Ich hatte bestanden. Zum Schluss erhoben sich alle, und ich wurde mit einem Glas Kirschwasser und einem ermunternden Trinkspruch als Kollege in die akademische Zunft aufgenommen. Es war ein lockeres, fast neckisches Zeremoniell. Es hatte Stil.

Alsbald begann ich in Freiburg zu «lesen» – also Vorlesungen zu halten. Und in der Tat, Tellenbach hatte recht gehabt: Ich konnte meine Themen frei wählen – im Rahmen des Fachs und seiner Didaktik, versteht sich, aber dieser Rahmen war zum Glück recht weitgespannt. Ich trug damals die Haare noch länger als heute und las tief über das Katheder gebeugt. Der Kollege Horst Ehmke, seit kurzem in Freiburg in der Rechts- und Staatswissenschaftlichen Fakultät, beobachtete mich eines Tages durch die Glaswand (es war ein Behelfsraum) und spottete: «Eindrucksvoll, diese Haare; und wenn die später erst einmal weiß sind – gar nicht auszudenken!»

Beim ersten Fakultätsausflug begegnete ich Gerhard Ritter. Er gratulierte mir zur Habilitation – und schalt mich zugleich, weil ich «von der Fahne» (der Geschichtswissenschaft) gegangen sei. Aber Gerd Tellenbach mischte sich ein mit seiner Glockenstimme: «Herr Ritter, Sie werden in der Habilitationsschrift von Herrn Maier Dinge finden, die sogar für Sie neu sind!» In der Tat hatte ich versucht, die Innenseite des älteren deutschen Staates so genau und sorgsam zu beschreiben wie nur möglich, sine ira et studio, mit Licht und Schatten. Später, als mein Buch erschienen war – es dauerte bis 1966! –, hat Ritter das auch anerkannt. Am 22. September 1966 schrieb er mir: «Das Buch scheint mir ein sehr fruchtbarer Neuansatz zur Strukturanalyse der deutschen Territorialstaaten des 16.–18. Jahrhunderts. Es ist kein Zweifel…, daß diese Staatswesen in Europa eine Sonderstellung einnehmen mit ihrer fast ausschließlich nach innen, und zwar auf die ‹Landeswohlfahrt›, nicht auf Machtbildung und Gewaltanwendung gerichteten ‹Polizei›. Diese Sonderstellung ist aber noch nie so genau und so anschaulich untersucht und dargestellt worden wie von Ihnen ...»

13. Neuling im akademischen Hain

«Man sollte wissen, was Hölderlin über Indien gedacht hat.»

Nun war ich also heimisch geworden in der mir ursprünglich fremden akademischen Welt. Das war eine Welt mit strengen Regeln, eigenen Gesetzen. «Kennst du die Losung?» schienen die Tempelwächter Homer und Aristoteles mir zuzurufen, wenn ich die Universität betrat. «Immer der Beste zu sein, der Erste vor allen andern» – so stand es in griechischen Lettern auf dem Sockel des einen. Und der andere verkündete den Vorübergehenden kurz und streng: «Alle Menschen streben von Natur nach Wissen». Eine beruhigende Botschaft für Leute, die sich dem Lehrberuf verschrieben hatten. Aber war es wirklich so, strebten wirklich alle Menschen nach Wissen?

So groß meine Freude über den frisch erworbenen Zutritt zum Hain des Akademos war – einige Zweifel blieben doch bestehen. In der Familie, in der bäuerlichen Verwandtschaft hatte ich gelernt, dass es nicht genügte, nur ganz allein, für sich, seinen Weg zu suchen. Wichtig waren auch die helfenden Hände, die zur rechten Zeit eingriffen. Der lebensbedrohende Krieg hatte gezeigt, wie abhängig der Einzelne von unzähligen anderen war – wie glücklich waren wir, als unsere Verwandten, nachdem wir ein zweites Mal ausgebombt waren, plötzlich in der Stadt auftauchten, um uns Butter, Brot und Eier in unsere Notunterkunft zu bringen! Nicht zu reden von der Mariahilf-Kirche, wo der Stadtpfarrer Hausch beharrlich jeden Sonntag in der Andacht Gaben für die Armen sammeln ließ und wo die ganze Gemeinde, den Krieg hindurch und auch noch in der Nachkriegszeit, in seinen Ruf einstimmte: «Wir beten um den Geist der Liebe in der Pfarrgemeinde!» Um neue Einsichten, um reine Erkenntnis, um das «Voransein vor den anderen» ging es da wohl kaum.

Eines freilich war von Vorteil in meiner neuen Lage: Ich galt jetzt bei der Verwandtschaft nicht mehr als ein Sozialfall, als eine zur Hälfte oder zur Gänze gescheiterte Existenz. In diesem zweifelhaften Licht war ich nämlich vor allem meinen Land-Verwandten eine Zeitlang erschienen – weil ich ja keinen Beruf, keine gesicherte Stellung besaß. Jahrelang hatte meine Mutter mich gegen den Verdacht verteidigen müssen, ich sei so etwas wie ein «ewiger Student». «Hat er jetzt endlich eine Stelle?», so wurde zweifelnd gefragt. Von Stipendien, von der Studienstiftung, von der Deutschen Forschungsgemeinschaft zu leben – das glich für Landwirte und Winzer, die ihr Einkommen mit ihrer Hände Arbeit erwirtschaften mussten, fast einer Bettelsuppe, ähnlich derjenigen, die man für Obdachlose an einer Klosterpforte bereithielt. Mit dieser Art von «Einkommen» war ich beinahe ein Gegenstand des Mitleids geworden. Das war jetzt Gott sei Dank zu Ende – auch wenn der Titel eines «Assistenten», eines «Privatdozenten» eine reichlich abstrakte Größe blieb; beileibe nicht so konkret und anschaulich wie der eines Holzverkäufers oder eines Gemüsebauern.

Heute verstehe ich meine Verwandten gut. In der ganzen Großfamilie gab es ja bis dahin keinen einzigen Akademiker. Ich war der erste, einzige, der «aus der Art geschlagen» war. Und da ich den Verwandten jahrelang aus dem Blick geraten war – verschwunden in Hörsälen und Seminaren, eingeschlossen in Archiven und Bibliotheken –, musste man sich nicht wundern, dass kritische Fragen aufkamen und Zweifel an meinem beruflichen Erfolg sich verbreiteten. Das besserte sich jetzt. Skepsis, Zweifel und Bedenken schlugen in achtungsvolles Kopfnicken, in Anerkennung, in Ermunterung um. Und als ich gar «Rufe» erhielt und am Ende sogar «Professor» wurde, verstummten die kritischen Stimmen schließlich ganz.

Natürlich waren auch meine akademischen Lehr- und Wanderjahre nie Alleingänge gewesen. Ich hatte nie als Eigenbrötler stumm vor mich hingeforscht. Im Gegenteil: Ich hatte in diesen Jahren viele neue Bekanntschaften gemacht, in Freiburg, in München und Paris, an vielen Orten. In Freiburg hatte sich Ende der fünfziger Jahre ein Kreis von älteren Studenten, von Assistenten und Dozenten gebildet, der sich regelmäßig am Samstagabend bei dem Philosophen Heinrich Rombach traf – Leute, die Geschichte, Sprachen, Kunst- und Musikgeschichte und Philosophie studierten. Ernst Tugendhat und Michael Theunissen waren dabei. Wir erzählten uns gegenseitig von Veranstaltungen, die wir besucht, von Wissenschaftlern und Künstlern, die wir kennengelernt hatten, wir berichteten über eigene Forschungen, diskutierten und stritten miteinander. Ein Thema war die jüngste deutsche Geschichte, ein anderes der Sozialdarwinismus, ein drittes die moderne Kunst, ein viertes die Literatur, vor allem die Prager und Wiener Literatur um 1900. Gemeinsam lasen wir Hegels Rechtsphilosophie, Paragraph für Paragraph, wir bohrten uns in einzelne Formulierungen förmlich hinein, schlugen Verbindungen zur Gegenwart, diskutierten Nuancen der Bedeutung – bis unser «Ältester», Hans-Günther Zmarzlik, Historiker und Ritter-Schüler, uns mit einem Hebel-Vers diskret daran erinnerte, dass es schon über Mitternacht und Zeit zum Aufbruch sei: «Der Samstig het zuem Sunntig gseit ...»

Je mehr wir uns von unseren akademischen Lehrern lösten, desto wichtiger wurden die Verbindungen mit den Gleichaltrigen, den «Neuen». Bei den Juristen machte damals ein junger Mann Furore (ich habe ihn schon erwähnt): Horst Ehmke. Wie ein Wirbelwind tauchte er 1961, soeben 34 Jahre alt, im geruhsamen Freiburg auf. Er kam mit einer doppelten «Weihe» – als «Amerikaner» und als «Göttinger». Ehmke war einer der ersten deutschen Austauschstudenten nach dem Krieg gewesen, er hatte in Princeton gearbeitet – so pflegte er einen sportlich-legeren Umgang mit Studenten und Kollegen. Als «Göttinger» aber, als Mitglied des berühmten Seminars von Rudolf Smend, der Pflanzstätte eines neuen Staats- und Kirchenrechts, konnte er plötzlich auch ganz anders sein – geheimnisvoll und esoterisch. Dann wechselte sein Ton von fröhlicher Respektlosigkeit zu behutsamer Strenge, und der immer Muntere, von sich Überzeugte legte ganz unerwartet so etwas wie Demut an den Tag – Demut vor den (wenigen) Großen, die er schätzte und verehrte.

Ehmkes ungezwungene Art zog viele jüngere Leute an, und so gehörten bald nicht wenige Nachwuchswissenschaftler in Freiburg, Juristen, Ökonomen, Historiker und Politikwissenschaftler, zum Freundeskreis des jungen, 1963 zum Ordinarius ernannten Professors für öffentliches Recht – ich nenne nur Manfred Hättich, Alexander Hollerbach und Peter Häberle. Ich schätzte Horst Ehmke vor allem auch deshalb, weil er keinerlei Vorurteile gegen Katholiken hegte (in der damaligen Zeit an Universitäten noch keineswegs selbstverständlich!). Etwas vom rheinischen Katholizismus schien ihn in seiner Zeit in Bonn berührt zu haben – Lebensfreude, Gelassenheit, ein augenzwinkerndes Einverständnis mit der Welt. Ehmke schwärmte von Köln und erzählte begeistert Kölner Witze. Einer davon entsetzte die Protestanten unter uns und vergnügte die Katholiken: Ein junger Mann, lebenslustig, ausgekocht, Bonvivant mit entsprechenden Erfahrungen kniet nach einer langen Beichte mit vielen Sünden in der Kirchenbank im Kölner Dom und betet seine Buße – als plötzlich der Beichtvater aus dem Beichtstuhl kommt und quer durch den Dom auf ihn zugeht. Er schaut entsetzt – was erwartet ihn wohl? Noch ein längeres Bußgebet? Eine Zornesrede? Gar die Verweisung aus dem Heiligtum? Nein, der Pfarrer lächelt verständnisvoll und sagt aufmunternd: «War schön in Kölle, was?»

Wir wussten, dass Ehmke Sozialdemokrat war (die Mehrzahl von uns stand eher den Unionsparteien nahe). Wir kooperierten miteinander bei den vielfältigen Aktivitäten der politischen Bildung, um die sich in Freiburg Menschen in allen Fakultäten mühten. Die Studenten waren ja in den fünfziger und den frühen sechziger Jahren – entgegen der späteren Legendenbildung – durchaus politisch interessiert; nur eben breiter, vielfältiger und kontroverser als in den ideologisch einförmigen Jahren nach 1968. Ehmke bereicherte das politische Spektrum durch den von ihm gegründeten Ernst-Reuter-Kreis. Der Name war – nach der erfolgreich überstandenen Berliner Blockade und nach der Neupositionierung der SPD in Bad Godesberg – ein politisches Programm; er stand für Festigkeit, Reformwillen, Offenheit, für eine erneuerte Sozialdemokratie. Von uns engagierten sich viele bei der Gesellschaft für christlich-demokratische Bildungsarbeit, der Vorläuferin der Konrad-Adenauer-Stiftung. Wir beobachteten uns gegenseitig, aufmerksam, wohlwollend, manchmal mit leisem Spott; so meinte Ehmke, wir müssten eigentlich, nach dem bevorzugten Aufenthaltsort des greisen Konrad Adenauer in Italien, «die Cadenabbia» heißen. Wir dagegen erkundigten uns jedes Mal, wenn wir junge Sozialdemokraten aufsteigen, gut verdienen und schicke Autos fahren sahen, ironisch-gelassen danach, ob denn die Verpflichtung zum Klassenkampf für die Partei noch gelte, ob denn Karl Marx noch an Bord der SPD sei.

Eine besondere Freiburger Institution war das «Colloquium politicum» – von Bergstraesser gegründet und betreut, ein politischer Seitenzweig des damals wichtigen, über die einzelnen Fakultäten hinauswirkenden Studium generale. An der Spitze stand Hans-Peter Schwarz, später Jürgen Schwarz. Im Colloquium politicum tauchten im Lauf der Zeit viele Personen auf, die Rang und Namen hatten in der europäischen Politik und Wissenschaft, von Raymond Polin bis zu Henry Kissinger, von Wilhelm Grewe bis zu Michael Oakeshott, von Robert Schuman bis zu Bruno Kreisky. Jacques Chapsal sprach über «La cinquième République» (es war 1958, das Jahr de Gaulles!), Klaus Mehnert referierte über «China im Zeitalter der Volkskommunen». Unvergesslich war ein Abend mit Kreisky, der sich in Rede und Gegenrede bis tief in die Nacht hinzog. Der österreichische Außenminister analysierte nicht nur die aktuelle Politik, sondern griff weit zurück in die Geschichte des Nachbarlandes, mit vielen Details, Porträts und Anekdoten. Nach Mitternacht wagte einer von uns die Frage, die allen schon lange auf der Zunge lag: «Aber Herr Außenminister, wenn man Sie so sprechen hört, dann hat man doch den Eindruck, Sie seien im Grund Ihres Herzens ein Konservativer – warum sind Sie eigentlich bei der SPÖ?» Kreisky atmete tief, dann erinnerte er an seinen Vater, an seine Jugend, an die damals herrschenden österreichischen Christlich-Sozialen, die Partei des Wiener Bürgermeisters Lueger: «Mit denen konnte man keine gemeinsame Sache machen, die waren ja zum größten Teil Antisemiten – und ich» – er schrie es fast – «ich – war – doch – an – Juud!»

Etwas zog mich bei meinen Rundgängen in der akademischen Welt zu den Juristen hin – und etwas anderes zu den Ökonomen. Ich bewunderte bei Ehmke und bei Hollerbach, später bei dem jungen Peter Häberle die Kunst der Zusammenschau, des begrifflichen Zusammenfügens, die Fähigkeit, viele Phänomene zu ordnen, indem man ihr Gemeinsames entdeckte und benannte. Das schien eine besondere Gabe der Juristen zu sein. Es war bewundernswert. Aber war es nicht manchmal auch eine Verführung? Übersah man da nicht vieles oder ließ es bewusst beiseite? Natürlich konnte man mit Begriffen die Wirklichkeit beherrschen – je allgemeiner sie waren, desto leichter. Aber schwang sich da das Allgemeine nicht manchmal allzu schnell zur Herrschaft auf? Gerieten nicht die Unterschiede zwischen groß und klein, einmalig und alltäglich unter die Räder? «Judex non calculat!» sagten die Römer. «Der Richter rechnet nicht.» Ein stolzer Satz, so schien es mir – ganz ähnlich wie der andere, verwandte: «Minima non curat praetor» («um Kleinigkeiten kümmert sich der Prätor nicht»). Aber begann die Wahrnehmung des Einzelnen und Eigenen nicht gerade mit dem Zählen, mit der Bestimmung der Größenordnungen? War es nicht ein Mangel, eine Unterlassung, wenn man das Zählen hochmütig ablehnte und es als «niederen Dienst» den anderen zuschob?

So hatten die «Zählwissenschaften» bei mir stets einen Stein im Brett. Sie waren unentbehrlich, so meinte ich – und sei es nur zur Dämpfung allzu schnellen und selbstsicheren «Begreifens». In Freiburg waren diese Wissenschaften in der Nachkriegszeit kaum zu übersehen. Sie hatten Gewicht unter den akademischen Fächern, sie «zählten» – im doppelten Sinn des Wortes. Zwar sprach man damals noch nicht – wie später üblich – von der «Freiburger Schule» der Wirtschaftswissenschaften. Aber man wusste doch, dass es so etwas gab – erwachsen aus einer Zusammenarbeit von Nationalökonomen und Juristen seit den dreißiger Jahren, innerhalb einer Institution, die sich noch immer «Rechts- und Staatswissenschaftliche Fakultät» nannte. Die Zentralfiguren waren Walter Eucken, Constantin von Dietze, Franz Böhm, Adolf Lampe. Sie hatten eine neue Wirtschaftstheorie entwickelt, die sich sowohl von der Historischen Schule der Nationalökonomie wie vom älteren Liberalismus abgrenzte – man sprach vom «Ordo-Liberalismus». Und mehr noch: Sie hatten im Dritten Reich geistigen Widerstand gegen den Nazismus geleistet. Es war kein Zufall, dass ich die Namen Eucken und Böhm zuerst von Gertrud Luckner hörte, die in der NS-Zeit im Auftrag von Erzbischof Gröber verfolgten Juden geholfen hatte, von der Gestapo verhaftet wurde und 1945 schwer krank aus dem KZ Ravensbrück nach Freiburg zurückkam (ich traf sie oft in der Adelhauserkirche).

Walter Eucken, der Stammvater der «Freiburger Schule», war zu dieser Zeit schon tot. Er war im Frühjahr 1950 in London auf einer Vortragsreise gestorben. Aber ich las seine Bücher – und die von Wilhelm Röpke und Alfred Müller-Armack. Böhm und von Dietze lernte ich bei Vorträgen in der Universität kennen. Euckens Witwe, Edith Eucken-Erdsiek, lud mich zu Treffen der Ökonomen in ihre Wohnung in der Goethestraße ein; dort lernte ich Alexander Rüstow, Erich Streissler und Paul K. Hensel kennen. Es gefiel mir gut im Kreis der «Zählmeister», ich lernte viel – wie bei den Juristen. Es herrschte ein breiter Konsens, eine große Aufgeschlossenheit für aktuelle politische Herausforderungen und Aufgaben.

Wahrscheinlich wurzelte meine Neigung zur Ökonomie in tieferen Schichten, weit unterhalb der wissenschaftlichen Diskussion. Mein Vater war kaufmännischer Angestellter gewesen; in der bescheidenen Büchersammlung, die er uns hinterlassen hatte, fand ich neben Bruno Bürgels Astronomiebüchern und Zurbonsens Leitfaden der Literaturgeschichte auch ein Lesebuch für Berufsschüler mit literarischen Texten. Ich las mich fest an der Schilderung eines Bankrotts, einer Katastrophe im engsten Familienkreis. Aus den Zeilen wehte ein kalter Hauch von Unheil und Verhängnis – Bankrott als Apokalypse, als bürgerlicher Weltuntergang. Es war eine Szene aus «Buddenbrooks» – meine erste Begegnung mit Thomas Mann. Ich dachte nach: Mein Großvater, meine Verwandten – waren sie nicht als Landwirte zugleich auch Unternehmer – Kleinunternehmer gewiss, aber doch Unternehmer? Und die Währungsreform – hatte ich nicht erlebt, wie schlechtes altes Geld die Kaufläden verschloss, als hätte man einen Tresor verriegelt, während alle Schaufenster sogleich von Waren überquollen, sobald das neue gute Geld in die Kassen strömte?

Hier muss ich eine Geschichte erzählen, die ich im Krieg erlebt habe. Eine Dame – Elisabeth Ruby, die Mutter Rudolf Rubys, meines Pfarrjugendführers – betrat ein Haushaltsgeschäft. Sie fragte nach allerlei Dingen, aber das wenigste war vorhanden – eigentlich so gut wie nichts. Resigniert erkundigte sich die Dame schließlich nach kleinen Bratpfannen: Die habe es doch früher in diesem Geschäft immer gegeben. «Bedaure, auch die haben wir nicht mehr.» Da reckte sich Frau Ruby, zeigte mit erhobenem Finger auf das Schild «Juden unerwünscht!», das an der Wand hing, und sagte ziemlich laut vor allen Leuten: «Wenn das einmal weg ist, dann gibt's wieder Pfännchen!» Und ehe die verblüffte Verkäuferin etwas erwidern konnte, war sie auch schon aus dem Laden.

Das war nicht nur mutig – es war für mich auch ein kleines Lehrstück. Die Lektion wirkt bis heute nach. Mir ging bei dieser kleinen Geschichte etwas auf, was ich später in Vorträgen berühmter Ökonomen kaum klarer und schärfer erlebte und erkannte: der Zusammenhang zwischen wirtschaftlicher und politischer Freiheit. Das Gefühl, beides gehöre zusammen und hänge voneinander ab, eines sei nicht ohne das andere denkbar – dieses Gefühl wird keinen je verlassen, der in der trostlosen Kriegswirtschaft des NS-Staats aufwuchs und der später unter Ludwig Erhard die klassische Gegenrechnung aufgehen sah: Wohlstand für alle auf der Grundlage wirtschaftlicher Handlungsfreiheit des Einzelnen.

Was ist in meinen Erinnerungen von der «Freiburger Schule» geblieben? Sie vereinigte, meine ich, zwei gegensätzliche Einsichten miteinander – manchmal in einer Spannung bis zum Widersprüchlichen, Paradoxen. Die erste Einsicht: Wirtschaft kommt nicht in Gang, wenn man nicht anfangs dem Erwerbsstreben, dem ganz persönlichen Interesse des wirtschaftenden Individuums die Zügel schießen lässt – kräftig, heftig und ganz ohne Ängstlichkeit. Ohne diesen Grundantrieb kann es überhaupt keine Wirtschaft geben, das sahen auch die Freiburger Ökonomen und Juristen so. Doch damit das wirtschaftliche Geschehen nachhaltig weitergehen konnte und der notwendige Wettbewerb nicht mit einem Sieg der schnellsten und stärksten Hände endete, musste in einem zweiten Schritt «die Natur» des Wirtschaftslebens, musste der Egoismus als Antrieb ökonomischen Handelns und Schaffens gezügelt und in einen festen rechtlichen Rahmen gefasst werden. «Ordnung der Wirtschaft» war daher das zentrale Thema der Freiburger Gelehrten – die ja, es sei wiederholt, zum einen Teil Juristen, zum anderen Ökonomen waren. Und die eigentliche Nagelprobe auf eine geordnete Freiheit des Marktes war für die «Freiburger» ein funktionierendes, mit «Zähnen» versehenes Kartellrecht.

Ich erinnere mich an lange terminologische Debatten im Haus von Frau Eucken-Erdsiek, in denen man diesen Liberalismus vom älteren Liberalismus – Rüstow erfand dafür eigens den Begriff «Paläo-Liberalismus» – streng unterschied. Die Freiburger nannten sich zwar manchmal «Neo-Liberale». Lieber aber sprachen sie von einem «Ordo-Liberalismus». Das war zwar noch nicht die «Soziale Marktwirtschaft» Müller-Armacks und Erhards – das Wort kam im Wortschatz der Freiburger Professoren noch nicht vor. Aber es war ein wissenschaftliches Fundament, auf dem die Politik mit ihren weiter ausgreifenden, werbenden Wortbildungen aufbauen konnte.

Wichtig war: Die Freiburger Ökonomen waren nicht nur Ökonomen. Sie hatten ein waches Gefühl für die nichtökonomischen Voraussetzungen der Ökonomie. Hinter den Theorien der Freiburger Schule stand ein ausgeprägtes protestantisches Ethos. Darauf hat mich früh eine katholische Eucken-Schülerin hingewiesen, Cäcilia Böhle, die mich in meiner Studienzeit als «Lehrkraft» zu den Wohlfahrtspflegerschülern der Caritas vermittelt hatte und der ich viele Jahre später im Zentralkomitee der deutschen Katholiken wiederbegegnen sollte. Es gab reichlich Belege für diesen ethischen Hintergrund der «Freiburger Schule» und ihrer publizistischen Freunde und Helfer. Eines der populärsten Wirtschaftsbücher jener Zeit stammte von Wilhelm Röpke und hieß «Jenseits von Angebot und Nachfrage» (1958). Der Titel war ein

Programm. Wirtschaft brauchte nach Röpke nicht nur einen funktionierenden Markt, sie brauchte auch «sittliche Reserven» außerökonomischer Art, aus denen man in kritischen Situationen schöpfen konnte. Sie bedurfte im Notfall auch der Fähigkeit zur nachhaltigen Hingabe, ja zur Aufopferung. Das Tun der heiligen Elisabeth, meinte Röpke, sei mehr gewesen als nur «Dienst am Kunden».

War das alles nur Nostalgie? Ein Kirchen-, Handwerks- und Mittelstands-Ethos aus längst vergangenen Zeiten? Schon Horst Ehmke, der mit seiner monumentalen Habilitationsschrift «Wirtschaft und Verfassung» (1961) ein neues Feld der Diskussion – das amerikanische – eröffnet hatte, bezweifelte manchmal in lockeren Gesprächen im kleinen Kreis, ob die Väter des Ordo-Liberalismus in ihrer Praxis jemals größere Betriebe kennengelernt hätten als mittelständische mit hundert oder zweihundert Beschäftigten. In der Tat hatten sie noch nicht sehen und wahrnehmen können, was wir heute «Globalisierung» nennen. Aber sei's drum: Die hartnäckige Frage nach den Ordnungselementen der Marktwirtschaft, nach ihren ethischen Voraussetzungen und ihren Grenzen möchte man auch in heutigen Zeiten nicht missen – in Zeiten, in denen das Kapital sich weltweit die günstigsten Einsatzorte sucht, während die nationalen Volkswirtschaften allein zurückbleiben und im Zeichen der Globalisierung oft zu bloßen Reparaturbetrieben werden. Und hat nicht die Finanz- und Wirtschaftskrise der jüngsten Zeit den kritischen Fragen und Einsprüchen der «Freiburger» ein neues Echo verschafft? Nach «global governance» wird ja heute überall inständig gerufen – was ist das anderes als die von den Ordo-Liberalen geforderte «Ordnung der Wirtschaft» in weltweitem Maßstab?

Bei meinen Wanderungen im akademischen Hain hatte ich die alten Gegenden der Geschichte, der Philosophie und Philologie nicht aus dem Auge verloren. Ich verfolgte weiterhin, was die Historiker, die Philologen, die Philosophen, die Politikwissenschaftler taten und publizierten. Im Studium generale half ich dem Germanisten Gerhart Baumann, seine anspruchsvollen Literatur-Interpretationen in der ganzen Schwarzwaldregion, vom Birklehof in Hinterzarten bis zu den Lungenkranken in St. Blasien, zu verbreiten (heute würde man das ein «university extension program» nennen!). Für Mediävisten, Theologen, Philosophen und Staatsrechtslehrer organisierte ich eine mehrtägige Burgfahrt. Die burgundische Pforte lag vor der Freiburger Haustür, und das Tellenbach-Seminar war zu dieser Zeit ein Vorort der Cluny-Forschung. Es gab noch andere fakultätsübergreifende Unternehmungen. Das Programm des Studium generale brachte Märchen- und Sagenforscher mit Medizinern und Psychotherapeuten zusammen – gemeinsam durchstreiften sie vor zahlreichem Publikum mit ganz neuen Fragestellungen die Poesien Hans Christian Andersens und der Brüder Grimm. Einen Tag lang hatte ich Jean Paul Sartre zu betreuen, der mit einem Vortrag in Freiburg zu Gast war. Ich zahlte ihm das – keineswegs spärliche – Honorar Schein für Schein aus, während Max Müller, der dabeistand, mit gespielter Verachtung den DM-Segen mit den Worten kommentierte, das alles sei ja «nur Papier». Zu unserem Erstaunen erkundigte sich Sartre bei uns nach den besonderen Freiburger Befindlichkeiten, Freiburg sei doch eine katholische Stadt, man könne da vielleicht nicht alles so sagen, wie man es anderswo zu sagen gewohnt sei. Wir konnten ihn beruhigen.

Es gab auch interreligiöse Gespräche. Gertrud Luckner hatte nach ihrer Befreiung aus dem KZ Ravensbrück den «Freiburger Rundbrief» begründet, der sich für die christlich-jüdische Begegnung einsetzte. Mutig nahm sie gemeinsam mit Karl Thieme den Kampf um eine Änderung der alten Karfreitagsbitte für die Juden auf (die noch lange, bis in die Zeit unmittelbar vor dem Zweiten Vatikanischen Konzil, als «perfidi» – treulos, ungläubig – bezeichnet wurden). In Diskussionen mit Alttestamentlern tauchten Fragen und Alternativen auf, die bis heute aktuell sind: Sollte man vom Alten Testament reden – oder eher von der Hebräischen Bibel? Sollte man Juden zureden, sich taufen zu lassen – oder sollte man damit zufrieden sein, dass sie ihren eigenen Weg gingen? War der Alte Bund im Christentum dem Neuen Bund «gewichen» (wie es der bei Sakramentsandachten gesungene Hymnus «Tantum ergo» nahe legte: «novo cedat ritui»)? Oder galt er fort – mit allen Konsequenzen, die das für das Christentum und speziell für das Verhältnis der Christen und der Juden zueinander hatte?

Nach Cluny hatte ich auch Martin Heidegger eingeladen. Er musste wegen anderer Verpflichtungen absagen, grüßte aber die Teilnehmer und wünschte ihnen eine gute Fahrt. Heidegger war damals – 1959 – an der Universität ein lebender Mythos. Er wurde bestaunt, umworben, verehrt. Seine Vorlesung wurde in zwei weitere Hörsäle übertragen; er las, wie mein Freund und Mitstudent Theo Stammen ironisch sagte, «einstündig-dreisälig». Seine Sprache, seine Wortbildungen verbreiteten sich bis in die wissenschaftlichen Arbeiten hinein – besonders natürlich in den Geisteswissenschaften. Staunend sah ich, wie sich gestandene Professoren, wenn sie mit dem Altmeister ins Gespräch kamen, in Sekundenschnelle in demütig aufblickende Schüler verwandelten, lerneifrig nickend, beflissen nach Antworten suchend. So Max Müller – den doch Heidegger im Dritten Reich an seiner akademischen Karriere gehindert hatte.

So Eugen Fink, mein Chef im Studium generale, der sich große Verdienste um die Rettung des Husserl-Nachlasses erworben hatte und der politisch meilenweit von Heidegger entfernt war (er war bildungspolitischer Berater der Gewerkschaft Erziehung und Wissenschaft!). So auch Arnold Bergstraesser, der Heidegger seit jeher auf eine fast rätselhafte Weise ergeben war und dem es eines Abends gelang, den Philosophen in sein gastliches Haus in Herdern zu locken; einige der Bergstraesser-Schüler, Oberndörfer, Hättich, Schwan, Schwarz und ich, waren dabei.

Prompt wurde der Einladende vom Eingeladenen ins Gebet genommen – vorerst galt die Prüfung seiner Bibliothek. «Haben Sie Hölderlin?» «Ja.» «Alles?» «Ja.» «Auch die ‹Friedensfeier›?» «Ja». Und sogleich lief «Lorenzo der Prächtige» wie ein Ministrant zum Bücherregal und brachte das Gewünschte herbei. Der kleingewachsene Martin Heidegger breitete die Bücher auf seinem Schoß aus. Dann begann er zu sprechen, eine halbe Stunde lang – eine Kostprobe besonderer Art, ein hermeneutisches Festmahl für Kenner. Einzelheiten weiß ich nicht mehr – nur den Schluss-Satz höre ich noch wie heute: «Man sollte wissen, was Hölderlin über Indien gedacht hat!» Der Satz stiftete Andacht, Erstaunen, aber auch Verwirrung, da man ja den Dichter nicht mehr fragen konnte. Aber genau dies – andächtig staunende Verwirrung – schien der kleine Mann mit den listigen Augen mit seiner Rede auch bezweckt zu haben.

Da saß der Messmersohn aus Meßkirch mit dem heiligen Buch auf dem Schoß und sprach orakelhafte Worte. Meine Reaktion war zwiespältig. Konnte man von Heidegger etwas lernen für die eigenen Fragen, die heutigen Probleme, etwas zur deutschen Geschichte, etwas zu Staat und Kirche, Religion und Demokratie? Was er sagte, schien mir weit weg zu sein, ganz ohne Bezug zur Gegenwart. Es gefiel mir auch nicht, wie er meinen Lehrer behandelte – von oben herab, ohne die schuldige Höflichkeit gegenüber dem Einladenden und seiner Frau – nicht zu reden von der Rücksicht, die man einem Menschen schuldete, den die Nationalsozialisten aus Deutschland vertrieben hatten. Ich hatte an diesem Abend beim Gespräch den gleichen Eindruck, den auch seine Vorlesungen bei mir hinterlassen hatten: Ohne Heidegger, so schien es mir, konnte man heute kaum denken und forschen – aber mit ihm fast ebenso wenig.

Ich war in meinem Urteil ein wenig vorbelastet, ich gebe es zu. 1943, im September, hatte eine Studentin, die bei uns in der Oberau 79 in Untermiete wohnte – eine Doktorandin Heideggers – mich mit Blumen nach seiner Zähringer Wohnung am Rötebuckweg geschickt, um zum Geburtstag zu gratulieren. Das war das erste Mal, dass ich ihn persönlich sah.

Dann kam das Kriegsende, die Besetzung – hartnäckig ging in Freiburg das Gerücht um, die Franzosen hätten den Philosophen nicht nur als Professor abgesetzt, seiner politischen Sünden als Universitätsrektor 1933 wegen, sondern ihn gleich auch noch zum Straßenkehren verurteilt. Das war wirklich ein Gerücht. Heidegger wurde später als «Mitläufer» eingestuft, er durfte von 1950 an wieder lehren. Sein Siegeszug in der Nachkriegszeit begann in den romanischen Ländern. Die Pilgerfahrten von Wissenschaftlern und Poeten aus Frankreich, aus Italien, aus Lateinamerika nach Freiburg setzten frühzeitig ein – unter den späteren prominenten Besuchern in Todtnauberg in den sechziger Jahren war auch Paul Celan.

Insgeheim habe ich Martin Heidegger immer wieder mit meinem Großvater verglichen, der 1957 verstorben war. Warum hatte der Landwirt August Klingler, ein Mann von einfachster Schulbildung, sich über die Nazis nie getäuscht, während der große Philosoph sich zumindest 1933, aber auch noch später, grotesken Illusionen hingegeben hatte? Jedenfalls: Aus der Berührung mit der Person und dem Weg Martin Heideggers rührt mein abgründiges, lebenslang anhaltendes Misstrauen gegen die politische Urteilskraft von Intellektuellen und Gelehrten.

Als «Heidegger-Heide» (Odo Marquard) habe ich die Anbetung, die dem Denker von vielen Zeitgenossen entgegengebracht wurde, ohnehin nie leiden mögen. Ich sympathisierte mit den Münsteranern, die in Freiburg studierten, den Schülern Joachim Ritters, und übernahm von ihnen das Interesse für den grimmigen, wirklichkeitshungrigen, politisch hellwachen Georg Wilhelm Friedrich Hegel. Dessen Einlassungen auf seine Zeit, die Antworten auf die Französische Revolution, die moderne Ökonomie, die zeitgenössische Gesellschaft waren viel intensiver, sachnäher, klüger gewesen, fand ich, als diejenigen späterer Philosophen. So hielt ich meine Freiburger Antrittsvorlesung 1962 über Hegels (zu Lebzeiten nie publizierte) Schrift über die Reichsverfassung. Das Thema hat mich ein ganzes Leben lang nicht mehr losgelassen – bis heute suche ich, angeregt durch Kurt Rainer Meist, nach dem «Sitz im Leben» dieser Schrift, die vielleicht ursprünglich eine – nicht mehr ins Ziel gelangte – Reformdenkschrift für den Erzkanzler des Reiches Carl Theodor von Dalberg war. Wurde ich später von meinem «Heidentum» bekehrt? Bin ich heute milder gestimmt gegenüber dem großen kleinen Mann aus dem badischen Meßkirch? Es ließ mich nicht unbeeindruckt, dass meine philosophischen Lehrer allesamt einen Trennungsstrich zogen zwischen dem Denker Heidegger und dem gescheiterten politischen Kämpfer und Erzieher – und dass sie das Jahrhundertereignis Heidegger von vornherein außerhalb moralischer Kategorien, richterlicher Maßstäbe stellten. Das galt für Max Müller (der Heidegger bei seinem Spruchkammerverfahren in der selbstlosesten Weise geholfen hatte), es galt auch für Eugen Fink und Bernhard Welte.

Konnte eine erneuerte praktische Philosophie die «Antwort an Heidegger» (Otto Pöggeler) sein? Eine Philosophie, die Denken und Handeln nicht trennte, sondern zusammenfügte – ohne dass man in die irrigen Kurzschlüsse Heideggers im Jahr 1933 fiel? Dass phänomenologisches, existentialistisches Philosophieren Ethik und Politik nicht ausschließen durfte, davon waren wir Jüngeren fest überzeugt. Eine umfassende Wiederherstellung der praktischen Philosophie stand für uns auf der Tagesordnung. Daran zu arbeiten hatte sich auch die «Freiburger Schule» Arnold Bergstraessers vorgenommen – unterstützt und flankiert von Gelehrten, die sich damals auf ähnliche Wege begaben: Helmut Kuhn, Joachim Ritter, Manfred Riedel, Wilhelm Hennis. Durch meine Studie über die Lehre der Politik an den älteren deutschen Universitäten (1962) versuchte ich mitzuwirken bei der historischen Fundierung dieses Unternehmens.

Historisch war die praktische Philosophie (die an den europäischen Universitäten jahrhundertelang über eigene Lehrstühle verfügte!) eine Trias aus Ethik, Ökonomik und Politik gewesen. Es schadete nicht nur der Politik, es schadete auch der Philosophie, dass sie nach 1800 – getroffen von der kantischen Kritik an ihrem vorgeblichen «Eudämonismus» – als eigene Disziplin aus den Universitäten verschwand. Ließ sich das Verlorene zurückgewinnen? Konnte man die ethisch-ökonomische, die politische Dimension der Philosophie erneut zur Geltung bringen? War Politik als Wissenschaft eine Vorläuferin in diesem Prozess? Diese Frage sollte mich in den folgenden Jahren immer wieder beschäftigen. Sie war die Folgerung aus vielen Begegnungen und Erfahrungen in Freiburg – die Summe meiner Wanderungen im «akademischen Hain».

14. Heirat und Abschied

«Ein zwitscherndes Vogelnest»

Seit der Währungsreform, seit der Zeit, in der ich für Tätigkeiten irgendwelcher Art, fürs Stundengeben, Orgelspielen, Unterrichten, Artikelschreiben ein Honorar bekam, war ich glücklich darüber und steckte Scheine und Hartgeld dankbar in die Tasche. Ich brauchte nicht viel und gab gern auch für andere etwas aus. Aber das Geld schuf Unabhängigkeit. Man hatte ein wenig Spielraum, man konnte etwas unternehmen, Bücher kaufen oder Noten, ins Theater und in Konzerte gehen, verreisen. Wie stolz war ich, als ich – der Jüngste in unserer mittlerweile auf eine Dreizahl reduzierten Familie – meine Mutter und Schwester an Wochenenden zum Mittagessen in eine Wirtschaft einladen konnte: «Vater zahlt!»

Mein liebster Unterrichtsort in meiner Zeit als Werkstudent war das Kindergärtnerinnenseminar in der Wallstraße gewesen. Dort ging ich mit Vergnügen ein und aus. «Natti (nette) Maidli»! sagte mein Vetter Bernhard Baumann aus Munzingen anerkennend, der in dieses Haus gelegentlich Kartoffeln und Gemüse lieferte. In der Tat gab es da eine ganze Schar reizender junger Damen. Doch an die durfte ich kaum einen Blick verschwenden – und schon gar nicht durfte ich zu erkennen geben, wenn mir eine von ihnen besonders gut gefiel. So zog ich mit ernstem Lehrergesicht durch die Klassenräume am Wallgraben – gereift und erwachsen trotz meiner amerikanisch bunten Hemden, die aus den Carepaketen der Nachkriegszeit stammten. Die Mädchen lächelten manchmal über mich, sie nannten mich «Hänschen». Doch das erfuhr ich erst später.

Es gab in der Wallstraße die normalen Kurse für die Kindergärtnerinnen und für die Kinderpflegerinnen – und daneben Vorkurse für Schwestern verschiedener Orden, die im Krieg Kindergärten übernommen hatten, weil es an Personal fehlte –, ohne dass sie dafür die nötige Ausbildung hatten. Diese Ausbildung sollten sie nun in Freiburg nachholen. Ich gab den Schwestern Nachhilfe in Deutsch, Geschichte und Sozialkunde. Der Unterricht fand in einem alten holzgetäfelten Raum neben der Adelhauser Kirche statt. Ich gruppierte die Schwestern nach ihrer Tracht: Die Vincentinerinnen mit ihren großen spitzen Hauben mussten hinten sitzen, damit sie den anderen nicht die Sicht nahmen, davor saßen die Schwestern mit den straffer anliegenden kleineren Hauben, die Franziskanerinnen, Borromäerinnen und so weiter.

Im «Semi» in der Wallstraße hatte ich eine leichtere Aufgabe: Ich sollte die Schülerinnen in Kirchenmusik und Kirchengesang einführen. Längst spielte ich bei der wöchentlichen Messe am Dienstagmorgen in der Adelhauserkirche die Orgel. Freilich waren meine Sangeskünste bescheiden. Mehr bieten konnte ich den jungen Damen, dachte ich, wenn ich über die Texte, die Melodien, die Geschichte der Kirchenlieder sprach – eine Liebhaberei seit meinen Ministranten- und Organistenzeiten. Der Unterricht fand am späten Freitagnachmittag statt. Die Zeit war nicht besonders glücklich gewählt; «Kirchengesang» – das war buchstäblich das letzte Rad am Lehrplanwagen. Kein Wunder, dass einige Mädchen in dieser Stunde immer fehlten, andere, die anwesend waren, manchmal respektlos über den jungen Lehrer lachten. Einige freilich waren eifrig bei der Sache, sangen aufmerksam mit, blieben bis zur letzten Minute da. Sie schienen Mitleid mit mir zu haben.

Unter den Mitleidigen zog mich eine besonders an. Sie war von einer scheuen, schnellen, beweglichen Anmut. Zurückhaltend und bescheiden, drängte sie sich nicht vor, eher wurde sie von ihren Mitschülerinnen ein wenig in den Hintergrund gedrückt. Da ich einige Zeit die Deutschlehrerin zu vertreten hatte, waren im Unterricht auch Gedichte zu lesen und zu interpretieren. Ich stellte fest, dass Adelheid gut betonen, gut vortragen konnte. So schlug ich sie vor, als bei einem anstehenden Fest – der Einweihung des Seminar-Neubaus – ein längeres Gedicht aus Charles Péguys «Mysterium der Hoffnung» vorzutragen war. Die Direktorin, psychologisch geschult bis ins Herz hinein wie viele Junggesellinnen in katholischen Einrichtungen, sah mich kritisch an: «Warum gerade die?» Ich erwiderte mit undurchdringlichem Gesicht: «Sie liest am besten.» Und in der Tat: Adelheid trug die freien Verse Péguys über die Kinder, die «kleine Hoffnung», bei der Feier in Anwesenheit des Freiburger Erzbischofs Eugen Seiterich so schön und überzeugend vor, dass sie von dieser Zeit an im Haus bekannt und angesehen war und nicht mehr einfach wie bisher ins zweite, dritte Glied zurücktreten musste. Ihrem fragenden Blick nach dem Vortrag des Gedichts freilich musste ich ausweichen.

Im Krieg war wenig Zeit für Schäfereien gewesen. Die Pubertät fiel bei uns jungen Männern in der Zeit der Luftangriffe einfach aus. Es blieb bei leisen Schwärmereien für die Mädchen in der Pfarrjugend, im Berthold-Gymnasium, im Kirchenchor und anderswo. Dann nahm mich die Arbeit für das Studium und die Studiengebühren in Beschlag, Promotion und Habilitation rückten heran, man musste sich auf den Beruf vorbereiten. Aber heiraten, eine Familie gründen, Kinder haben, das wollte ich immer. Während meiner Arbeit an der Habilitationsschrift war ich oft in der Freiburger Universitätsbibliothek, wo ich einen Arbeitsplatz mit Katalogerlaubnis hatte und mich zwischen Hunderten einschlägiger Bücher frei bewegen konnte. Gegen Mittag ging ich ans Fenster, wo man auf die Hochallee und auf die Rempartstraße blickte. Ich sah, wie Adelheid vom Kindergarten kam mit vier, fünf Kindern an der Hand. Vorsichtig überschritt sie die Kreuzung und brachte die Kinder nach Hause – eine junge Hirtin mit ihrer kleinen Herde.

Unsere Annäherung war ein Ritual der Langsamkeit. Spaziergänge im schönen Freiburg machten den Anfang – «einsam, zu zweisam an der Dreisam», wie es unter Schülern und Studenten üblich war. Oder wir wanderten auf den unendlichen Waldwegen von Herdern nach der Altstadt, vom Hirzberg nach St. Ottilien, oder am Sternwald entlang nach Günterstal, zum Kloster St. Lioba, wo Anfang der zwanziger Jahre Edith Stein gewohnt hatte. Wir hörten in der Stadthalle Bachs Johannes-Passion mit dem Freiburger Bachchor unter Theo Egel; seine Frau Marga Höffgen mit ihrer schönen Stimme – dunkelgefärbt wie ein weitbecheriges Orgelregister – sang die Alt-Arien. Wir besuchten Vorträge in Buchhandlungen, in der Universität. Alles ging langsam vor sich und war doch zur richtigen Zeit da: Der Händedruck, die Umarmung, das vertrauliche Du, der erste Kuss.

Dann die Besuche Adelheids bei meiner Mutter und Schwester in Freiburg, bei den Verwandten auf dem Land (sie musste sich erst an deren kerniges Alemannisch gewöhnen!) – und dann meine erste Fahrt nach Bad Waldsee in Oberschwaben, wo Adelheids Familie wohnte. Die Familie Dilly war eine Forstfamilie, seit den zwanziger Jahren in Habelschwerdt ansässig, 1946 aus Schlesien vertrieben; der Vater, gebürtig aus Straubing, war Hauptmann im Krieg gewesen und hatte bei Kriegsende von der Halbinsel Hela aus mit einem der letzten Schiffe – noch vor der «Wilhelm Gustloff» – glücklich Schleswig-Holstein erreicht, wo er in britische Kriegsgefangenschaft geriet. Nach mühevollen Umwegen hatte die Familie in der oberschwäbischen Kleinstadt wieder zusammengefunden und war in die Dienste eines der großen Privatwaldbesitzer der Region getreten: Der altbayerische Vater, die schwäbische Mutter aus dem hohenzollerischen Thiergarten und sieben Kinder – Adelheid als die «goldene Mitte».

Wenn alle Dillys am Wochenende in dem weitläufigen Schloss-Anbau beisammen waren, wo sich das Forstamt befand (ganz in der Nähe ging der Feldweg durch das «Schafstor»), dann hörte ganz Waldsee, wenn es spazierenging und die Fenster des Amtes offenstanden, die große Familie reden und lachen, lärmen und schreien. Auch ich erlebte sie so. Das war ganz anders als in Freiburg in der Oberau, wo oft geisterhafte Stille herrschte und die drei nebeneinander stehenden «Bäume» – Mutter, Schwester und ich – sich nur gelegentlich leise an den Wipfeln berührten. (So sah und formulierte es Adelheid.) In Freiburg, in der Oberau, war alles ruhig, manchmal fast zu sehr. Dagegen war die Familie Dilly in Bad Waldsee ein zwitscherndes Vogelnest.

Wir verlobten uns an Ostern 1961, nachdem Adelheid ihr Examen als Kindergärtnerin und Religionslehrerin gemacht hatte und anschließend als Praktikantin im Seminar tätig gewesen war. Der Zug ins Schwäbische war unpünktlich, wir kamen ein wenig zu spät in die Messe in Aulendorf, wo uns das Osterlied «Nun freue dich, du Christenheit» – mit der charakteristischen kleinen Terz am Anfang – in die Ohren tönte. Am Abend des Verlobungstages setzte sich Adelheid mit ihren typischen schnellen Bewegungen zu den Schwestern auf das große Sofa und rief aus: «Die Dilly hat sich verlobt!» War ein wenig Triumph in ihrer Stimme? Schon möglich, hatte man doch gerade ihr, der mittleren von sechs Töchtern, nicht prophezeit, dass sie als erste heiraten würde.

Dann war Adelheid mehr als ein Jahr bei der Familie von Landsberg im westfälischen Drensteinfurt und zog dort die jüngsten Kinder auf. Endlich war es so weit: Am 12. Juni 1962, einen Monat nach meiner

«Sie liest am besten.» Adelheid Dilly im Kindergärtnerinnenseminar in Freiburg (1958)

Adelheid Maier (1976)

Habilitation, heirateten wir. Professor Emil Eiffler, Religionslehrer am Goethe-Gymnasium, Seelsorger in Adelhausen, traute uns in der Barockkirche des alten, von Kaiser Joseph II. säkularisierten Klosters – der heutigen Pfarrkirche von Bad Waldsee. Es war ein Fest mit viel Glockengeläut und Orgelklang. Die Sonne schien üppig. Die Braut wurde von der ehemaligen Lehrerin in launigen schwäbischen Versen gefeiert: «A richtigs Naturkind – und tüchtig, wia koina!» Gelächter und Freude herrschten an diesem schönen Tag – aber es gab am Schluss, beim Abschied, auch Tränen.

Kann es verwundern, dass unsere Hochzeitsreise nach Burgund ging, nach Langres, Beaune, Cluny, Autun? Wir fuhren mit der Bahn. Ein Auto hatten wir noch nicht. Einmal verfuhren wir uns – oder war es der Zug? –, und wir landeten in einem winzigen Ort «Blaisy-Bas», der auf keiner Landkarte zu finden war. Da wir viel wanderten, wurden wir überall sofort als Nichtfranzosen erkannt. Autos stoppten und wollten uns mitnehmen, so in den ausgedehnten Wäldern und Fischteichen vor der alten, damals noch kaum besuchten Abtei Fontenay – doch wir blieben beharrlich bei unserem – jetzt gemeinsamen – Schritt.

In Freiburg bezogen wir eine kleine Wohnung im Haus meines Freundes, des Bäckermeisters Kurt Wörner und seiner Frau Hildegard, in der Scheffelstraße. Von da konnte man bequem zu Fuß in die Universität gehen. Ich war also jetzt kein Junggeselle mehr, gegenüber meiner Frau schwor ich kühn, ich sei bereit, 459 Junggesellengewohnheiten abzulegen, um ein guter Ehemann zu werden – und Horst Ehmke, der große Kommunikator in der Universität, verkündete überall lauthals: «Der Maier hat geheiratet – eine blutjunge Frau!» Es war eine glückliche Zeit, auch im Berufsleben: Schon im Lauf des Jahres 1962 kamen die ersten Rufe auf Lehrstühle für politische Wissenschaft.

Ein Jahr später wurde unser erstes Kind geboren, Agnes Katharina. Es sollte nicht das einzige bleiben. Im Lauf der Jahre folgten fünf Geschwister, fünf Mädchen, sie wuchsen schnell heran. Insofern hatten die Waldseer beim Hochzeitsmahl richtig prophezeit, als sie viele Kinder «in d' Dokterstub nei» kommen sahen. Wir wurden ein Drei-, ein Vier-, ein Fünf-, schließlich ein Sechsmäderlhaus. Es ist übrigens eine Illusion zu glauben, Mädchen seien zahmer als Buben und leichter zu erziehen. Im Gegenteil: Sie können ganz schön wild sein. Wir waren mit dem neuen Vogelnest, das da heranwuchs, gut beschäftigt – in erster Linie freilich die Mutter. Und obwohl sie alle später zu tüchtigen und selbständigen Frauen wurden – Brävlinge waren unsere Mädchen nicht. Dafür hatten sie wohl auch von ihren Eltern zu viel Narrheit und Eigensinn geerbt.

So waren wir denn nun eine Familie, hatten ein Heim. Doch wir schlossen uns nicht ab. Vielmehr begann jetzt eine lange Zeit der Einladungen und Begegnungen, der mittäglichen Treffen, Kaffeerunden, abendlichen Mähler. Viele Jahre lang – zuerst in Freiburg, später in München – wurde unser Heim ein Foyer, ein Brennpunkt: ein geselliges Ambiente für Wissenschaftler, ein Treffpunkt für junge Menschen in ihren Lehr- und Wanderjahren. Bis heute kann ich mir Wissenschaft ohne diesen «Hof» von Geselligkeit und Gespräch kaum vorstellen. Seminar und Vorlesung allein, Spezialisierung im Fach, wissenschaftliches Reden und Schreiben, das wäre zu wenig gewesen. Anderes musste dazukommen, das Erlebnis der vielen anderen Fächer, die Berührung mit unterschiedlichen Fragestellungen und Richtungen der Wissenschaft – und vor allem: das Kennenlernen vieler Menschen, von denen jeder und jede ein «einzig Individuum» war, manchmal ungeschliffen, manchmal selbstvergessen, manchmal freundlich und gesellig, manchmal hartnäckig-aggressiv.

Den bunten und üppigen Menschengarten der Wissenschaft habe ich zuerst am Beispiel der Studienstiftung erlebt, in der sich Studierende aller Fächer zusammenfanden. Bernhard Welte, der Religionsphilosoph, der mich einst (mit Gerhard Ritter) für diese Stiftung vorgeschlagen hatte, vertraute mir nun selbst eine Gruppe von «Hochbegabten» an. Ich sollte die jungen Menschen kennenlernen, ihre Begabungen, ihre Stärken und Schwächen einschätzen, sollte sie begleiten, über sie berichten – nicht als «Fachdozent», sondern als «Vertrauensdozent». Das tat ich dann auch gute dreißig Jahre lang. Die Beurteilungen, die Prognosen, die ich abgab, füllen einige Ordner. Aber der schriftliche Niederschlag war nur eine Nebensache – wichtiger war die Fülle persönlicher Begegnungen. Oft erlebte man in der Studienstiftung die unscheinbaren Anfänge, die ersten tastenden Schritte von Personen, die später berühmt wurden. Oft sah man freilich auch das Gegenteil: dass hochgepriesene Wunderkinder nach strahlendem Beginn in die Anonymität zurücksanken, weil ihnen die nötige Beharrlichkeit fehlte.

In der Studienstiftung der damaligen Zeit glaubte man an eine konkrete Utopie: dass es nämlich möglich sei, einerseits hochbegabt und hochspezialisiert zu sein – und doch zugleich so etwas zu werden wie ein uomo universale, ein moderner Leonardo oder Goethe oder Picasso. Der ideale Studienstiftler sollte ein ebenso intellektuell wie musisch, sportlich und sozial gebildeter Mensch sein – er sollte sich auszeichnen im Fach, aber auch ein Humanist sein mit weiten, ja unbegrenzten Interessen. Notfalls sollte so ein richtiger ausgewachsener Stiftler auch noch unter Wasser Geige spielen können. Oft vergaß man über diesem Ideal die konkrete Welt, in der natürlich – wie könnte es anders sein? – Vertiefung auch Einengung, der Erwerb von Spezialwissen auch Verlust von Allgemeinbildung bedeutete. Oft ließen sich die Auswahlausschüsse bei Aufnahmeentscheidungen auch blenden von der fixen Wendigkeit und Quizbeschlagenheit bestimmter Kandidaten, während Aufsteiger aus einfachen sozialen Verhältnissen kaum eine Chance hatten – kein Wunder, stammten die Prüfer doch fast durchweg aus Akademikerfamilien, die meist über wenig soziale Erfahrung verfügten.

Vertrauensdozenten sollten ihren Schutzbefohlenen ein Programm anbieten – so verlangte es das Reglement. Der Fantasie waren keine Grenzen gesetzt, fast alles war möglich. Es gab jugendbewegte Vertrauensdozenten, die ihre Studenten einmal im Monat pünktlich zum Völkerball antreten ließen – sie waren eher unbeliebt. Es gab andere, die sich auf Gespräche, Auskünfte, Erläuterungen beschränkten – für junge Studierende eine erste Hilfe im Dschungel der Universität, aber auf die Dauer doch zu wenig. Meine Frau schlug abendliche Treffen mit einem bescheidenen Imbiss vor, Gespräche auf der Grundlage von Berichten der Studienstiftler selbst – und pro Semester eine größere Fahrt im Inland oder ins Ausland. Das wurde zur Zauberformel unserer Gruppe, zu einem Muster, das sich über Jahrzehnte bewähren sollte. Kaum glaublich, aber wahr: Noch bis heute treffen sich zahlreiche «Ehemalige» aus allen Himmelsrichtungen jedes Jahr gegen Weihnachten in München!

Wir begannen am Oberrhein – der «deutschen Toscana» – mit Fahrten ins Elsass, in die Schweiz, aber auch mit Ausflügen in den Schwarzwald und in den Breisgau. Die Weinorte des Tunibergs, des Kaiserstuhls lagen vor der Freiburger Haustür – was lag näher, als dorthin zu wandern und in die Gasthöfe einzukehren, die seinerzeit schon Johann Peter Hebel durch ihre urigen oder frommen Namen entzückt hatten: in den «Löwen» oder «Bären», in das «Kreuz» oder in die «Dreikönige»? Beim Wandern lockerten sich die alltäglichen Verspannungen. Und im Wein schwammen die offenen, die ungeschützten Worte empor.

Übermütig erwogen einige aus der Gruppe sogar die Gründung einer eigenen Gesellschaft für «Oinologie und Parapsychologie» als oberrheinischen Annex der Hochbegabtenstiftung. Dazu muss man wissen, dass Parapsychologie damals in Freiburg ein vieldiskutiertes Fach war, dem nur noch die letzten wissenschaftlichen Weihen fehlten.

Nein, altmodisch-altherrenhaft ging es nicht zu bei den Einladungen in die Scheffelstraße in Freiburg. Wir waren ja alle noch jung. Viele Namen aus unserer Gruppe wurden rasch bekannt – so Peter Häberle, damals schon ein Jungstar des öffentlichen Rechts, und der Germanist Carl Pietzcker, der alte Sprachen und Sport studierte und immer im federnden Laufschritt zu unseren Treffen kam. Spuren aus unserer Gruppe führten im Lauf der Jahre nach Stanford, nach Hannover, nach Berlin. Auch daran, dass Manfred Mols aus Wanne-Eickel, heute einer der führenden deutschen Internationalisten, die wissenschaftliche Laufbahn einschlagen konnte, war ich beteiligt. Kurzum, unsere kleine Gruppe zog Menschen mit jugendlichem Selbstbewußtsein an, Personen, bei denen man den «Flügelschlag» spürte.

Auch in den Seminaren sammelten sich Schüler, Mitarbeiter, Promovenden. Hans-Heiner Boelte – später ein bekannter Rundfunkmann – wurde mein erster Doktorand mit einer Arbeit über den «Federalist». In der Universität, aber auch auf Spaziergängen lernte ich Heinz Rausch und Horst Denzer kennen, beide aus Karlsruhe stammend – Repräsentationsforscher der eine, Pufendorf-Kenner der andere. Mit Theo Stammen, der fast gleichaltrig war – war er nun ein Mitstudent oder eher ein Kollege? – hatte ich schon Bergstraesser-Seminare besucht, wir hatten gemeinsam Vorlesungen Heideggers gehört, die er trefflich glossierte – auch er schlug später die wissenschaftliche Laufbahn ein. Eines Tages besuchte mich in Freiburg ein junger Mann namens Bernhard Vogel, Assistent von Dolf Sternberger in Heidelberg; eine kollegiale Verbindung entwickelte sich rasch; gemeinsam gaben wir miteinander in den folgenden Jahren das Jahrbuch «Civitas» heraus.

Ein verbindendes Element über die Jahre hin blieb die Musik. Nachdem der «richtige» Organist von Mariahilf, Josef Hagenunger, aus russischer Kriegsgefangenschaft zurückgekehrt war und wieder seine alte Stelle einnahm, war ich an der dortigen Mönch-Orgel nur noch selten zu Gast. Auch meine «fliegenden Einsätze» an anderen Kirchen, anderen Orgeln verringerten sich und hörten schließlich ganz auf. Das kirchenmusikalische Leben in Freiburg hatte sich inzwischen normalisiert. Mein Lehrer Kurt Boßler hatte die Direktion der Evangelischen Kirchenmusikschule in Heidelberg übernommen. Nach wie vor war die kleine Orgel in Adelhausen mein bevorzugtes «Hausinstrument». Dort gab ich 1954 mein erstes Orgelkonzert. Gelegentlich spielte ich auch im Münster – so bei der Gedenkfeier für Leo Wohleb, den verstorbenen badischen Staatspräsidenten. Mit einem kleinen Laienchor und einem Laienorchester, die der Studienrat Wolfgang Weis gegründet hatte – wir nannten sie die «Weis-Band» – führten wir im Augustinermuseum Orgelkonzerte von Georg Friedrich Händel auf. Eins davon, op. 4, Nr. 2, B-Dur, hatten wir vorher in einer langen Nacht in der Mariahilf-Kirche für den Christophorus-Verlag auf Tonband aufgenommen – es wurde meine erste Schallplatte. Für den Südwestfunk spielte ich auf Bitten Karl Beckers, meines alten «Fährmann»-Redakteurs, des späteren kirchlichen Rundfunkbeauftragten, kurze Improvisationen ein, die zur musikalischen Umrahmung der Morgenandachten dienten. Selbst meine junge Frau wurde in meine Orgelleidenschaft hineingezogen – manchmal gingen wir abends in die Adelhauserkirche, setzten uns auf die Orgelbank, und ich spielte eifrig und selbstvergessen in der Hoffnung, sie zu erfreuen – mit Sicherheit viel zu lange!

Dann rückte die Entscheidung über meinen künftigen Arbeits- und Wirkungsort heran. Unerwartetes Glück, heute unvorstellbar: Ich konnte wählen. Im Lauf des Jahres 1962 erhielt ich drei Rufe: nach Berlin, nach Mainz und nach München. Eine Absprache zwischen den Ländern, welche die Erteilung mehrerer Rufe zur gleichen Zeit verhinderte, gab es zu dieser Zeit noch nicht.

In Berlin hatte sich Ernst Fraenkel für meine Berufung an die Freie Universität eingesetzt. Das war höchst ehrenvoll für mich und begründete eine jahrelange respektvolle Freundschaft mit dem bedeutenden Gelehrten. Auch Kurt Sontheimer, inzwischen Professor an der FU, wünschte, dass ich nach Berlin komme. Ich kannte die Stadt vom Berliner Katholikentag 1952 her, wo ich sie gründlich durchwandert und erkundet hatte. Damals waren wir Freiburger mit anderen Studenten aus Heidelberg und Karlsruhe in einem Omnibus durch «die Zone» gefahren (was nach Anmeldung möglich war; man durfte freilich unterwegs nicht aussteigen!). In Berlin hatten wir uns mit der Ostberliner Studentengemeinde bei einer langen Fahrt auf der Spree getroffen. Es gab Umarmungen, Gefühle der Verbundenheit wurden wach, Treue wurde gelobt zwischen Ost- und Westdeutschen. Man fühlte sich noch ganz eins und zusammengehörig. Noch stand keine Mauer. Man konnte durch Berlin vom einen bis zum anderen Ende wandern. Am Potsdamer Platz kaufte ich mir in einem Laden der «Handels-Organisation» (HO) die Peters-Ausgabe der Bachschen Orgelwerke, die damals in Westdeutschland noch nicht erhältlich war.

Bei den Ruf-Verhandlungen mit der Senatsverwaltung hörte ich ein neues Wort: «Zittergeld». Dieses Geld, so erfuhr ich, wurde bei Berufungen als Zusatzleistung für die Mutigen gezahlt, die sich nach Berlin wagten – in die im Ostteil kommunistisch beherrschte, ringsum von sowjetischen Besatzungstruppen umgebene, immer wieder bedrohte Stadt. Es gab auch Sonderregelungen für den Transport von Büchern durch die «Zone». Westberlin war ohne Zweifel attraktiv. Es war eine Insel der Freiheit, ein vorgeschobener West-Posten, ein Ort mit Symbolcharakter. Bezeichnend für die Art, wie man damals die Stadt sah, die 1948/49 mit westlicher, vor allem amerikanischer Hilfe der lebensbedrohenden Blockade durch die Russen getrotzt hatte, war ein Vortrag, den der Schweizer Staatsrechtslehrer Hans Huber in der Freien Universität hielt; er begann mit den (sogleich von demonstrativem Beifall unterbrochenen) Worten: «Hochgemute, umkämpfte Stadt!»

Auch Mainz war lockend. Dort führte mich Karl Josef Partsch, der die Fäden für meine Berufung gezogen hatte (er kannte mich aus der Studienstiftung!) durch die Stadt. Peter Schneider, damals Rektor, Eidgenosse und literarisch interessierter Jurist, kam mir bei den Vorgesprächen aufs liebenswürdigste entgegen. Die Stadt Mainz hatte ich zuerst bei einem religionsphilosophischen Treffen kennengelernt, an dem u. a. mein Lehrer Bergstraesser und der Soziologe Fedor Stepun aus München teilgenommen hatten. Die beiden hatten sofort Feuer aneinander gefangen. Sie wanderten am Abend, beinahe unzertrennlich, durch die – damals noch sehr zerstörte – Mainzer Altstadt. Fedor Stepun, Russe, Revolutionär der ersten Stunde, Mitglied der Regierung Kerenskij, später Emigrant, Konvertit, Kritiker der Orthodoxie, ein sprach- und stimmgewaltiger Mann, wusste wohl nicht recht, wie Bergstraesser, den Heidelberger Soziologen, den Weberschüler und Nationalliberalen, einzuordnen hatte. War er ein evangelischer Christ? Oder vielleicht ein Agnostiker? Stepun drang mit immer neuen Fragen auf Bergstraesser ein. Später erzählte mir Bergstraesser, der Russe habe ihm nach dem Abschied mit seiner mächtigen Baßstimme laut über den Domplatz nachgerufen: «Arnold – bist du Christ oder Jesuaner?»

Nach reiflichem Nachdenken entschied ich mich nicht für Berlin oder Mainz, sondern für die dritte Möglichkeit, für München. Dies vor allem deshalb, weil ich zu dieser Zeit schon über enge Beziehungen zur bayerischen Landeshauptstadt verfügte. München, obwohl ich es später kennenlernte als Berlin und Mainz, hatte mich von Anfang an fasziniert. Es war Liebe auf den ersten Blick. Als ich zum ersten Mal vom Monopteros im Englischen Garten die Silhouette der Stadt betrachtete, die kugelig-runden Frauentürme, die Theatinerkirche mit ihren barocken Voluten, die spitzen Bleistifttürme der Universitätskirche in der Ludwigstraße, hatte ich sogleich das Gefühl: hier möchte ich bleiben!

Angefangen hatte die Beziehung zu München mit der Zeitschrift «Hochland». Sie war, 1903 von dem Pfälzer Karl Muth gegründet, jahrzehntelang die vornehmste katholische Revue in deutscher Sprache. 1953 feierte sie ihren fünfzigsten Geburtstag. Horst Krüger bat mich aus diesem Anlass, für das Nachtstudio des Südwestfunks eine Würdigung zu schreiben. Ich las in der Freiburger Universitätsbibliothek in den «Hochland»-Bänden, machte dort Bekanntschaft mit vielen Autoren: Annette Kolb, Gertrud von le Fort, Erik Peterson, Alois Dempf. «Hochland – Porträt einer Zeitschrift», so hieß meine Sendung. Ich erhielt viele Zuschriften. Karl Schaezler, der langjährige verdiente «Hochland»-Redakteur, besuchte mich in Freiburg und bat um Aufsätze für die Zeitschrift – ein Angebot, das ich dankbar akzeptierte und fast bis zum Ende von «Hochland» (1971) wahrnahm.

Fäden spann ich auch zum Münchner Institut für Zeitgeschichte, das anfangs noch «Deutsches Institut für Geschichte der nationalsozialistischen Zeit» hieß und in der Reitmorstraße nahe der Bayerischen Staatskanzlei zu Hause war. Immer wieder besuchte ich diesen Ort. Hier konnte man der eigenen Zeit begegnen – was in den Vorlesungen und Seminaren jener Jahre noch kaum möglich war. Besonders über die jüngere deutsche Geschichte, den Ersten Weltkrieg, die Weimarer Republik, das Dritte Reich, den Zweiten Weltkrieg fand man hier viele Materialien, die in den Universitäts- und Seminarbibliotheken erst sporadisch und lückenhaft vorhanden waren. Was man in der eigenen Biographie als kleinen Ausschnitt aus der Zeit erlebt hatte, das fügte sich hier in einen größeren Zusammenhang ein. Und es wurde nicht nur einfach dokumentiert und ausgebreitet, es wurde auch zum Anstoß politischen und pädagogischen Nachdenkens – ganz im Sinn jener «praktischen Philosophie», die ich bei meiner Arbeit als Ziel vor Augen hatte.

Dann die Politische Akademie in Tutzing – die erste (und bis heute einzige) «offizielle», gesetzlich verankerte Institution der politischen Bildung in der Bundesrepublik Deutschland. Dort trafen sich politische Wissenschaftler, aber auch «politische Bildner»; die einschlägigen Verbände und Vereinigungen hielten dort ihre Tagungen ab; ausländische Gäste referierten (ich habe Carl Joachim Friedrich, Joseph Rovan und Alfred Grosser in Tutzing kennen gelernt). Die «Akademie für politische Bildung Tutzing» war eine wichtige Drehbühne für das neue Fach politische Wissenschaft – untergebracht in einem alten, mehrgliedrigen Bau, ursprünglich der Landvilla Leo von Klenzes am Starnberger See. Die Frühgeschichte der politischen Wissenschaft, der politischen Bildung in Deutschland nach dem Zweiten Weltkrieg ist ohne die Tutzinger Akademie und die Fülle ihrer Tagungen und Treffen kaum zu denken.

Auf eine merkwürdige Weise war ich mit diesem Haus und seinem ersten Direktor, dem württembergischen Oberstudiendirektor Felix Messerschmid, einem Freund Romano Guardinis, in Verbindung gekommen. Die Akademie war ein Kind der Viererkoalition aus Sozialdemokraten, Freien Demokraten, Bayernpartei und Bund der Heimatvertriebenen und Entrechteten (BHE), die in Bayern von 1954 bis 1957 regierte. Der Referentenentwurf für das Errichtungsgesetz stammte aus der Feder eines jungen Regierungsrats und Mitarbeiters des Ministerpräsidenten Wilhelm Hoegner in der Bayerischen Staatskanzlei: Hans-Jochen Vogel. Die CSU bekämpfte das Projekt. Sie fürchtete Zentralismus, staatliche Indoktrination, und ließ sich auch nach dem Ende der Viererkoalition nur zögernd zu einer Zustimmung herbei. Sie hatte auch Bedenken gegen den designierten ersten Leiter Felix Messerschmid; die Fama wollte wissen, er sei ein «Linkskatholik» – für manche Wohlmeinenden in damaligen Zeiten ein Schreckenswort.

Eines Tages kam Arnold Bergstraesser, der auch in Tutzing als Kuratoriumsmitglied seine Hände im Spiel hatte, ärgerlich und enerviert aus München nach Freiburg zurück – er hatte sich für Messerschmid, den er kannte und schätzte, eingesetzt, konnte aber den Widerstand einiger CSU-Vertreter gegen ihn nicht brechen. Einer der Kontrahenten hatte als letzten Trumpf die Mitteilung ausgespielt, Messerschmid schreibe in den «Frankfurter Heften» – damit sei seine «linkskatholische» Einstellung ja wohl hinreichend belegt. Bergstraesser beauftragte mich, der Sache nachzugehen. Nach Durchsicht aller bisher erschienenen

Jahrgänge der FH konnte ich Entwarnung geben: Messerschmid hatte in den «Frankfurter Heften» nie ein Wort geschrieben. Dafür hatte ich dort eine Reihe von Aufsätzen Romano Guardinis gefunden. War am Ende auch Guardini ein Linkskatholik? Beim nächsten Treffen in München gelang es Bergstraesser, die Ablehnungsfront ein wenig aufzulockern. Dann trat Guardini selbst in Erscheinung: Er schilderte Felix Messerschmid aus langjähriger Kenntnis als einen höchst geeigneten, nahezu idealen Kandidaten. Er wies nicht nur auf seine pädagogische Erfahrung hin, er rühmte auch seine musikalische Begabung. In der Tat hatte Messerschmid Chöre dirigiert und eine Messe komponiert. «Dieser Mann», sagte Guardini, «kann aus jeder beliebigen Ansammlung von Menschen im Handumdrehen eine Gemeinde formen, die einen Kanon singt!» Ein Opponent knurrte zurück: «Und kann er sonst noch etwas?» Schließlich gab man den Widerstand auf. Messerschmid wurde gewählt und zum Direktor der Akademie bestellt; er sollte das Haus bis 1970 leiten, dann folgte ihm – gleichfalls aus der «Bergstraesser-Schule» – Manfred Hättich.

Dem Kuratorium der Akademie für politische Bildung gehörte auch Eric Voegelin an. Die amerikanische Adresse, unter der er gemeldet war, State Louisiana Department of Government, Baton Rouge, Louisiana, USA, sollte sich freilich bald ändern. Am 27. Januar 1958 wurde der aus Köln gebürtige, in Wien habilitierte Gelehrte, der 1938 Österreich auf der Flucht vor den Nationalsozialisten verlassen und seither an verschiedenen amerikanischen Universitäten gelehrt hatte, auf den neugeschaffenen Lehrstuhl für politische Wissenschaft an der Ludwig-Maximilians-Universität in München berufen. Alois Dempf hatte bei der Berufung seines früheren Wiener Kollegen eine wichtige Rolle gespielt. Mit Voegelin begann das alt-neue Fach der Politik – nach Baden-Württemberg und Hessen – nun auch in Bayern Wurzeln zu schlagen.

Freilich stand der amerikanische Gelehrte in München von Anfang an «zwischen den Fronten» und im Streit der Meinungen. Nach seiner Münchner Antrittsvorlesung, in der er das moderne politische Denken seit Descartes und Hobbes schonungslos kritisiert und Karl Marx einen «intellektuellen Schwindler» genannt hatte, erhob sich großes Wehgeschrei unter Linksliberalen und Wohlmeinenden: sie hatten einen «Progressiven» erwartet und waren nun enttäuscht und empört – ohne dass Voegelin in den folgenden Jahren bei den ihm näher stehenden Konservativen eine breitere Anhängerschaft gewann.

Wir verfolgten von Freiburg aus gespannt die ersten Schritte des berühmten, umstrittenen Mannes. Immer wieder wirkte er heftig polarisierend – auch in der Zunft. Bald lernte ich ihn auch persönlich kennen. Nach einem längeren Gespräch in seinem Institut in der Theresienstraße 3–5, bei dem ich ihm über meine Pläne berichtete – es war im Herbst 1958, und ich machte mir erste Gedanken über meine Habilitation – sagte ich spontan: «Ich höre immer wieder, Sie seien ein schwieriger Mensch.» Er unterbrach mich lächelnd, indem er die Arme ausbreitete: «Nun, finden Sie mich wirklich schwierig?» Im persönlichen Gespräch konnte Eric Voegelin ungemein charmant und gewinnend sein – ganz anders als in öffentlichen Auftritten, wo er zum Provozieren, zur Polemik neigte.

Rund um Voegelin wuchs eine Schule, ja eine Jüngerschaft heran – das war anders als bei Bergstraesser, der viele Talente nebeneinander gelten ließ. Man spürte jugendliche Begeisterung, aber auch Hochmut gegenüber den Fachzünften ringsherum und ein wenig das Gefühl einer verschworenen Gemeinschaft. Es gab aber in München erst wenige Studenten der Politikwissenschaft, die Ausbildung der Sozialkundelehrer steckte noch in den Kinderschuhen – und Voegelin selbst dachte mehr an den Aufbau seines groß konzipierten Lehrgebäudes, weniger an die täglichen Bedürfnisse der Ausbildung. So kam das Kultusministerium nach einigen Jahren zu dem Schluss, es bedürfe eines zweiten Lehrstuhls speziell für die Ausbildung der Sozialkundelehrer an den weiterführenden Schulen. Und plötzlich kam die Reihe an mich, den frisch habilitierten Privatdozenten aus Freiburg. Die Verhandlungen verliefen zügig. Noch im Spätjahr 1962 sagte ich zu und wurde am 11. Dezember zum ordentlichen Professor in der Staatswirtschaftlichen Fakultät der Universität München ernannt. Für ein paar Jahre war ich der jüngste Professor an der Ludwig-Maximilians-Universität.

Im April 1963 verließen meine Frau und ich das vertraute Freiburg und zogen nach München. In den Monaten davor – ich pendelte schon zwischen den beiden Städten – durchstreiften wir zum Abschied noch einmal die Schwarzwaldhauptstadt. Wie anziehend erschien uns Freiburg – trotz der noch immer sichtbaren Kriegstrümmer! Wie fügte sich alles in die umgebende Landschaft ein! Wie schön die Straßen der Altstadt, wie pittoresk die winzigen Gassen um das Münster, in denen plötzlich das Licht erstarb und das Echo verstummte, wie eindrucksvoll das riesige Spinnennetz der kleinen Bäche, das sich durch die ganze

Stadt zog. Wie stolz stand das vom Krieg verschonte Kaufhaus am Münsterplatz da, an die Kaiser des Heiligen Römischen Reiches und an Vorderösterreich erinnernd – aber auch an den Neubeginn des politischen Lebens nach 1945 (hier hatte 1946–1952 der Badische Landtag getagt).

Wir besuchten noch einmal die Freiburger Friedhöfe – das Grab Leo Wohlebs und die Gräber meiner Familie auf dem Hauptfriedhof, das Grab von Edmund und Malwine Husserl in Günterstal (wir kannten es durch die Schwestern von St. Lioba). Wir wanderten durch den Alten Friedhof, auf dessen Rokoko-Grabsteinen der Tod eine so unerwartet freundliche, ja kindliche Sprache spricht. Wir ergötzten uns am pulsierenden Wochenmarkt rund um das Münster, am Duft und an den Farben der Gemüse und Blumen, am Geschrei der Marktfrauen und Marktmänner, am Flug der Tauben, am verworren-schönen Glockengeläut vom Turm. Auch dem stillen Adelhauser Kirchplatz statteten wir einen Besuch ab und natürlich dem Kindergärtnerinnen-Seminar in der Wallstraße.

Vom Schlossberg sahen wir auf die Rheinebene hinaus mit dem fernen Breisach am Horizont. Wenn da nicht gerade geschossen wurde wie 1940 und 1944/45 (oder schon früher in den Franzosenkriegen), war die Ebene wie ein großer Garten, ein Durchgangsland, weit offen, besiedelt von Verwandten, Vettern und Basen, von «Gotti und Götti». Und der Schwarzwald bildete den natürlichen dunklen Kontrast zur lichten Rheinebene – die Welt gemischt aus hell und dunkel, schwer und leicht.

Freiburg – eine fast zu schöne Stadt. Man musste sie lieben. Man musste sie aber wohl eines Tages auch verlassen – vor allem wenn man dort geboren war. Später konnte man dann immer wieder zu ihr zurückkehren. Harald Genzmer, dessen kahlen Kopf ich wiederholt in Heidegger-Vorlesungen gesehen hatte, verriet mir später einmal den Grund, weshalb er 1957 aus Freiburg weggegangen war, um den Kompositionslehrstuhl an der Münchner Musikhochschule zu übernehmen: «In Freiburg war ich so ziemlich allein, ein Solist, ich beherrschte die Szene. In München dagegen gab es zahlreiche Komponisten, es herrschte Konkurrenz. Da wurde ich herausgefordert, ich musste mich entwickeln, musste kämpfen.»

Auch ich hatte in München zu kämpfen, ich sollte es bald erfahren. Es war unvermeidlich, es war notwendig. Und am Ende tat es gut.

Zweiter Teil

In München: Stadt, Universität, Politik

«Natürlich die Anarchie. Aber ein starker
Anarch muss es sein!»
*Antwort eines Bayern auf die Frage nach
der besten Staatsform*

15. Bavaria im Blick

«Aber das Ohrenfälligste war die tiefere Lautung»

Man konnte die Figur von weitem sehen, am Tag im ganz normalen Licht und nachts im Strahl der Scheinwerfer. Man konnte sogar in ihrem Inneren emporsteigen und durch die Sichtluken im bronzenen Kopf auf München schauen. Sie war etwas Ungewöhnliches, einmal durch ihre Größe – achtzehneinhalb Meter hoch – und dann durch die Symbolik, die sie verkörperte: Bavaria, die Frau im Bärenfell, mit dem bayerischen Löwen an der Seite, entworfen von Ludwig Schwanthaler, enthüllt 1850 und seither die Theresienhöhe beherrschend, die weltliche Patronin Bayerns, ein Wahrzeichen der Landeshauptstadt München.

Wir hatten in München in der Kobellstraße Wohnung bezogen, ein hübsches kleines Appartement im dritten Stock mit einem Balkon zur Straße hin. Die kurze Straße, benannt nach dem Dichter Franz von Kobell, dem Autor der «G'schicht vom Brandner Kasper», führte von der Lindwurmstraße auf die Theresienwiese. An meinem Schreibtisch hatte ich die Bavaria im Blick. Vor der mächtigen Statue breitete sich nach rechts und links das weite Oval der Theresienwiese aus. Bald sollten zur Zeit der «Wies'n», des Oktoberfestes, der Lärm der Achterbahnen und Karussells, das Lachen und Schreien der Kinder zu uns emporsteigen – dazu der Brodem gebratener Ochsen, der Duft von Steckerlfisch und Krachmandeln. Und es dauerte nicht lange, da wanderten wir mit dem Kinderwagen und mit unserer rasch wachsenden Kinderschar an der Hand rund um die zugige Theresienwiese herum – oder wir unternahmen Exkursionen nach Alt-Sendling, nach Thalkirchen, nach der Kirche St. Anton und in den unerschöpflichen Alten Friedhof an der Thalkirchner Straße.

Damals fuhren noch Straßenbahnen kreischend und klingelnd durch die Lindwurmstraße. Geschäft reihte sich an Geschäft. Die Fußgänger drängten sich auf den Gehsteigen. Alles war prallvoll von Leben. Wir saßen mittendrin in München, und der Lärm und die Bewegung gefielen uns nach der Zeit im stillen Freiburg gut. Erste Besucher in der Kobellstraße – Horst Ehmke, Klaus von Dohnanyi, Konrad Hesse, Helmut Kuhn – stellten bei Adelheid und mir schon eine sichtbare Bayern-Euphorie fest, eine jäh ausbrechende Liebe zu Dirndlkleidern und sogar einen scheuen Respekt – immerhin! – vor Lederhosen, bunten Westen, Gamsbärten. Nur die Weinflaschen in den Schaufenstern – einen alltäglichen Freiburger Anblick – vermissten wir in München.

Aus der Schwarzwaldhauptstadt in die Isarmetropole, aus der «Breisgauperle» ins bayerische «Millionendorf» – was empfindet man bei einem solchen Ortswechsel? (Er sollte ziemlich definitiv werden und mein Leben im Lauf der Zeit in ein Drittel Baden und bald zwei Drittel Bayern teilen!)

Ich bin kein Augenmensch, eher ein Ohrenmensch. Aus der Ferne gesehen, waren das in Berge eingehüllte Freiburg und das auf eine große Schotterebene gebettete München gar nicht so verschieden – obwohl die Münchner Frauentürme runde Kuppen hatten, während der Freiburger Münsterturm wie eine spitze Nadel in den Himmel stach. Die Stadtsilhouetten der damals noch sehr zerstörten, erst in Teilen wiederaufgebauten Städte waren ähnlich – obwohl natürlich München sehr viel größer war als Freiburg und die kleine Dreisam aus dem Schwarzwald sich nicht vergleichen konnte mit der grün durch die Stadt schäumenden Isar aus dem Karwendel. Auch die Menschen aus beiden Städten waren kaum auffällig verschieden, wie mir schien; es war eine Legende, dass alle Bayern Bierbäuche hatten und unaufhörlich rauften, während die Alemannen zurückhaltend und vorsichtig waren, krispelig, dünn und scheu.

Aber der Dialekt, der Klang der Sprache, die Lautung! Das war in der Tat ganz anders als in Freiburg. Dort gab das Alemannische den Ton an, ein ins Beamtenbadische erweichtes Alemannisch mit fallenden Kadenzen – nur manchmal ein wenig angeschärft und aufgeraut durch gutturale Zuflüsse aus der Rheinebene und dem Schwarzwald. Das Bayerische, das ich auf Münchens Straßen hörte, wirkte demgegenüber energievoller, kräftiger, es wurde rascher gesprochen, die Töne fielen nicht ab, sondern stiegen auf. Aber das Ohrenfälligste war die tiefere Lautung: durchgehend o-Töne statt a-Töne, so, als hätte man ein Lied in eine tiefere Tonart transponiert.

Ich war vorgewarnt. «Baiern loute dumpfent» – das wusste schon das mittelalterliche Epos, ich hatte es im Germanistikstudium gelernt.

Und in Carl Zuckmayers damals vielgespieltem Stück «Des Teufels General» redete der bayerische Luftwaffenoffizier Pfundtmayer seinen Chef, den General Harras, immer mit «Generool» an. So waren also die Bayern – ich fand es spannend, interessant. Aber dass sie auch heute noch genau so waren wie früher, dass sie noch immer die hellen Vokale verdunkelten, das überraschte mich nun doch. Der neue Klang beherrschte alles, man hörte ihn nicht nur im Haus und auf der Straße. Gleich zu Anfang hatten Adelheid und ich in München den Sonntagsgottesdienst in der nahe gelegenen Paulskirche besucht, und der Lektor hatte gelesen (es ist uns bis heute im Ohr): «Ist er nicht des Zimmermonns Sohn, heißt seine Mutter nicht Morio?»

Erst langsam drangen wir Neu-Münchner in die Geheimnisse des Bayerischen ein. Früh entzückten mich die Mouillierungen: der oide Mann, der klapprige Stui, die frische Muich. Das war ja fast wie im Französischen! Dann die unendlichen Verschleifungen und Verknappungen! In der Straßenbahn hörte ich eine Frau sich erkundigen, wie es einer befreundeten anderen Frau gehe. «Gut», erwiderte ihr Gegenüber. «Und ihrem Mann, geht es ihm auch gut?», fragte sie. Aber nein, so fragt man in München nicht, das wäre viel zu umständlich gewesen. Ihr genügten zwei leicht und kunstvoll ineinander verschliffene Silben: «Mo a?»

Heute, nach Jahren, verstehen meine Frau und ich das Bayerische ziemlich gut. Aber wir würden doch kaum wagen, es in aller Öffentlichkeit zu sprechen. Die Doppellaute würden uns sofort verraten. Daher bleiben wir bei unseren Leisten und sprechen Deutsch mit schwäbischem, mit alemannischem Akzent. Und da zum napoleonisch ausgeweiteten Bayern auch Franken und Schwaben gehören, kommen wir damit gut durch. In Bayern gibt es ja nicht nur einen einzigen Dialekt, sondern deren mindestens drei.

Unsere Kinder freilich, alle in München geboren, brauchen diese Rücksicht nicht zu nehmen. Sie sind im «bayerischen Sound» aufgewachsen und beherrschen die Sprache der dunklen Laute perfekt – das Alemannische dagegen, die Sprache der Eltern, ist ihnen eher fremd. Manchmal, später, in Ferienzeiten, im Elsass, in Burgund, wenn sie uns amüsieren oder ärgern wollten, begannen sie auf einmal zu jodeln – aber nicht auf bayerisch, sondern auf alemannisch, mit fallenden Kadenzen. Und das klang dann richtig gemein.

16. Als Kärrner bei Voegelin

«Die Demokratie belehren ... ihren Glauben beleben ...
ihre Bewegungen ordnen ...»

«Wo die Könige baun / haben die Kärrner zu tun.» Schiller hatte diesen Vers aus dem Xenienjahr 1796 auf Kant und seine Ausleger gemünzt. Auch Eric Voegelin brauchte einen Kärrner, als er in den Jahren nach 1957 an der Münchner Universität die politische Wissenschaft aufzubauen begann. Er wollte fachübergreifend wirken in der Art eines amerikanischen Political Science Departments. Sein universeller Ansatz griff immer wieder über alle Fachgrenzen hinaus. Das war kühn und zog viele junge Forscher an. Aber wo blieb die ganz gewöhnliche Lehre, der Unterricht für Normalstudenten – für spätere Lehrer an Schulen, politisch interessierte Volkswirte und Juristen, Erwachsenenbildner, Lektoren, Journalisten? Fast schien es, als ob der neue Lehrstuhl, kaum geschaffen, die Bodenhaftung verloren hätte. Voegelin griff mit seinem Münchner Institut nach den Sternen, er wollte etwas Besonderes, Unvergleichliches schaffen – aber bald geriet er ins Stolpern auf dem berühmten «Boden der Tatsachen».

Staunend, bewundernd, doch von Anfang an nicht ohne Skepsis beobachtete ich den bedeutenden Kollegen aus der Nähe – mit dem Blick des «Kärrners» auf den «König». Wir waren beide in der Staatswirtschaftlichen Fakultät gelandet, die mit ihren kameralistischen Traditionen durchaus Möglichkeiten für eine «Gesamte Staatswissenschaft» bot. Forstwirte, Volks- und Betriebswirte, Statistiker wirkten hier zusammen – und dazu kamen die «Sozialwirte» – so nannte man uns, die Soziologen und Politikwissenschaftler. Voegelin fühlte sich in dieser Fakultät durchaus wohl, wenigstens anfangs – er genoss amüsiert die Kollegenschaft der Forstwirte, der großen «Landlords», wie er sie nannte, die im Chiemgau und in der Ramsau in ihren stattlichen Häusern saßen; er goutierte gemeinsam mit seiner Frau Lizzy, die ihn im Auto herumfuhr, die Schönheiten Oberbayerns; er schüttelte nachsichtig den Kopf über Grobheit und Herzlichkeit des Publikums im Land: So erzählte er vergnügt, ein Polizist habe seine Frau angehalten, weil sie falsch gefahren sei, und habe sie wieder davongewinkt mit dem Zuruf: «Fahr waida mit dein Kübel!»

Voegelins einfach und stilvoll eingerichtete Wohnung am Josephs-platz mit dem großen, von Büchern überquellenden Arbeitszimmer und der unvermeidlichen «Cat» als Haustier dokumentierte Einsam-keit und Freiheit des Gelehrten und war zugleich eine leise werbende Einladung zur Geselligkeit. Die Kollegen kamen nur spärlich; die Ministerialbeamten aus dem Kultusministerium zeigten höfliches Interesse – aber für viele Studenten und Schüler wurden die Abende mit Voegelin ein prägendes Erlebnis, von dem sie noch nach Jahren bewundernd und begeistert erzählten. Später pflegte Voegelin mit einiger Bitterkeit zu sagen, er selbst sei in dem Jahrzehnt in München nur wenige Male von Kollegen nach Hause eingeladen worden. Er hatte sich, aus Amerika an enge Fakultätskontakte und zwanglosen Austausch gewöhnt, München, Bayern, Deutschland wohl geselliger vorgestellt.

Nun hatte Eric Voegelin ein so forderndes Auftreten, eine so dezidierte Art, seinen Standpunkt zu vertreten, dass seine Wortmeldungen in der wissenschaftlichen Öffentlichkeit oft verwunderte oder empörte Reaktionen auslösten. Wenn er bei den Tagungen der Deutschen Vereinigung für politische Wissenschaft auftauchte (meist als flüchtiger Gast), wusste man fast immer, was bevorstand: ein intellektuelles Feuerwerk von fast einschüchternder Brillanz – und eine Provokation der «Andersgläubigen» voller Verve und Aggressivität, meist nahe dem Skandal.

Kein Wissenschaftler hört es gern, wenn ein anderer seine intellektuelle Überlegenheit allzu nachdrücklich ausspielt – etwa mit der Bemerkung, die ich als Fakultätskollege oft von ihm gehört habe: «Darf ich etwas Wissenschaft in die Debatte träufeln?» Die Empfindlichkeit des Emigranten kam hinzu – oft sah Voegelin in einem sachlich begründeten Widerspruch schon politische Obstruktion und verdächtigte den Opponenten der Sympathien mit den Nazis: «Der hat braune Butter auf dem Kopf.» Auf meinen vorsichtigen Rat, den einen oder anderen Kollegen pfleglich zu behandeln, um ihn für ein Vorhaben zu gewinnen, reagierte er fast immer mit Schroffheit: «Wieso denn, den kenne ich doch gar nicht, ich höre seinen Namen zum ersten Mal!» So breiteten sich auch bei den Freunden Voegelins allmählich Resignation und Enttäuschung aus. «Dem ist nicht zu helfen!», sagte der Volkswirt Bernhard Pfister ärgerlich, der doch zu Voegelins verlässlichsten Freunden gehört hatte, und ähnlich war es mit Helmut Kuhn, dem Rektor der Hochschule für Politik, mit Gotthard-Karl Hasemann aus dem Kultus-

Eric Voegelin (1901–1985) grüßt mit der Militärmütze, welche die amerikanischen Soldaten im Koreakrieg trugen.

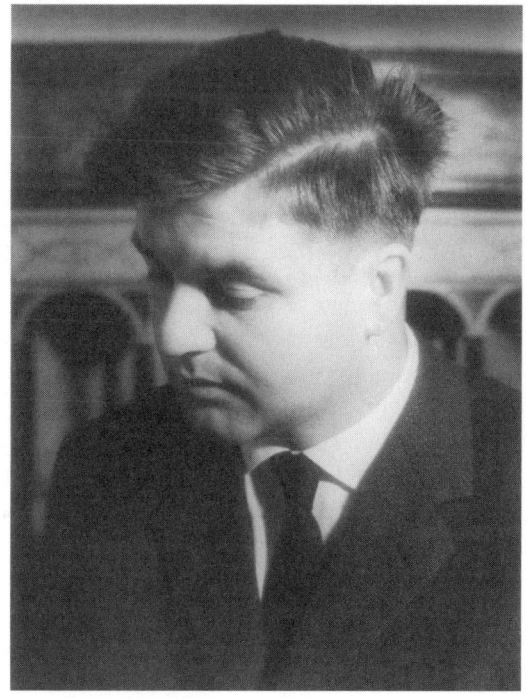

Nach München berufen, um Sozialkundelehrer auszubilden: Hans Maier

ministerium, der für die politische Bildung zuständig war, und mit Felix Messerschmid, dem Direktor der Akademie für politische Bildung in Tutzing. Auch mein Lehrer Bergstraesser in Freiburg war oft verzweifelt über die Schwierigkeiten, die Eric Voegelin sich selbst bereitete. Die anderen aber, die ihn ohnehin für einen Kauz oder einen Reaktionär hielten, fühlten sich bestätigt in ihrer Ablehnung. Voegelin isolierte sich, daran war kein Zweifel; die vereinzelte begeisterte Anhängerschaft, die er gewann, wog die Skepsis und Ablehnung in breiten Kreisen der Wissenschaft und Politik nicht auf.

Voegelin hatte wohl gehofft, dass sich Politikwissenschaft in Deutschland zu einer Zentraldisziplin entwickeln würde – universalistisch im Zugriff, ausstrahlend in viele Disziplinen, ähnlich der Max Weberschen Soziologie auf der Höhe ihrer Wirkung. Er erhoffte von einer so verstandenen politischen Wissenschaft nichts Geringeres als die Erneuerung der deutschen Universität. Stattdessen musste er erleben, dass sich andere Formationen politischer Wissenschaft bildeten: zeitgeschichtliche Formen in Anlehnung an die Traditionen politischer Historie; Formen der Ordnungspolitik im Anschluss an die «Freiburger Schule»; endlich «Politik» im Umkreis des öffentlichen Rechts – jener Disziplin, die in Deutschland traditionellerweise die Funktionen amerikanischer Political Science Departments wahrnahm.

Solche Verbindungen machten Schule. So war Arnold Bergstraessers wissenschaftliche und pädagogische Aktivität nicht zu denken ohne die freundschaftliche Nähe zu den Wortführern des Ordo-Liberalismus in der Freiburger Rechts- und Staatswissenschaftlichen Fakultät. In Heidelberg knüpften Carl Joachim Friedrich und Dolf Sternberger an das Erbe der dortigen Gesamten Staatswissenschaft und an die Heidelberger Kultursoziologie an. (Alfred Weber lebte noch und trat in den Nachkriegsjahren immer wieder mit publizistischen und politischen Initiativen hervor!) In Tübingen entwickelten Theodor Eschenburg sowie seine Schüler Waldemar Besson und Iring Fetscher ihre Institutionenanalyse und Institutionenkritik in enger Nachbarschaft zu Juristen wie Günter Dürig und Otto Bachof, Konrad Hesse und Peter Lerche – sie nahmen teil an der in den fünfziger Jahren kräftig einsetzenden Bemühung um die Auslegung des Grundgesetzes, in deren Verlauf sich die alte Staatsrechtslehre immer mehr in eine Verfassungslehre verwandelte. Ähnliche Bemühungen um das Verständnis der neuen Verfassung – und der jungen Demokratie! – gab es in Frankfurt (Carlo Schmid,

Wilhelm Hennis), in Darmstadt (Eugen Kogon), in Köln (Ferdinand Alois Hermens), in Göttingen (Gerhard Leibholz) und nicht zuletzt in Berlin, wo Ernst Fraenkel und seine Schüler mit dem Instrument der Rechtsvergleichung deutsche und amerikanische Rechtstraditionen untersuchten – auch dort im Zusammenarbeit mit Historikern wie Hans Herzfeld und Internationalisten wie Richard Löwenthal. Mit diesen Kollegen und ihren Bestrebungen verbanden Eric Voegelin nur lose Beziehungen. Er hatte grundsätzliche Vorbehalte gegen die deutsche staatswissenschaftliche Tradition, ja gegen das Wort Staat überhaupt, das er, aus vielen Gründen, für nicht theoriefähig hielt – so sprach er in seiner «Neuen Wissenschaft der Politik» lieber von «Politischer Ordnung» und meinte damit im Sinne Platos die Verknüpfung der Regeln des bürgerlichen Zusammenlebens mit der menschlichen Existenz schlechthin. Juristisches Denken war Eric Voegelin durchaus vertraut – die «Reine Rechtslehre» hatte er bei Hans Kelsen, einem seiner Lehrer, an der Quelle kennengelernt; dennoch erkannte er den aus den kontinentalen Staatsüberlieferungen erwachsenen Federführungsanspruch der Jurisprudenz in Sachen Politische Wissenschaft nie an – und den Aufbruch einer neuen Juristengeneration zu Grundrechten, Grundwerten, hermeneutischen und philosophischen Fragestellungen hat er – vielleicht mit einer Ausnahme: René Marcic – nicht wahrgenommen.

Seitdem ich in München war, machte ich mir Gedanken darüber, wie die politische Wissenschaft weiterzuentwickeln sei, in welche Bahnen sie als Universitätsfach einmünden könne. Es ging vor allem um die bis dahin in München vernachlässigten Basisvorlesungen und –übungen. Politische Bildung (Sozialkunde) war inzwischen in fast allen Ländern der Bundesrepublik als Schulfach eingeführt worden. Eine umfassende «Pädagogisierung» der Politikwissenschaft zeichnete sich ab. So war es notwendig, künftig enger mit den historischen und philologischen Disziplinen zusammenzuwirken. Gemeinsam mit Waldemar Besson, der inzwischen Professor in Erlangen-Nürnberg war, entwickelte ich Aufbaukurse für Geschichts- und Deutschlehrer, die bereit waren, ihre Fakultas um das Fach Sozialkunde zu erweitern. Das wurden dann die ersten Sozialkundelehrer in bayerischen Schulen. Auch eine engere Zusammenarbeit mit dem öffentlichen Recht und mit den Wirtschaftswissenschaften strebte ich an. Die staunenswerte Breite politischer Wissenschaft, wie sie Voegelin konzipiert hatte, wollte ich im Bereich der

Forschung gern beibehalten – doch bezüglich des Lehrangebots musste man notgedrungen eine Auswahl treffen. Die Schwerpunkte hießen, gut angelsächsisch: Government – Internationale Politik – Politische Theorie. Ich stellte meine Münchner Vorlesungen und Seminare von Anfang an auf diese Dreiheit ab, damit die Studenten wussten, was sie erwartete, wenn sie das Fach politische Wissenschaft belegten.

Notwendig war aber auch eine Einführung ins sozialwissenschaftliche Denken und Arbeiten im Allgemeinen – das ergab sich in München schon daraus, dass die soziologischen und die politikwissenschaftlichen Lehrstühle zur gleichen Zeit geschaffen und in der Staatswirtschaftlichen Fakultät vereinigt worden waren. Zur Jahreswende 1963/64 bezogen Politikwissenschaftler und Soziologen ein neues Haus in der Konradstraße 6. Hier, ganz in der Nähe einer frühen Wohnung Thomas Manns, fand das «mächtige Häuflein» der «Sozialwirte» für Jahre sein akademisches Domizil. Hier entwickelte Johannes Winckelmann erste Vorarbeiten für die später in München von M. Rainer Lepsius und anderen in Angriff genommene, vom Freistaat Bayern unterstützte wissenschaftliche Max-Weber-Gesamtausgabe. Hier hielt ich Seminare ab, in denen sich Volkswirte und Sozialwissenschaftler, Historiker und Pädagogen, Philosophen und Theologen trafen. Die Studenten waren nur wenige Jahre jünger als ich. Es herrschte ein kameradschaftlicher Ton. Uns verbanden gemeinsame Erfahrungen (der Krieg, die Nachkriegszeit) und auch gemeinsame Ziele (die Entwicklung der politischen Wissenschaft, der politischen Bildung). Neben Max Weber war Alexis de Tocqueville unser Mann, und wenn wir nach einem Motto suchten für unsere Arbeit, dann kamen wir immer wieder auf die Sätze zurück, mit denen er seine «Demokratie in Amerika» eingeleitet hatte: «Die Demokratie belehren, wenn möglich ihren Glauben beleben, ihre Sitten läutern, ihre Bewegungen ordnen..., ihre Regierungsweise den Umständen der Zeit und des Ortes anpassen, sie je nach Verhältnissen und Menschen ändern: das ist die erste Pflicht, die heute den Lenkern der Gesellschaft auferlegt ist. Eine völlig neue Welt bedarf einer neuen politischen Wissenschaft.»

Politik war für uns nicht mehr «das Schicksal» wie vielleicht noch für unsere Väter und Großväter, sie war auch nicht einfach eine «Kunst», die einem als Geschenk gegeben wurde, die nicht zu erlernen war. Nein, Politik war Menschenwerk, sie konnte gelingen oder scheitern, man konnte sie verfehlen und verderben, aber auch gestalten und verbessern. Und vor allem: Man konnte sie erforschen, ihre Gesetzlichkeiten verstehen lernen; es gab nicht nur *politische Historie* mit dem Blick zurück in die Vergangenheit, es gab auch *politische Wissenschaft* mit dem Blick auf Gegenwart und Zukunft – bezogen auf all das, was ringsherum geschah und was in Zukunft zu erwarten war.

Allmählich entwickelte sich ein neues, größeres Umfeld rings um die politische Wissenschaft in München. Die Beziehungen zu den Historikern (voran Karl Bosl und später Walter Bussmann), zu den Öffentlichrechtlern (Peter Lerche), zur Philosophie (Max Müller – inzwischen in München –, Helmut Kuhn und Hermann Krings) intensivierten und vertieften sich. Ich überlegte, wie das von Voegelin gegründete Institut dauerhaft zu sichern und weiterzuentwickeln war. Das ließ sich nach meiner Meinung nur durch eine engere Zusammenarbeit mit verwandtten Instituten in München (vom Institut für Zeitgeschichte bis zu den Instituten für Amerikanistik, Osteuropakunde, Kommunikationswissenschaft an der Universität) erreichen, durch den Ausbau der Hochschule für Politik und ihre Verknüpfung mit der Universität, endlich durch die Schaffung neuer Lehrstühle für politische Wissenschaft, der Errichtung eines «politischen Zentrums».

Es gelang mir in mehreren Gesprächen, den Kultusminister für dieses Konzept zu gewinnen. Am 16. März 1965 kündigte Ludwig Huber in seiner Haushaltsrede im Landtag ein Zentrum für politische Forschung und Lehre in München an. Die Hochschule für Politik sollte zu einer vollen wissenschaftlichen Hochschule ausgebaut werden – bis dahin war sie nur eine Abendhochschule. Eine engere Zusammenarbeit der genannten Institute wurde ins Auge gefasst. Neue Lehrstühle für politische Wissenschaft wurden in Aussicht gestellt und in der folgenden Zeit tatsächlich geschaffen, so dass die Münchner Politikwissenschaft an Größe und Umfang allmählich mit dem Berliner Otto-Suhr-Institut – dem bis dahin einzigen großen politikwissenschaftlichen Zentrum in Deutschland – wetteifern konnte.

Eric Voegelin – nach wie vor ständiger Gastprofessor in den USA – hatte aus Notre Dame seine Zustimmung zu diesem Plan signalisiert. Doch bei der Realisierung in den folgenden Jahren traten deutliche Differenzen auf. Unterschiedliche Konzeptionen wurden sichtbar. Voegelin sah in der politischen Wissenschaft ein ebenso vorbildloses wie konkurrenzloses Unternehmen; nach seiner Vorstellung sollte sie entweder einheitlich sein, aus einem Guss, zusammengefasst unter einem Dach, ohne Anlehnungen und Querverbindungen – oder sie sollte nicht sein. Ich dagegen sah wissenschaftliche Politik als ein Zusammenwirken vieler Fächer – unter der koordinierenden, aber nie exklusiven Leitung der politischen Wissenschaft. Ich hatte beim Ausbau des Fachs stets die vielfältigen Verbindungen mit den Nachbardisziplinen im Auge.

Dahinter lagen die schon angedeuteten gegensätzlichen politischen Wertungen: Voegelin glaubte nicht, dass die traditionellen Rechts- und Staatswissenschaften, aus denen er selbst kam, die politische Erziehung und Bildung der Jugend übernehmen konnten; sie hatten sich nach seinem Gefühl im Dritten Reich endgültig kompromittiert; ihr begriffliches Instrumentarium (Staat und Gesellschaft) schien ihm untauglich, jene «Blöcke von Ordnungswissen» aufzunehmen, die er in der antiken, der christlichen, der angelsächsischen Tradition geborgen sah. Ich dagegen sah politische Wissenschaft in Deutschland als etwas an, was zwar lange Zeit verdrängt, aber nicht endgültig verschüttet und verloren war; ich glaubte an die Möglichkeit der Neubelebung, ja ich meinte, Forschung, Lehre und Bildung der Jugend könnten hier an ein Stück geschichtlicher Überlieferung anknüpfen. Ich stand mit dieser Meinung nicht allein: Helmut Kuhn, der Amerikanist Friedrich G. Friedmann, der Kommunikationswissenschaftler Otto B. Roegele, die Historiker und Soziologen der Universität dachten ähnlich. Und unter den Schülern Voegelins hatten Ulrich Matz und Heinz Laufer zumindest Verständnis für meine Haltung, ohne sie in allen Punkten zu teilen.

Schließlich setzte sich, wie oftmals, keine Seite gänzlich durch. Am Ende stand ein Kompromiss. Die Hochschule für Politik erhielt im Gesetz vom 27. Oktober 1970 zwar den gewünschten Zugang zu akademischen Prüfungen, jedoch nur für die Hörer, welche die allgemeine Hochschulreife besaßen, und im Rahmen einer Studienordnung, die im Einvernehmen mit der Universität zu erstellen war. Das Universitätsinstitut für politische Wissenschaft wurde als interfakultatives Institut konzipiert, später jedoch, mit der Neugliederung der Universität, dem Fachbereich Sozialwissenschaften eingefügt (zusammen mit dem Amerika-Institut, dem Institut für Soziologie, dem Institut für Kommunikationswissenschaft). Übrigens erhielt es, auf Vorschlag Gottfried-Karl Kindermanns, einen neuen Namen, der es mit der Tradition der Ludwig-Maximilians-Universität verband: Geschwister-Scholl-Institut. So konnte sich die zentrale Planung und Fortentwicklung, wie Voegelin dies wünschte, im Rahmen einer Fakultät vollziehen. Leider kam jedoch die geplante engere Verbindung des Instituts zu den Historikern und Philosophen nicht zustande. Nur Wolfgang Zorn gehörte dem Institut längere Zeit als «zugewandter Ort» aus dem Bereich der Wirtschafts- und Geschichtswissenschaften an.

Auf die seit 1966 neugeschaffenen Lehrstühle und anderen Stellen gelangten Forscher, die teils aus dem Haus hervorgegangen waren, teils von draußen kamen. In den sechziger Jahren weitete und verdichtete sich die Arbeit des Instituts. Neue Forschungsthemen, neue Namen tauchten auf. 1966 kamen aus München Franz Schneider und aus Berlin Kurt Sontheimer, 1967 aus Freiburg Gottfried-Karl Kindermann, aus Mainz Manfred Hättich, aus Notre Dame in den USA Nikolaus Lobkowicz. Weitere Namen wären zu nennen, ich kann nur einige aufzählen: Peter Christian Ludz (der spätere Nachfolger Eric Voegelins), Paul Noack, Dieter Grosser, Klaus Ritter, Peter Joachim Opitz, Peter Cornelius Mayer-Tasch.

So hatte sich die Zusammenarbeit zwischen dem «König» und dem «Kärrner» am Ende – trotz Streit – als fruchtbar erwiesen. Innerhalb der deutschen Politikwissenschaft nahm «München» – neben «Berlin» – bald eine führende Stellung ein. Unter dem rührigen Bibliothekar Erich Fries entwickelte sich die Bibliothek des Geschwister-Scholl-Instituts bald zu einer der größten des Faches – die Themen und Namen reichten von den Sumerern, den Ägyptern, den Griechen und Römern bis zu den Gelehrten der Gegenwart: Leo Strauss, Raymond Aron, Michael Oakeshott, Raymond Polin und Henry Kissinger.

Auf dieser Basis entwickelten wir zahlreiche Leitfäden, Syllabi, Handbücher für die Hand der Studenten. Klassikerausgaben und Monographien entstanden – eine Arbeit, die ganz in der Stille vor sich ging. In Kürze machten sich die Mitarbeiter des Geschwister-Scholl-Instituts unentbehrlich für die Landeszentrale für politische Bildung. Schwerpunkte der künftigen Arbeit zeichneten sich ab mit den entsprechenden Spezialisten: Heinz Rausch und Horst Denzer waren zuständig für die Erschließung der Klassikertexte; Theo Stammens Arbeiten kreisten um das Thema Politik und Sprache, diejenigen von Ulrich Matz um die Probleme staatlicher und außerstaatlicher Gewalt. Die Thematik der Repräsentation untersuchte am Beispiel der Französischen Revolution Eberhard Schmitt (mit neu aufgefundenen und neu interpretierten Quellen). Paul-Ludwig Weinacht klärte in einer grundlegenden Arbeit Herkunft und Bedeutung des Wortes Staat.

Ich suchte für unsere «neue Wissenschaft» auch einen Platz in der Görres-Gesellschaft. In einem Gespräch mit dem Präsidenten Hans Peters – einem hochverdienten Verwaltungsrechtler und Mitglied des «Kreisauer Kreises» – gelang es mir, ihn von der Notwendigkeit der Gründung einer neuen Sektion «Politikwissenschaft» zu überzeugen (sie wurde später mit der Sektion «Kommunikationswissenschaft», die Otto B. Roegele leitete, vereinigt). Einige Jahre waren wir nicht nur die jüngste Sektion der ehrwürdigen Gesellschaft, sondern auch diejenige mit den jüngsten Teilnehmern.

Wichtig wurde ein Forschungsprojekt, das im Frühjahr 1968 begann und 1970 abgeschlossen wurde. Drei junge Mitarbeiter, Emil Hübner, Heinz Rausch, Heinrich Oberreuter, untersuchten in zahlreichen Interviews mit Abgeordneten des fünften, teilweise auch noch des sechsten Deutschen Bundestages den parlamentarischen Alltag – die Verteilung der Arbeit zwischen Wahlkreis und Wählerschaft auf der einen, Parteiorganisation und Parlament auf der anderen Seite. Das Ziel war es, die Aufmerksamkeit der Öffentlichkeit auf die Hauptperson im parlamentarischen Prozess, den Abgeordneten, zu lenken, ein schärferes Bild zu gewinnen von seinen Möglichkeiten, aber auch von seinen aktuellen Belastungen und Überforderungen. Es galt das Parlamentsverständnis der Parlamentarier zu erkunden, ihre Einschätzung des parlamentarischen Regierungssystems, ihre Erwartungen an Gegenwart und Zukunft – dies alles im Hinblick auf nötige Schritte zu einer Parlamentsreform.

Hinter den Kulissen unterstützte uns eine Reihe aufgeschlossener Parlamentarier im Deutschen Bundestag – so besonders Hans Dichgans (CDU) und Hermann Schmitt-Vockenhausen (SPD). Wissenschaftlich verfolgte ein Hamburger Kreis um den Fraenkel-Schüler Winfried Steffani ähnliche Ziele wie wir. Die Hamburger und die Münchner Initiativen vereinigten sich im Jahr 1970: wir gründeten die «Deutsche Vereinigung für Parlamentsfragen» – und gaben in der Folgezeit die «Zeitschrift für Parlamentsfragen» heraus. Die Bundesrepublik Deutschland hatte damit endlich das längst fällige Gegenstück zu den Parlamentszeitschriften der angelsächsischen Welt, zu «Congressional Quarterly» und «Parlamentary Affairs».

Dass wir beim Parlament, bei der Parlamentsreform einsetzten, erwies sich später, in der Zeit nach 1968, als besonders wichtig – galt es doch pauschalen Zweifeln am parlamentarischen System entgegenzutreten, wie sie die Außerparlamentarische Opposition (APO) von links, aber auch «aufgeklärte» Technokraten von rechts in dieser Zeit fast ohne Widerspruch zu äußern pflegten (der unheilvolle Kronzeuge in beiden Fällen war Carl Schmitt). 1969, als ich bei den Nürnberger Gesprächen unser Projekt vorstellte und Ideen zur Parlamentsreform entwickelte, schlug mir heftige Kritik entgegen. Ich stellte gleichwohl die Frage, welche anderen Institutionen denn das Parlament «beerben» könnten. Kybernetik, Demoskopie, Futurologie? Ihre Herrschaft, argumentierte ich, sei – weil anonym – undurchschaubar und unkontrollierbar; sie genüge weder rechtsstaatlichen noch demokratischen Erfordernissen. Und die «neue Unmittelbarkeit» einer Rätedemokratie, für die damals viele schwärmten? Auch sie war nach meiner Meinung ein ungedeckter Scheck; denn noch kein Rätesystem hatte den historischen Leistungsbeweis erbracht, den das vielgeschmähte parlamentarische System reichlich vorweisen konnte: die Fähigkeit nämlich, eine arbeitsteilig strukturierte Industriegesellschaft politisch zu organisieren. Jedes war nach kurzer Zeit zusammengebrochen oder von der Diktatur absorbiert worden.

Aber wir entwickelten in München nicht nur Reformprogramme für den bundesdeutschen Gebrauch. Auch unsere internationalen Kontakte verdichteten sich. Hatte bereits Eric Voegelin führende Gelehrte vor allem aus den USA zu Gastvorträgen nach München gebracht – am eindrucksvollsten: Hannah Arendt und Henry Kissinger –, so kamen in den sechziger und siebziger Jahren osteuropäische, afrikanische, fernöstliche Wissenschaftler im Geschwister-Scholl-Institut zu Wort. 1970 hielt die IPSA (International Political Science Association) auf meine Einladung ihren Weltkongress in München ab. Ich lernte Nermin Abadan kennen, die türkische Landesvorsitzende, die später meinen Lehrstuhl in München vertreten sollte. Eine aparte Besonderheit war die – anonyme – Anwesenheit des belgischen Kardinals Léon-Joseph Suenens, der den Kongress ausdrücklich als Wissenschaftler und Parlamentsforscher, nicht als Kirchenmann besuchte. Im selben Jahr fand auf Initiative von Horst Denzer ein internationaler Bodin-Kongress in München statt. Auch zu Japan knüpften wir Kontakte: zu dem Philosophen Shizuteru Ueda, einem der Häupter der Kyoto-Schule, und später zu dem Juristen und Spezialisten für Familien- und Jugendrecht Akira Morita aus Tokyo.

Einen eigenen Weg zur Internationalität zeigte mir Edith Ziegler, meine erste Sekretärin am Geschwister-Scholl-Institut. Sie half mir nicht nur, mein schütteres Englisch zu verbessern, sie erschloss mir auch Verbindungen zu Künstlern und Schriftstellern der Emigration. Als Jüdin hatte sie mit ihrem Mann, dem Maler Richard Ziegler, 1933 Deutschland verlassen und bis 1937 auf der Insel Korcula gelebt. Dann war sie, nach abenteuerlicher Flucht durch mehrere Länder, Sekretärin bei der Linnean Society in London geworden. 1963 kam sie nach Deutschland zurück. Frau Ziegler verdankte ich die Bekanntschaft mit Malern, Dichtern, Filmleuten – besonders aber mit dem Schriftsteller Hans Sahl, der zu den Freunden ihres Mannes gehörte. Sahl hatte als bekennender Ex-Kommunist in der französischen, dann amerikanischen Emigration die Unterstützung seiner linken Freunde – an der Spitze Bert Brecht – verloren. Er erlebte ein «Exil im Exil» – so der Titel des zweiten Bandes seiner Memoiren. In den fünfziger Jahren nach Deutschland zurückgekehrt, fand er dort keinen Anschluss, weil die geistige Situation, wie er schrieb, noch nicht reif war. «Ich kam nämlich mit der Neuigkeit zurück, dass es nicht genügte, Anti-Nazi zu sein. Mein oberstes Prinzip war der Kampf gegen das Totalitäre überhaupt – und das hieß auch gegen Stalin. Aber das war bei den Linken noch nicht aktuell.» So kehrte Sahl erst zur Zeit der Wiedervereinigung, 87jährig, endgültig nach Deutschland zurück. In seinen letzten Lebensjahren lebte er in Tübingen. Ich verehrte den charaktervollen, unbeugsamen Mann. 1991, zwei Jahre vor seinem Tod, hielt ich die Laudatio auf ihn, als Sahl in München auf Vorschlag Horst Bieneks den Internationalen Exilpreis der Bayerischen Akademie der Schönen Künste erhielt.

17. Konzilszeit: Forster, Murray, Guardini, Döpfner

«Die Weltkirche diskutierte, lebhaft und manchmal lautstark ...»

In meiner Jugend kannte ich nur einen einzigen Papst: Eugenio Pacelli, der als Pius XII. von 1939 bis 1958 die Kirche regierte. Sein schmales vergeistigtes Gesicht mit den tiefliegenden Augen und dem asketischen Mund war in dieser Zeit fast allgegenwärtig. Pius XII. war ein wahrer Medienpapst. Dabei wirkte er in seinen öffentlichen Auftritten fast immer demütig und wie erstorben. Sein Tod löste ein weltweites Echo aus.

Ich weiß noch, wie betroffen und befremdet wir jungen Leute waren, als wir in den Zeitungen die ersten Bilder seines Nachfolgers sahen. Der «Neue» war dick, gedrungen, hatte einen großen Kopf und große Ohren. Durfte ein Papst so aussehen? Giuseppe Roncalli, der Bauernsohn aus den Bergamasker Bergen, hatte mit dem aristokratischen Stadtrömer Pacelli so gut wie nichts gemein. Er wirkte auf den Bildern alt und grau. Gewinnend war nur sein verschmitztes Lächeln. «Ein Übergangspapst», so dachten viele skeptisch. Man erwartete nicht mehr viel von dem schon 77-jährigen Mann. Doch dann sprach Johannes XXIII. am 25. Januar 1959 den Satz: «Es wird ein Konzil geben» – und eröffnete damit ein ganz neues Kapitel Kirchengeschichte.

Als ich nach München kam, stand das Konzil unmittelbar vor der Eröffnung. Am Siegestor stöberte mich ein Reporter des Bayerischen Fernsehens auf und wollte wissen: «Was erwarten Sie vom Konzil?» Ich weiß nicht mehr, was ich geantwortet habe. Aber wir Jüngeren erwarteten viel, und der Papst selbst hatte die Stichworte gegeben: das Aggiornamento der Kirche, ihr «Heutigwerden», ihre innere Erneuerung, eine Reform der Liturgie, ein verändertes Verhältnis zur nichtkatholischen, zur nichtchristlichen Welt. Ein Sekretariat für die Einheit der Christen war neu geschaffen worden – an der Spitze stand der Kardinal Bea, ein badischer Landsmann aus Riedböhringen in der Baar, den ich aus Freiburg kannte. War es übrigens ein Zufall, dass eine ganze Reihe katholischer Ökumeniker aus dem deutschsprachigen Südwesten kam – so die Schweizer Hans Urs von Balthasar und Hans Küng und aus Baden-Württemberg Augustin Bea, Karl Rahner, Otto Karrer, Heinrich Fries?

Die internationale Politik war zur Zeit des Konzils in heftiger Bewegung. Neue Protagonisten traten auf den Plan: neben den Angehörigen der Kriegsgeneration wie de Gaulle auch solche, die erst in der Nachkriegszeit hervortraten wie Chruschtschow und Kennedy. Die Jahre 1958–1962 waren erfüllt von Kriegsdrohungen und gleichzeitig von Bemühungen um internationale Entspannung. Die diplomatischen Tastversuche jener Zeit berührten auch das Konzil. Es ging um die Teilnahme von Beobachtern des Moskauer Patriarchats, über die Jan Willebrands, der Sekretär des Einheitssekretariats, in Paris und Moskau verhandelte – es ging zugleich um die Freilassung des in der Sowjetunion gefangen gehaltenen Metropoliten der katholischen Ukrainer des östlichen Ritus, Bischof Josyf Ivanovic Slipyi. Tatsächlich wurde der Bischof freigelassen, und einige russische Beobachter konnten am Konzil teilnehmen. Versuchte die sowjetische Führung dem Konzil durch vorbeugendes Entgegenkommen den Charakter einer antikommunistischen Manifestation zu nehmen (wie man sie nach Pius' XII. scharfer Verurteilung des Kommunismus erwarten musste)? Dass Chruschtschows Schwiegersohn Adschubej bei seinem Besuch im Vatikan am 7. März 1963 dem Heiligen Stuhl sogar die Aufnahme diplomatischer Beziehungen anbot, deutete in diese Richtung. Johannes XXIII. schreckte freilich damals vor einer solchen Konsequenz zurück.

In München trafen sich die Konzilsinteressierten, Konzilsbewegten vorzugsweise in der am 1. Februar 1957 gegründeten «Katholischen Akademie in Bayern». In Schwabing gelegen, am Englischen Garten, nahe dem Wittelsbacher-Schlösschen Suresnes und nahe der Occamstraße, die an den großen mittelalterlichen Denker erinnert, der seine letzten Lebensjahre in München verbrachte, war sie schon zu Anfang der sechziger Jahre eine wichtige Institution, die über München, ja über Bayern weit hinauswirkte. Man fand dort eine neue Form des kirchlichen Zeitgesprächs, die Offenheit nach draußen mit Klarheit in der Formulierung der eigenen Position verband. Die Akademie begnügte sich nicht damit, Akzente des Zeitgeists nachzuzeichnen – sie setzte selbst Akzente. Unkonventionelle Wege wurden eingeschlagen. Man blieb bei der Diskussion nicht stehen – jede Tagung endete mit einem Ergebnis, gab eine Richtung an, ob es sich nun um ein Gespräch mit Ärzten, Juristen, Künstlern, Politikern, Ökonomen, Historikern oder Sozialwissenschaftlern handelte. Und neben die Tagungen traten bald weiterwirkende Aktivitäten: Hochschulkreise an den bayerischen Universitäten; die Organisation der katholischen Erwachsenenbildung; internationale Aktivitäten (USA, Frankreich, Italien, Israel).

Ein paar Paukenschläge hatten die Akademie ins öffentliche Gespräch gebracht: voran die Tagung «Christentum und demokratischer Sozialismus» im Januar 1958, an der u. a. Adolf Arndt, Waldemar von Knoeringen und Carlo Schmid teilgenommen hatten (kirchliche Gesprächspartner waren Gustav Gundlach, Oswald von Nell-Breuning und Adolf Süsterhenn). Es war das erste öffentliche Gespräch zwischen Vertretern der katholischen Kirche und der Sozialdemokratischen Partei in den Nachkriegsjahren – ein Jahr vor dem Godesberger Programm. Ein Parallelunternehmen in Richtung FDP war die Tagung

«Christentum und Liberalismus» (1960) mit Erich Mende, Alexander Rüstow, Gustav Gundlach, Paul Mikat und Eric Voegelin als Referenten. 1963, am 30./31. März, folgte eine Tagung «Möglichkeiten zur Stabilisierung unserer demokratischen Ordnung», an der Herbert Wehner und Hermann Schmitt-Vockenhausen teilnahmen. Auch mit christlich-demokratischen und christlich-sozialen Traditionen beschäftigte sich die Akademie – und entschlossen griff sie Bildungs- und Medienfragen, naturwissenschaftliche Themen, ethische Fragen wie den atomaren Verteidigungskrieg, aber auch innerkirchliche und theologische Debatten wie das Verhältnis von Christentum und Judentum auf. Das Thema Konzil erschien erstmals im Juli 1961 im Tagungsprogramm und wurde zu einem Leitmotiv der kommenden Jahre. In dieser Zeit konnte man viele der theologischen Protagonisten, aber auch der publizistischen Begleiter des Konzils als Referenten, Gesprächspartner, Zuhörer in der Mandlstraße in München antreffen – das reichte von den Publizisten Hanno Helbling, Otto B. Roegele, Hans Heigert, Paul Noack bis zu den Theologen Karl Rahner, Augustin Bea, Aloys Grillmeier, John Courtney Murray, Joseph Ratzinger, Klaus Hemmerle, Karl Lehmann. Auch Fedor Stepun traf ich zu meiner Freude in der Akademie wieder – und aus Freiburg kam Gertrud Luckner nach München und sprach über Probleme und Erfahrungen mit der christlich-jüdischen Verständigung.

Leiter der Akademie war Monsignore (später Prälat) Karl Forster, ein Bayer aus Amberg in der Oberpfalz mit subtiler theologischer Schulung, Schüler des Dogmatikers Michael Schmaus. Jung und energisch, von barocker Erscheinung und Ausstrahlung, ausgestattet mit Zielsicherheit und Durchsetzungsvermögen, war er damals im kirchlichen und politischen Lebens Bayerns bereits ein fester Begriff. Seitdem ihn Kardinal Wendel aus einer wissenschaftlichen Laufbahn herausgeholt und an die Spitze der Katholischen Akademie gestellt hatte, galt er auch als homo politicus, als Mann der Kirchenpolitik. Er hatte «Macht im Blick». Fast glich er jenen Prälaten, von denen man sagte, sie bräuchten nur das Kinn zu heben, um ein Land zu regieren. «Er wird jeden Monat dicker», spottete Eric Voegelin, «aber er ist einer der klügsten Menschen in München, Sie müssen ihn kennenlernen». Das tat ich sogleich und hatte großen Gewinn davon; denn Jahre hindurch konnte ich fast alles Wichtige, was in der Kirche vorging, aber nicht in den Zeitungen stand, von Karl Forster erfahren. Er öffnete mir auch die Aka-

Macht im Blick:
Akademiedirektor
Karl Forster
(1928–1981)

Durchbruch für die
Religionsfreiheit: der
amerikanische Theologe
John Courtney Murray
SJ (1904–1967)

demie für meine Vorträge – sie wurde meine wichtigste «Tribüne» in München neben der Universität.

Der Theologe hatte wegen seiner SPD-Initiative einigen Ärger mit christlich-demokratischen und christlich-sozialen Politikern bekommen. Wie mir später einer seiner Freunde erzählte, hatte sogar Konrad Adenauer höchstpersönlich Papst Pius XII. angerufen und um Intervention gebeten, um diese Tagung zu verhindern. Aber Karl Forster ließ sich nicht beirren – und vorsorglich hatte er zu der Tagung, bei der die Sozialdemokraten nach Erzählungen der Teilnehmer mit dicken Gebetbüchern erschienen, einen der engsten Berater des Papstes, den Jesuiten Gustav Gundlach, als Referenten verpflichtet.

Später stieß Karl Forster auch mit Franz Josef Strauß zusammen. Es war die Zeit der Spiegel-Affäre. Strauß mied die Akademie – und diese ihrerseits hielt Abstand von dem heftig umkämpften Mann. Obwohl sich Forster nicht in innerparteiliche Streitigkeiten einmischte, hatte er doch Kontakte zu zeitweiligen Opponenten des CSU-Vorsitzenden wie Karl Theodor zu Guttenberg, Franz Heubl und Ludwig Huber. Im Weinkeller der Akademie dominierten Pfälzer Weine aus den Guttenbergschen Gütern in Deidesheim, und mit Vertrauten trank der Akademiedirektor gern die Marke «Forster Ungeheuer».

Bei einer Tagung der Akademie über das Verhältnis von Kirche und Staat am 5./6.Oktober 1963, an der ich mitwirkte, lernte ich John Courtney Murray SJ vom Woodstock College in den Vereinigten Staaten kennen. Es war ein Schlüsselerlebnis. Wir tauschten unsere Bücher aus und schlossen Freundschaft. Die Arbeiten Murrays und die von ihm redigierten «Theological Studies» waren mir, als ich meine Dissertation schrieb, eine wichtige Orientierung gewesen; sie halfen mir, den Konflikt «Kirche und moderne Demokratie» genauer zu bestimmen, das Geschehen historisch einzuordnen und einzugrenzen. Man musste Frankreich, seine wechselvolle Geschichte, sein Verhältnis zur Kirche deutlich unterscheiden von den Geschehnissen im angelsächsischen, vor allem amerikanischen Raum – wie denn auch die amerikanische Revolution, was das Verhältnis zu Kirchen und Religion anging, nicht mit der französischen zu verwechseln war (das hatte ich schon früher von Hannah Arendt gelernt). Mit dem umgestülpten Absolutismus der Jakobiner konnte die katholische Kirche keinen Frieden schließen, sie hätte sich sonst selbst aufgeben müssen. Die Revolution in ihrer radikalen Phase «adoptierte keine Kirche». Warum? Weil sie «selbst eine

Kirche war» (Jules Michelet). Mit dem angelsächsischen Zivilregime dagegen und seiner freieren Auffassung von Demokratie (und von Kirche!), mit der Tradition der Menschenrechte, mit dem angelsächsischen Geltenlassen der Religion im öffentlichen Leben hätte sie sich – wie schon Tocqueville vermutet hatte – sehr wohl vertragen können, wenn es zu einer historischen Begegnung gekommen wäre.

Den Unterschied hatte Murray in differenzierten Studien herausgearbeitet, er hatte dadurch die negativen Urteile der Päpste des 19. Jahrhunderts über die Moderne, über die demokratische Staatsform relativiert und auf das französische (jakobinische) Modell begrenzt. Voegelins Begriff der «politischen Religion» und Jacob L. Talmons Konzept der «totalitären Demokratie» hatten ihm dabei geholfen. Kurzum, er hatte – was in den fünfziger Jahren noch niemand ahnen konnte – den geistigen Raum vorbereitet für einen «zweiten Anlauf» zur Versöhnung von Kirche und Demokratie – eben jenen, den dann das Zweite Vatikanische Konzil mit großer Energie (wenn auch zu später Stunde) unternahm.

Wir erfuhren in München, dass Murray als Peritus des Konzils an einer Erklärung zur Religionsfreiheit arbeite. Sie sollte in der Endphase des Konzils zum bedeutsamsten, freilich auch umstrittensten Text der Kirchenversammlung werden. Wenig später galt «Dignitatis humanae» bei Kirchenhistorikern als das «American Schema» schlechthin. Die Diskussion über die Religionsfreiheit beim Konzil war – kein Zufall – begleitet von einer neuen Wahrnehmung der angelsächsischen Welt und der in ihr entwickelten demokratischen Formen durch die katholische Kirche.

Ein Jahr später, am 23.–25. Oktober 1964, nahmen meine Frau und ich an einer Tagung der Akademie in Rom teil, in der die bisherige Arbeit des Konzils betrachtet und gewürdigt wurde. Neben den Kardinälen Bea und Döpfner und den Theologen Johannes Hirschmann, Karl Rahner und Johannes Oesterreicher ergriff auch John Courtney Murray das Wort. An einem Sitzungstag konnten wir den Beratungen des Konzils in der Peterskirche beiwohnen. Wir gingen an der Schar der Beobachter am Eingang vorbei, darunter die orthodoxen Geistlichen und die deutschen evangelischen Theologen, wir kannten und begrüßten Edmund Schlink, den Sprecher der nichtkatholischen Konzilsbeobachter (den Vater von Bernhard Schlink), wir entdeckten in der Woge roter und violetter Kardinals- und Bischofskappen in dem mächtigen Raum

Bischof Slipyi mit seiner hervorstechenden Metropoliten-Tracht. Wir hörten zahlreiche Beiträge – jeweils begrenzt auf fünf Minuten – regelmäßig abwechselnd in einem italienisch, französisch, deutsch oder polnisch gefärbten Latein – possierlich und manchmal schier unverständlich waren die angelsächsischen Latein-Varianten. Kein Zweifel: Die Weltkirche diskutierte, lebhaft und manchmal lautstark, nicht selten polemisch, aber auch mit Verständnis, Weitblick und Kompromissbereitschaft. Es ging ganz zu wie in einem realen Parlament. Über 2000 Väter saßen in der Konzilsaula mit Stimm- und Rederecht. Ein Sakristeiraum diente als Kaffee-Bar und Lobby.

Die entscheidenden Verhandlungen über das Religionsfreiheits-Dekret, so hörten wir bei der römischen Tagung, hatten bereits im Monat zuvor stattgefunden. In der 80. Generalkongregation hatte die Opposition, angeführt von Kardinal Ottaviani und Erzbischof Lefebvre, ein letztes Mal zum Generalangriff gegen das Schema geblasen: es sei «vom Relativismus und Idealismus angesteckt», es «sündige im Übermaß», weil es dem Irrtum und der Wahrheit gleiche Rechte einräume. Sollte, so fragten sie, der alte Satz: «Keine Freiheit für den Irrtum» plötzlich nicht mehr gelten? Aber Engländer, Amerikaner, Franzosen, Deutsche, Niederländer und Polen hatten die Erklärung verteidigt, am stärksten der englische Kardinal Heenan. – Es dauerte dann doch noch lange, mehr als ein Jahr, bis die endgültige Textfassung – es war die sechste – vom Konzil mit großer Mehrheit verabschiedet wurde. Das war am 7. Dezember 1965. Von diesem Datum an war die Religionsfreiheit – nachdem sie zum offiziellen Titel eines lehramtlichen Dokuments geworden war – in der katholischen Kirche nicht mehr umstritten. Freilich: Für Marcel Lefebvre und seine Anhänger gab diese Abstimmung – mehr noch als die gleichfalls von ihnen abgelehnte Liturgiereform, die heftig bekämpfte Kirchenkonstitution und die als Häresie verworfene Erklärung über die nichtchristlichen Religionen – den Anstoß zu der nachfolgenden Separation von der konziliaren Kirchen-Mehrheit – eine Spaltung, die sich als dauerhaft erweisen sollte.

Noch eine andere Innovation ging von der Katholischen Akademie in Bayern aus. 1962 konstituierte sich bei ihr die «Kommission für Zeitgeschichte». Sie erstand aus Colloquien zu zeitgeschichtlichen Fragen, aus ersten Zusammenkünften von Zeitzeugen in den fünfziger Jahren, unter ihnen Fritz Schäffer, Johannes Schauff, Heinrich Krone, Joseph Ernst Fürst Fugger von Glött – und generell aus dem Interesse junger Historiker (Rudolf Morsey, Konrad Repgen, Hans Buchheim), die sich schon früh des Themas Kirche und Nationalsozialismus annahmen. In der Folgezeit erschien eine Fülle von Quelleneditionen und Forschungsbänden. Bald sollten sie das Rückgrat der zeitgeschichtlichen Katholizismusforschung bilden. Nicht nur die Weimarer Epoche und das Verhalten der katholischen Minderheit, der katholischen Organisationen in der Zeit des Nationalsozialismus wurden untersucht; auch das 19. Jahrhundert, in dem die ersten großen Risse zwischen katholischer Kirche und Zeitkultur entstanden waren, kam in den Blick – und ebenso erstreckte sich das Interesse der Forscher rasch über das Jahr 1945 hinaus auf die gesamte Nachkriegszeit.

Was zunächst wie eine akademische Unternehmung aussah, wurde rasch aktuell. 1963 erschien Rolf Hochhuths Drama «Der Stellvertreter», das die Lichtgestalt Pius' XII. abrupt ins Gegenteil verkehrte – in den Papst, «der (zum Holocaust) geschwiegen hatte». Schon vorher hatte Ernst-Wolfgang Böckenförde in seinem «Hochland»-Aufsatz «Der deutsche Katholizismus im Jahre 1933» (1961) kritische Fragen gestellt und eine kontroverse Debatte ausgelöst. In der folgenden Zeit wurden viele liebgewordene Vorstellungen über den deutschen Katholizismus – und Protestantismus – in der Kaiserzeit, in der Weimarer Republik, in der NS-Zeit in der Öffentlichkeit in Frage gestellt. Manchmal freilich entstanden bei dieser polemischen Debatte auch nur neue Gegen-Legenden. Es gab also Gründe genug, den Weg zu den Quellen zu gehen und die Felder der kirchlichen Zeitgeschichte systematisch zu erforschen. Insofern kam die Gründung der «Kommission für Zeitgeschichte» – deren Sitz später nach Bonn verlegt wurde – genau zur rechten Zeit.

Im Hintergrund der Katholischen Akademie in Bayern stand der aus Italien gebürtige Theologe und Philosoph Romano Guardini. Er war ihr Anreger und Schutzherr. Guardini lebte und lehrte seit 1948 in München. Berlin hatte er im Bombenkrieg verlassen, die Unterkunft bei seinem Freund Josef Weiger im Pfarrhaus von Mooshausen in Oberschwaben, aber auch die erste Nachkriegsprofessur in Tübingen blieben vorübergehende Stationen auf seinem Lebensweg. In München zu lehren war ein alter Herzenswunsch Guardinis. Mit Hilfe vieler Freunde ging der Plan in Erfüllung. Guardini brauchte als Redner und Denker, als Ästhet und Nervenmensch einen Lebenshorizont von großzügigem Zuschnitt, einen Ort der Sammlung, aber auch der wechselnden Anregung und Zerstreuung. Zwischen seiner Wohnung in Schwabing, später in Bogenhausen, zwischen der Universität, wo er lehrte, der Ludwigskirche, wo er predigte, wanderte er die Gärten und Wege im Englischen Garten entlang, überdachte bei Spaziergängen seine Vorlesungen, memorierte seine Predigten.

Dann kam die Krankheit. Eine schmerzhafte Trigeminus-Neuralgie überfiel den bald Achtzigjährigen, so dass seine öffentlichen Auftritte seltener wurden. Es war, wie der Betroffene sagte, «der chemisch reine Schmerz». Im März 1964 wurde Guardini emeritiert, nachdem er im Wintersemester 1962/63 seine letzte Vorlesung gehalten hatte. Es gelang ihm noch, den Fortbestand seines Lehrstuhls – für «Christliche Weltanschauung und Religionsphilosophie» – zu sichern. In der Öffentlichkeit allerdings wurde der Berühmte nun fast unsichtbar.

So war die Akademische Feierstunde in der Großen Aula der Universität München am 17. Februar 1965 zu seinem achtzigsten Geburtstag ein großes Abschiednehmen. Karl Rahner hielt die Festrede. Guardini erwiderte mit Variationen über einen Plato-Satz. Gemeinsam mit Helmut Kuhn und Heinrich Kahlefeld und mit Unterstützung des deutschen Episkopats hatte Karl Forster eine Festschrift von 722 Seiten zuwege gebracht, ein spätes Geschenk der Philosophen- und Theologenzunft an den – keineswegs von allen anerkannten – Meister. Der Titel «Interpretation der Welt» traf ins Schwarze, er umschrieb aufs genaueste Guardinis Lebenswerk. Als jüngster Beiträger zur Festschrift war ich eingerahmt von Berühmtheiten wie Paul Ricœur, Gabriel Marcel, Hans Urs von Balthasar und Michele Federico Sciacca.

Nach dem Zweiten Weltkrieg hatte man in Freiburg kurze Zeit erwogen, Romano Guardini auf den Heidegger-Lehrstuhl zu berufen. Doch Guardini hatte abgewinkt: Er sei mehr philosophischer Interpret als Philosoph aus eigener Vollmacht. In seiner Münchner Zeit trat das Thema Ethik in den Vordergrund. Nicht weniger als elfmal, vom Wintersemester 1955/56 an, hielt Guardini Vorlesungen über Ethik. Einzelne Stunden habe ich besucht. Während ich in der Aula seiner brüchigen, fast erloschenen Stimme lauschte, fragte ich mich, warum Guardini das Thema Ethik im Alter mit so großem Eifer, fast mit Obsession verfolgte. War es das Gefühl, die zeitgenössische Philosophie (und Theologie!) sei dem Ethischen, dem Praktisch-Politischen etwas schuldig geblieben? Hatte Guardinis Beschäftigung mit der «Weißen Rose» und mit dem Widerstand im Dritten Reich zur Entdeckung dieses Defizits geführt? In der Tat gab es im Werk des von Guardini bewunderten Martin Heidegger keine Ethik – und auch von Heideggers Nachkriegs-Antipoden Adorno kamen, wenn er über Ethik handelte, nur Fragmente, «Minima Moralia». Dem Existentialismus wie dem dialektischen Denken blieb die politische Praxis fremd. Und die Jugendbewegung, der Guardini zeitlebens so eng verbunden war? Nun, sie hatte ihren Personalismus über weite Strecken hin auf eine strikte Absage an «die Gesellschaft» gegründet. Wenn sie sich aufs soziale Feld hinauswagte, dann versuchte sie möglichst vieles, ja fast alles personalistisch, aus Ich-Du-Beziehungen, zu erklären und aufzubauen. Dachte Guardini im Hinblick auf das Erlebte daran, hier etwas ändern zu sollen, ändern zu müssen? Man darf es vermuten, auch wenn sich in seinen Aufzeichnungen darüber wenig Aufschlüsse finden. Ein kleines Indiz ist für mich die Tatsache, dass Guardini sich intensiv am Neuaufbau der politischen Bildung in Bayern beteiligte, dass er Mitgründer der Akademie für Politische Bildung wurde und im Kuratorium dieser Einrichtung mitwirkte, dass ein Freund und Schüler, Felix Messerschmid – wie schon erzählt – der erste Direktor in Tutzing wurde.

1965 hielt ich – parallel zu den Beratungen des Konzils – zahlreiche Vorträge über aktuelle Staat-Kirche-Fragen in Deutschland. Einer über «Kirche und Demokratie» führte mich am 18. Oktober nach Gladbeck, wo ich Heiner Marré kennenlernte – einen Fachmann für Fragen der Kirchenfinanzierung und des Kirchensteuerrechts. Im Gespräch kamen wir darauf, dass für den nötigen Austausch über die Probleme von Staat und Kirche nach dem Konzil ein Gremium neuer Art geschaffen werden müsste, überkonfessionell und interdisziplinär – also über das hinausreichend, was die «Vereinigung der deutschen Staatsrechtslehrer» bei ihren Jahrestreffen an aktuellen Rechtsfragen behandelte. Dort waren Staat-Kirchen-Fragen ein Thema unter anderen – hier sollten sie in den Mittelpunkt gerückt werden. Am 2. Dezember 1965 fand ein Gespräch mit dem Essener Generalvikar Joseph Krautscheid statt, der als «juristisches Unikat in Soutane» galt, an dem Paul Hoffacker, Referent im ZdK und später Geschäftsführer von Adveniat, Heiner Marré und ich teilnahmen. Das war der «Startschuss» für die «Essener Gespräche zum Thema Staat und Kirche», die im August 1966 begannen – der Ruhrbischof Franz Hengsbach hatte sich die Sache zu eigen

gemacht, der renommierte Staatsrechtslehrer Ulrich Scheuner übernahm die Leitung (später folgten ihm Ernst Friesenhahn, Alexander
Hollerbach und Christian Starck nach).

Die «Essener Gespräche» wurden zur «Frühjahrsbörse des deutschen Staatskirchenrechts» (Hollerbach), aber mehr als das: Sie sorgten
für die nötige theologische, historische und soziologische «Rahmung»
der jeweiligen Rechtsthematik. Auch diese Gründung kam zur rechten
Zeit. In den folgenden Jahrzehnten traten dort führende Protestanten
und Katholiken – vor allem, aber nicht allein aus deutschsprachigen
Ländern – auf; ich erwähne nur Ernst-Wolfgang Böckenförde, Axel
Freiherr von Campenhausen, Péter Erdö, Hanna-Barbara Gerl-Falkovitz, Wolfgang Huber, Eberhard Jüngel, Karl Lehmann, Paul Mikat,
Alojzy Orszulik, Dietrich Pirson.

Nach dem Konzil brachen Kardinal Döpfner und die Katholische
Akademie in Bayern zu einer «Cardinal's Visit» nach den Vereinigten
Staaten auf. Der Münchner Erzbischof war auch in den USA kein
Unbekannter: Er stand als einer der vier Moderatoren des Konzils
im internationalen Rampenlicht. Auf Plakaten in Chicago schrieben
amerikanische Fans hinter seinen Namen: «lib» (= liberal).

Am 10./11. Oktober 1966 fand in Notre Dame eine Begegnungsta-
gung mit katholischen Emigranten statt. Eine Konferenz über «Freiheit
und Autorität» schloss sich an. Noch einmal ließen die Referenten die
westlichen Modelle von Freiheit und Demokratie Revue passieren, betrachteten und wogen sie im Licht der Konzilsbeschlüsse. Ein letztes
Mal hörte ich auf dieser Tagung John Courtney Murray, der ein Jahr
später starb. Es folgte ein Internationales Ökumenisches Symposion in
Collegeville/Minnesota, das in Beiträgen amerikanischer und deutscher Gelehrter den aktuellen Stand der Ökumene erhob und darstellte.
Wir lernten auf der Reise auch führende Personen des amerikanischen
Katholizismus kennen: so George N. Shuster, der 1950/51 amerikanischer Landeskommissar in Bayern gewesen war und nun die Katholische Universität Notre Dame in South Bend, Indiana, leitete, und
George Meany, den großen alten Mann der amerikanischen Gewerk-
schaftsbewegung, den Präsidenten des Dachverbands AFL-CIO. Im
Anschluss an die Tagungen besuchte ich meine Tanten und Onkel und
ihre Familien in Boston, Fort Wayne, Cincinnati und Denver – und
meinen «japanischen» Neffen Hans und seine Frau Hideyo in der
Bronx in New York.

Ich eile ein paar Jahre in die Zukunft voraus. Zur selben Zeit, im Jahr 1966, wurde Karl Forster der erste Sekretär der im Zug des Konzils neu errichteten Deutschen Bischofskonferenz (DBK). Auch hier leistete er grundlegende Aufbauarbeit. Gemeinsam mit Kardinal Döpfner, dem Vorsitzenden, baute er Strukturen auf, die bis heute bestehen: den Verband der Diözesen Deutschlands als Rechts- und Wirtschaftsträger (durch seine Gründung wurde die Tagesordnung der DBK frei für die Beratung ausschließlich pastoraler Themen!) und das Sekretariat in Bonn mit seinen Mitarbeitern. Bei der Vorbereitung der «Gemeinsamen Synode der Bistümer in der Bundesrepublik Deutschland» fiel ihm eine wichtige Rolle zu. 1970 übernahm er, gemeinsam mit Friedrich Kronenberg, das Amt des Sekretärs der Synode.

Doch schon ein Jahr später trat Forster von beiden Ämtern zurück. Über die Gründe dieses Rückzugs ist viel spekuliert worden. War der Moderator des deutschen Katholizismus plötzlich amtsmüde? Befürchtete er eine «holländische Wendung» der Gemeinsamen Synode? (Das holländische Pastoralkonzil nach dem Zweiten Vatikanischen Konzil hatte sich der Lenkung durch den Episkopat entzogen und galt als «nicht mehr steuerbar»!) Hatte er sich bei seiner Arbeit Feinde gemacht? Gab es Spannungen mit Kardinal Döpfner? Ich erinnere mich einer Äußerung Döpfners in einem Gespräch, worin er Forster wegen seiner strategischen Begabung und seiner organisatorischen Fähigkeiten lobte, ihm aber zugleich die pastorale Eignung zum Bischof absprach – zu Unrecht, wie ich meinte.

Forster ließ über sein Verhältnis zu Döpfner nie etwas verlauten. Sichtbar war nur: Er stieg nun nicht mehr weiter auf – nicht in einer der sieben bayerischen Diözesen, schon gar nicht in München, wo ihn manche in den sechziger Jahren schon auf dem Bischofsstuhl des heiligen Korbinian sahen. Was den Münchner Bischofssitz anging, so hatte Franz Josef Strauß, ein alter Gegner Forsters, in Rom ein Übriges getan: Bei einem Besuch bei Papst Paul VI. hinterließ er, wie ich von einem Teilnehmer erfuhr, die Nachricht, Forster sei in der NS-Zeit HJ-Führer gewesen – ein Argument, das den Montini-Papst, einen erklärten Faschismusgegner, beeindrucken musste. Jedenfalls: Forster wurde nie Bischof. Möglicherweise hatte er den Gedanken daran schon früher aufgegeben; seine Gesundheit war nie die beste gewesen; Herzanfälle mehrten sich.

So stand das letzte Jahrzehnt, das ihm vergönnt war, ganz im Zeichen wissenschaftlicher und pastoraler Arbeit. Auch hier tat Karl Forster nichts halb: die Pastoraltheologie gewann in seinen Umfragen zur Synode (mit Elisabeth Noelle-Neumann und Gerhard Schmidtchen) und den ihnen folgenden Auswertungen empirisch wie dogmatisch professionelles Niveau. Wer wollte, konnte diesen Arbeiten ein deutliches Bild des deutschen Katholizismus mit all seinen Vorzügen, Schwächen, Ambivalenzen entnehmen – schon im Jahr 1973.

So wie ich ihn über viele Jahre kannte und bis heute in Erinnerung habe, war Karl Forster ein bescheidener, frommer, ja demütiger Mensch – bei aller intellektuellen Überlegenheit und einem manchmal aufblitzenden hintergründigen Sarkasmus. Je mehr er in den wirklichen Zustand der Kirche eindrang, desto schmaler wurde seine barocke Gestalt, desto gedämpfter sein früher so unbändiges Temperament. Was blieb, war nüchterne Illusionslosigkeit – der kühle Sinn eines christlichen Realisten. Mit 53 Jahren starb Karl Forster, als er in Augsburg auf dem Weg zu seiner Vorlesung war, beklagt von seiner treuen Schwester Maria, die ihm zeitlebens als Mitarbeiterin zur Seite stand, und vielen Bekannten und Mitstreitern.

Ein guter Freund Forsters, der ihn um fast drei Jahrzehnte überleben sollte, hatte übrigens wiederholt bei vatikanischen Bekannten nachgefragt, wie es denn um die Chancen des Prälaten in Bayern und speziell in München stehe. Die Antworten hatten gewechselt – von einem bestätigenden und ermunternden «Gut!» zu Anfang der sechziger Jahre bis zu verlegenem Ausweichen und schließlich beredtem Schweigen in der folgenden Zeit. Mitte der siebziger Jahre stellte der römische Gesprächspartner dann dem Fragenden eine Gegenfrage: «Und was halten Sie von Joseph Ratzinger?»

Karl Forster hat den raschen Aufstieg seines Studienfreundes und Wegbegleiters Joseph Ratzinger zum Münchner Erzbischof und zum Kardinal in seinen letzten Lebensjahren noch erlebt. Als der Kardinal nach Forsters Tod das Geleitwort zum ersten Band der postum erschienenen Schriften «Glaube und Kirche im Dialog mit der Welt von heute» (1982) schrieb, tat er dies schon nicht mehr von München aus, er war bereits nach Rom übergesiedelt, das er von da an nicht mehr verlassen sollte. Nachdrücklich würdigte er den Verstorbenen, seine Offenheit, seine Grundsatztreue, die Vielfalt seiner Interessen und Initiativen und erinnerte an «das Aufreibende eines Lebens, das sich ohne Schonung für die drängenden Anliegen der Kirche und des Menschen von heute beanspruchen ließ».

18. Das lange Jahr 1968

«... ich las um 9 Uhr, und um diese Zeit pflegte
die Revolution meist noch zu schlafen.»

Als ich 1963 mit meiner Frau von Freiburg nach München zog, hatte ich wenig Kontakt zur Bayerischen Staatsregierung – und so gut wie keinen zur CSU. Gewiss, der Kultusminister (damals Theodor Maunz) war mein Dienstherr, und mit dem legendären Johannes von Elmenau, der die Hochschulabteilung leitete, stand ein bayerischer Professor öfter in Verbindung. Aber engere Kontakte waren das nicht. Die CSU betrachtete ich als Parteiloser neugierig, aber aus der Distanz des «Zugereisten». Die CDU im heimischen Baden war mir aus jahrelangem Umgang sehr viel vertrauter (mein Philosophie-Lehrer Max Müller war in seiner Freiburger Zeit CDU-Stadtrat gewesen).

Eines Tages, es muss im Sommer 1965 gewesen sein, klingelte das Telefon in der Kobellstraße, und ich machte die Bekanntschaft von Anton Jaumann. Der stellte sich vor als Generalsekretär der CSU und fragte, ob ich bei einer Tagung mit lateinamerikanischen Politikern in München ein Referat über die Christliche Demokratie halten könne. Auf meine erstaunte Frage, wie er denn gerade auf mich gekommen sei, erwiderte er: «Sie haben doch ein Buch über die Geschichte der christlich-demokratischen Idee geschrieben? Ich habe es gelesen, es gefällt mir.»

Dem konnte ein frischgebackener Professor, noch ohne engeren Kontakt zur bayerischen Politik, kaum widerstehen, und so sagte ich zu. Bei der Tagung, die in einem Münchner Hotel stattfand, lernte ich Anton Jaumann als einen munteren, interessierten, locker argumentierenden Mann kennen, der sofort Kontakt zu den Teilnehmern der Konferenz fand. Ein lebhafter Disput entwickelte sich. Natürlich standen lateinamerikanische Christdemokraten «links» von europäischen und zumal deutschen Parteifreunden. Der Generalsekretär der CSU wiederum, Schwabe von Herkunft und Sprache, kam aus der Wirtschaft. Für Spannung war also gesorgt. Doch Jaumann führte die Gespräche sachlich und freundschaftlich, brach keine Brücke ab, setzte auf Verständigung. Es zeigte sich, dass er nicht nur die christlich-soziale, sondern auch die christlich-demokratische Tradition kannte (was ja keineswegs dasselbe war). Also ein CSU-Mann, der die CDU versteht, der auch eine Ahnung hat von den französischen, italienischen, lateinamerikanischen christlichen Demokraten, dachte ich anerkennend. Das war für mich die richtige Adresse. Es war mein erster unmittelbarer Kontakt zur CSU. Die freundschaftliche Verbindung mit Anton Jaumann übertrug sich dann auch auf Max Streibl, seinen Nachfolger, der den Schwaben 1967 im Amt des Generalsekretärs ablöste.

Wie schon erwähnt, gehörte ich seit 1954 zu den eifrigen Besuchern des Instituts für Zeitgeschichte, das inzwischen in die Möhlstraße umgezogen war. Immer wieder versuchte ich das Institut näher an die Universität heranzuführen, den Austausch zwischen der zeitgeschichtlichen Forschung und den Lehrstühlen an der Universität zu befördern – war ich doch der Meinung, ohne klare Begriffe über die jüngste Vergangenheit sei eine verantwortliche Lehre in der Universität nicht möglich. Das galt, wie ich meinte, auch für die Geschichte der Universität selbst. Auch sie musste sich ihrer Vergangenheit stellen. Aber war sie dazu bereit?

Gemeinsam mit ein paar Kollegen machte ich im Sommer 1965 die Probe aufs Exempel. Damals schlug Ernst Rohmeder, der Prodekan der Staatswirtschaftlichen Fakultät, vor, die Ringvorlesung der Fakultäten im kommenden Wintersemester dem Thema «Die deutsche Universität im Dritten Reich» zu widmen. Rektor, Senat und Kanzler unterstützten die Initiative nach Kräften. Ich wurde mit der organisatorischen Vorbereitung betraut. In dem katholischen Theologen und Altrektor Joseph Pascher und in dem Rechtshistoriker Wolfgang Kunkel fand ich zwei ältere Kollegen, die bereit waren, über ihre Erfahrungen im Dritten Reich zu sprechen; sie taten es mit bemerkenswerter Offenheit und differenziertem Urteil. Fritz Leist und Otto B. Roegele berichteten über diese Zeit aus der Perspektive damaliger Studenten. Die aus der Emigration nach Deutschland zurückgekehrten jüdischen Kollegen Helmut Kuhn und Friedrich G. Friedmann steuerten die unentbehrliche Sicht von außen auf das nationalsozialistische Deutschland bei. Ich selbst warf in einem Vortrag über «Nationalsozialistische Hochschulpolitik» die Frage auf, ob ein korporativer Widerstand der Universitäten im Dritten Reich möglich gewesen wäre, und kam zu dem Schluss, Opposition wäre zwar unter den gegebenen Umständen fast mit Sicherheit erfolglos, jedoch von der Tradition der Universität her gesehen nicht sinnlos gewesen. Schließlich hatten auch die Studenten der «Weißen

Rose» und ihr Mentor, der a. o. Professor Kurt Huber – keiner der «Berühmten», sondern ein Außenseiter im akademischen Lehrkörper – sich auf diese Tradition berufen und durch ihre Tat die Ehre der Münchner Universität gerettet.

«Was wäre geschehen», fragte ich, «wenn der NS-Staat die deutschen Universitäten geschlossen und seine eigenen Schulen aufgebaut hätte? Die Inseln freier Geistigkeit wären weggefallen, die Wissenschaft wäre noch schwerer getroffen worden, die heranwachsende Jugend vielleicht noch stärker in den Sog des totalen Staates hineingerissen worden – ohne die Barriere wissenschaftlicher Objektivität und menschlicher Glaubwürdigkeit, die manch ein gelehrter Erzieher auch während des Dritten Reiches rings um sein Katheder aufrichten konnte. Aber der Neuanfang nach 1945 wäre doch ehrlicher und besser gewesen, die Universitäten müssten sich heute nicht mit ihrer Vergangenheit herumschlagen, ihre Autorität gegenüber der Jugend und dem Staat wäre größer, die universitas litterarum wäre mehr als das, was sie heute ist: das ringsum von Schul- und Berufsbedürfnissen eingekreiste Eiland eines mehr und mehr romantisch werdenden Gelehrtentums.» – Das war mit jugendlichem Ungestüm gesprochen – dennoch bleiben diese Sätze, wenn ich sie heute, nach bald fünfzig Jahren, wieder lese, wahr.

Den Schlussvortrag hielt, nachdem Romano Guardini aus Gesundheitsgründen abgesagt hatte, Eric Voegelin. Seine Rede war – wie alle seine Münchner Auftritte – ein öffentliches Ereignis. Sie erregte freilich auch Widerspruch. Voegelin sprach mit Heftigkeit, mit Leidenschaft. Er redete sich in einen veritablen Zorn hinein. Er stürzte sich förmlich auf Personen aus Geschichte und Gegenwart, die er als deutsches Verhängnis empfand – die Reihe reichte von Wilhelm von Humboldt bis zu Richard Wagner, von Martin Heidegger bis zu Martin Niemöller und Percy Ernst Schramm. (Auf der anderen Seite erschienen als geheime Verbündete Friedrich Nietzsche, der späte Thomas Mann, Heimito von Doderer und Theodor W. Adorno.)

Was die Studentenschaft anging, so sagte Voegelin, dass sich ihrer eine gewisse Unruhe bemächtigt habe, die «gute Gründe» habe (man schrieb das Jahr 1965!). Am Ende schlug er geradezu apokalyptische Töne an: Die deutsche Gesellschaft und in ihr die deutsche Universität erschienen ihm als Orte der geistigen Verschließung. ja der Selbstzerstörung – keineswegs nur gestern, sondern auch in der Gegenwart. Von neuem zeichneten sich die alten Fronten ab. Voegelin akzeptierte es nicht, dass bei der Bewältigung der NS-Vergangenheit in Deutschland einerseits die Gerichte (und die Jurisprudenz), anderseits Zeitgeschichte und politische Bildung die Federführung übernommen hatten. Insofern war für ihn eine zeitgeschichtliche Ringvorlesung von vornherein ein unzureichendes Heilmittel gegen das, was er als «pneumopathischen Zustand», als eine prinzipielle Verirrung des deutschen Bewusstseins empfand – nach seiner Meinung nicht zu heilen durch «Anders-Reden», sondern nur durch «Anders-Sein». Er habe den Vortrag nur aus Respekt vor dem Amt des Rektors übernommen, sagte Voegelin gleich zu Anfang seiner Rede. Denn nach wie vor habe er Bedenken gegen den Versuch, die nationalsozialistische Vergangenheit «durch Zeitgeschichte zu bewältigen».

Noch an einer anderen «Wetterecke» der Universität konnte ich in den sechziger Jahren persönliche Erfahrungen sammeln: Das war die Senatskommission für Auslands- und Ausländerstudium, deren Vorsitz ich einige Jahre innehatte. Hier ging es sowohl um Ausländer, die in München studierten, wie auch um Deutsche, die ins Ausland wollten und sich um Stipendien bewarben.

In der Senatskommission lernte ich zwei ältere Kollegen näher kennen, die im Lauf der Zeit zu Freunden wurden: Friedrich Georg Friedmann und Walter Baier. Friedmann war Jude. Die Nazis hatten ihn aus Augsburg vertrieben, wo er in St. Stephan bei den Benediktinern zur Schule gegangen war. Über Italien und England war er in die USA ausgewandert, das ihm über viele Jahre Zuflucht bot. Dann wurde seine Universitätslaufbahn in Arkansas unter dramatischen Umständen plötzlich beendet: Friedmann stellte sich 1959 in der Little Rock-Affäre mutig auf die Seite derer, die für die Gleichstellung der schwarzen mit der weißen Bevölkerung eintraten, und verlor dadurch seine Stelle. Es war ein Vorspiel zur Bürgerrechtsbewegung in den Sechzigerjahren. Friedmann kehrte 1960 nach Deutschland zurück und übernahm in München den Amerikanistik-Lehrstuhl. Zeitlebens war er kultursoziologisch tätig, ihn interessierten besonders die «tribalistischen» Momente hinter den modernen Kulturen – international hatte er sich vor allem durch seine Forschungen über die ländliche Kultur in Süditalien einen Namen gemacht.

Sprach man mit ihm, so spürte man: Dieser Gelehrte war ein Mann des Friedens. Gemessen an dem, was er erlebt hatte, war er der höflichste, verständnisvollste Mensch, den man sich vorstellen konnte –

von einer fast unbegreiflichen Bereitschaft zur Einfühlung in sein jeweiliges Gegenüber. Unter den damaligen Münchner Ordinarien fiel er auf durch seine lockere Direktheit, seine Ironie und Selbstironie. Wer ihn in seiner bescheidenen Wohnung in der Studentenstadt Freimann besuchte, den konnte er in stundenlange Gespräche verwickeln – über die Juden im alten Augsburg, über die NS-Zeit, den Holocaust, die amerikanischen Intellektuellen und die süditalienischen Bauern. Er stand mit der halben Welt in Verbindung, so schien es – auf dem Tisch lagen Briefe von J. William Fulbright, Hannah Arendt, Henry A. Kissinger.

Auch der Tiermediziner Walter Baier hatte eine bemerkenswerte Biographie. Er hatte schon in den frühen Dreißigerjahren als Studentenvertreter gegen die Nationalsozialisten Stellung genommen, die 1931 auf dem Deutschen Studententag in Graz die absolute Mehrheit in der Studentenschaft errungen hatten. So stand er auf der schwarzen Liste der Nazis und durfte 1933 ehrenvolle Berufungen auf Ordinariate der Tiermedizin nicht annehmen. Er wurde aus der Universität vertrieben und schlug sich während des ganzen «Dritten Reiches» als Tierarzt im Unterfränkischen durch. Ganz nebenbei erfuhr er dabei anlässlich einer Fleischbeschau in Uettingen im Sommer 1939 von dem Vorhaben der Gestapo, die Burg Rothenfels «aufzuräumen» – und brachte schleunigst mit Freunden gefährliches Material in Sicherheit. Möglicherweise hatte er damit seinem Freund Romano Guardini Gestapoverhöre, ja vielleicht eine KZ-Haft erspart. Rothenfels als Vorort der katholischen Jugendbewegung pflegte ja zeitweilig ein von den Nazis als «sozialistisch» verdächtigtes Gemeinschaftsleben – und es hatte über Guardinis Freund, den Architekten Rudolf Schwarz, auch Verbindungen zum gleichfalls verdächtigen Bauhaus in Dessau/Berlin.

Als ich in der Senatskommission war, waren Prüfungen noch eine strenge, feierliche Sache. Dunkle Anzüge waren obligatorisch. Mein Beisitzer Walter Baier dagegen pflegte – ohne die fachlichen Anforderungen geringzuschätzen – einen Stil des entspannten, lässigen Umgangs, der den Prüflingen alle Angst nahm. Mit weltläufigem Humor fing er süddeutsche Provinzler auf; mit volkstümlicher Direktheit holte er steife Norddeutsche aus dem Bau; mit graziöser Einfühlsamkeit ging er auf junge Ausländer ein. Als frischberufener Professor staunte ich über diese Künste. Walter Baier konnte wirklich mehr, als in der akademischen Kutsche fahren; er war ein praktischer und politischer Mensch rundum.

Bei den Gesprächen und Prüfungen wurde man mit jungen Menschen aus vielen Ländern vertraut, auch mit Flüchtlings- und Vertreibungsschicksalen aus afrikanischen und lateinamerikanischen Diktaturen, mit bürokratischen Schwierigkeiten zuhause und bei uns, im Gastland – aber auch mit ideologischen Frontbildungen und Kämpfen, in welche die Betroffenen, oft wider Willen, hineingezogen wurden. Nicht selten wurden persönliche Schicksale in den Dienst politischer Ziele von Verbänden, Organisationen, Parteien gestellt. Besonders im Rampenlicht standen damals – in der iranischen «Entwicklungsdiktatur» von Schah Reza Pahlevi – die Perser. Einer meiner Magistranden, der Lyriker Freydoun Farokhzad, Verwandter des Schahs, später Opponent, dann wieder mit ihm versöhnt, wurde ein Opfer dieser Kämpfe (in Deutschland); ein Doktorand, der mit einer vorzüglichen Arbeit promoviert worden war, Hormoz Ansari, avancierte später, in den siebziger Jahren, in der Chomeini-Revolution zum Bezirksbürgermeister in der Großstadt Isfahan, verschwand dann aber spurlos. – In der Senatskommission arbeiteten wir übrigens ohne Probleme mit Studenten, AStA-Vertretern und Assistenten zusammen – kein Fall wurde ohne das Votum der Studenten entschieden. Das ging damals noch mühelos; erst später setzte eine Ideologisierung der Auslands- und Ausländerpolitik ein und machte der sachlichen Zusammenarbeit von Professoren, Mitarbeitern und Studenten ein Ende.

Endlich die Hochschul- und Bildungspolitik: Auch sie ein Gebiet, das in den sechziger Jahren rasch an Bedeutung gewann. Die Hochschulen waren ausgebaut worden; Neugründungen hatten eingesetzt, in Bayern vor allem mit den neuen Universitäten Regensburg und Augsburg; die Studentenzahlen waren gegenüber der ersten Nachkriegszeit stark angestiegen, viele junge Professoren waren auf sogenannte Parallel-Lehrstühle berufen worden, ein breiter Mittelbau entstand. Aber die Verfassung der Universität war noch immer die gleiche wie zu Wilhelm von Humboldts Zeiten. Dass das auf die Dauer nicht so bleiben konnte, war jedem klar, der sich ein wenig vertraut gemacht hatte mit der Geschichte und Verfassung der deutschen Universitäten.

Aber in welche Richtung sollte die Reform gehen? Darüber gab es in der Öffentlichkeit keine Übereinstimmung. Neue technokratische Modelle stießen mit alten korporatistischen Überlieferungen zusammen. Wollten die einen die Hochschulen stärker in wirtschaftliche und praktische Zusammenhänge einbeziehen, so beriefen sich die anderen auf die Autonomie der Universität als Körperschaft. Für die erste Richtung standen Reformer wie Rolf Steinbuch und Hans Leussink; für die zweite artikulierte sich immer klarer und eindeutiger Jürgen Habermas (Ralf Dahrendorf stand als Weltkind in der Mitte!). Die altüberlieferte, in der Moderne freilich immer mehr eingeschränkte Autonomie der Universitäten wurde in den sechziger Jahren von links neuentdeckt. Vor allem der «Sozialistische Deutsche Studentenbund» (SDS) liebäugelte mit der Vorstellung, ein an den Universitäten konzentriertes «aufgeklärtes Bewusstsein» müsse nur mobilisiert und organisiert werden, um eine aktive Rolle in einer politischen Bewegung zu übernehmen – nachdem die Arbeiterschaft längst in der «nivellierten Mittelstandsgesellschaft» aufgegangen sei und für diese Rolle nicht mehr in Frage komme.

Doch das waren inneruniversitäre, akademische Diskussionen und Gedankenspiele. In die Öffentlichkeit schlugen sie erst, als sich die politische Großwetterlage veränderte. Nun geschah etwas, das kaum jemand erwartet hatte: Fragen der Hochschulverfassung, der Hochschulreform rückten für Jahre in den Mittelpunkt der Politik.

Seit der Mitte der sechziger Jahre hatte sich die politische Szenerie in der Bundesrepublik Deutschland verändert. Adenauer war abgetreten; Erhard regierte als Übergangskanzler, populär, aber ohne Führungskraft (1963–1966). Eine Rezession schreckte die an Tradition und Stabilität gewohnten Deutschen auf. Die NPD erzielte beunruhigende Erfolge. Ich schrieb 1967 das erste Buch gegen sie («Die NPD. Struktur und Ideologie einer ‹nationalen Rechtspartei›»), aufbauend auf einem Vortrag, den ich am 11. Februar 1967 in der Katholischen Akademie in Bayern hielt. Auf der anderen Seite des politischen Spektrums entwickelte sich eine «Außerparlamentarische Opposition» (APO). Die Große Koalition aus CDU, CSU und SPD unter Kanzler Kurt Georg Kiesinger (1966–1969) brachte ein großes Neuverteilen der Karten, neue Akzente in der Deutschland- und Ostpolitik; die in Opposition stehende FDP bereitete unter Walter Scheel ihre Wendung zur SPD hin vor. Nach den Bundestagswahlen von 1969 vollzog sich dann das Revirement, das die Adenauer-Ära endgültig abschloss: Willy Brandt wurde Kanzler einer Koalition aus Sozialdemokraten und Liberalen und blieb es bis 1974; die Unionsparteien gingen in die Opposition.

Das war der politische Vordergrund. Im Hintergrund vollzogen sich gesellschaftliche Veränderungen, die tiefer reichten und in die kom-

menden Jahre und Jahrzehnte hineinwirkten. Das, was man «Nachkriegszeit» nennt, ging zu Ende: eine auf Askese, Disziplin und Leistung gestimmte Zeit, die zwar nicht «bleiern» war, aber streng, nicht
einfach «muffig», aber doch leistungsbezogen und verzichtsbereit. Nun
sollte sich bei den penibel erzogenen westdeutschen Wohlstandskin-
dern einiges lockern. Dem «Establishment», dem Gewohnten oder
Eingeübten wurde der Kampf angesagt. Ordnung, Sauberkeit, Selbstbeherrschung, Gehorsam – das waren plötzlich keine heiligen Kühe
mehr. Die Vokabel «antiautoritär» – bis dahin nur Insidern bekannt –
ging von Mund zu Mund.

Die Wandlungen vollzogen sich teils in reformistischen, teils in revolutionären, teils in theatralisch-burlesken Formen. Hauptschauplatz
waren die Universitäten. Die Studentenrevolte führte amerikanische
Formen des Protests (go-in, sit-in, teach-in) in die überlieferte akademische Szene ein. Akademische Feste zerstoben in Hohn und Gelächter.
Sprechchöre machten die Runde: «Unter den Talaren / Muff von tausend Jahren» – «Schlagt die Germanistik tot / Färbt die blaue Blume
rot!» Forderungen nach Beteiligung, Mitsprache, Paritäten in Entschei-
dungsgremien verursachten heftige Konfrontationen im Hochschul-
Inneren. Der Tod des Berliner Studenten Benno Ohnesorg, der bei einer
Demonstration gegen den Schah am 2. Juni 1967 von einem Polizisten
erschossen wurde, löste eine bundesweite Solidarisierung gegen das
politische Establishment aus. An vielen Orten ging der Protest in offene
Gewalttätigkeit über. Ihr harter Kern, der damals legendäre, inzwischen vergessene SDS, übernahm so etwas wie eine Sprach- und Denk-
herrschaft. Alles sprach plötzlich – wie es später Wolf Biermann formulierte – «in Marx- und Engelszungen». In manchen Zeitungen wurden
die Hörsaal-Stürme wie das Vorspiel einer neuen Zeit gefeiert. Skepti-
ker, die gegenüber der Bewegung kritisch blieben, kamen kaum mehr
zu Wort.

Ich war damals als Vertreter Bayerns im Deutschen Bildungsrat tätig,
einem von der Großen Koalition berufenen Bund-Länder-Gremium,
das einen Reformplan für das Bildungswesen ausarbeiten sollte. Wir
tagten häufig in Berlin, meist im Reichstagsgebäude. So erlebte ich die
Juni-Ereignisse von 1967 aus nächster Nähe mit: die Nachricht vom
Tod Benno Ohnesorgs, die riesige Studentendemonstration, die folgte,
das schroffe Vorgehen der Polizei, das einen Stimmungsumschwung in
der Öffentlichkeit auslöste und zum Rücktritt des Berliner Polizeipräsi-

denten führte. Ich erinnere mich auch an die Berichte über die Beisetzung Ohnesorgs in Hannover und an die Rede, die Jürgen Habermas, der umjubelte Sprecher, aber auch kritische Begleiter der Revolte bei dieser Gelegenheit hielt. Hier fiel zum ersten Mal sein Wort vom «linken Faschismus»; es galt Rudi Dutschke, den ich in Berlin mehrfach bei Demonstrationen erlebt hatte und der mir in seiner Verbindung von fanatischer Entschlossenheit, Gesinnungseifer und oft ziellosem Aktionismus tief fremd war. Aber ich habe auch andere Reaktionen erlebt: Ein so nüchterner Kollege wie Karl Dietrich Erdmann flüsterte mir einmal während einer Dutschke-Rede, die wir im Radio hörten, begeistert zu: «Der junge Luther! Der junge Luther!» Das Attentat auf Dutschke im folgenden Jahr – verübt von einem Hitler-Anhänger aus München – hat mich entsetzt und erschüttert; es war der eigentliche Auftakt zu den Osterunruhen 1968, mit denen der studentische Protest in eine breite Öffentlichkeit schlug.

Die Dinge begannen nun zu «eskalieren» – übrigens ein Wort jener Tage. Das zeigte sich auch in München, wo die Rektoratsübergabe von Professor Ludwig Kotter an Professor Carl Becker zu Beginn des Wintersemesters 1967/68 in einem Sturm von Sprechchören, Zischen, Gelächter und Seifenblasen unterging, während das Bayerische Staatsorchester unter Meinhard von Zallinger verzweifelt versuchte, die Akademische Festouvertüre von Johannes Brahms zu Ende zu bringen.

Wir Professoren saßen in unseren Talaren – damals noch! – an der Stirnseite der Großen Aula der Universität, vor dem großen antikisierenden Apollo-Mosaik und den Büsten der bayerischen Könige; die studentischen Störgruppen nutzten die strategische Lage und sammelten sich hochoben auf der Galerie. Helmut Kuhn hat diese Szene später in einem Rückblick als «Ende eines Festes» geschildert; es war in der Tat eine Zäsur. Denn nun dauerte es Jahre, ja Jahrzehnte, bis akademische Feiern in deutschen Universitäten wieder stattfinden konnten. Die Hochschule verlor ihre Außenwirkung, ihre öffentliche Repräsentation.

War das unvermeidlich? Oder war die organisierte Formlosigkeit, die auf den angeblichen «Muff von tausend Jahren» folgte, etwas typisch Deutsches? (Wie oft habe ich später in England und Amerika, aber auch in Universitäten des Ostblocks Talare und akademische Feiern in den ältesten zeremoniösen Formen miterlebt!) Persönlich hänge ich nicht an Talaren und Baretten, und gewiss war nicht jedes Ritual der alten Universität sakrosankt und schützenswert. Aber ein Minimum an Formen braucht jede Institution. Musste man denn in Deutschland, so fragte ich mich immer wieder, ständig hin und hertaumeln zwischen Uniform und Unform? Aus dem Wintersemester 1967/68 habe ich mehrere Ereignisse in Erinnerung. Das eine war ein Teach-in des AStA am 18. Dezember in der großen Aula wegen der angekündigten Ausweisung des iranischen Doktoranden Farazi, der polizeilichen Auflagen während des Schah-Besuchs in München nicht nachgekommen war. Als der Rektor an dieser Veranstaltung nicht teilnahm, zogen studentische Gruppen in seine Vorlesung, um ihn zu einer Stellungnahme zu zwingen; Becker brach daraufhin die Vorlesung ab. Übrigens wurde Farazi nicht ausgewiesen. Das zweite Ereignis war eine SDS-Veranstaltung am 25. Januar 1968 im Audimax zum Thema «Linksfaschismus». Eingeladen – vielmehr «vorgeladen» – waren die Professoren Kurt von Fritz, Friedrich G. Friedmann, Helmut Kuhn und ich. Wir wurden heftig angegriffen, weil wir uns gegen Rechtsbrüche und Gewalttätigkeiten in der Universität und den erklärten Antiparlamentarismus linker Gruppen gewandt hatten. Die Szene wurde zum Tribunal: Man drohte, unsere weitere Arbeit an der Universität mit Gewalt zu verhindern. Gegenargumente wurden nicht zur Kenntnis genommen. Wir kamen gegen die Lärmkulisse kaum an.

In den folgenden Wochen erreichten mich zahlreiche Anrufe jüdischer Kolleginnen und Kollegen, die von antisemitischen (mitunter mühsam als «Antizionismus» getarnten) Aggressionen an Universitäten berichteten. Edith Eucken-Erdsiek aus Freiburg, Hilde Domin aus Heidelberg, Ernst Fraenkel und Richard Löwenthal aus Berlin meldeten sich. In München waren Helmut Kuhn und Friedrich G. Friedmann Zielscheiben vieler Angriffe. Ich besuchte Ernst Fraenkel, mit dem mich seit 1962 ein enges Vertrauensverhältnis verband, und seine Frau Hanna in Berlin. Später kam er wiederholt zu uns nach München. Monatelange Angriffe hatten ihn seelisch zermürbt; sein erstes Wort war: «Fängt das nun in Deutschland schon wieder an?» (Das hatte auch Hilde Domin am Telefon gefragt.) Er war verbittert über viele seiner Kollegen, die auf Tauchstation gegangen waren und ihn nicht verteidigt hatten. Er sagte: «Wissen Sie, wenn ich könnte, würde ich wieder emigrieren, wie 1938; nur die Berliner Arbeiter haben mich vor der völligen Verzweiflung bewahrt.»

Als dann in München am 23. Februar 1968 auch noch die jährliche

Geschwister-Scholl-Feier – eine wichtige, identitätsstiftende Einrichtung der Nachkriegszeit – von randalierenden Schreiern gesprengt wurde, war ich mit meiner Geduld und Toleranz am Ende. In meiner Münchner Wohnung – wir waren inzwischen in die Naupliastraße im Münchner Süden gezogen – sagte ich der ZEIT-Journalistin Nina Grunenberg: «Diesen Leuten überlasse ich nicht die Universität. Ich werde eine Gegenbewegung organisieren.»

Ich verkannte nicht, dass die deutsche Universität reformbedürftig war, dass man sie nur einfach quantitativ erweitert, nicht aber qualitativ erneuert hatte. In all meinen Äußerungen aus den sechziger Jahren sind konkrete Reformforderungen enthalten. Dabei setzte ich nicht einfach auf eine technokratische Neu-Fixierung nach amerikanischem Vorbild – Präsidenten statt Rektoren, Departments statt Fakultäten – und auf einen erhöhten staatlichen «Bildungsservice». Mir kam es vor allem darauf an, die persönliche Teilnahme, das Engagement der Studenten und Professoren für «ihre» Universität zu wecken, einen Sinn für Entdeckerfreude, Risiko und Wagnis zu entwickeln. Ohne einen solchen Wagemut – der auch die Möglichkeit des Scheiterns einschloss – erschien mir das Studieren und Forschen nicht denkbar. Über dem Rausch der Zahlen, über Bildungsstatistik und Bildungsökonomik durfte man, meinte ich, die Erziehung nicht vergessen. Bildung war ja mehr als ein Konsumgut. Sie ließ sich auch nicht einfach «organisieren». Ohne eine neue Bereitschaft zum Lernen, die schon in der Schule geweckt werden musste, war die «Erschließung von Bildungsreserven» (wie das neue Ziel der Bildungsreform in der technischen Sprache der sechziger Jahre verräterisch hieß!) nur ein leeres Wort.

Reformen waren nötig, sie mussten sein. Aber drei Dinge war ich nicht bereit hinzunehmen: Ideologische Einseitigkeit und bewusste Ausschaltung von Meinungs-Vielfalt; den Missbrauch der korporativen Überlieferungen der Universität im Dienst einer revolutionären Umgestaltung der Gesellschaft – und endlich offene Gewalttätigkeit als Mittel zur Durchsetzung politischer Ziele.

Zunächst hatte ich die «Roten Zellen», die Alternativ-Veranstaltungen, die nun überall entstanden, mit ihrem Anspruch, «relevante Themen» und «richtiges Denken» festzulegen, nicht ernst genommen, ich hatte sie als komische Verirrung empfunden, die rasch wieder vergehen würde. Dann aber sah ich, dass eifrige Unbedarfte dabei waren, aus diesem Irrwitz eine Methode zu machen. Wenn aber die Universität sich nur noch mit vorgegebenen Themen zu beschäftigen hatte – wozu dann überhaupt noch Forschung?

Noch mehr empörte mich der Umstand, dass die Radikalen alte Korporationsüberlieferungen benutzten, um die Geltung des rechtsstaatlichen Gesetzes in der Universität in Frage zu stellen. In den Jahren 1968–1972 galt es in den Universitäten fast als Glaubenssatz: Man dürfe bei Konflikten alles tun – nur nicht die Polizei holen. Die Universität sollte ein Raum «autogener Gewalt» sein. Das staatliche Gewaltmonopol hatte nach dieser Meinung in den akademischen Räumen nichts zu suchen. Aber hatte der Rechtstaat nicht damit begonnen, dass sein Gesetz überallhin reichte, auch in Kirchen, Hochschulen, Korporationen hinein? Und war die Polizei nicht erfunden worden zur Durchsetzung dieser «allumfassenden» Gesetzesgeltung?

Als Mediävist und Kenner der Polizeigeschichte hatte ich einen Blick für das, was hinter den Forderungen des SDS und anderer, noch radikalerer Gruppen stand: Sie wollten die Universität in so etwas wie eine mittelalterliche Immunität zurückverwandeln, um in diesem «weichen» Teil der Gesellschaft ihre eigene Herrschaft aufzurichten – Ausgangspunkt für die Revolutionierung der anderen Bereiche der Gesellschaft. Ein progressives Unternehmen war das nicht – eher eine «explodierende Altertümlichkeit» (Thomas Mann). Und so war ich mir sicher, dass ich, wenn ich gegen die Revolte das aufbot, was die Amerikaner «countervailing power» nannten, nicht gegen den Fortschritt kämpfte, sondern gegen die Reaktion.

Natürlich reichten die Ideen und Initiativen der Achtundsechziger über die Hochschulen weit hinaus. Das war schon damals sichtbar; im Abstand vieler Jahre ist es vollends deutlich geworden. Die tiefsten Spuren hat das Jahr 1968 im Alltag, in den Verhaltensmustern der Gesellschaft, hinterlassen. Da ich seit Jahren als einziger Mann in einer sonst rein weiblichen Familie lebte – 1968 wurde unsere vierte Tochter, Johanna, geboren –, interessierte mich natürlich, wie die Achtundsechziger über die Frauen, über das Verhältnis der Geschlechter dachten. Was gab es hier Neues, Wegweisendes? Führten die vehementen Kriegserklärungen an die alten Lebens- und Gesellschaftsformen zu einer wirklichen Befreiung? Ich war skeptisch, und je länger ich zusah, desto mehr wuchsen meine Zweifel.

Sah man sich die typischen Bilder an, die damals durch die Medien gingen, so überwogen deutlich die maskulinen Akzente. Die Revolution lief mit überwiegend männlichen Kadern in männerbündischen Formen ab – ein Stück verspäteter Jugendbewegung. Martialische Erscheinungen, oft mit üppiger Bart- und Haartracht, bestimmten die öffentliche Wahrnehmung. 1968 war ja auch, nicht zufällig, das Jahr der deutschen Erstaufführung des Musicals «Hair» am 24. Oktober 1968 in München, das als Ausdruck dieser Zeit galt, als das «american tribal love rock musical» schlechthin.

Im Ganzen dürften die Frauen 1968 kaum auf ihre Rechnung gekommen sein. Die «Mädchen» – wie man sie unverändert nannte –, waren den männlichen revoltierenden Studenten zwar als Gefolgschaft willkommen, wenn sie als Groupies zu den politischen Führern stießen, sie wurden aber als Anführerinnen der Revolte nur selten akzeptiert. (Bundesweit bekannte Ausnahmen waren Ulrike Meinhof und Gudrun Ensslin!) So blieb die Bilanz der Befreiung ambivalent. Auch nach der «sexuellen Revolution» fühlten sich viele Frauen – darunter auch entschiedene Achtundsechzigerinnen – nicht als Gleichberechtigte, Respektierte, Umworbene, sondern nach wie vor als Objekte männlichen Begehrens – dies umso mehr, als sie in vielen Kommunen und WGs wegen der politisch geforderten Negation von Paarbeziehungen umstandslos zu Gemeingut erklärt wurden. Es versteht sich, dass die programmatische Ablehnung von Bindungen in den Kommunen und alternativen Lebensformen auch keinen Platz für Kinder ließ: Diese wurden nicht selten, kaum geboren, zu anderen Gruppen abgeschoben oder zur Adoption freigegeben, oder sie wuchsen in bewusster Distanz von ihren Eltern als revolutionär erzogene «Kinderladenkinder» auf.

Endlich das Gewaltproblem. Glitt die Achtundsechziger-Bewegung von selbst, vielleicht sogar wider Willen, in den Terrorismus ab, oder lag von Anfang an eine Disposition zur Gewalttätigkeit in ihr? Rückblickend meine ich, dass sich beides in einer schwer zu analysierenden Art miteinander vermischte. Das Problem lag schon im Begriff der Außerparlamentarischen Opposition, deren «Kopf» und steuerndes Element zu sein radikale Studentengruppen mit viel Pathos für sich beanspruchten. Was macht eine solche Opposition? Leserbriefe schreiben? Veranstaltungen planen? Demonstrationen organisieren? Die öffentliche Meinung beeinflussen? Oder geht sie weiter? Stellt sie die eingeführten Formen demokratischer Willensbildung infrage? Rührt sie an das Prinzip der Streitentscheidung durch Wahlen, durch Abstimmungen im Parlament? Rüttelt sie gar am staatlichen Gewaltmonopol – mit der Folge, dass sie selbst Gewalt im politischen Streit anzuwenden willens und bereit ist? Wie steht es mit dem Mehrheitsprinzip, soll es beachtet, soll es negiert, soll es durch ein anderes Prinzip ersetzt werden? Und durch welches? Etwa durch ein «aufgeklärtes Bewusstsein» nach dem Motto «Verstand ist stets bei wenigen nur gewesen» (sonst eher eine Parole der Rechten)?

Sicher ist eines: Von 1968 datiert eine (bis heute anhaltende!) Unsicherheit über das Gewaltproblem – über das, was der Staat gegenüber gewaltübenden Einzelnen wie Gruppen kann, soll, darf und muss. Die Lehre von den «autogenen Gewaltträgern» nistete sich sogar bei einzelnen Staatsrechtslehrern, Historikern, Soziologen ein. Die Unsicherheit reichte bis ins Bundesverfassungsgericht hinein, wie zu später Stunde noch das Blockadeurteil von 1995 zeigte.

Und nicht nur das Gericht war unsicher. Die sechziger und siebziger Jahre waren auch die Zeit, in der die Werke von Michel Foucault in Frankreich und von Johan Galtung in Norwegen entstanden und weite Verbreitung fanden. Hier wurde der Gewaltbegriff überdimensional ausgeweitet, ja geradezu mythisiert. Gewalt wurde verstanden als «strukturelle Gewalt» – allem innewohnend, was menschliches Zusammenleben ausmacht. Gewaltübung, das war schon der Kindergarten, die Vorschule, die Schul- und Lernpflicht – das waren erst recht Verwaltung und Regierung, Kliniken, Gefängnisse, Sanatorien. Jeder verändernde Impuls, der von außen kam, der aus Traditionen, Gesetzen, Verordnungen, Weisungen und nicht aus dem Eigenwillen des Individuums erwuchs, war in diesem Verständnis Gewalt. Bei einem so überdimensionierten Gewaltbegriff war es natürlich sehr einfach, überall und in allem «Gewalt» zu entdecken – und damit zugleich «Gegengewalt» zu legitimieren.

Wer das «lange Jahr» 1968 mit wachen Sinnen erlebte, der machte seine Erfahrungen. Vieles war enttäuschend und bedrückend – manches aber auch bestärkend und hoffnungweckend. Auf der einen Seite lernte jeder von uns Kollegen kennen, die plötzlich nicht wiederzuerkennen waren. Es gab reichlich Feigheit und Opportunismus. Selbst hinter zerbrochenen Fenstern, in zerstörten Seminarräumen und verschmutzten Hörsälen wurde den Störenfrieden von manchen eilfertig «Verständnis» bekundet. Selten fehlte der Hinweis auf die «gute Sache» und den verworrenen Idealismus ihrer Verfechter. Aber es gab auf der anderen Seite auch Solidarität und Mut und Bereitschaft zum Widerstand. Bündnisse entstanden plötzlich neu, aber auch persönliche Beziehungen, Freundschaften entwickelten sich – oft zwischen politisch ganz unterschiedlichen Personen und Lagern. In meinem engeren Bekanntenkreis, zwischen den Studenten, den Mitarbeitern und mir hat es im Jahr 1968 nicht die leiseste Trübung gegeben. Ganz im Gegenteil: Die Zusammenarbeit wurde enger, das Verständnis größer, vieles intensivierte und festigte sich.

Mit Vergnügen denke ich heute noch daran, dass ich sogar in der Zeit des Protests gegen die Notstandsgesetze im Sommersemester 1968, als fast alle Vorlesungen wegen des «Aktiven Streiks» ausfielen, in der Universität meine Vorlesungen hielt – es schien mir unfair, das Gehalt eines Professors zu beziehen, ohne dafür etwas zu tun. Eines Morgens hielt eine Gruppe von Studenten der «Roten Zelle politische Wissenschaft» von innen die schweren Türen der Großen Aula zu, um mich am Betreten des Hörsaals zu hindern – ich wiederum zog mit einigen der hörwilligen Studenten von außen an der Tür und suchte sie zu öffnen. Schließlich gelang es, und die Gruppe zog unter Wutgeheul davon. Ich hatte Glück: Die Zahl der Störer war nicht sehr groß. Denn ich las um 9 Uhr, und um diese Zeit pflegte die Revolution meist noch zu schlafen.

Aber es gab auch entmutigende Vorfälle: Kampagnen gegen ältere und empfindlichere Gelehrte, die den Belastungen nicht gewachsen waren. Gesundheitliche Beeinträchtigungen, Depressionen, Zusammenbrüche, sogar Selbstmorde waren die Folge. Zwei solcher Katastrophen habe ich aus der Nähe erlebt. Immer wieder fragte ich mich staunend, wie Vernunft und Wissenschaft bei manchen jüngeren (leider auch älteren) Bewohnern der Gelehrtenrepublik so plötzlich untergehen konnten, um dumpfen Ressentiments und ideologischer Befangenheit Platz zu machen.

1969 wurde Eric Voegelin in München emeritiert. In Deutschland war er in den Jahren 1968/69 endgültig zwischen die Fronten geraten – zwischen die, wie er polemisch formulierte, «sitzengebliebenen Dummköpfe der Tradition» und die «apokalyptischen Dummköpfe der Revolution». Der Abschied fiel ihm leicht. Er kehrte in die USA zurück, wo er bis zu seinem Tod im Jahr 1985 an der «Hoover Institution on War, Revolution and Peace» der Stanford University wirkte und sein großes Werk «Order and History» zu Ende führte. Seinen Achtzigsten freilich konnten wir Jüngeren dann doch noch in München mit ihm feiern – entspannt und in versöhnlicher Stimmung, obwohl seine Erwartungen an eine zentrale, Deutschland verwandelnde politische Wissenschaft enttäuscht worden waren.

19. Ich gehe auf Gegenkurs

«Eine Widerstandsbewegung für das Grundgesetz – so etwas wird man ja doch wohl noch gründen dürfen ... (Werner Finck)»

Für viele Kollegen – auch für viele Studenten, die nicht zum Kreis der «Radikalen» gehörten – war 1968 ein ärgerliches Leidensjahr, daran ist kein Zweifel. Bei vielen hinterließen die Aggressionen und Attacken ein Trauma, das lange Zeit nachwirkte. Manche duckten sich, waren verwundet, fühlten sich gedrückt. Manche litten jahrelang unter den damals erlittenen Demütigungen – ich nenne nur drei bekannte Namen: Gerhard Kaiser, Joseph Ratzinger, Friedrich H. Tenbruck. Ich dagegen nahm mir vor, nicht zu leiden, sondern mich zu wehren – und dabei leitete mich ein kräftiger, solider, lange vorhaltender Zorn.

Was erzürnte mich? Es war der elitäre Erzieher-Hochmut des SDS und seiner Trabanten, es war das unverhüllt in den Vordergrund tretende Selbstbedienungsinteresse der Bundes-Assistentenkonferenz, die anfangs noch mit vernünftigen Vorschlägen zur Hochschulreform hervorgetreten war, es waren die lärmenden Revolutionsspiele der Bürgerkinder, für welche die akademischen Bretter ganz offensichtlich die Welt bedeuteten, es war der neue Sprachjargon mit seinem «Umfunktionieren» und «Verunsichern», seinen «gezielten Regelverletzungen», seinen Appellen an «Gewalt» und «Gegengewalt». Dieser Jargon hatte sich weit von der politischen Realität, von Geist und Sprache des Grundgesetzes entfernt. Plötzlich erschienen die Mandats- und Amtsträger, die Vertreter gesellschaftlicher Funktionen als «Herrschende» – als hätte ein anonymes «System» sie eingesetzt, als seien sie niemals gewählt und bestellt worden. Vertreter der demokratischen Gesellschaft, seien es Abgeordnete oder Minister, Gewerkschafter oder Industrielle, konnten sich in der Universität nicht mehr gefahrlos blicken lassen. Versuchten sie zu reden, wurden sie niedergeschrien. Die Universität wurde zunehmend allergisch gegen das Auftreten der realen Gesellschaft in ihren Mauern – sie versuchte selbst «Gesellschaft» zu sein – in einem blinden Rückzug auf sich selbst.

Aber ebenso bedrückten mich die Mutlosigkeit vieler Professoren, die Angst der «schweigenden Mehrheit» in den Hochschulen, Resignation, Konfliktscheu oder Ungeschick der politisch Verantwortlichen, die allgemeine Rat- und Regellosigkeit. Es bedurfte gründlicher Überlegungen, um im Campus wieder Vernunft und Arbeitsfrieden einkehren zu lassen. Es ging nicht ohne den Staat – aber gewiss auch nicht mit dem Staat allein.

Wer die Übergriffe und Attacken nicht einfach hinnehmen wollte, wer zur Abwehr entschlossen war, der musste überlegt vorgehen, soviel stand fest. Zunächst einmal musste erkundet werden, was tatsächlich in den Hörsälen und Seminaren vor sich ging, was die Revolte angerichtet hatte, wo die Gegenwehr ansetzen konnte. In einem von Paul Bockelmann, Wolfgang Clemen und mir verfassten Bericht über die Beeinträchtigungen von Lehre und Forschung an der Ludwig-Maximilians-Universität wurde für das Sommersemester 1969 folgende Bilanz gezogen: acht Vorlesungen mit einer Gesamthörerzahl von ca. 1500 Studenten nach systematischen Stör- und Gewaltaktionen extremistischer Gruppen eingestellt; etwa 40 % aller Vorlesungen und Seminare so stark gestört, dass sie unterbrochen werden mussten und nur mit größter Anstrengung zu Ende geführt werden konnten (ein Professor, der Philosoph Hermann Krings, hielt nach ständigen Eier- und Tomatenbombardements seine Vorlesung im Drillichanzug!).

Die Polizei kam in dieser Zeit kaum noch an die Universität. Sie wurde von den zuständigen Instanzen auch nicht gerufen – siehe oben. Dafür kamen die Ärzte: Mehrere Professoren erlitten Herzattacken und mussten ärztliche Hilfe in Anspruch nehmen. Die Räume zweier Institute wurden besetzt und verwüstet, die Räume von sechs weiteren verschmutzt und verschmiert, eine Fakultätssitzung, eine Senatssitzung wurden gesprengt. Von all dem erfuhr die Öffentlichkeit so gut wie nichts. Man hatte sich inzwischen daran gewöhnt, dass die Universität ein rechtsfreier Raum war – zumindest dass hier das Recht nur mit Abstrichen galt. Man gab sich schon zufrieden, wenn keine spektakulären Ereignisse stattfanden, sondern «nur» die bald alltäglichen Angriffe und Rechtsverstöße. Einzig dem Kollegen Otto B. Roegele und seinem medienbewussten Assistenten Peter Glotz gelang es, das allgemeine

Schweigen zu durchbrechen, indem sie das von den «Besetzern» verwüstete Kommunikationswissenschaftliche Institut, das außerhalb der Universität lag, in einer Pressekonferenz der Öffentlichkeit vorstellten. Es gab einen kleinen Aufschrei in Presse, Funk und Fernsehen, dann war wieder Schweigen, und von Seiten der Radikalen konnten neue Attacken geplant und vorbereitet werden.

Für Professoren war die Allgegenwart gezielter Störungen neu. Gewiss, sie waren damit vertraut, dass Hörer in die Vorlesungen zu spät kamen (Kathederstars reagierten darauf oft mit minutenlangem strafendem Schweigen, so dass die Zuspätkommenden sich bloßgestellt fühlten!). Was aber, wenn das Zu-spät-Kommen, das Hereinkommen und Herausgehen während der Vorlesungsstunde normal, ja feste Übung wurde, so dass die Vortragenden angesichts des ständigen Kommens und Gehens kaum mehr die nötige Sammlung zum Aufbau eines Gedankengangs fanden und die Hörer in Verwirrung oder Gleichgültigkeit zurückließen?

Natürlich gab es auch schon früher in der Universität Leute, die sich schlecht benahmen. Jetzt aber wurde solches Benehmen geradezu zur Pflicht erklärt. Im Hörsaal wurde während der Vorlesung gesprochen, gegessen, geraucht, Zeitung gelesen, gestrickt. Und was tun, wenn der Inhalt der Vorlesungen in Diskussionen systematisch «umfunktioniert» wurde, so dass man am Ende über alles diskutierte, über Politik, Wirtschaft, Kultur und die drohenden Notstandsgesetze, nur nicht über das Thema der Vorlesung? Natürlich gab es Professoren, die sich zu wehren wussten, die mit dem Wort umgehen und eine Situation beherrschen konnten. Wie aber, wenn solche Kunst plötzlich von allen, auch von den Unpolitischen, Weltfremden unter den Gelehrten (und das waren sehr viele) verlangt wurde; wenn sich die Professoren den Zutritt zu ihren eigenen Vorlesungen erstreiten und in ihren Seminaren regelrecht ums Wort kämpfen mussten, das ihnen doch kraft Amtes zustand? Die Professorenschaft, ohnehin ein loses Bündel von Individualisten, fiel angesichts der ständigen Attacken immer mehr auseinander: Die einen waren empört und riefen nach dem Staat, die anderen zogen sich resigniert, manchmal auch erleichtert (keine Vorlesungsverpflichtungen mehr!) in die Forschung zurück, die dritten brachten den Revoltierenden «Verständnis» entgegen (ohne dafür belohnt zu werden) – und einige dachten darüber nach, was das alles zu bedeuten habe und wie man sich gegen die täglichen Zumutungen am besten wehren könne.

Mit einigen mutigen Assistenten – Raimund Baumgärtner, Heinrich Oberreuter und Wolfgang Quint – organisierte ich den Widerstand gegen Vorlesungsstörungen. Man brauchte dafür viel Geduld und einen langen Atem. Das eine Mal waren wir erfolgreich, ein andermal nicht. Immer wieder drohte man abzugleiten wie bei einer Wanderung auf schmalem Grat: auf der einen Seite die Indolenz der «schweigenden Mehrheit» der Studierenden und Professoren, die Konflikten gerne auswich und schwer zum Handeln zu bewegen war – anderseits die Risiken der «Selbsthilfe», wenn sie von Bürgern der Alma Mater ohne Auftrag und polizeiliche Sicherung ins Werk gesetzt wurde: Wer deckte einen, wenn Schäden entstanden?

Ich weiß noch, wie wir mühsam und beharrlich mit Hilfe der allmählich aus ihrer Lähmung befreiten, zum Sprechen und Handeln gebrachten studentischen Mehrheit durchsetzten, dass Nikolaus Lobkowicz, der aus Notre Dame nach München ins Geschwister-Scholl-Institut gekommen war, endlich seine Vorlesungen halten konnte, ohne dauernd gestört zu werden. Wir feierten das als einen kleinen Sieg über die Intoleranz. Lobkowicz war von den Radikalen mit fanatischem Eifer und offener Gewalttätigkeit am Lehren gehindert worden. Sie verhinderten später zweimal mit ähnlichen Gewaltaktionen seine Wahl zum Rektor. Kein Wunder: Lobkowicz war ein gründlicher Marx-Kenner, ohne selbst Marxist zu sein – im weltanschaulichen Unisono des Jahres 1968 etwas schier Unglaubliches, das eigentlich nicht sein durfte. (Ähnlich nahmen in Frankfurt Studentenvertreter später gegen Leszek Kolakowski Stellung, als ihn Jürgen Habermas 1970 für die Nachfolge Theodor W. Adornos vorschlug; sie verhinderten seine Berufung mit dem Argument, dass Kolakowski kein zuverlässiger Marxist sei – hatte sich der polnische Philosoph doch erlaubt, von der «Möglichkeit und Unmöglichkeit, Marxist zu sein», zu sprechen!)

Aber die Abwehr des studentischen Radikalismus war nur die eine Seite der Sache. Auf der anderen Seite drohten den durch die Revolte gelähmten Hochschulen staatliche Eingriffe, die das Übel nur verschlimmern konnten. In Gesprächen mit Politikern verschiedener Parteien war mir eine ganz neue Sicht der Hochschulen begegnet: Zunehmend wurden diese nicht mehr von ihren Aufgaben – Forschung, Lehre, Bildung – her wahrgenommen; in den Vordergrund trat jetzt ihre physische Zusammensetzung aus Gruppen: Studenten, Assistenten, Professoren. Da die akademischen «Stände» in der Universität miteinander im Streit lagen, sahen viele Politiker die Lösung in neuen Formen der Hochschulpolitik, der Hochschulverfassung. Die «Lösung» war einfach: An die Stelle bloßer «Selbstverwaltung» durch die ordinierten Professoren sollte eine «demokratisierte» Universität aus allen «Ständen» treten. Was lag näher, als dass man zu diesem Zweck allen die gleiche Macht gab (allenfalls mit einem Veto der Professoren in Forschungsfragen)? Die Drittelparität war in den Jahren nach 1969 ein an vielen Stellen ernsthaft diskutiertes und verfolgtes Konzept. (Bezeichnenderweise übersah man dabei komplett den «vierten Stand», das nichtwissenschaftliche Personal.)

Damit aber ging man nicht nur über die Unterschiede hinweg, die aus unterschiedlichen Qualifikationen resultierten – auch das komplexe Verhältnis von Demokratie und Leistung in den Hochschulen geriet ins Schwanken. Kein Zweifel: Universitäten in einer Demokratie trugen für ihr Tun Verantwortung gegenüber Staat und Gesellschaft. Der Staat hatte deshalb das entscheidende Wort bei der Gestaltung von Studiengängen und Prüfungsordnungen, welche den Zugang zu akademischen Berufen eröffneten, und musste es auch in Zukunft behalten. Doch ebenso musste die Bewertung wissenschaftlicher Leistungen in der Hand derjenigen bleiben, welche über die hierzu erforderliche Qualifikation verfügten. Politische Gesinnung war kein Ersatz für mangelnde wissenschaftliche Leistung. Nicht erbrachte Qualifikationen konnte man nicht einfach pseudodemokratisch «wegstimmen». Räumte man Nichtwissenschaftlern – oder noch Lernenden – zentralen Einfluss auf die Beurteilung wissenschaftlicher Leistungen ein, rührte man an die innere Freiheit der Hochschulen, gefährdete ihre Leistungsfähigkeit im internationalen Feld.

Mir war klar, dass die Freiheit der Wissenschaft kein Sonderrecht der Professoren war. Sie gehörte allen Bürgern und musste auch von allen verteidigt werden. Aber nach Lage der Dinge war dies nicht möglich ohne eine neue, deutliche Präsenz, ein vermehrtes öffentliches Engagement der Professoren. Denn inzwischen hatten die Radikalen bereits den «Verband Deutscher Studentenschaften» (VDS) erobert, und auch die Bundesassistenten-Konferenz (BAK) hatte sich deutlich radikalisiert. Es bestand die Gefahr, dass bei parlamentarischen Anhörungen zu Hochschulgesetzen die «andere Seite» kaum mehr zu Wort kam.

So gründete ich Ende 1970 den «Bund Freiheit der Wissenschaft» – «zur Verteidigung eines gefährdeten Grundrechts», wie es in der Programmerklärung hieß. Ich gründete ihn natürlich nicht allein. Die Programmerklärung formulierten wir zu viert: Richard Löwenthal, Wilhelm Hennis, Hermann Lübbe und ich. Ernst Nolte schlug den Namen «Bund Freiheit der Wissenschaft» vor. Die bundesweite organisatorische Vorbereitung des Gründungskongresses war im Wesentlichen mein Werk; ich stützte mich dabei auf den am 19. Oktober 1968 gegründeten «Frankfurter Kreis» um Karl Häuser, Edith Eucken-Erdsiek und Walter Rüegg, auf die Berliner «Notgemeinschaft für eine freie Universität» um Otto von Simson, Hans Joachim Geisler, Horst Sanmann und Thomas Nipperdey sowie auf eine Tübinger Gruppe um den Soziologen und Bergstraesser-Schüler Friedrich H. Tenbruck.

Vor allem aber trug ich Sorge, dass nicht nur Mitglieder und Sympathisanten von Union und FDP, sondern auch Mitglieder und Sympathisanten der SPD die Initiative mittrugen. Ohne eine solche «Große Koalition» schien es mir aussichtslos, dem hochschulpolitischen Zeitgeist zu widerstehen. Gegenüber dem «Münchner Kreis» um Helmut Kuhn, Nikolaus Lobkowicz, Wolfgang Clemen und mich, der schon im Sommer 1968 mit dem «Münchner Manifest» – einer Alternative zu Habermas' Hochschulthesen – hervorgetreten war, griff der «Bund Freiheit der Wissenschaft» daher personell wie programmatisch weiter aus, richtete den Blick nicht nur auf das, was zu bewahren, sondern vor allem auf das, was weiterzuentwickeln war. Zum Beweis muss ich an dieser Stelle die Namen der Mitglieder des Gründungskomitees nennen, die wirklich «aus allen Richtungen» kamen: Edith Eucken-Erdsiek, Hans Joachim Geisler, Karl Häuser, Wilhelm Hennis, Gerhard Löwenthal, Richard Löwenthal, Hermann Lübbe, Hans Maier, Thomas Nipperdey, Ernst Nolte, Heinz Dietrich Ortlieb, Konrad Repgen, Walter Rüegg, Horst Sanmann, Erwin K. Scheuch, Hatto H. Schmitt, Hermann Schmitt-Vockenhausen, Gerhard Schröder (der frühere Außen- und Verteidigungsminister) und Friedrich H. Tenbruck.

Wir wollten keine Professoren-Lobby sein – von Anfang an hatten auch Assistenten und Studenten Zutritt zum Bund. Ebensowenig wollten wir uns in Stellungnahmen zu tagespolitischen Streitfragen verfangen. So hieß es in der Programmerklärung, dass der Bund Anhänger aller demokratischen Parteien und Mitglieder aller Gruppen von Hochschulangehörigen umfasse; dass er nicht zu parteipolitischen Streitfragen Stellung nehme und keine Einzelvorschläge zur Reform und Struktur der Hochschulen mache; dass er sich zu solchen Vorschlägen nur insoweit äußere, wie sie die Grundsätze der Freiheit der Wissenschaft berührten – wo sie gefährdet seien, werde er die Öffentlichkeit warnen; wo sie gewahrt seien, werde er «alle Schritte zur Modernisierung der Hochschulen im Geiste der Leistungssteigerung, Diskussionsfreiheit und sozialen Verantwortung» fördern.

Der Gründungskongress fand am 18. November 1970, dem Buß- und Bettag, in der Bad Godesberger Stadthalle statt. Wir hatten mit etwa 500 bis 600 Teilnehmern gerechnet. Stattdessen kamen mehr als 1500. Von den fast 5000 Ordinarien in der Bundesrepublik war das ein beträchtlicher Teil. Rund 2000, die nicht kommen konnten, hatten Sympathieerklärungen geschickt. Ohne Zweifel war eine Schleuse geöffnet worden. «Professor Hans Maier rief, und viele viele kamen», schrieb Nina Grunenberg in der ZEIT vom 27. November 1970. «Seit Donnerstag der vergangenen Woche besteht jedenfalls kein Zweifel mehr daran, dass die Professoren auf dem Wege sind, den ihnen gemachten Vorwurf der ‹Politikunfähigkeit› (Helmut Schelsky) zu widerlegen und sich nach den Studenten und Assistenten als letzte und dritte politische Kraft an der Hochschule zu artikulieren.»

Trotz des beachtlichen Erfolgs ist der Godesberger Kongress für mich mit einer bitteren Erinnerung verbunden. Im Vorfeld hatte mein mediävistischer Lehrer Gerd Tellenbach, damals Direktor des Deutschen Historischen Instituts in Rom, darum gebeten, beim Gründungskongress ein kurzes Referat halten zu können. Ich griff den Vorschlag sofort auf, denn Tellenbach war ein Hochschulreformer der ersten Stunde. Doch dann kam Gegenwind, zunächst aus den Reihen des Initiativausschusses, dann von außen. Kritisch wurde die Sache, als der Historiker Helmut Plechl mit Demonstrationen drohte: Seine Frau wollte in der Stadthalle Flugblätter verteilen, falls Tellenbach beim Kongress auftrete. Der Hintergrund schien weniger politischer als persönlicher Art zu sein. Ich unterrichtete Tellenbach am 9. November in einem Brief nach Rom über diese Drohung. Am 12. November schrieb er mir zurück: «Es ist ganz selbstverständlich, daß meinetwegen der Kongress nicht platzen darf.» Er werde beim Kongress nicht sprechen und überhaupt nicht kommen. Doch dann schien ihn sein eigenes Verständnis für die prekäre Situation, in der ich war, zu reuen, und er warf mir in einem Brief vom 17. November vor, ich hätte «das Prinzip ‹Freiheit der Wissenschaft›, zu dessen Verteidigung der Bund gegründet wird, bei der allerersten Gelegenheit verraten». Fortan brach er alle

Brücken zu mir ab. Briefe, in denen ich ihm den Vorgang erläuterte und meine Zwangslage schilderte, kamen ungeöffnet zurück.

Hatte ich die Gefahr überschätzt, die dem Kongress von einem possenhaften Intermezzo drohte? Ich fürchte nein. Der Veranstaltung waren zahlreiche Drohungen vorausgegangen, sie fand unter Polizeischutz statt. Die Stimmung war ambivalent, sie konnte leicht umschlagen; viele Journalisten nahmen eine bestenfalls abwartende Haltung ein. Wir standen unter Erfolgszwang. Der Start musste gelingen. Einen Misserfolg unter tumultuösen Umständen, mit skandalträchtigem Beigeschmack, mit vermeintlichen «Enthüllungen», die dann der Hauptgegenstand der Berichterstattung geworden wären – das konnten wir uns nicht leisten. Ich musste also im Interesse der Sache eine Entscheidung treffen. Die Rücksicht auf den verehrten Lehrer musste zurückstehen.

Heute ist es üblich geworden, die Gründung des «Bundes Freiheit der Wissenschaft» und die ihr folgende «Tendenzwende» den «Fünfundvierzigern» zuzuschreiben: jener Generation also, die vom Kriegsende und vom Neubeginn nach 1945 geprägt worden war. Doch der Begriff der «Fünfundvierziger» ist blass. Ein bloßes Geburts- und Erlebnisdatum – ist das nicht zu wenig? Ich möchte uns lieber als «Neunundvierziger» kennzeichnen. Was wir verteidigten, war das Grundgesetz, war der Neubeginn der Demokratie nach dem Krieg, war die Freiheit der Wissenschaft als Grundrecht. Das reichte über die parteipolitische Option des Einzelnen weit hinaus und verband Vernünftige in allen demokratischen Lagern miteinander.

«Eine Widerstandsbewegung für das Grundgesetz – so etwas wird man ja doch wohl noch gründen dürfen, ganz im geheimen!», spottete Werner Finck in Kabarett-Auftritten der Jahre 1970 und 1971. Da hatte er recht. Wir fühlten uns von ihm verstanden – mehr als von manchen Politikern und Verbandsfunktionären.

Das Jahr 1968 und die Nach-Achtundsechzigerzeit sind lange dahin. Muss man eine gänzlich negative Bilanz ziehen? Das wäre wohl zu einfach. Eines an dieser Umbruchzeit empfinde ich als positiv: 1968 und die folgende Zeit haben die politischen Establishments aller Richtungen gezwungen, Verfassungsstaat und Demokratie mit mehr Phantasie, mit intelligenteren Methoden zu verteidigen als nur mit dem Traditionsargument, «wie wir's dann zuletzt» – nach 1945 – «so herrlich weit gebracht». Und das war immerhin etwas.

1968 hat nicht nur «die Achtundsechziger» geprägt, sondern auch ihre Gegner. Auch ich habe in dieser Zeit eine Menge gelernt: wie man unter widrigen Bedingungen Widerstand leisten, wie man «Gegenmacht» entwickeln kann; was man wissen muss über öffentliche Kommunikation, Stimmungen, Massenpsychologie. Und am Ende waren die Gegner für mich nicht mehr allein «die Linken»; mehr als sie ärgerten mich die Indolenten, Abwartenden, Überklugen, Nicht-Engagierten. Dass die Krise schließlich mit rechtsstaatlichen Mitteln – auch durch Kräfte aus den Universitäten – überwunden wurde, das war für mich ein Zeichen, dass die Demokratie in Westdeutschland inzwischen «wetterfest» geworden war. Die Menschen wollten in ihrer großen Mehrzahl keine absoluten und totalen Lösungen – nichts von dem, was die Revoltierenden versprachen (oft in einem unverständlichen, dem Mann auf der Straße gänzlich unzugänglichen Jargon). Die meisten Bürger blieben offen für Reformen, sie optierten für «Versuch und Irrtum». Erziehung mit und durch Gewalt lehnten sie ab. Nicht dass mich diese Erfahrung zu einem unverbesserlichen Optimisten gemacht hätte. Aber seit 1968 – und vor allem seit 1970 – war ich – mit einem Lübbe-Wort – «verblüffungsfest» gegenüber plötzlichen Herausforderungen – mehr jedenfalls als in den vorangegangenen Jahren. Ich glaubte – und glaube noch heute –, dass man Krisen beherrschen, dass man sie überwinden kann, wenn viele Menschen zusammenwirken und an der richtigen Stelle gemeinsam eingreifen. Freilich: Jemand muss vorangehen, darauf vertrauend, dass die anderen nachkommen.

20. Im Kreis der «Prügelknaben der Nation»

«Allzu übermütig durfte ich nicht werden.»

Am 22. November 1970, wenige Tage nach dem Kongress in Bad Godesberg, fanden in Bayern Landtagswahlen statt. Die CSU errang 124 Sitze und damit eine deutliche absolute Mehrheit. Auf die SPD entfielen 70, auf die FDP 10 Sitze. Ministerpräsident Alfons Goppel schickte sich an, sein drittes Kabinett zu bilden – mit einigen neuen Gesichtern, mit einem neuen Ministerium für Umweltfragen (dem ersten in Deutschland) – ohne den mächtigen, aber inzwischen unpopulären

Kultusminister Ludwig Huber, der jedoch Fraktionsvorsitzender der CSU im Landtag blieb (bis dahin hatte er beide Ämter gleichzeitig inne). Goppel fragte mich, ob ich bereit sei, das Kultusministerium zu übernehmen. Nach kurzer Bedenkzeit sagte ich zu – ermuntert durch Wilhelm Hahn, den baden-württembergischen Kultusminister, mit dem ich ein langes Telefongespräch führte, und durch zahlreiche Münchner Freunde – und solidarisch gestärkt, wenn auch keineswegs gedrängt, durch meine Frau. Ein solches Amt zu übernehmen war zweifellos riskant. Die Kulturpolitik steckte damals in allen Ländern in einer Krise – selbst hartgesottene Profis schreckten vor einem solchen «Schleudersitz» zurück. Wie sollte ich, als Parteiloser, als Außenseiter, ohne Landtagsmandat, ohne Hausmacht, ohne politische Erfahrung, in einer so schwierigen Situation Erfolg haben? Gewiss, ich war inzwischen mit mehreren CSU-Politikern bekannt, hatte auf zwei zentralen Parteiveranstaltungen referiert, kannte mittlerweile auch das Kultusministerium und die Staatskanzlei – aber genügte das? Was würden die Kulturpolitiker im Landtag sagen, unter denen nicht wenige sich Hoffnungen auf das Amt gemacht hatten (trotz aller Risiken)? Würden sie sich durch mein Dazwischenkommen nicht an ihrem Auftritt gehindert fühlen? Und wie stand es mit den eigenen Zukunftsaussichten – war ein Kultusminister in Bayern je eines natürlichen politischen Todes gestorben? Sprach man nicht vom «elektrischen Stuhl»? Doch ich stellte meine Bedenken zurück. Die Neugier auf das, was mich erwartete, war stärker. Einen Schritt zu tun von der akademischen in die praktische Politik – das war für einen Politikwissenschaftler eine zu verlockende Sache, als dass er sie ausschlagen durfte. Selbst im Fall des Scheiterns hatte man hinterher, dachte ich, etwas dazugelernt – etwas, was man am Schreibtisch nie hätte lernen können.

So vollzog sich mein Eintritt in die Politik. Ich wurde ein Quer- und Seiteneinsteiger, ein – wie ich später immer sagte – «Politiker des zweiten Bildungswegs». Das war keine Koketterie. Politik musste man lernen. Für Professoren galt das in ganz besonderem Maß. Am 8. Dezember wurde ich im Landtag vereidigt. In einem freundlichen Telefonanruf gratulierte mir Franz Josef Strauß. Erst später erfuhr ich, dass er eine entscheidende Rolle bei meiner Berufung gespielt hatte. Bernhard Vogel, mein alter politikwissenschaftlicher Kollege aus den Universitätsjahren in Freiburg und Heidelberg, inzwischen Kultusminister in Rheinland-

Pfalz, schickte aus Mainz ein Telegramm: «Willkommen im Kreis der Prügelknaben der Nation!» Nun musste ich vieles aufgeben, musste mich umorientieren. Soeben war ich noch Dekan der Staatswirtschaftlichen Fakultät gewesen, Mitglied des Deutschen Bildungsrates, Vorsitzender der Deutschen Vereinigung für Politische Wissenschaft. (Eugen Kogon, der Vorgänger, hatte mich just in «Revolutionszeiten» für dieses Amt vorgeschlagen und gegen Widerstände durchgesetzt.) Auch den Vorstand des Bundes Freiheit der Wissenschaft musste ich, kaum hineingewählt, wieder verlassen – ein Student nahm meinen Platz ein, mein Schüler Michael Zöller, in späteren Jahren Professor in Bayreuth. Einige Monate versuchte ich noch an der Universität Seminare zu halten. Doch die Belastung war zu groß, mein Lehrstuhl musste vertreten werden – wie sich bald zeigte auf Jahre hin. Zu meiner Freude gelang es immer wieder, international bekannte Forscher zu gewinnen, unter ihnen Nermin Abadan aus Istanbul, Theodor Syllaba aus Prag, Hans Jonas aus New York, Juan Linz aus Yale.

Die sichtbarste äußere Veränderung war die, dass nun jeden Morgen ein Dienstauto vor der Haustür stand – am Steuer der Fahrer Alois Lechner, ein treuer Geist und hervorragender Unterhalter; für viele Jahre mein Experte für Sport und Unterhaltung (von beidem wusste ich wenig, wurde aber natürlich bei Interviews danach gefragt!). Später folgten ihm Reinhard Laermann und Ludwig Bauer nach. Edith Ziegler, meine Sekretärin in der Universität, die einige Zeit in England gelebt hatte, zitierte Winston Churchill, der bei politischen Ämtern die Zeitbelastung horrend und die Bezahlung mäßig fand, aber ein Plus an anderer Stelle ausmachte: «Transportation – excellent!» Später, als die Termine sich häuften (Bayern war mit Niedersachsen das größte Flächenland der Bundesrepublik!), kamen zu den Autofahrten Hubschrauberflüge dazu. Ich lernte Bayern aus der Luft kennen. Glücklicherweise ertrug ich schnelle Fahrten und unruhige Flüge gut, fand unterwegs sogar Zeit für kleine Schlafpausen – oft die Rettung in einem Arbeitstag, der sich im Lauf der Jahre von 12 auf 16 Stunden ausdehnte.

Das Kultusministerium kannte ich schon. Es residierte in dem von Enrico Zuccali nach dem Dreißigjährigen Krieg erbauten alten Theatinerkloster in der Nähe der Residenz – am Salvatorplatz. Der Bau war im Krieg zerstört worden und 1970 noch nicht ganz wiederhergestellt.

Aber der lange Gang im ersten Stock – «Ministerlaufbahn genannt» – existierte längst wieder in seiner spröden Grandezza. In diesem Gang stellte mir Johannes von Elmenau die Mitarbeiter des Hauses vor. Viele kannte ich schon durch meine Tätigkeit in Hochschulkommissionen und im Bildungsrat – für den Anfänger ein Vorteil. Die inneren Gesetze des Hauses freilich und sein kompliziertes Verhältnis zur Staatskanzlei einerseits, zum Landtag anderseits lernte ich erst im Lauf der Zeit genauer kennen und einschätzen. Karl Böck, der Leiter des Ministerbüros, die graue Eminenz am Salvatorplatz, führte mich in die Arbeit ein. Er zeigte mir die lange Traktandenliste des Hauses. Das Kultusministerium war damals noch ein «ganzes Haus», das alle Bereiche der Kulturpolitik umfasste; der Bogen reichte von den Kindergärten und Schulen bis zu den Universitäten, Theatern, Museen – nicht zu reden von den Kirchenangelegenheiten, denen das «Staatsministerium für Unterricht *und Kultus*» seinen zweiten Namen verdankte, der Denkmalpflege, der Erwachsenenbildung und vielem anderen mehr.

In der Zeit von Ludwig Huber war das Kultusministerium de facto von Karl Böck geleitet worden, da sich der starke zweite Mann der CSU hauptsächlich der Fraktion gewidmet hatte, seinem höchsteigenen wichtigen Machtinstrument. Was Huber zur Kulturpolitik in der Öffentlichkeit vortrug, war durch die Hände Böcks gegangen, stammte in vielen Fällen unmittelbar aus seiner Feder. Daraus waren manche Ansprüche entstanden. Eine Szene gleich zu Anfang ist mir in Erinnerung. Wir warteten auf Ludwig Huber, der aus dem Landtag ins Kultusministerium herüberkommen sollte, um mir das Arbeitszimmer zu zeigen und Winke für die Zukunft zu geben – eine Art Vermächtnis aus seiner sechsjährigen Amtszeit. Doch Huber kam nicht. Wir warteten und warteten vergebens. Zornig entschloss sich Karl Böck schließlich gemeinsam mit mir zum Aufbruch ins Maximilianeum. Dort empfing uns ein strahlender Ludwig Huber – stolz darüber, den Ort der Übergabe nach seinem eigenen Gusto festgelegt und uns zu der kleinen Reise über die Isar gezwungen zu haben. Doch Karl Böck, gewitzt und schnell, nahm seinen Hut ab und drückte ihn auf die Locken der neben Huber stehenden Fraktions-Geschäftsführerin zum Zeichen: Ich bin zwar Beamter, aber doch einer mit besonderem Auftrag; mindestens Respekt darf ich erwarten. Die Geste war sprechender und aussagekräftiger als viele Worte und Akten.

Karl Böck stand, als ich ihn näher kennen lernte, gerade in der Mitte seiner Laufbahn. 1916 im schwäbischen Bocksberg geboren, Bauernsohn, Dillinger Gymnasiast, Münchner Student, Laientheologe, Bibliotheksreferent, stieg er in der Nachkriegszeit – nach den bis zur bitteren Neige ausgekosteten Soldatenjahren – Zug um Zug zum höchsten Beamten der bayerischen Kultusverwaltung auf. Er brachte für seine Karriere vieles mit: Hervorragende Abschlüsse, eine fast unerschöpfliche Arbeitskraft, scharfen Verstand und gute Menschenkenntnis; vor allem aber die Fähigkeit, Situationen rasch zu erfassen und einzuschätzen – die klassische Voraussetzung für den beruflichen und politischen Erfolg.

Der Weg des Aufstiegs hatte, wie oft, übers Vorzimmer geführt. Zwei Kultusministern hatte Böck als Persönlicher Referent gedient, Alois Hundhammer und Josef Schwalber – mit einer Intensität, die über äußere und technische Hilfen weit hinausging und die ihn rasch zum überlegenen Kenner der gesamten Bildungsverwaltung werden ließ. Im Vorzimmer, während er den Besuchern die unvermeidliche Wartezeit verkürzte, lernte Böck bedeutende Zeitgenossen kennen, von Konrad Adenauer (der sich am Salvatorplatz mit Alois Hundhammer traf) und Herbert Blankenhorn bis zu Otto Hahn, Hannah Arendt, Jürgen Fehling. Sein Bekanntenkreis umfasste Gelehrte, Politiker, Kirchenleute, Künstler, er reichte mit der Zeit in viele Orte, viele Länder hinein.

Seine Kontakte und Verbindungen machten ihn schon früh zu einem mitgestaltenden Element bayerischer Politik. So sammelte sich während der Viererkoalition in seinem Zimmer die plötzlich in die Minderheit gedrängte CSU-Opposition. Bei Konkordatsverhandlungen mit Rom im Zusammenhang der bayerischen Lehrerbildung führte er Nuntien und Ministern die Hand. Das alles tat er als Verwaltungsmann, der gegenüber dem wetterwendischen Auf und Ab der Politik oft und gern die Kontinuität der Verwaltung, die Strenge fachlicher Anforderungen und die Gleichheit vor dem Gesetz betonte, darin ganz der Tradition der bayerischen Beamtenschaft verpflichtet. Aber er tat es auch als ein politischer Mensch, den es – nach verlorenen Kriegs- und Nazijahren – zum demokratischen Engagement in der Kulturpolitik drängte. Übrigens hatten auch andere Männer der Kriegsgeneration nach 1945 im Kultusministerium angefangen; die prominentesten waren Franz Heubl und Franz Josef Strauß.

Mein anderer Mentor wurde unvermeidlicherweise Ludwig Huber. Da ich kein Landtagsmandat hatte, aber natürlich in den Sitzungen der CSU-Landtagsfraktion präsent sein musste, nahm ich im Fraktionssaal an der Stirnseite neben dem Vorsitzenden Platz. Zwei Jahre lang, bis zu seiner Rückkehr ins Kabinett 1972, konnte ich Hubers Aktionen aus unmittelbarer Nähe beobachten. Oft kam ich in den Genuss seiner halblaut gemurmelten Kommentare zu Reden der Kolleginnen und Kollegen: eine unnachahmliche Mischung aus Geschäftskenntnis und Erfahrung, manchmal mit einer Prise Sarkasmus, ja Zynismus versetzt. Ich staunte nicht schlecht, wenn Huber mir vor Abstimmungen das mutmaßliche Ergebnis zuflüsterte – es stimmte hinterher meist ganz genau. Ich bewunderte seine Kunst der Ablenkung bei unerwünschten Wendungen der Diskussion; sagte ein Abgeordneter etwas, das ihm nicht passte, konnte er plötzlich dessen Namen falsch oder mit verkehrter Betonung aussprechen – so dass sich die Diskussion sofort auf die Richtigstellung des Namens konzentrierte und der Streitpunkt, um den es eigentlich gegangen war, in Vergessenheit geriet. Huber hatte eine untrügliche Witterung für das, was mehrheitsfähig war – und er wusste auch, was nur eine persönliche Marotte des Kollegen war, die in der Gesamtfraktion keine Chance hatte. Als ein Abgeordneter einen anderen für ein wichtiges Amt vorschlug und dazu bemerkte, es handle sich angesichts der Verdienste des Betroffenen doch wohl um ein «nobile officium», murmelte Huber mir zu: «Das kommt nicht durch!» So war es dann auch – und warum? «Nicht alle in der Fraktion können Latein», meinte Huber, «und manche halten ein ‹nobile officium› für etwas Unanständiges!»

Huber spielte auf der Fraktion wie auf einer großen Klaviatur. Sein «Anschlag» – seine Rede also – war nuancenreich und klar. An Witz, Einfühlung, an Verständnis für die Sentiments der Altbayern, Franken, Schwaben, an der Fähigkeit zu bündigen Zusammenfassungen und Lösungsvorschlägen fehlte es ihm nicht. Auch Huber verfügte, wie Böck, über die Kunst des raschen Einblicks: Blitzschnell, manchmal geradezu raubvogelartig erkannte er eine Situation, witterte die Chancen, die sie bot, wappnete sich gegen mögliche Gefahren, denen es auszuweichen galt, richtete sein Handeln ganz auf die Sache – und gewann zumeist.

Ich wunderte mich, dass der Mann, der das politische Handwerk so virtuos beherrschte, in der Öffentlichkeit seit der Studentenrevolte geradezu zum Buhmann der CSU geworden war, so dass ihn Strauß 1970

Wechsel im bayerischen Kultusministerium: Dr. Ludwig Huber mit Prof. Hans Maier und Staatssekretär Lauerbach (v. l.)

Günther Rennert und Hans Maier bei der Faschingsmatinee des Bayerischen Staatsorchesters am 14. Februar 1971. Mit einer wallenden Lockenperücke als Elly Ney kostümiert, spielt der Intendant zusammen mit dem Kultusminister (Franz Liszt) Klavier.

zum Rückzug vom Amt des Kultusministers drängen musste. Dabei war er seinerzeit – nach dem Sturz von Theodor Maunz, dem seine Veröffentlichungen in der NS-Zeit zum Verhängnis wurden – mit großen Erwartungen begrüßt und nach ersten Aktivitäten auch in der Öffentlichkeit und von der Presse gefeiert worden. Seine Erfolge waren offenkundig. Der Kultusetat verdoppelte sich in seiner Amtszeit. Große Probleme wie die Lehrerbildung, die Umgestaltung der Konfessionsschule wurden angepackt und nahezu einvernehmlich gelöst. Aber offenbar ging ihm die Kunst ab, in der Öffentlichkeit für seine – in vielem durchaus neue und wegweisende – Politik engagiert und gewinnend zu werben. Da fanden Innenminister Bruno Merk und Wirtschafts-Staatssekretär Anton Jaumann in den stürmischen Nach-Achtundsechziger-Jahren eher den richtigen Ton. Huber wurde den Ruf des Technokraten nicht los, und was nach innen sein Vorteil war – die beharrliche, erfinderische, manchmal trickreiche Professionalität –, erwies sich «nach draußen» eher als Nachteil, weckte sogar Verdacht. «Draußen» hätte Ludwig Huber in diesen unruhigen Zeiten weniger «Politiker» sein müssen, um politisch zu reüssieren.

Ludwig Hubers Los stimmte mich nachdenklich. Bei mir selbst lag die Sache nämlich gerade umgekehrt. Das politische Handwerk, den Umgang mit Parlament, Kabinett, Fraktion, musste ich erst noch lernen. Die ersten Fragestunden im Parlament machten mir Mühe; ich musste mich – von Natur kein schlagfertiger Mensch – erst an das Trommelfeuer der Zusatzfragen gewöhnen. Auch in der Fraktion brauchte ich einige Zeit, bis ich die Kunst beherrschte, eine Sache knapp zu erklären, anschaulich darzustellen und einprägsam für eine Lösung zu werben.

Das kleine Einmaleins der Politik musste ich also erst noch lernen. Ich habe Jahre, sogar Jahrzehnte dazu gebraucht – den letzten Schliff brachte mir schließlich erst der eigene Stimmkreis bei, die Arbeit mit Bürgern «vor Ort» und an ganz alltäglichen Problemen. Dafür hatte ich aber von Anfang an – so merkwürdig das klingen mag – eine Ahnung vom «großen Einmaleins». Vor größerem Publikum zu reden, die eigene Überzeugung zu begründen und zu verteidigen, für eine Sache zu werben, sie regelrecht zu «inszenieren» – das hatte ich schon in der Wissenschaft – und dann in den Streitjahren 1968 bis 1970 auch in der größeren Öffentlichkeit – gelernt.

1970, am 9. September, hatte ich in Trier den 83. Deutschen Katholikentag zu eröffnen – mit einem Grundsatzreferat zur Situation der katholischen Kirche in Deutschland, das ich mit Karl Forster abgestimmt hatte. Das Motto des Katholikentages hieß «Gemeinde des Herrn». In meiner Nähe protestierten Opponenten gegen mich mit großen Schildern, auf denen die Aufschrift «Gemeinde des Herrn Maier» stand. Beim Gründungskongress des Bundes Freiheit der Wissenschaft am 18. November hatten mir die Kollegen die einleitende «Aufwärmrede» zugedacht. Auch in den ersten Pressekonferenzen als Kultusminister hielt ich mit meiner Meinung nicht hinterm Berg. Ich sagte eher ein Wort zuviel als zuwenig. Taktischer Umgang mit der Öffentlichkeit, das ständige Balancieren zwischen dem, was man sagen durfte, und dem, was man (noch) verschweigen musste – das war von Anfang an nicht meine Sache. Ich erinnere mich, wie ein früherer enger Mitarbeiter Ludwig Hubers nach einer Pressekonferenz mit einer Mischung von Bewunderung und Entsetzen zu mir bemerkte: «Sie sagen ja alles!» Aber genau das war nach meiner Meinung nötig, um die von den taktischen Spielen der Politik ermüdete Öffentlichkeit durch Direktheit und Offenheit für eine «neue Runde» zu gewinnen.

Ein Weiteres kam hinzu. Der CSU – und den Unionsparteien überhaupt – hatte es nach 1968 buchstäblich die Sprache verschlagen. Ihre Positionen spielten in der öffentlichen Debatte kaum mehr eine Rolle. Ihre Worte – meist durchaus triftig und sachlich begründet, aber oft altmodisch und konventionell formuliert – kamen in den öffentlichen Debatten gegen den aufklärungsstolzen Jargon der Linken kaum mehr an. Aus dieser Sprachlosigkeit musste die Unionspolitik erst einmal befreit werden. Nur dadurch konnte sie neuen Spielraum für die Realisierung ihrer politischen Ziele gewinnen. In dieser Meinung traf ich mich übrigens mit einem anderen «Jungen», der damals in die Politik ging, mit Kurt Biedenkopf. Er schrieb mir spontan in diesem Sinn, nachdem er meinen Aufsatz in der Frankfurter Allgemeinen «Die Sprache der neuen Linken verhindert den Dialog» (13. Juli 1972) gelesen hatte.

So analysierte ich die Sprache der neuen Linken bei den «Bergedorfer Gesprächen» und in der Bayerischen Akademie der Schönen Künste, ich nahm die Fehlrechnungen Georg Pichts in seinem Buch «Die deutsche Bildungskatastrophe» (1966) – das inzwischen zur Bibel der neuen Kulturpolitik geworden war – aufs Korn in einer kleinen Schrift «Zwischenrufe zur Bildungspolitik» (1972); ich entwickelte hochschulpolitische Thesen, mit denen die Gegenseite sich auseinandersetzen musste.

Gleichzeitig versuchte ich die bayerische Kulturpolitik – und das Kultusministerium – dahin zu bringen, dass sie politische Entscheidungen, aber auch schlichte Verwaltungsakte nicht nur einfach trafen, sondern erläuterten und begründeten und sich auf die Gegenargumente der Opposition einließen. Dabei halfen mir eine Reihe überwiegend junger, aber auch älterer Mitarbeiter mit ihrem Wort und ihrem Auftreten; dankbar erwähne ich Eberhard Dünninger, in späterer Zeit Generaldirektor der Bayerischen Staatlichen Bibliotheken, Peter Menacher, später Schulreferent und Oberbürgermeister von Augsburg, Karl Bayer, den bedeutenden Altphilologen und Plinius-Herausgeber, Dietrich Bächler, den wortgewandten Interpreten der bayerischen Hochschulpolitik, und die jüngeren Mitarbeiter Wolfgang Quint, Hans Karl Steininger, Karlheinz Freund, Georg Knaus, Ingeborg Berggreen, Fritz Völkl, Peter Maicher, Hans-Georg Roth, Fritz Dörre.

Es dauerte nicht lange, und der «Salvatorplatz» wurde wieder ein ganz normales Ministerium. Er rückte aus dem bengalischen Licht der Achtundsechziger-Zeit heraus – was ich gleich zu Anfang als mein erstes Ziel bezeichnet hatte. In der Öffentlichkeit und im Parlament gewann die Kulturpolitik der CSU ihre Überzeugungskraft zurück und konnte in die Offensive gehen – und zwar mit Argumenten, nicht nur mit Haushaltszahlen und mit dem «großen Stock» der Parlamentsmehrheit. Das wurde bald bemerkt und mit wachsender Zustimmung aufgenommen. Ich weiß noch, wie ein CSU-Abgeordneter mir einmal nach einer langen Redeschlacht mit SPD und FDP heftig auf die Schulter schlug und ausrief: «Hans, du Hund» (in Bayern bekanntlich ein hohes Lob!), «du hast genau das gesagt, was wir immer sagen wollten, aber nicht sagen konnten.» Das war so etwas wie ein politischer Ritterschlag. Auch die Opposition schlug neue Töne an: Peter Glotz, den ich aus der Münchner Universität kannte und schätzte, einer der klügsten jüngeren SPD-Politiker, schrieb am 26. August 1971 im «Vorwärts»: «Aber der Mann Hans Maier hat bis heute Erfolg gehabt; davon kann man ihm nichts abtun. Es sieht sogar sehr danach aus, daß ihm bei den Konservativen noch höhere Ehren winken.»

Auch in der Öffentlichkeit gewann ich Terrain. Der Zufall hatte es gewollt, dass Bayern turnusmäßig 1971 den Vorsitz in der Kultusministerkonferenz übernahm, und so wurde ich, nur wenige Tage nach meiner Ernennung in München, im Dezember 1970, in Bonn zum neuen Präsidenten gewählt. In der KMK gab es zwar inzwischen eine

Mehrheit der A-Länder – so nannte man die sozialliberal regierten Länder gegenüber den Unionsländern, den B-Ländern. Auf diese Mehrheit musste ich in meinen Äußerungen Rücksicht nehmen. Aber es kam mir zugute, dass ich viele führende Sozialdemokraten aus dem Deutschen Bildungsrat und seinen Tagungen und aus den Vorbereitungen zur Gründung des Bundes Freiheit der Wissenschaft kannte. Jedenfalls: Der KMK-Vorsitz bot eine Tribüne, die ich nutzte. Und während ich daheim noch die Finessen der Personenregie und der Parteipolitik nachlernte, hatte ich mit den Auftritten an der Rampe der Bundespolitik von Anfang an keine Schwierigkeiten.

Bundesweit wurde ich übrigens nicht durch die Bildungspolitik bekannt, sondern durch einen musikalischen Auftritt. Beim Fasching 1971 spielte ich mit dem Staatsintendanten Günther Rennert im Münchner Nationaltheater vierhändig am Klavier den «Karneval der Tiere» von Camille Saint-Saëns. Rennert hatte sich als Elly Ney verkleidet, ich trat als Franz Liszt auf. Das Bild ging durch alle Zeitungen. Fassungslos sagte mir wenige Wochen später ein sozialdemokratischer Kollege aus dem hohen Norden, ein bewährter und tüchtiger Parteisoldat: «Nun sind Sie erst seit ein paar Wochen im Amt und schon überall bekannt – und ich arbeite politisch schon seit so vielen Jahren» ... er brach ab. Ich empfand Mitleid, fast hatte ich das Gefühl, ich müsse ihn trösten. Aber wie? Auch in Bayern war ich in Kürze beim jährlichen Salvatoranstich am Nockerberg unter den «Derbleckten», ich kam in den berühmten Gstanzln des Roider Jakl vor – was prompt die Eifersucht mancher Kollegen weckte.

Ein «Prügelknabe» blieb ich dennoch. Allzu übermütig durfte ich nicht werden. Immer noch war das öffentliche Auftreten für einen Kultusminister kein Fingerschlecken. Mehrfach geriet ich in schwierige Situationen. Einmal wurde ich von Demonstranten in Nürnberg, als ich nach einer Veranstaltung ins Auto eingestiegen war, am Wegfahren gehindert und eingeschlossen; alle Scheiben wurden mit schwarzen Tüchern verhüllt, die Türen zugehalten. Als Herr Lechner und ich Ruhe bewahrten und nicht reagierten, ließen die jungen Leute nach rund zwanzig Minuten von uns ab. Schlimmer waren die Wurfgeschosse in Universitäten, die Schlägereien, die sich bei Reden oder danach zwischen Anhängern und Gegnern entwickelten und bei denen nicht selten Personen zu Schaden kamen – so bei einem turbulenten Auftritt an der TU Berlin. Besonders übel war ein Überfall mit Buttersäure in München. Die Presse reagierte ambivalent. Manchmal kommentierte sie offene Gewalttätigkeiten, als ob es sich um Sportveranstaltungen handle – um eine Art Freistilringen, einen Boxkampf ohne Regeln. Auch der Kultusminister erhielt sportliche Noten. Hielt er Gebrüll und Tomatenbombardements aus, ohne zu weichen, konnte er mit Verständnis, sogar mit Anerkennung rechnen. Zog er sich zurück, weil weiteres Verbleiben angesichts des Lärms ganz sinnlos war, hieß es: «Maier flieht aus der Universität.» Der Riss in mancher Journalistenseele angesichts der Ereignisse muss tief gewesen sein. Die Erinnerung an 1968 wirkte nach. Nahezu an Persönlichkeitsspaltung grenzte ein Fall, bei dem ein Berichterstatter mich in einer Münchner Zeitung heftig angriff – mich aber in einer Regensburger Zeitung (unter anderem Namen) geradezu als Held feierte, nachdem ich eine Diskussion mit Verve durchgestanden hatte: «KuMi – der Torero!»

Mit der Zeit wurde es ruhiger, die Zeit der Studenten- und Schülerrevolte klang ab, die Zeitungen wurden berechenbarer, obwohl sie natürlich in ihren jeweiligen politischen Meinungsfeldern verharrten. Die «Süddeutsche Zeitung» beobachtete mich aufmerksam-kritisch, Herbert Riehl-Heyse schrieb ein farbiges, nicht unfreundliches Porträt, das dazugehörige Bild zeigte mich in einer Schulbank unter bayerischen Schülern. Der «Münchner Merkur» war mir meist zugetan (dort wurde ich später Kolumnist!), DIE WELT zeigte sich verständnisvoll, DIE ZEIT war bald polemisch, bald anerkennend – Theo Sommer apostrophierte mich als «Bayerns brillanten Kultusminister». DER SPIEGEL, seit jeher jenseits von Gut und Böse, überraschte mit journalistischen Wechselbädern; erfreulich war, dass er bei Interviews vor dem Druck die Fahnen zur Kontrolle übersandte. Unterstützung hatte ich vom «Rheinischen Merkur» (ich trat später auf Bitten von Otto B. Roegele in die Herausgeberschaft ein). In der «Frankfurter Allgemeinen» hatte mich Günther Gillessen gleich zu Anfang den Lesern als «alemannisches Lamm mit Schlitzohren» vorgestellt (der Ausdruck stammte von Horst Ehmke). Im Lauf der Zeit wurde Kurt Reumann zu einem verständnisvollen Begleiter (und zum besten Kenner bildungspolitischer Vorgänge in der Bundesrepublik überhaupt). Dennoch trafen mich noch jahrelang von Zeit zu Zeit verirrte Kugeln auch aus diesem Blatt.

Am längsten hielten sich die Vorurteile in manchen Literatenkreisen. Als Heinz Friedrich bei dtv meine Reden und Schriften zur Kulturpolitik verlegte (1976), war ich für seinen Lektor, der den Klappentext verfasste, ein «präziser Denker und treffender Formulierer», zugleich aber – er zitierte Hermann Rudolph – «ein gefallener Liberaler, der unter die Konservativen gegangen ist». Und als Kurt Sontheimer und Werner Ross mich für den PEN vorschlugen, stieß dieser Vorschlag dort auf strikte Ablehnung. Thilo Koch, der Generalsekretär, sagte mir in schöner Offenheit am Telefon (wörtlich): «Literarisch ist nichts gegen Sie einzuwenden – aber ein Kultusminister, noch dazu aus einem CSU-Kabinett, dafür gibt es bei uns einfach keine Mehrheit, das geht nicht, das müssen Sie verstehen.» Ehe ich fragen konnte, wie eine unabhängige literarische Vereinigung dazu kam, ihre Entscheidungen nach politischen Gesichtspunkten zu treffen, hatte er schon eingehängt.

Dem PEN gehörten damals eine ganze Reihe von SPD-, FDP-, aber auch DKP-Mitgliedern an. Waren sie stürmischer von der Muse geküsst worden? Als ich Dolf Sternberger von dem Vorfall erzählte, geriet er in Zorn: gemeinsam mit französischen Freunden schlug er mich für die «Deutsche Akademie für Sprache und Dichtung» vor. In diese angesehene Vereinigung wurde ich 1976 ohne Schwierigkeiten aufgenommen. Als ich aus Darmstadt nach München zurückkam, gratulierte mir Rudolf Goldschmit, der Literaturchef der SZ, einer meiner «Fans» in diesem Blatt (auch das gab es!), ironisch-tröstend: «Nun gehören Sie zu den ‹Unsterblichen›!»

Zwei Jahre später besprach Golo Mann in der «Süddeutschen Zeitung» in einer ausführlichen Rezension mein Buch «Anstöße». Er nahm Partei für mich – was zur Folge hatte, dass zumindest der ärgste Lehmbewurf aufhörte. Sein Fazit: «Dieser Kultusminister hat durchgehalten in der Zeit der Kultur-Revolution und permanenten Emanzipation, der System-Überwindung, der ‹Rahmen-Richtlinien›, er hat, seinem eigenen Ausdruck nach, ‹Flagge gezeigt› und gegengesteuert, zäh, elastisch, ganz ohne Aufregung, nie übertreibend ... Legte er, als er am Salvatorplatz einzog, ein heimliches Gelübde ab, sich von den Bürden des Amtes nicht unterkriegen zu lassen? Jedenfalls, er hat es nicht.»

Als Kultusminister musste ich mit dem Pfund wuchern, über das ich verfügte: mit dem Wort, der wissenschaftlichen Analyse, der politischen Rede. Politische Macht hatte ich nicht. Ich wusste am Anfang auch noch nicht, ob ich sie jemals gewinnen würde. Um in der Öffentlichkeit auftreten zu können, brauchte ich ein hohes Maß an Unabhängigkeit, eine kräftige Portion Meinungs- und Redefreiheit. Nur so konnte ich beweglich auf die Herausforderungen der Zeit eingehen.

Die freie, offene, unkontrollierte Rede wurde zu meinem politischen Lebenselixier. Was meine Stärke war, das war natürlich auch meine Schwäche, ich wusste es gut. Wer viel reden muss, der ist verwundbar. So erregten meine Worte, meine Äußerungen oft mehr Anstoß als meine Taten und Entscheidungen. Wo immer ich sprach, stand schon die «Aufsicht» bereit und zupfte aus dem Rede-Strauß die schlagzeilenträchtigen Sätze heraus. Dabei gerieten oft Beiläufigkeiten ins Scheinwerferlicht, Wichtiges dagegen wurde übersehen. Am anderen Tag stand alles in der Zeitung. Und oft schüttelten dann die Leute den Kopf: wie unklug, hätte er das sagen müssen, hätte er es *so* sagen müssen, wie er es gesagt hat?

Also versuchte ich klug zu werden – oder wenigstens klüger. Ich wählte meine Worte im Lauf der Zeit immer sorgfältiger, ich bewegte mich vorsichtig, wie mit einer Balancierstange, auf dem Wortseil, setzte behutsam Fuß vor Fuß. Schließlich hatte ich erreicht, was der political correctness schon damals lieb und teuer war: Ich sprach immer häufiger «zustimmungsfähige Sätze». Doch auf die Dauer lag mir soviel Zurücknahme und Anpassung gar nicht. Ich musste mich dazu immer wieder am Riemen der Pflicht reißen. Ich hatte bei mancher Rede, in mancher Pressekonferenz Mühe, nicht einfach auszubrechen: in ein emotionales, heftiges, zärtliches oder entrüstetes Wort. Manchmal hatte ich das angepasste Reden so gründlich satt, dass ich am liebsten verzweifelt ausgerufen hätte: «Es möcht kein Hund so länger reden!»

Zum Glück blieb mir die Familie. Ihr musste ich zwar in meiner Ministerzeit vieles schuldig bleiben – manchmal sah ich die Kinder nur beim Frühstück oder nachts, wenn sie schliefen. Aber mit meiner Frau habe ich jahrelang beim Frühstück und oft spätabends die Politik – und die Presse – analysiert und kommentiert. Wir spielten Ereignisse und Gestalten nach, nahmen den Scheinernst weg von manchem, was nur Kinderei und Pose war, verulkten mit komödiantischer Lust die «Großkopfeten». Am schönsten war es, wenn meine Frau – gelernte Kindergärtnerin – die Geschehnisse und die Reaktionen der Beteiligten ins Kindergartenformat versetzte und die entsprechenden Sprüche dazu erfand: «Du bist nimmer mein Freund!» «Da müssen Bäcker kommen, keine Semmeln.» «Du willst mich wohl unbedingt zum Feind haben?» «Dich verzehr ich morgen im Nebel!» Das passte manchmal wunderbar auf das politische Geschehen; kein Kabarettist hätte es besser ausdenken können. Manchmal war es bestürzend und traurig, öfter aber belustigend und komisch. Wir haben viel gelacht – auch in Zeiten, in denen es wenig zu lachen gab. So half mir meine Frau, die Politik nicht nur zu verstehen, sondern auch zu ertragen. Und zum Glück lief dabei nie ein Tonband mit.

21. Land und Leute: die CSU-Fraktion

«Verglichen mit einer Fakultät ... erschien mir die Fraktion fast wie ein klares Gewässer.»

Verlässliche Freunde und dauerhafte Unterstützung fand ich zuerst in der CSU-Landtagsfraktion. Dort saßen zwar auch einige, die gern Kultusminister geworden wären. Die Enttäuschung zitterte noch einige Monate nach der Regierungsbildung nach. Aber das gab sich mit der Zeit. Und in der Gesamtfraktion, die ja nicht nur aus Kulturpolitikern bestand, begannen sich die Leute für den neuen Mann zu interessieren – ein neugieriges Interesse, das auf Gegenseitigkeit beruhte.

Die damalige CSU-Fraktion war ein getreues Abbild Bayerns. Keine der Nachkriegsparteien war ja so dicht «vor Ort» verankert wie die Christlich-Soziale Union. Keine repräsentierte so deutlich alle Teile des Landes, die Regionen, die Stämme, die Konfessionen, die Schichten der Bevölkerung. Ich studierte die Lebensläufe der Abgeordneten. Im bayerischen politischen Personal überwogen deutlich die «kleinen Leute».

Gewiss, es gab da auch Volksvertreter, die ihre Stellung, ihr Gewicht aus ihrer bisherigen Tätigkeit zogen, die also nicht, zumindest nicht allein, durch Parteiarbeit und Wahlen zu dem geworden waren, was sie waren: Unternehmer, Rechtsanwälte, Großbauern, Verbandschefs. Aber das waren die Ausnahmen. Typischer für die Fraktion waren die ganz normalen Handwerker, die Land- und Forstwirte, die Angestellten in der freien Wirtschaft, die Aufsteiger aus dem gehobenen Dienst. (Professoren und Landräte hatte der Bayerische Landtag in der vorangehenden Legislaturperiode von Abgeordnetenmandaten ausdrücklich ausgeschlossen.) Sie alle hatten sich in den Orts- und Kreisverbänden betätigt und waren eines Tages zu Wunschkandidaten für politische Mandate geworden und im Wettbewerb mit anderen auch gewählt worden: in die Kreistage und Bezirkstage, in den Bayerischen Landtag und in den Deutschen Bundestag hinein. Zahlreiche Bundestagsabgeordnete (aus allen Parteien) hatte ich schon durch die Parlamentsstudie des Geschwister-Scholl-Instituts in den sechziger Jahren kennengelernt. Nun lernte ich auch die Landtagsabgeordneten kennen, vorwiegend die der CSU, aber mit der Zeit auch die der Opposition – und zwar alle, auch die sogenannten Hinterbänkler, nicht nur die tonangebenden führenden Köpfe.

Auch hier empfing mich ein reicher Menschengarten – wie schon früher bei der Studienstiftung des deutschen Volkes. Waren es damals junge Wissenschaftler, deren Studien- und Lebensweg ich Jahre hindurch begleitete, so waren es jetzt gestandene Leute mittleren und reiferen Alters, die ihr politisches Engagement ins Parlament geführt hatte. Mit ihnen hatte ich nun täglich zusammenzuarbeiten. Da war der Landwirt, der Bürgermeister seiner Gemeinde geworden war und nach Jahren als erfolgreicher Kommunalpolitiker in den Landtag gewählt wurde; da war der Amtsrat, den zahlreiche ehrenamtliche Tätigkeiten, u. a. bei der Feuerwehr, bei kirchlichen und sozialen Diensten für höhere Ämter qualifiziert hatten; da war der Studienrat, der sich im Nebenberuf einen Namen als Journalist gemacht hatte, da war der Diplom-Volkswirt, der Fachmann für Sozial- und Gesundheitspolitik, der Rektor außer Dienst, der Obersteuerrat, der Bauunternehmer, der Vorsitzende der Sportunion. Gab es auch Frauen? O ja, mir fallen zwei Bezirksbäuerinnen ein, eine Oberpostdirektorin, eine Ministerialrätin, eine Land- und Forstwirtin. Endlich die «Mutter der Kompanie» Marielies Schleicher, eine ältere Dame, hoch angesehen in der Fraktion. Sie hatte einst mit ihrer Freundin Marieluise Fleißer in Regensburg bei den Englischen Fräulein die Schulbank gedrückt; später war sie mir dabei behilflich, für die bedeutende Schriftstellerin den längst fälligen Bayerischen Verdienstorden gegen mancherlei Widerstände durchzusetzen. Und sie kämpfte unverdrossen für ein bayerisches Kindergartengesetz.

Der weltanschauliche Bogen der Fraktion spannte sich weit. Von den Kulturkampf-Wallungen aus der Zeit der Viererkoalition – und noch vom nachfolgenden Streit um die Konfessionsschule – war nicht mehr viel zu spüren. So saßen im großen Sitzungsraum Katholiken und Protestanten, Vertreter katholischer Jugendorganisationen und Verbände mit evangelischen Abgeordneten aus Franken, Schwaben und Altbayern in friedlicher Nachbarschaft zusammen. Dem zweiten Kabinett Goppel 1966–1970 hatte nicht nur der Arbeitsminister Fritz Pirkl angehört, ein bekenntnisfreudiger Katholik, sondern auch der Finanzminister Konrad Pöhner, der «arme Konrad» genannt, ein evangelischer Christ, erfolgreicher Bayreuther Unternehmer, Freund von Theodor Heuss – und führender Freimaurer.

So entfalteten und entluden sich in den Fraktionssitzungen die Temperamente, Tonfälle, Sprechweisen. Nach kurzer Zeit hatte ich – vorn neben dem Fraktionsvorsitzenden sitzend – die Stimmen der Männer und Frauen im Ohr. Auch mit geschlossenen Augen konnte ich sie alle identifizieren. Rasch wurden mir auch die unterschiedlichen politischen Gewichte klar: Man spürte es am nachdrücklich-langsamen Sprechen der wichtigen Leute und vor allem an der bei ihrer Wortmeldung sofort eintretenden Aufmerksamkeit. Wer für «die Schwaben», «die Unterfranken», «die Oberpfälzer» sprechen konnte, dem hörten alle aufmerksam zu. Ganz oben in der unsichtbaren Hierarchie der Fraktion standen die Ausschussvorsitzenden; ihr Wort wog viel in der Debatte. Der Landtagspräsident spielte eine Sonderrolle. Ganz allgemein konnten längergediente Kolleginnen und Kollegen mit einem Aufmerksamkeits-Bonus rechnen; aber auch junge, noch unbekannte Abgeordnete erregten oft schon beim ersten Mal mit frechen spitzen Wortmeldungen das nötige Aufsehen.

Die Stadt München spielte in diesem gesamtbayerischen Auftritt übrigens nur eine Nebenrolle. «Die Münchner», wenn sie sich meldeten, genossen nicht mehr Aufmerksamkeit, als man sie auch den Würzburgern, den Nürnbergern, Regensburgern, Passauern, Augsburgern entgegenbrachte. Das lag nicht nur an ihrer im Vergleich mit den Oberbayern – der größten Gruppe in der Fraktion – weit geringeren «Kampfstärke», es lag auch an ihrem schwächeren organisatorischen Zusammenhalt. «Städter» hatten es im fraktionsinternen Wettbewerb im Allgemeinen sehr viel schwerer, sich zu organisieren und geschlossen aufzutreten, als «das Land». München, die Landeshauptstadt, erregte daneben noch zusätzlich Verdacht, weil hier alle Ministerien und Behörden und die meisten kulturellen Einrichtungen zu Hause waren und weil man argwöhnte, es fließe ohnehin viel zu viel Steuergeld in die Landeshauptstadt. Demgegenüber hatte die von der Zentrale vermeintlich vernachlässigte «Provinz», wenn sie geschlossen auftrat, in der Fraktion stets die besseren Karten. So wurde in den siebziger Jahren beispielsweise «Westmittelfranken» – als Beispiel einer armen, aber ausbaufähigen Region – ein geradezu unwiderstehliches Schlag- und

Stichwort. Überhaupt galt: Wenn die gemeinsamen Anliegen einer ganzen Region auf den Tisch gelegt wurden, mit dem Hinweis auf offenkundigen Nachholbedarf und mit nachvollziehbaren Argumenten, so stand plötzlich die ganze Fraktion, stand «ganz Bayern» hinter den Bittstellern.

Die Fraktionssitzungen am Mittwochnachmittag waren lehrreich. Ich nahm die Chance wahr, stundenlang zuzuhören und mich allmählich hineinzutasten in die regionalen, konfessionellen, mentalen Unterschiede. Froh war ich freilich auch, dass ich die Debatten nicht protokollieren musste. Das hatte ich jahrelang in der Staatswirtschaftlichen Fakultät der Münchner Universität getan, wo immer die Jüngstberufenen das Protokoll zu führen hatten; und ich erinnere mich daran, wie mühsam es war, das, was Professoren sagten, in das zu übersetzen, was sie meinten. Verglichen mit einer Fakultät und den eifersüchtig gehüteten Geheimnissen der Gelehrten erschien mir die Fraktion fast wie ein klares Gewässer.

Bald wurde ich eingeladen. Es gab ja auch außerhalb von Wahlkampfzeiten immer wieder politische Veranstaltungen im ganzen Land – und daneben natürlich eine Fülle örtlicher Feste, Gedenktage, Feiern. So kam ich im Lauf der Zeit in die sieben Bezirke, in die Regionen, an alle Ecken und Enden Bayerns. Die meisten Einladungen erhielt ich von sogenannten «Hinterbänklern», die im Plenum des Parlaments wenig sichtbar waren, dafür aber meist in den Ausschüssen solide Arbeit leisteten. Zuhause in ihren Stimmkreisen waren sie oft wahre Könige. Sie freuten sich, den neuen Mann einen halben oder ganzen Tag in ihrem – oft weit abgelegenen – Revier für sich zu haben. Und zum Glück hatte ich damals noch relativ viel Zeit. Da ich parteilos war, gab es für mich montags nicht die üblichen Parteivorstandssitzungen; und da ich nicht dem Landtag angehörte, wurde ich auch nur selten zu den Sitzungen des Fraktionsvorstands eingeladen, die am Dienstagnachmittag stattfanden.

So sah mein Wochenanfang meist so aus: montagmorgens war ich im Geschwister-Scholl-Institut, sichtete die nicht-ministerielle Post, telefonierte, diktierte meinen Sekretärinnen – Edith Ziegler, später Hermine Fuhrmann und Karin Osthues – Briefe, Nachrichten, Gutachten – eine Gewohnheit, die ich über viele Jahre, über meine ganze Ministerzeit hin beibehielt. In den restlichen Montagsstunden und am Dienstagnachmittag und -abend war ich im Land unterwegs. Der

Mit wichtigen Kabinettskollegen (von links): Simon Nüssel, Fritz Pirkl,
Karl Hillermeier (1972)

Mit Kulturpolitikern der CSU-Fraktion. Von links: Anton Donhauser,
Gebhard Glück, Otto Meyer, Konrad Breitrainer, Fritz Harrer

Dienstagvormittag war der Kabinettssitzung in der Prinzregentenstraße vorbehalten.

Bei den Besuchen bildete sich rasch ein Muster heraus. Von Anfang an besuchte ich regelmäßig Schulen, was die Kultusminister vor mir nur in Ausnahmefällen getan hatten. Dann spielten Künste, Sehenswürdigkeiten, die Denkmalpflege, Museen, Theater eine Rolle; Treffen mit Eltern, Schülern, Lehrern kamen hinzu – und am Abend fand immer eine politische Kundgebung mit den örtlichen Mandatsträgern statt. Ich reiste überall hin, ich wählte die Ziele nicht danach aus, ob der Abgeordnete nun eine besonders gewichtige politische Stellung hatte oder ein ganz normaler Volksvertreter war. Das sprach sich rasch herum. Auftritte mit mir wurden üblich und begehrt. Als beispielsweise 1974 ein noch unbekannter junger Oberregierungsrat aus dem Bayerischen Staatsministerium für Landesentwicklung und Umweltfragen, Edmund Stoiber mit Namen, in die Politik strebte und für den Bayerischen Landtag kandidierte – wen wünschte er sich als Redner bei der Kandidatenvorstellung in Bad Tölz? Den Kultusminister. Bei immer mehr Abgeordneten im Fraktionssaal, wenn wir uns am Mittwochnachmittag zur wöchentlichen Fraktionssitzung trafen, konnte ich an die letzten Treffen und Gespräche «zu Hause» anknüpfen, in Amberg, in Aschaffenburg, in Neu-Ulm, in Mühldorf, in Tirschenreuth, in Kemnath, in Viechtach. Und ich erhielt die örtlichen Zeitungen und Pressedienste in die Hand gedrückt, die über den Besuch berichtet hatten – im Lauf der Zeit eine Topografie des ganzen Landes.

War das nun ein besonderes Kalkül – war es gar Raffinesse in Bezug auf die Hinterbänkler (sie waren ja eine Mehrheit, eine mögliche Hausmacht!)? Nein, überhaupt nicht. Berechnendes «strategisches» Denken nach der Devise «Was bringt es dir?» lag mir bei meinen ersten Schritten in der Politik ganz fern. Ich folgte einfach meinem Instinkt. Ich war ein Bayern-Fan, ich liebte das Land, ich wollte es kennenlernen. Ich vertiefte mich mit Begeisterung in seine Landschaften, Bräuche, Traditionen. Und ich respektierte und schätzte die Gewählten, die «Abgeordneten zum Bayerischen Landtag», mit ihren so unterschiedlichen, aussagekräftigen Biographien. Und da offenkundig war, dass ich meine Reiseziele nicht nach Vorteil, Ertrag, Gewinn plante, sondern mich einfach von der Liebe zu Land und Leuten leiten ließ, gewann ich rasch Unterstützung und Vertrauen.

Das hielt lange vor und sicherte meine politische Stellung – eigentlich behielt es Gültigkeit für die ganze Zeit meiner politischen Aktivität. Über lange Strecken, über acht Jahre hin konnte ich damit auch das Fehlen eines Abgeordnetenmandats kompensieren. Ich konnte mich auf die CSU-Abgeordneten ohne Vorbehalt verlassen – und diese auf mich. Ein jüngerer Abgeordneter, der 1970 in den Bayerischen Landtag kam, Alois Glück, hat es später anschaulich beschrieben: Die Fraktion, sagte er, konnte in bildungspolitische Debatten immer «recht gelassen, zuversichtlich und gelegentlich entspannt» gehen, weil sie wusste, der Kultusminister werde es «den anderen» schon zeigen. Er fügte hinzu: «Mit Respekt registrierten wir, dass der Professor – bei aller Gelehrsamkeit – Politik als geistige Auseinandersetzung, als notwendigen Kampf verstand, dem er nie auswich.»

Für den Föderalismus waren die siebziger Jahre eine schwierige Zeit. Der Bund war mit seinen «Gemeinschaftsaufgaben» (seit 1969) tief in die Zuständigkeiten der Länder eingedrungen. Man fragte sich: Hatten die Landtage auf die Dauer überhaupt noch etwas zu sagen? Wurden nicht sogar die Länder allmählich überflüssig? Die Zukunft schien dem «kooperativen Föderalismus» – wenn nicht gar dem Zentralismus – zu gehören. Die Kontroversen spitzten sich zu, vor allem in der Schul- und Hochschulpolitik. Bildung war das «Krongut» der Länder. Hier fand der eigentliche Wettbewerb statt: Wer hatte die besten Schulen, die besten Hochschulen? Doch das sollte nun alles vereinheitlicht werden. Die deutlichen Unterschiede, die eigenen Profile sollten verschwinden. Die Kultusminister standen unter Einigungsdruck. Der Bund entwickelte eigene Instrumente der Lenkung – vor allem die Bund-Länder-Kommission für Bildungsplanung. Im Besitz reichlicher finanzieller Mittel (damals noch!) verstand er es, die Länder, vor allem die bedürftigen, am «goldenen Zügel» zu führen. Und die Länder waren leicht verführbar. Ein Zyniker formulierte es so: Die Länder dürften zwar nie um Geld vom Bund betteln; aber wenn er es ihnen freiwillig gebe, hätten sie keinen Grund, es abzulehnen.

Unter den Ausschüssen des Bayerischen Landtags war der Kulturpolitische Ausschuss in der Öffentlichkeit am bekanntesten. Hier spielten sich die großen Auseinandersetzungen, die schlagzeilenträchtigen Debatten ab. Hier liefen die Diskussionen über Grundsatzfragen. Hier hatten politische Pragmatiker – in der CSU-Fraktion die überwiegende Mehrheit – eher das Nachsehen. Die meisten CSU-Abgeordneten betrachteten den «KuPo» mit einem Gemisch von Bewunderung und Distanz: er musste natürlich «bedient» werden, aber wichtiger schien doch der Haushaltsausschuss, auch der Rechts- und Verfassungsausschuss, zu sein. (Ich erinnerte mich an meinen journalistischen Lehrer, den Chefredakteur Oskar Stark in Freiburg, der ähnlich distanziert über Feuilleton-Redakteure sprach.) So überließ man den KuPo-Vorsitz beim üblichen Zugriffsverfahren erst einmal der SPD. An die Spitze trat der wackere, intellektuell präzise Passauer Oberlehrer Anton Hochleitner. Und auch sein Stellvertreter war ein Lehrer: der Dillinger CSU-Abgeordnete und Rektor Otto Meyer.

Während ich mich bei Debatten im KuPo (und auch im Rechts- und Verfassungsausschuss) in vertrauten Gewässern fühlte, musste ich mich im Haushaltsausschuss erst orientieren und an einen ganz anderen Arbeitsstil gewöhnen. Der Unterschied war groß. Denn in den beiden ersten Ausschüssen war die Grundlage der Arbeit Papier und immer wieder neues Papier: Anträge und Gesetzentwürfe standen zur Debatte; Berichte waren zu erstatten, Debatten wurden protokolliert. Im Haushaltsausschuss dagegen herrschten die Zahlen; hier wurde über Geld – und Macht! – gestritten und entschieden; hier setzte die Legislative ihre Akzente, spielte ihre Stärken aus und hatte im Zweifelsfall keine Scheu, die Exekutive zu demütigen. Während ich ein Gesetz, einen Antrag im Allgemeinen lesen konnte, musste ich das Lesen eines Haushaltsentwurfs erst lernen. Das fiel übrigens manchmal selbst altgedienten Beamten nicht leicht. Einen hörte ich einmal verzweifelt ausrufen: «Da braucht man ja einen Blindenhund!» Umgekehrt genossen die Abgeordneten nicht selten ihre in jahrelanger Übung erworbene technische Überlegenheit über die Beamten im Umgang mit den komplizierten Zahlenwerken. Ich erlebte, wie selbst leibhaftige Ministerialdirigenten aus dem Finanzministerium von kundigen Haushaltspolitikern in den Debatten regelrecht «vorgeführt» wurden.

Den Doppelhaushalt 1971/72 des Kultusministeriums durch die parlamentarischen Gremien zu schleusen, durch den Senat und durch den Haushaltsausschuss des Landtags – das war eine echte Herausforderung. Mit damals 3,7 bzw. 4,1 Milliarden umfasste dieser Einzelplan mehr als ein Viertel des bayerischen Staatshaushalts. Relativ einfach war es im Senat: hier verfuhren die Berichterstatter nach der Art von Gutachtern; sie wogen ab, setzten behutsam Akzente, formulierten höfliche Rückfragen ans Ministerium – und die abschließende Abstimmung ging lautlos über die Bühne. Dass der Haushaltsentwurf zusammen mit dem ausführlichen Gutachten des Senats in den Haushaltsausschuss des Landtags kam, trug erheblich zur Versachlichung der Diskussion bei.

Aber bei aller Sachlichkeit: Die Debatten im Haushaltsausschuss waren oft leidenschaftlich, polemisch, stürmisch. Und das war kein Wunder. Hier, im Haushaltsrecht, lag ja die eigentliche Entscheidungsgewalt des Parlaments. Es ging um Politik, in Geldwert übersetzt: Was war der Regierung wichtig, was der Opposition, wo sollten neue Akzente gesetzt werden, was ließ man eher auslaufen, was war Routine, was war Innovation? Über die Schwerpunkte der Kulturpolitik hatte der Kultusminister in seiner Haushaltsrede dem Plenum ausführlichen Bericht zu erstatten. Die Rede, alle zwei Jahre zu halten – Bayern hatte Doppelhaushalte – war jedes Mal ein weithin beachtetes, in den Medien lebhaft kommentiertes Signal. Aber sie stand am Ende, sie war einfach die notarielle Beglaubigung eines langen parlamentarischen Prozesses, sie war die (notwendige!) Fensterrede nach draußen, die zu einer solchen Prozedur gehörte. Vorher mussten die Entscheidungen im Haushaltsausschuss gefallen sein. Und das zog sich viele Stunden, oft ganze Tage hin, es verlief zäh und detailreich und forderte höchste Aufmerksamkeit; man musste hellwach bleiben und durfte sich von keinem Einwand, keinem Zwischenruf ins Bockshorn jagen lassen.

Wichtig war, dass man sich zeitig mit den Berichterstattern ins Benehmen setzte. Bei der Größe des Kultusetats waren das immer (wenigstens) zwei, der eine für Schulen und alles, was damit zusammenhing, der andere für Hochschulen und Künste. Die mussten sich ihre Informationen natürlich wiederum aus dem betroffenen Ministerium holen – ebenso wie die Berichterstatter der Opposition. Selbstverständlich musste man ihnen Zugang zu allen gewünschten Einzelheiten geben – ohne sie in ihrem Urteil beeinflussen oder gar programmieren zu wollen (bei den Berichterstattern der Opposition wäre das ohnehin vergebliche Liebesmüh gewesen). Die Sache war fast immer ein Grenzgang, ein Spiel mit den Ambivalenzen des parlamentarischen Regierungssystems. Natürlich hatten die CSU-Abgeordneten letzten Endes ein Interesse daran, dass die Regierung mit ihrem Haushaltsentwurf «durchkam». Aber nicht selten bauten sie erst einmal gemeinsam mit der Opposition eine kritische Gegenfront auf, um zu zeigen: Wir sind da, mit uns ist zu rechnen.

Haushaltsdebatten liefen langsam an, ich sollte es im Lauf der Jahre mehrfach erleben. Am Anfang stritt man sich mit Verbissenheit halbstundenlang über Zehntausender-, ja Tausender-Positionen. Dann ging es allmählich schneller, die Hunderttausender, die Millionen kamen in den Blick. Am zweiten Tag wurden dann die Millionen, die Hunderte von Millionen von den langsam ermüdenden Matadoren in immer rascherem Tempo in Lauf gesetzt. Manches wurde am Ende einfach «durchgewinkt». Endlich konnte man aufatmen: Der Kultusetat hatte die wichtigste parlamentarische Hürde genommen.

Es war klar, dass man im Anschluss an die anstrengende Prozedur noch ein wenig im Landtagsrestaurant zusammen saß: der Vorsitzende, die Berichterstatter, der Kultusminister. Und was taten sie? Sie erzählten sich Witze. Das war ein altes Ritual. Unter den Haushaltspolitikern der CSU waren ein paar begnadete Erzähler. Sie hatten Witze aus allen Landesteilen, aus allen Lebenslagen parat. Otto von Feury, der Bauernbaron, stand für das altbayerische Fach, Richard Wengenmeier, der langjährige Ausschussvorsitzende, für das schwäbische, Hans Maurer, der spätere Landwirtschaftsminister, für das fränkische. Glücklicherweise konnte ich mithalten: Meine Spezialität waren alemannische Witze aus der Schweiz, aus Baden, aus dem Elsass. Wir erzählten uns manchmal so eifrig Witze, dass wir darüber das Essen vergaßen. Denn ein wichtiger Grundsatz beim Erzählen war der: Es durfte nie eine Unterbrechung geben.

Dass ich Witze erzählen konnte, zumal nach einer spannungsvollen Haushaltsdebatte, mit Lust und ohne zu ermüden – das hat zu meinem politischen Erfolg gewiss nicht minder beigetragen als die Besuche bei den Abgeordneten im Land, die im Lauf der Zeit zu einer liebevoll gepflegten Gewohnheit wurden, und das Argumentieren und Position-Beziehen bei bildungspolitischen Debatten im Plenum des Bayerischen Landtags. So kam ich Stück um Stück voran und konnte allmählich größere Dinge ins Auge fassen und in Angriff nehmen – vor allem in der kulturpolitischen Gesetzgebung, die seit den Achtundsechziger Jahren in Bayern revisionsbedürftig, formbedürftig geworden war.

22. Kulturpolitik in Bayern: neun Gesetze

«Wie ein Tandem fuhren wir mit beträchtlichem Tempo los …»

Spätestens Ende der sechziger Jahre zeigte sich, dass die Ausbesserungsversuche der Bildungsverwaltung in einer Zeit des Umbruchs nicht mehr ausreichten. Es war nötig, das Schul- und Bildungswesen von Grund auf zu erneuern. Das war die Stunde des Gesetzgebers. Die gesamte Kulturpolitik musste auf neue gesetzliche Grundlagen gestellt werden. Nur einfach die Haushaltsmittel zu erhöhen, das reichte nicht, so wichtig die Millionen waren. Neue Akzente mussten gesetzt werden, eine eigenständige schul- und hochschulpolitische Position war herauszuarbeiten. Das lag im Interesse Bayerns als der Vormacht des Föderalismus gegenüber den in den siebziger Jahren anschwellenden zentralistischen Tendenzen im Bund; es lag aber auch im Interesse der Unions-Kulturpolitik insgesamt, im Bund wie in den Ländern.

Diese Kulturpolitik war nach hoffnungsvollen Anfängen, in denen unionsregierte Länder die ersten Schulentwicklungspläne aufgestellt, die ersten neuen Hochschulen (Bochum, Konstanz, Regensburg) gegründet hatten, in den siebziger Jahren gegenüber der sozialliberalen Mehrheit im Bund deutlich in die Defensive geraten. Diesen Zustand der Schwäche musste man schleunigst überwinden. Das sahen auch die Kollegen in den CDU-regierten Ländern so, mit denen ich in diesen Jahren eng zusammenarbeitete: Wilhelm Hahn in Baden-Württemberg, Bernhard Vogel in Rheinland-Pfalz, Wilhelm Scherer im Saarland, Walter Braun in Schleswig-Holstein. Die siebziger Jahre waren der Auftakt zu einer verstärkten Kooperation der unionsregierten Länder untereinander, zu Absprachen auf der Verwaltungsebene und in der Politik, zu gemeinsamen Initiativen in der Bund-Länder-Kommission und im Bundesrat.

Rascher als erwartet nahm die neue Gesetzgebung in Bayern Gestalt an. In den siebziger Jahren wurden nicht weniger als acht Gesetze verabschiedet, die bis heute – zum Teil modifiziert – die Grundlage der vorschulischen und außerschulischen Bildung, des Schul- und Hochschulwesens im Freistaat bilden: das Gesetz über das berufliche Schulwesen (verabschiedet am 15. Juni 1972), das Bayerische Kindergartengesetz (25. Juli 1972), das Denkmalschutzgesetz (25. Juni 1973), das

Bayerische Hochschulgesetz (28. November 1973), das Gesetz zur Förderung der Erwachsenenbildung (24. Juli 1974), das Bayerische Lehrerbildungsgesetz (28. Juni 1977), das Gesetz zur Eingliederung der Pädagogischen Hochschulen in die Landesuniversitäten (29. Juni 1977) und das Bayerische Hochschullehrergesetz (24. August 1978). Hinzu kam als neuntes das Gesetz über das Erziehungs- und Unterrichtswesen, das am 1. Januar 1983 in Kraft trat. Alle diese Gesetze vertrat ich im Parlament, an allen war ich – auf unterschiedliche Weise – beteiligt.

1. Den Gesetzentwurf über das berufliche Schulwesen hatte ich noch von Ludwig Huber «geerbt». Er passte gut in die neue Lage, enthielt er doch eine wichtige politische Botschaft, die in den folgenden Jahren rasch an Bedeutung gewinnen sollte: Es ging um die längst fällige Gleichstellung der beruflichen mit der allgemeinen Bildung – eine Forderung, die in den Kreisen der Bildungsreformer nie ernstlich bedacht und diskutiert worden war. In den «Bibeln» der Bildungsexpansion, bei Georg Picht und Ralf Dahrendorf, kam die berufliche Bildung überhaupt nicht vor. Hier standen nur die allgemeine Bildung, Abitur und Studium, zur Diskussion.

Das musste man den Liberalen nicht übel nehmen: Sie kannten eben nur die – elitär verengte – humboldtsche Tradition. Den Sozialdemokraten dagegen zürnte ich, weil sie den Pichtschen Einseitigkeiten kritiklos folgten und den Erfolg der Bildungsexpansion nur an der Vermehrung der Abiturienten und Studenten maßen, nicht aber am Ausbau des beruflichen und betrieblichen Bildungswesens, das doch für die 15- bis 18jährigen der weitaus größte Ausbildungsbereich war. Hatten sie die Tradition der Arbeiterbildungsvereine vergessen? Provozierend stellte ich die Frage, warum eigentlich der Staat Studenten Stipendien anbot, jungen Handwerkern dagegen nicht. Angesichts des unablässigen Rufs nach mehr Abiturienten und Akademikern bei gleichzeitiger Ausblendung der beruflichen Bildung sprach ich von «Humboldts Pyrrhussieg». Mein Fazit: Die Bildungsexpansion hatte im Grunde nur die Idee Humboldtscher allgemeiner Bildung sozialisiert, ohne die Minderbewertung beruflicher Bildung aufzuheben.

Das bayerische Berufsschulgesetz fasste nicht nur die verschiedenen Berufsschulformen zusammen und stellte sie den allgemeinen gleich, es führte auch – erstmals – das Berufsgrundschuljahr und das Berufsgrundbildungsjahr in die berufliche Bildung ein. Damit sollte das bewährte duale System – die Kooperation von schulischer und betrieblicher Ausbildung – fortentwickelt werden. Im Berufsgrundschuljahr sollten fachtheoretische und fachpraktische Kenntnisse und Fertigkeiten auf der vollen Breite eines Berufsfelds im Vollzeitunterricht vermittelt werden; im Berufsgrundbildungsjahr trat an die Stelle der Vollzeit die Teilzeit an einzelnen Unterrichtstagen oder der Blockunterricht. Damit wurden erste Umrisse einer realistischen Alternative zum ausschließlichen Ausbau der akademischen Bildungsgänge sichtbar. Ich empfahl dieses Modell auf dem Berufsbildungskongress der CDU am 14. März 1975 in Saarbrücken den Bildungspolitikern der Union als Zukunftskonzept – als einen Beitrag nicht nur zur Humanisierung der Arbeitswelt, sondern auch zur Humanisierung unserer Bildung. Denn eine Bildung ohne soziale und berufliche Dimension war für mich «ein Traum und nicht einmal ein schöner». Manfred Erhardt, damals im baden-württembergischen Kultusministerium für Rechtsfragen der beruflichen Bildung zuständig und Koordinator der entsprechenden Unions-Politik, reagierte zustimmend: «Nun haben wir endlich eine zugkräftige bildungspolitische Konzeption», meinte er nach meiner Saarbrücker Rede. In den folgenden Jahren sprach ich an vielen Berufsschulen, Fachoberschulen und Fachhochschulen, bei zahlreichen Handwerkertreffen und Leistungswettbewerben in der ganzen Bundesrepublik. Mit besonderem Vergnügen besuchte ich immer wieder Meister-Freisprechungsfeiern. Und ich betrieb die Renaissance des einzigen Bildungsdenkers, der eine brauchbare Alternative zum Humboldtschen Konzept der akademischen Bildung entwickelt hatte: Georg Kerschensteiner.

Mit der Verabschiedung des Berufsschulgesetzes in Bayern ging ein Umbau der Administration Hand in Hand: Erstmals wurde in einem deutschen Kultusministerium eine eigene Abteilung für das berufliche Bildungswesen geschaffen. Für den Zugang galt, dass die Referenten nicht nur einen allgemeinbildenden, sondern auch einen berufsbildenden Abschluß vorweisen mussten: einen Meistertitel oder ein Diplom. Mit dieser Abteilung unter der Leitung von Albert Reuter, in der von Anfang an gestandene Männer und innovationsfreudige Frauen (diese überwiegend aus sozialen Bereichen) versammelt waren, arbeitete ich in der folgenden Zeit besonders gern und intensiv zusammen.

Von den führenden Politikern der SPD hat einzig Peter Glotz auf meine Betonung der beruflichen Bildung nachdenklich und selbstkritisch reagiert. Er erkannte, dass ich in eine Flanke der von «Humboldtianern» beherrschten sozialdemokratischen Bildungspolitik gestoßen war. Wiederholt hat er mir öffentlich bescheinigt, mit meinem Vorstoß zugunsten der beruflichen Bildung die «Meinungsführerschaft der Linken in der Bildungspolitik gebrochen» zu haben.

2. Nur wenige Wochen nach dem Berufsschulgesetz folgte das Kindergartengesetz. Es interessierte mich von Anfang an – nicht nur weil meine Frau Kindergärtnerin war und unsere Kinder inzwischen selbst Kindergärten in München besuchten. Ich war auch immer überzeugt davon, dass der Kindergarten zum Bereich der Bildung gehörte. Man musste kein Anhänger einer Frühintellektualisierung des Kindes sein, musste nicht die Zuspitzungen amerikanischer Head-Start-Programme teilen, um die Wichtigkeit frühkindlicher Erziehung zu sehen. Erziehung und Bildung finden ja immer schon vor der Schule statt, sie beginnen nicht erst mit dem Lesen-, Schreiben-, Rechnenlernen in der Grundschule.

Mit dieser Einsicht war ich freilich im Kreis der CSU-Politiker zunächst ein wenig isoliert – und so ging es auch den meisten Kulturpolitikern der Fraktion. Denn nach Meinung einer großen Gruppe, die sich vor allem um den Arbeitsminister Fritz Pirkl scharte, waren Kindergärten zwar wichtig und sollten gefördert werden – aber sie sollten um Gottes willen nicht zu «Schulen» werden. «Verschulung» war in jener Zeit geradezu ein Schimpf- und Schreckenswort. Wer der «Verschulung» das Wort redete, galt als «Juso», als Systemveränderer. Selbst der alteingeführte alemannisch-schwäbische Begriff der «Kinderschul'» (für Kindergarten) – mir von Kindheit an vertraut – weckte Verdacht. Fast sah diese Gruppe in den Lehrern potentielle Feinde der Kinder. (Bernhard Vogel hatte übrigens in Rheinland-Pfalz ähnliche Frontbildungen erlebt: Dort war der Kindergarten dem Sozialministerium zugeordnet worden, um ihn «vor den Lehrern zu retten»!)

So führte der Versuch, den Kindergarten als einen Ort der Bildung zu begreifen, zunächst zu einem Patt, da die Verteidiger der alten Kinder-Bewahranstalt das Vorhaben blockierten. Doch glücklicherweise rafften sich die Kulturpolitiker der CSU-Fraktion, angeführt von Otto Meyer, unterstützt von Ludwig Huber, Marielies Schleicher und dem Sozialpolitiker Franz von Prümmer, zu einer eigenen parlamentarischen Initiative auf. Sie erinnerten sich daran, dass die Gesetzgebung nicht unbedingt von Regierung und Verwaltung ausgehen musste – wie es angesichts der meist komplexen Gesetzesmaterien und der fehlenden wissenschaftlichen Hilfsdienste im Landtag seit Jahren üblich war. Das Parlament, die Fraktionen waren souverän, sie konnten in eigener Vollmacht handeln, sie konnten sich, ohne auf das Kabinett zu warten, mit den zuständigen Ministerien in Verbindung setzen, sich Formulierungshilfe geben lassen. Und so geschah es dann auch. Der Kindergartengesetz-Entwurf trat ins Leben nicht als Vorlage der Staatsregierung, sondern als parlamentarische Initiative der Abgeordneten. Auch die SPD legte einen Entwurf vor. Und ich warb im Land um Zustimmung für den CSU-Entwurf, bemüht, die starren Fronten ein wenig aufzulockern.

Auch wir Kulturpolitiker wollten ja keine Schule vor der Schule und keine Aufsicht durch die Schulbehörden, keine Früheinschulung und keine Vorklassen, keine lehrplanähnlichen Reglements und keinen Staatskindergarten. Wir wollten keine Abkehr vom Subsidiaritätsprinzip. Die Freiheit der freien Träger sollte erhalten bleiben. Aber wir wollten auch keine pure Kinderbewahranstalt und keinen pädagogischen Dilettantismus – und natürlich auch keinen Leistungsindividualismus, der die sozialen Unterschiede in der Kinderzeit noch tiefer machte. Was wollten wir? Einen Kindergarten als familienergänzende und familienberatende Einrichtung in enger Zusammenarbeit mit den Eltern, eine behutsame Frühförderung durch kindgemäße Anregungen und Bildungsangebote, einen Kindergarten mit kleinen Gruppen und gut qualifiziertem Personal, mit einer eigenen fachspezifischen Aufsicht – kurzum einen reformierten, rundum erneuerten Kindergarten als erste Stufe eines durchlässigen Bildungssystems – mit gleitendem Übergang zur Grundschule.

Dieses Konzept setzte sich langsam durch, wenn auch gegen Widerstände. Fast zu einer Konfrontation kam es, als der Ministerrat im Januar 1972 der CSU-Fraktion vorschlug, einen «Arbeitskreis Kindergartengesetz» zu bilden und den Gesetzentwurf unter Beiziehung der beteiligten Ministerien – sprich vor allem des widerstrebenden Arbeits- und Sozialministeriums – nochmals zu beraten. Die Mehrheit der CSU-Fraktion lehnte das rundweg ab. Der Gesetzentwurf wurde ohne weitere Rücksprache auf die Tagesordnung des Kulturpolitischen Ausschusses gesetzt. Ich nahm an fast allen einschlägigen Sitzungen des KuPo teil, gemeinsam mit dem Staatssekretär Erwin

Lauerbach. Ein kleines Gedenkblatt verdienen in diesem Zusammenhang meine damaligen, inzwischen schon verstorbenen Berater, denen
das Kindergartengesetz seine endgültige Fassung verdankt: Anna Maria
Hagenbusch, die das pädagogische Konzept für den «neuen Kindergarten» entwickelte, und Erwin Schulke, der die nicht einfachen Rechts-,
Finanz- und Organisationsfragen zu lösen hatte. In der CSU-Fraktion
gab uns ein Mitarbeiter wichtige Hinweise: Hermann Beham.
Unfreiwillig half uns beim Kampf um das Kindergartengartengesetz
auch der Bund. In Bonn regierte die SPD/FDP-Koalition mit ihren ganz
anderen politischen Vorstellungen. Solange der Kindergarten im Bereich des Jugendwohlfahrtsgesetzes – eines Bundesgesetzes – blieb,
hatte sie entscheidenden Einfluss auf die bayerische Gesetzgebung. An
eine pädagogische Fortentwicklung in Richtung familienergänzender
Erziehung war in diesem Fall kaum zu denken. Denn dann blieb die
«öffentliche Fürsorge» – der alte, letztlich aus dem Polizeirecht stam-
mende Begriff – weiterhin die Richtschnur für die Entwicklung der Kindergärten in den Ländern. Umgekehrt galt: Wenn der Kindergarten als
ein Stück vorschulischer Erziehung verstanden wurde, verlor die rah-
menrechtliche Bindung an das Jugendwohlfahrtsgesetz ihre Gültigkeit,
und das Land konnte die neue Konzeption im Rahmen seiner Kultur-
hoheit eigenständig ausformen und gestalten. Das teilte ich der Bun-
desfamilienministerin Käte Strobel am 16. März 1972 unumwunden
mit. Meine Argumentation überzeugte schließlich auch die widerstrebenden Landtagsabgeordneten der CSU – und so wurde das Bayerische
Kindergartengesetz am Ende mit großer Mehrheit verabschiedet.

3. Auch das Denkmalschutzgesetz verdankte seine Entstehung dem
hartnäckigen Drängen von Abgeordneten. Auch sie standen am Anfang mit ihren Plänen relativ allein da. Schon seit den fünfziger Jahren
war ein Denkmalschutzgesetz in Bayern immer wieder gefordert, aber
nie ernsthaft im Parlament beraten worden. Man musste auf eine günstige Gelegenheit warten – und die trat in den siebziger Jahren des
20. Jahrhunderts ein, als die Dynamik des Wiederaufbaus sich abzu-
schwächen begann und im Bauen der Nachkriegszeit die Gewinne,
aber auch die erschreckenden Abbrüche und Verluste deutlicher hervortraten.
Die sechziger Jahre waren vor allem in Westdeutschland zum späten
Siegeszug des «Neuen Bauens» der Weimarer Zeit geworden. Bauhaus-

Formen wurden ins Massenhafte gewendet – und verloren prompt ihre Exklusivität. Eine neue Biederkeit der einstigen Avantgarde entwickelte sich: Überall sah man drei- und viergeschossige Häuserzeilen mit gleichmäßigen Fensterbändern und Balkonen, Flachdächer und schmucklose Fassaden, dazwischen Grün und karge Kinderspielplätze. Die Industrialisierung des Bauens drängte das individuelle Haus zurück – am stärksten in der DDR mit ihrer Plattenarchitektur, während in der Bundesrepublik landschaftliche Bautraditionen und die Verwendung heimischer Materialien noch lange ein Gegengewicht bildeten. Mitte der sechziger Jahre machte dann das Wort Alexander Mitscherlichs von der «Unwirtlichkeit der Städte» die Runde. Offensichtlich – dieses Fazit zog ich beim Lesen dieser Streitschrift – waren die Deutschen in ihren neuen, oft sehr viel größeren und geräumigeren Häusern und Heimen doch nicht so richtig heimisch geworden.

Die Städte veränderten sich in der Nachkriegszeit massiv – das sah man mit bloßem Auge, man musste kein Fachmann und kein Denkmalpfleger sein. Je mehr der Wiederaufbau und die Modernisierung fortschritten, desto mehr zerfiel die Stadt als Einheit. Spezielle Funktionen: Arbeiten, Schlafen, Essen, Fahren, Freizeit traten an die Stelle des «verdichteten Lebens», das die historische Stadt geprägt hatte. So entstanden Wohn- und Schlafquartiere an der Peripherie; breite Verkehrsstraßen, Unter- und Überführungen drängten in die Städte hinein; Dienstleistungsunternehmen siedelten sich in den Zentren an und verdrängten zunehmend das Wohnen.

Viele der mühsam sanierten Altstädte wurden in den sechziger und siebziger Jahren notleidend, manche verfielen ganz. Ein zweites Mal verloren die Städte damit – nach Bombenkrieg und Zerstörung – ihre «optische Identität». Stahl, Glas und Beton verdrängten die alten Baustoffe Holz, Stein und Ziegel. Der wachsenden Motorisierung wurden viele Häuser, Straßen, Gassen geopfert. Aus Plätzen wurden vielerorts Parkflächen. Fensterlose Neubauten wurden wie Klötze in eine kleinräumige Umgebung hineingesetzt. Dem materiellen Wohlstand, dem Wohnkomfort, der Schaffung großer Geschäfts- und Verwaltungszentren und schließlich der Wahnidee der «autogerechten Stadt» fielen in einem erschreckenden Umfang Gebäude zum Opfer, die den Krieg überstanden hatten. Es war kaum glaublich, aber wahr: Die Verluste an historischer Bausubstanz, die erst nach dem Krieg eintraten, erreichten an vielen Orten den Umfang der Kriegsverluste – oder übertrafen sie sogar.

In den siebziger Jahren regte sich Widerstand gegen diese Bestrebungen. Eine Gegenbewegung kam in Gang. Im Kampf für den schon preisgegebenen historischen Platz, in Bürgerinitiativen für die vom Untergang bedrohte Eckkneipe, für alte Häuser und schmale Gassen bildeten sich ganz neue Bündnisse, jenseits von «rechts» und «links», heraus.

Einige Architekten – keineswegs alle – nahmen Abschied von modischen Baustoffen und ungegliederten riesigen Fensterhöhlen, sie entdeckten die zierliche Schönheit einer Putz- oder Stuckfassade und eines Kreuzstockfensters neu. Die lange belächelte Tradition gewann an Ansehen. Klassisches wurde wiederentdeckt, Museen erlebten erstaunliche Steigerungen ihrer Besucherzahlen. Die Bereitschaft, mit Vergangenem zu leben, nahm zu. So konnte der Europarat 1975 das «Europäische Denkmalschutzjahr» proklamieren – mit der überraschenden, aber einleuchtenden Devise: «Eine Zukunft für unsere Vergangenheit.»

Plötzlich war der Umgang mit Denkmälern nicht mehr nur eine Spielwiese für Ästheten. Die Denkmalpflege – vor allem aber der Denkmalschutz! – rückten in den Vordergrund der Politik. Die Kulturpolitiker fanden mit ihren Warnrufen plötzlich auch bei anderen Gehör, sie fanden sogar Mehrheiten bei Wirtschafts-, Sozial- und Innenpolitikern – vor allem aber gewannen sie die Unterstützung vieler Bürger, die sich über die Zerstörung historischer Gebäude sorgten und empörten.

Das war der günstige Zeitpunkt für ein bayerisches Denkmalschutzgesetz. Hier formierte sich im Landtag sogar – anders als beim Kindergartengesetz – eine überparteiliche Koalition. Erich Schosser und Otto Meyer von der CSU und Jürgen Böddrich von der SPD nahmen die Gesetzesinitiative in die Hand. Das Kultusministerium leistete Amtshilfe. Juristischen Umriss und gesetzestechnische Gestalt erhielt der Entwurf durch den Denkmalschutzreferenten im Kultusministerium, Wolfgang Eberl – er schrieb später auch den ersten juristischen Kommentar zu dem neuen Gesetz. Mir fiel die Aufgabe zu, den Entwurf im Kabinett durchzusetzen und ihn im Landtag und Senat zu erläutern und zu begründen.

Das Bayerische Denkmalschutzgesetz (DSchG) beendete die bisherige Ohnmacht des Denkmalschutzes und schuf ein operatives Instrumentarium für Denkmalpfleger. Es brachte einen Programmsatz der Bayerischen Verfassung der Realität näher: «Die Denkmäler der Kunst, der Geschichte und der Natur sowie der Landschaft», so hieß es dort in Artikel 141 (alte Fassung), «genießen öffentlichen Schutz und die Pflege des Staates, der Gemeinden und der Körperschaften des öffentlichen Rechts». Die Schutzbestimmungen des Gesetzes galten für Baudenkmäler, Bodendenkmäler und für die eingetragenen beweglichen Denkmäler. Die Gemeinden, so stand es in Art. 3 Abs. 2 DSchG, «nehmen bei ihrer Tätigkeit, vor allem im Rahmen der Bauleitplanung, auf die Belange des Denkmalschutzes und der Denkmalpflege, insbesondere auf die Erhaltung von Ensembles, angemessen Rücksicht.»

Damit der Schutz der Denkmäler nicht auf dem Papier blieb, kümmerte sich das Gesetz auch um das Geld. Und in der Tat: Mittel, sehr erhebliche Mittel waren nicht nur für die vielfältigen Maßnahmen der Denkmalpflege nötig – man brauchte sie vor allem auch zur Entschädigung für Eingriffe in bestehende Rechte. Der hierfür vorgesehene Entschädigungsfonds, je zur Hälfte vom Staat und von den Gemeinden aufgebracht, war ein zentraler Bestandteil des Gesetzes. Mit der Einrichtung dieses staatlichen Sondervermögens beschritt der Gesetzgeber neue Wege. Es wurde möglich – losgelöst von den in kurzen Intervallen wiederkehrenden Haushaltsverhandlungen mit oft schwankendem Ergebnis –, Vorhaben anzugehen, die sich über viele Jahre erstreckten und deren Realisierung vom Vertrauen in eine kontinuierliche Förderung abhing. Der Erhaltung der Städte und Landschaften, Denkmäler und Kunstwerke, der Bewahrung des spezifischen «Gesichts», das Bayern im Lauf von Jahrzehnten, ja Jahrhunderten gewonnen hatte, kam das sehr zugute.

Das Bayerische Denkmalschutzgesetz wurde in kurzer Zeit zum Modell. Im Europäischen Denkmalschutzjahr 1975 wurde es europaweit als vorbildlich gerühmt. Trotz der damaligen heftigen politischen Polarisierungen in Bund und Ländern wurde ich einstimmig zum Präsidenten des Deutschen Nationalkomitees für Denkmalschutz gewählt – eine Anerkennung für die führende Stellung, die sich Bayern auf dem Gebiet der Denkmalpflege erworben hatte. Das Land hatte ja auch – mit Preußen – das älteste Landesamt für Denkmalpflege. Meine Stellvertreter waren Bundesinnenminister Werner Maihofer (FDP) und Bundestagsvizepräsident Hermann Schmitt-Vockenhausen (SPD): Den einen kannte ich aus der Studienstiftung des deutschen Volkes, den anderen aus dem Bund Freiheit der Wissenschaft. Schmitt-Vockenhausen half mir sehr bei dem Versuch, Verständnis für den Denkmalschutz auch bei Finanzpolitikern zu wecken: Bei mehreren Ressort-Abenden in Bonn gelang es uns gemeinsam, den hinhaltenden Widerstand der einflussreichen FDP-Politikerin Liselotte Funcke gegen eine steuerliche Berücksichtigung des Denkmalschutzes zu brechen. So konnten Steuererleichterungen bei privaten Aufwendungen für Denkmäler im Bundesrecht verankert werden – nicht das unwichtigste Ergebnis des Europäischen Denkmalschutzjahres in der bundesdeutschen Politik.

Als Präsident des Deutschen Nationalkomitees für Denkmalschutz – ich blieb es zwölf Jahre lang – war ich auch Sprecher der deutschen Delegation bei der Abschlusskundgebung am 24. Oktober 1975 in Amsterdam. Ich warnte damals vor bloßer Nostalgie, vor einer rückwärtsgewandten Haltung. «Wir können nicht jeden Stein erhalten; Europa kann es sich nicht leisten, ein riesiges Museum zu werden. Wichtiger ist das, was der Europarat Revitalisierung nennt. Der Vergangenheit muß eine Zukunft gesichert werden. Die Bürger selbst müssen das Leben mit der Vergangenheit akzeptieren, indem sie Altstädte wieder bevölkern, Dörfer erhalten, Ensembles verteidigen und mit Leben erfüllen … Nötig ist ein Brückenschlag zwischen dem Historischen und der aktuellen Funktion eines Gebäudes, zwischen seinem vergangenen Leben und der Gegenwart, zwischen dem denkmalpflegerischen Fachmann und dem Bürger … Vor allem … müssen wir die Jugend davon überzeugen, daß das ihr zufallende Erbe ein kostbares Gut ist, das nicht nur der Pflege und Bewahrung, sondern der schöpferischen, phantasievollen Weiterbildung bedarf.»

4. In den siebziger Jahren – der «Nachachtundsechziger-Zeit» – stand selbstverständlich die Hochschulgesetzgebung im Mittelpunkt des öffentlichen Interesses. Sie beschäftigte den Bund ebenso wie die Länder. Mit der Grundgesetzänderung vom 12. Mai 1969 hatte der Bund, wie erwähnt, eine Kompetenz für die «allgemeinen Grundsätze des Hochschulwesens» erhalten. Er konnte diese Kompetenz jedoch zunächst nicht ausschöpfen: Einmal weil es dem Bundes-Bildungsministerium an einem zureichenden Verwaltungs-Unterbau fehlte, sodann weil sich die Sozialliberalen über den einzuschlagenden Weg in der Rahmen-Gesetzgebung keineswegs einig waren. Hierin lag eine Chance für die Länder: Setzten sie rechtzeitig Akzente, konnten sie den Lauf der Dinge im Bund zumindest mitbestimmen. Eine derartige «Richtungsangabe» erwartete man vor allem von Bayern.

Dazu gab es ein Vorspiel. In den Anfängen der 1970 eröffneten Universität Augsburg brach ein Streit aus über Organisation und Selbstverwaltung der Universität, der bis in den Bayerischen Landtag seine Wellen schlug. Ein Assistent, Rainer Feuerstack, hatte im Wirtschafts- und Sozialwissenschaftlichen Fachbereich ein drittelparitätisch zusammengesetztes Gremium eingerichtet, das zwar illegal war, aber die Entscheidungen der zuständigen Organe blockierte. Das veranlasste mich, der Frage der Selbstverwaltung und Mitwirkung besondere Aufmerksamkeit zu widmen und die Verantwortlichkeit der Professoren für die akademische Selbstverwaltung sowie die Organisation von Forschung und Lehre klarzustellen. Dieses «Augsburger Signal» («Die Zeit») wurde zur Initialzündung für eine bundesweite – später auch vom Bundesverfassungsgericht bestätigte – Stärkung der Professorenrechte: in Abkehr von Regelungen, die schematisch verfuhren und das «Kompetenzgefälle» zwischen Lehrenden und Lernenden verkannten.

Während der Entwurf des Bayerischen Hochschulgesetzes das Kabinett relativ rasch passierte, gehörten die parlamentarischen Beratungen im Senat, im Rechts- und Verfassungsausschuss, vor allem aber im Kulturpolitischen Ausschuss, zu den längsten und schwierigsten, an die ich mich erinnern kann. Die Anhörungen und Einzelgespräche – über vierzig Termine finde ich in meinem Kalender – wollten gar kein Ende nehmen. Das hatte sachliche und politische Gründe. Einmal war der Schritt von der alten Honoratiorenverwaltung und ihren nicht mehr zureichenden Entscheidungsmechanismen zu einer strafferen Struktur und größeren Kontinuität der Hochschulleitung schon mühsam genug. Sodann aber ging jede parlamentarische Debatte und Entscheidung unter heftigen öffentlichen Diskussionen vor sich, begleitet von Schockmeldungen und Gerüchten, in einem Klima der Reizbarkeit und des Verdachts.

Die Studentenausschüsse – durchweg von linken Mehrheiten beherrscht – putschten die Studenten regelrecht gegen den Gesetzentwurf auf: Der Gesetzgeber plane, so wurde behauptet, ihnen alle Rechte wegzunehmen und an den Universitäten «Friedhofsruhe» zu erzeugen. Ein rigoroses Ordnungsrecht sei geplant, das alle studentischen Aktivitäten unterdrücken solle. Politisch aktive Studenten sollten «kriminalisiert» werden. In München folgten Tausende von Studenten dem Aufruf des AStA zu einem großen Protestzug auf der Ludwigstraße. Das ließ mich nicht unberührt. Ich hätte gern mit den Protestierenden diskutiert. Ich versuchte es mit Veranstaltungen in den Universitäten Würzburg und Augsburg – wo es halbwegs gelang, mit den Studenten ins Gespräch zu kommen. An «meiner» Universität München dagegen schlug das Unternehmen fehl; weder meine Kontrahenten Peter Glotz und Hildegard Hamm-Brücher noch ich selbst kamen bei einem geplanten Diskussionsabend zu Wort; gemeinsam mussten wir schließlich das Feld räumen, als das Dauergeschrei kein Ende nahm. Schwerer als mir selbst fiel es freilich der Opposition, in dieser aufgeheizten Stimmung Kurs zu halten. Sie stand täglich vor der Entscheidung, entweder in den Ausschüssen sachlich mitzuarbeiten und zu Fragen der Personalstruktur, der Gliederung in Fachbereiche, der Wahlordnung, der Organisation der Forschung Stellung zu nehmen – oder sich einfach den öffentlichen Protesten als «Verstärker» anzuschließen. Zur Ehre der Opposition sei gesagt, dass sie sich schließlich für den ersten Weg entschied. Ich habe mich dafür bei der Verabschiedung des Gesetzes im Plenum des Bayerischen Landtags bei dem SPD-Berichterstatter Jürgen Böddrich ausdrücklich bedankt.

Die Illusion, man könne die Hochschulkrise durch eine neue Hochschul-Gesamtverfassung, durch detaillierte gesetzliche Regelungen einfach «erledigen», habe ich nie geteilt. (Hier musste man oft das eigene Haus, die detailfreudigen Juristen in der Hochschulabteilung, bremsen!) Im Bayerischen Landtag habe ich das am 24. Oktober 1972 ganz offen gesagt: «Man glaube nicht, daß Reserven und Aggressionen von selbst verschwinden werden, sobald die Hochschulreform vollzogen ist. Wer dies meint, ist naiv und hat nicht begriffen, was in den Köpfen junger Menschen vorgeht. Sie rebellieren ja nicht etwa gegen den ‹Modernitätsrückstand› der Bundesrepublik, sondern oft gerade gegen typische Trends der Modernität, wie sie sich in einem funktionalen Leistungs- und Nützlichkeitsdenken zeigen, und sie werden nicht zögern, gegen die technisch effektive Hochschule noch heftiger zu Feld zu ziehen als gegen die altmodische Alma mater von gestern … Es ist ganz unbestreitbar, daß viele unserer jungen Intellektuellen heute vereinsamt, verelendet sind – oft seit Kindertagen … Oft wurde die Saat des radikalen Zweifels an überlieferten Werten schon in der Familie gesät – von Eltern, die angesichts der rapiden Veränderungen in ihrer Umwelt immer weniger in der Lage waren, ihren Kindern erzieherische Werte zu vermitteln. Was als Aufstand gegen jede Autorität erscheint, ist häufig nur eine Reaktion auf verweigerte Autorität und vorenthaltenen Widerstand, auf ein Fehlen von Vorbildern der Lebensgestaltung. Die Folge ist jenes große Mißtrauen, das heute jeder Erzieher zu spüren bekommt, der mit der Jugend zu tun hat. Und je mehr Erwachsene darauf relativistisch oder ‹jugendverstehend›-lau reagieren, desto stärker wird die Empfänglichkeit der jungen Generation für absolute und totale Lösungen und für die Revolution sein – der Wunsch also, wenn nicht geliebt, so doch wenigstens bekämpft zu werden.»

Trotz allem: Ein Hochschulgesetz war notwendig. Der Staat musste auf die Veränderungen in den Hochschulen reagieren. Diese hatten sich im Zug der Abiturienten- und Studentenvermehrung von altertümlichen Seminaren zu Massen-Lehrwerkstätten entwickelt. Ihre innere Ordnung musste neu bedacht werden. Forschung und Lehre und die gesamte Anlage des Studiums bedurften einer gründlichen Reform. Was die geistige Krise angeht, so waren die Einflußmöglichkeiten des Staates beschränkt: Es war schon viel, wenn die Politik der Versuchung widerstand, die Hochschule nur als einen Ort von Gruppeninteressen zu sehen, und wenn sie dazu beitrug, dass Reformansätze nicht durch Ideologien verschüttet wurden. Im Übrigen musste die Reform der Universitäten von innen kommen; ein Hochschulgesetz konnte nur ein äußerer Geleitschutz sein.

Das Bayerische Hochschulgesetz fand in der Bundesrepublik ein lebhaftes Echo. Es wirkte als Signal für einen neuen Anfang in der Hochschulpolitik. In Schleswig-Holstein, in Baden-Württemberg, sogar in Nordrhein-Westfalen und Berlin war sein Einfluss zu spüren. Als nach Hans Leussink und Klaus von Dohnanyi am 16. Mai 1974 Helmut Rohde Bundesbildungsminister wurde (Parlamentarischer Staatssekretär war Peter Glotz), suchten die beiden «Neuen» wiederum den Kontakt zu mir. Ich erinnere mich an eine Besprechung in meiner Münchner Wohnung, bei der es um erste Umrisse des Hochschulrahmengesetzes ging. Wir suchten aus der Konfrontation von Bund und Ländern herauszukommen und Teilbereiche zu finden, in denen eine Zusammenarbeit möglich war.

5. In der Regierungserklärung vom 27. Januar 1971 hatte Ministerpräsident Alfons Goppel auch ein Gesetz zur Förderung der Erwachsenenbildung angekündigt. Es nahm im Lauf der Jahre 1972/73 Gestalt an, im Austausch mit den Trägerorganisationen, die in Bayern im Fachbeirat für Erwachsenenbildung vereinigt waren – als Entwurf der Staatsregierung, wobei jedoch die Initiativgesetzentwürfe aus der Mitte des

Landtags, die von CSU-, SPD- und FDP-Politikern stammten, in die Beratung einbezogen wurden.

Die Erwachsenenbildung hatte eine lange Geschichte. Erstmals in dänischen Heimvolkshochschulen des 19. Jahrhunderts praktiziert (die Leitfigur war Nicolai F. S. Grundtvig), war sie ursprünglich gedacht als ein Stück patriotischer Allgemeinbildung «für das Volk». Nationalliteratur und Nationalgeschichte standen im Vordergrund. Das Berufsnützliche war strikt ausgeschlossen. Man folgte in den skandinavischen Ländern lange Zeit dem humboldtschen Bildungskonzept. Doch im Zug einer weltweiten Rezeption näherte sich die Erwachsenenbildung im Lauf der Zeit stärker der beruflichen Bildung an, sie wurde zu einem Instrument, um die in der Schule, Hochschule oder Berufsausbildung erworbene Bildung zu vertiefen, zu erneuern und zu erweitern – und damit nahm sie konsequenterweise auch Formen des organisierten Lernens, der «Schule», in sich auf. So war es nur eine Frage der Zeit, bis sie als «Quartärbereich» – ein unschönes, aber damals vielgebrauchtes Wort – neben die anderen «Säulen» des Bildungswesens, Schulen, Hochschulen und berufliche Bildung, trat: mit neuen Ansprüchen auf Selbstverwaltung, auf umfassende Präsenz im Land, auf Standardisierung der Leistungen, fachliche Ausbildung des Personals, öffentliche Förderung durch den Staat. Immerhin: Aus ihrer unreglementierten «Vorgeschichte» brachten die Träger der Erwachsenenbildung ein kreatives Potential mit: die Freiheit, das Lehrangebot zu gestalten, die Lehrenden auszuwählen und den Betrieb der Einrichtungen zu regeln.

Die Formulierung des Erwachsenenbildungsgesetzes war ein Balanceakt. Gegensätzliche Postulate mussten miteinander in Einklang gebracht werden. Erwachsenenbildung sollte durch den Staat gefördert werden, sie sollte aber vom Staat nicht eigens organisiert oder in ihren Angeboten reglementiert werden. Die Pluralität der Träger – Volkshochschulen, kirchliche, gewerkschaftliche Erwachsenenbildung und solche, die von parteinahen Stiftungen oder von Unternehmen getragen wurde – war zu respektieren. Deshalb sollten die Landesorganisationen und die in ihnen zusammengeschlossenen Träger in erster Linie selbst beurteilen, wie die staatlichen Mittel nach den gesetzlichen Vorschriften zu verteilen waren – und ihre Vorschläge waren von den staatlichen Behörden nur dann zu korrigieren, wenn es unter bildungspolitischen Gesichtspunkten – etwa des regionalen Ausgleichs – unumgänglich war.

Bei einem Ressortabend in der Bayerischen Vertretung in Bonn (Juni 1972).
In der Mitte Hertha Firnberg, österreichische Ministerin für Wissenschaft
und Forschung, rechts Klaus von Dohnanyi, Bundesminister für Bildung
und Wissenschaft.

Drei Väter des Bayerischen Denkmalschutzgesetzes (v. links): Jürgen
Böddrich (SPD), Hans Maier (CSU) und Erich Schosser (CSU) (1975)

Am bayerischen «Gesetz zur Förderung der Erwachsenenbildung» – wie der vorsichtig formulierte Titel lautete – konnte man wie an keinem anderen kulturpolitischen Gesetz die «zwei Seiten» der rechtlichen Ausgestaltung eines ursprünglich «freien Bereichs» studieren. Ähnlich wie beim Kindergartengesetz fragte ich mich bei den Beratungen im Kulturpolitischen Ausschuss oft, wo die Gewinne, wo die Verluste lagen. Zweifellos musste der ungestüme «Expressionismus» mancher Erwachsenenbildner da und dort gebremst, ihr schweifender pädagogischer Sinn geordnet und gebändigt werden. Der Staat musste ja Leistungen vergleichen und war daher verpflichtet, Kriterien und einheitliche Standards zu entwickeln. Aber ging damit nicht auch viel Tatkraft und Erfindungsgabe, viel Initiative und Eigenwilligkeit verloren?

Gewiss, das Publikum verlangte nach Erwachsenenbildnern, die «ausgebildet», examiniert, fachlich qualifiziert waren – aber gab man damit den alten Typus der idealistisch Tätigen und Begeisterten nicht allzu schnell preis? Es war wie beim Kindergärtnerinnen-Seminar, das sich im Zug neuer gesetzlicher Regelungen plötzlich in eine «Fachschule für Sozialpädagogik» verwandelt hatte (aus den Kindergärtnerinnen waren «Erzieherinnen» geworden, ein unspezifisch-allgemeines Wort, das nicht mehr an die guten Geister des «Kindergartens» erinnerte; übrigens ist «Kindergarten» eins der wenigen deutschen Wörter, das in viele Sprachen eingegangen ist!). Ähnlich war es bei der alten «Hauswirtschaftslehre», die plötzlich zur «Ökotrophologie» mutierte, zum Schrecken oder zum Gelächter eines um die deutsche Sprache besorgten Publikums – ein wissenschaftlich klingender Name war immer schnell gefunden, aber wo lag der pädagogische Gewinn?

Mit 26 Artikeln war das Bayerische Erwachsenenbildungsgesetz immerhin eins der kürzesten kulturpolitischen Gesetze überhaupt (das Hochschulgesetz hatte über 100 Artikel!). Es wahrte die Prinzipien der Pluralität und Subsidiarität. Es ließ den Initiativen der «Bildner» den nötigen freien Raum. So dient es bis heute vor allem jenen Menschen im Land, die ohne eigenes Verschulden auf den herkömmlichen Bildungswegen zu kurz gekommen sind, die aber nicht aufhören wollen zu lernen, oft lebenslang. Es dient der stetig wachsenden Zahl von Senioren – aber es dient auch den «Anfangenden», die nicht nur das im Auge haben, was die Schule ihnen aus ihrem Fundus bieten kann, die vielmehr an Bildung herangehen mit einer Prise Abenteuerlust, um Neues zu entdecken.

6. Den größten politischen Wirbel unter den kulturpolitischen Gesetzen meiner Amtszeit löste das Bayerische Lehrerbildungsgesetz aus. Es wurde 1974 nach relativ kurzer Beratung verabschiedet. Sein Inkrafttreten (geplant für 1977) wurde jedoch auf Grund neuer Fakten 1976 zunächst ausgesetzt. Dann änderte und präzisierte man den Inhalt in mehreren Punkten, bis der Entwurf Mitte 1977 endgültig Gesetzeskraft erhielt (mit einem neuen Termin des Inkrafttretens: 1. Oktober 1978).

Die Diskussion über eine neue Lehrerbildung hatte schon im Deutschen Bildungsrat begonnen. Dort war ich von 1966 bis 1970 Vorsitzender der Bildungskommission, die einen umfassenden Plan für die Reform des Bildungswesens vorlegen sollte. Das pluralistisch zusammengesetzte Gremium optierte in dem 1970 veröffentlichten «Strukturplan für das Bildungswesen» geschlossen für eine Verbesserung und Vereinheitlichung der Lehrerbildung; die Kurzformel hieß: «Alle Lehrer sind Lehrer!» Der Bildungsrat stellte jedoch mit dieser Option das bestehende gegliederte Schulwesen nicht in Frage. Die Gesamtschule hatte unter den Mitgliedern, obwohl sie großenteils zur «linken Mitte» hinneigten, keine Mehrheit. Und neben den stark betonten gemeinsamen Aufgaben der Lehrer – Lehren, Erziehen, Beurteilen, Beraten, Innovieren – nannte der Plan auch Gesichtspunkte, die eine Differenzierung erforderten: «Da der Lehrer an die Lern- und Erziehungsvoraussetzungen, insbesondere die verschiedenen Lernmotivationen der Lernenden anknüpfen muß und da er sich seiner Lehr- und Erziehungsaufgabe nicht nur intuitiv, sondern wissenschaftlich reflektierend widmen soll, wird bei der Ausbildung der Lehrer die Ausrichtung auf bestimmte Schulstufen erforderlich» (Strukturplan IV, 3.2).

Persönlich war ich seit langem davon überzeugt, dass die pädagogische Ausbildung der Lehrer verbessert werden musste – in allen Schulformen, aber besonders in den Gymnasien. Hatten wir Gymnasialbesucher in unserer Jugend nicht Lehrer erlebt, die wissenschaftlich exzellent, aber pädagogisch höchst unzureichend waren? Ging es wirklich angesichts des wachsenden Andrangs zu weiterführenden Schulen (und später angesichts der auf achtzehn Jahre vorverlegten Volljährigkeit) noch an, in den weiterführenden Schulen gut humboldtisch nur auf wissenschaftliche Bildung zu setzen – und das Pädagogische höchstens als Begleitmusik zu nehmen, als etwas, «was sich von selbst versteht»?

So kündigte ich gleich 1971, zu Beginn meiner Amtszeit, in Vorträgen über die «Neue Lehrerbildung» am 13. März in München und am 26. April in Augsburg die Integration der Pädagogischen Hochschulen in die Universitäten an. Das war für mich keineswegs – wie Gegner des Projekts argwöhnten – eine «Herabwürdigung» der Universitäten oder eine unangemessene Rangerhöhung der Pädagogischen Hochschulen. Im Gegenteil: Ich erwartete von einer Eingliederung der Pädagogischen Hochschulen kräftige Anstöße für die pädagogische Lehre und Forschung. Schon bei Anhörungen im Bildungsrat hatte ich den Eindruck gewonnen, dass sich die empirische pädagogische Forschung längst von den Universitäten in die Pädagogischen Hochschulen verlagert hatte. In Sachen Begabungsforschung, Unterrichts-Mitschau, Methoden der Erfolgskontrolle, Schulpsychologie hatten sie inzwischen die Führung übernommen. Daher schien mir die Integration der Pädagogischen Hochschulen in die Universitäten nicht nur gerechtfertigt, sondern dringend geboten zu sein.

Aber bei aller notwendigen Vereinheitlichung im Lehrberuf und dem dringend gewünschten Abbau von Standesschranken – das gegliederte Schulwesen und den Wettbewerb der Schularten wollte ich unbedingt erhalten. Dies einmal aus staatspolitischen Gründen: Ich hatte bei Reisen in den USA, in Großbritannien, in Frankreich gesehen, dass die Vorherrschaft integrativer Systeme in diesen Ländern zum Aufbau eines hochselektiven Privatschulwesens geführt hatte – zu einer regelrechten Klassen-Teilung des Bildungswesens. Der Labourpolitiker, der in der Öffentlichkeit die Gesamtschule propagierte und privat seine Kinder nach Eton schickte, war ja keine erfundene, sondern eine reale (und weit verbreitete!) Figur. Wollten wir wirklich eine solche Zweiteilung des Bildungswesens auch in Deutschland riskieren?

Falls man es nicht wollte, brauchte man – das war meine feste Überzeugung – für die verschiedenen Begabungen auch verschiedene Schulen – und einen Wettbewerb zwischen ihnen. Unbegabt war gewiss niemand. Begabung war nicht einfach eine genetische Mitgift. Es kam auf die Entfaltungsmöglichkeiten an – auch auf die, die vom Staat geboten wurden. Insofern hatte Heinrich Roth mit seinem Slogan «Begabung ist Begaben» ein Stück weit recht. Aber die Begabungen waren verschieden. Und nicht alle Menschen konnten in allen Feldern beliebig «nachbegabt» werden. Das zeigte in den siebziger Jahren gerade die amerikanische Begabungsforschung (Christopher Jencks). Ich war empört, als Jencks' Buch «Inequality» in Deutschland – auf Veranlassung Hellmut Beckers – unter dem verfälschenden Titel «Chancengleichheit» erschien – ein Musterbeispiel für die ideologische Verdrängung empirisch belegter Tatsachen.

Das Schulwesen – diese Meinung vertrat ich immer und vertrete sie bis heute – sollte differenziert sein, damit alle Schüler in «ihrer» Schule ein Erfolgserlebnis haben konnten. In integrativen Systemen nämlich bestand die Gefahr, dass die einen über-, die anderen unterfordert wurden. Am Ende waren beide, die Hochbegabten und die Minderbegabten (oder Andersbegabten), frustriert.

War das nun die Quadratur des Kreises: eine vereinheitlichte Lehrerbildung auf der eine Seite, ein gegliedertes Schulwesen auf der anderen Seite? Ich meinte: nein. Aber mit meinem «Modell» kam ich rasch an sachliche und politische Grenzen. Der erste Entwurf des Lehrerbildungsgesetzes folgte weitgehend dem Schema des Stufenlehrers (unabhängig von der Beziehung auf konkrete Schulformen) – so dass manche Betrachter hinter dem Gesetzeswerk schon die Einheitsschule, die Gesamtschule auftauchen sahen. Das Gesetz wurde 1974 beraten und verabschiedet, vielleicht ein wenig zu hastig – eine Landtagswahl stand bevor. Für das Inkrafttreten war das Jahr 1977 vorgesehen. Doch in den Jahren 1976/77 tauchten neue Tatbestände auf, die eine Revision erzwangen.

Das wichtigste neue Faktum war der Geburtenrückgang. Er war zwar schon länger, seit 1966, sichtbar; aber erst nach zehn Jahren der Beobachtung zogen die Statistiker den Schluss, dass es sich nicht – wie bei anderen «Knicken» im 20. Jahrhundert – um eine vorübergehende, sondern um eine dauerhafte Entwicklung handle – und so ist es ja bis heute geblieben. Durfte man aber in den Hochschulen neue Kapazitäten für die Lehrerbildung schaffen, wenn man zusätzliche Lehrer wegen der sinkenden Schülerzahlen gar nicht mehr brauchte? 1976 zwang der drohende Lehrerüberschuss die Bildungsverwaltung erstmals dazu, vor dem Lehrerstudium zu warnen.

Zweitens machten vor allem die alten Universitäten – München, Erlangen-Nürnberg, Würzburg – Grenzen ihrer baulichen und sachlichen Kapazitäten geltend. Die Eingliederung der Pädagogischen Hochschulen, die Bereitstellung wissenschaftlicher und pädagogischer Angebote in örtlich zentralisierter, für Studenten leicht erreichbarer Form, wie das Lehrerbildungsgesetz sie vorsah – das erforderte zahlreiche Um-

und Neubauten. In Nürnberg erhob sich erbitterter Widerstand gegen die – sachlich notwendige – Verlegung der Lehrerbildungskapazitäten nach Erlangen. In München bildete sich ein Aktionskreis gegen die vorgesehene Bebauung des Leopoldparks für die Erziehungswissenschaften. Gegen solche Widerstände von staatlicher Seite forciert vorzugehen wäre psychologisch töricht, ja unmöglich gewesen. Konnte man denn einfach, weithin sichtbar, neue Kapazitäten schaffen, während man gleichzeitig vor dem Lehrerstudium warnte?

Drittens die Kostenfrage. Die neue Lehrerbildung kostete Geld, sehr viel Geld: allein im Hochschulbereich einmalige Investitionen in Höhe von 176 Mio DM, dazu jährliche Ausgaben (nach dem Anlaufen) von 70 Mio DM für Personalkosten und 20 Mio für sachliche Verwaltungsausgaben, den Erwerb von Ausstattungs- und Ausrüstungsgegenständen. Konnte man diese Ausgaben riskieren – für eine Ausbildung ohne Bedarf? 1976 stand ich erstmals vor der Notwendigkeit, Ende des Jahres über 1100 Lehramtsanwärter trotz bestandener Zweiter Lehramtsprüfung nicht anstellen zu können. In den anderen Ländern der Bundesrepublik war die Lage ähnlich.

Trotz dieser Schwierigkeiten hielt ich daran fest, dass das Lehrerbildungsgesetz wie vorgesehen 1977 in Kraft treten solle. Das versicherte ich nicht nur zahlreichen Gesprächspartnern, die mich fragten – ich untermauerte es auch sachlich, indem ich am 29. September 1976 die «Ordnung der Ersten Staatsprüfung für ein Lehramt an öffentlichen Schulen» unterzeichnete und fristgerecht der Staatskanzlei zuleitete. Damit war ein entscheidender Schritt zum Vollzug des Gesetzes getan. Auch die Studienordnungen für die neuen Lehramtsstudiengänge wurden vorbereitet. Im Staatshaushalt wurden Stellen für die neue Lehrerbildung vorgesehen. Es war also keine Rede davon – wie später die Opposition und der Bayerische Lehrer- und Lehrerinnenverband (BLLV) behauptete –, dass ich mit dem Scheitern des Lehrerbildungsgesetzes gerechnet, ja darauf spekuliert hätte. Das Inkrafttreten des Gesetzes scheiterte vielmehr – wenn auch nur kurzfristig – an unüberwindlichen sachlichen Widerständen. Es war ein Fall «höherer Gewalt».

Die Schwierigkeiten mit dem Vollzug des Lehrerbildungsgesetzes waren der CSU-Landtagsfraktion nicht unbekannt geblieben. Der Vorsitzende war nach Ludwig Huber, der inzwischen Finanzminister, und Alfred Seidl, der Innenminister geworden war, nunmehr der Oberpfälzer August («Gustl») Lang. Er forderte mich auf, in der ersten Arbeitssitzung nach der Sommerpause am 13. Oktober 1976 einen Bericht über den aktuellen Stand zu erstatten. Ich ging in die Sitzung, ausgerüstet mit allen nötigen Materialien, aber ohne einen förmlichen Beschlussvorschlag. Ich beschränkte mich darauf, am Schluss meines Berichts drei mögliche Auswege zu skizzieren: eine differenzierte Einführung der Lehrerbildung (zum vorgesehenen Zeitpunkt, aber nicht an allen Orten); oder materielle Veränderungen des Gesetzes (was eine neue Einbringung und neue parlamentarische Beratungen erfordert hätte); oder aber ein Aufschub des Inkrafttretens. Überraschend schnell und einhellig entschied sich die Fraktion für die dritte Möglichkeit.

Nun setzte ein großes politisches Getöse ein. Vor allem der BLLV als größter Lehrerverband in Bayern ließ seine Muskeln spielen und machte aus einem Hauptschulkongress in Nürnberg am 18. Oktober, bei dem ich sprach, ein politisches Tribunal. Am 3. November trafen sich Wilhelm Ebert und Franz Josef Strauß im Restaurant Mario in München/Schwabing zu einem «Gipfelgespräch». Ebert erhielt sogar Gelegenheit, seine Kritik am 12. November vor dem CSU-Landesvorstand zu wiederholen – eine ungewöhnliche Maßnahme, die den Protest anderer Lehrerverbände herausforderte, denen ähnliche Privilegien nicht eingeräumt wurden.

Das Lehrerbildungsgesetz wurde – wie zu erwarten war – nicht endgültig verworfen. Aber es wurde in einem neuen Anlauf präziser auf die verschiedenen Schularten ausgerichtet und damit praktikabler gemacht als in der alten Fassung, die noch von wachsenden Grund- und Hauptschulen und Gymnasien und dem Angebot aller Lehrämter und Fächerverbindungen an jeder Universität ausgegangen war. Der Hauptschullehrer hätte nach dem Gesetz von 1974 zwei Fächer studieren sollen. Nun sollte er ein Fach und die Didaktik einer Fächergruppe studieren. Die Didaktik der Fächergruppe bezog sich auf vier Fächer, so dass der Hauptschullehrer in vier Fächern eingesetzt werden konnte. – Der Philologe hätte nach dem alten Entwurf zwei Fächer studiert, davon ein Fach vertieft. Nur in dem vertieft studierten Fach wäre er in der Oberstufe des Gymnasiums einsetzbar gewesen. Nunmehr sollte er beide Fächer vertieft studieren und damit in beiden Fächern im ganzen Gymnasium unterrichten können.

Gefestigt wurde in der Neufassung des Gesetzes das erziehungswissenschaftliche Fundament des Lehrerstudiums. Praktika wurden für alle Lehrer in das Studium eingebaut, ebenso didaktische Vorlesungen.

Selbst der BLLV sah am Ende die Neufassung als einen Erfolg, als einen «Durchbruch gegenüber dem jetzigen Zustand» an: «Mit dem allgemein erwarteten achtsemestrigen vollakademischen Studium für alle Lehrämter und einem 24monatigen Referendariat ist der entscheidende Schritt in Richtung Gleichwertigkeit der Lehrämter getan», bilanzierte Korbinian Huber (in: «Bayerische Schule» vom 11. Juli 1977).

7. Während das Lehrerbildungsgesetz gegen die Stimmen der Opposition verabschiedet wurde, kam es bei dem ergänzenden Gesetz zur Eingliederung der Pädagogischen Hochschulen in die Landesuniversitäten am 29. Juni 1977 zu einem einstimmigen Beschluss im Bayerischen Landtag. Erlangen-Nürnberg erhielt auf Antrag des CSU-Abgeordneten Sieghart Rost eine Sonderregelung. Auch in München konnte die räumliche Einheit zwischen dem Fachwissenschaftlichen Studium in der Universität und der Erziehungswissenschaft in Pasing nicht sofort hergestellt werden. Probleme gab es auch in Bayreuth, Bamberg, Passau, die erst im Lauf der Zeit zu lösen waren. Doch im Ganzen wirkte sich die Integration positiv auf die bayerische Lehrerbildung aus – und sie wurde zugleich, was im Anfang niemand vorausgesehen hatte, zu einem Stimulans für die Hochschulentwicklung und den Hochschulausbau an den einzelnen Universitätsorten.

8. Dem Hochschulgesetz wurde wenige Jahre später (1978) ein Hochschullehrergesetz an die Seite gestellt. Das war konsequent, denn mit der Neugliederung der Hochschulen hatte sich auch der personelle Aufbau, hatten sich die Rechtsverhältnisse der Hochschullehrer sowie des weiteren wissenschaftlichen und künstlerischen Personals an den Hochschulen verändert. An die Stelle der einfach strukturierten älteren Universität war ein hochdifferenziertes neues Gebilde getreten. Ganz neue Besoldungsgruppen wurden geschaffen; der Titel «Professor» wurde – über die «alten» Ordinarien und Extraordinarien hinaus – weit ausgedehnt: auf die Wissenschaftlichen Räte, die Leitenden Oberärzte, die Abteilungsvorsteher bei einer Anstalt oder einem Institut einer Wissenschaftlichen Hochschule und auf andere mehr.

Eines war übrigens trotz jahrelanger rechtlicher Unsicherheit, trotz heftiger öffentlicher Kritik an der «Ordinarienuniversität» de facto ungebrochen: das Prestige des Professorentitels. Ich dachte bei den Beratungen im Landtag oft an Christian Morgensterns Palmström. Die-

Berufsbildungsdebatte im Deutschen Bundestag im Juni 1975
(links Bundeskanzler Helmut Schmidt)

Mit Mathilde Berghofer-Weichner (seit 1974 Staatssekretärin im Kultus-
ministerium

sem werden bekanntlich eines Tages zwei unterschiedliche Würden verliehen – das «Kreuz für Kunst» und der Titel «Professor». Er reagiert mit einer Unterscheidung:

> «Palmström gibt das Kreuz für Kunst zurück;
> denn er trägt kein solches Kleidungsstück.
> Den Professor nicht, denn man versteht:
> Als Professor gilt erst ein Prophet.»

So war das in Deutschland schon immer – und es ist auch so geblieben bis zum heutigen Tag. Ausdrücklich wurde im bayerischen Gesetz auch der weitere Gebrauch der Titel Ordinarius und Extraordinarius erlaubt. Ihr Nebeneinander war uralt, Gegenstand vieler Anekdoten, Anlass für manchen Spott. Von Johannes von Elmenau, dem bayerischen Hochschul-Abteilungsleiter, stammte das geflügelte Wort: «Die Außerordentlichen leisten nichts Ordentliches – die Ordentlichen nichts Außerordentliches.»

Bedauert habe ich, dass in den Hochschulreformen der siebziger Jahre auch das «Kolleggeld» verschwand. Es war ein kleines marktwirtschaftliches Element im Universitätsgetriebe: Je nach Hörerzahl in den Vorlesungen erhielten die Vortragenden eine Vergütung, einen «Zustupf», wie die Schweizer sagen – keine überwältigende Summe, aber doch eine spürbare Anerkennung. Das kam den rhetorischen Naturtalenten zugute – aber auch Gelehrten, die universelle Zusammenhänge verständlich und einleuchtend darstellen konnten und die sich daher eines großen Publikums erfreuten. Am Ende der Reform hatten wir zwar erzieherische Appelle und pädagogische Beschwörungen zuhauf, später sogar Kontrollen und «Evaluationen» der Hochschullehrer – aber nicht die geringste Belohnung mehr. War es da ein Wunder, dass man «große Vorlesungen», wie ich sie noch von Franz Schnabel, Hugo Friedrich, Romano Guardini in Erinnerung hatte, an deutschen Universitäten immer weniger hörte, da sich besondere Anstrengungen kaum mehr lohnten?

9. Das letzte Gesetz war eigentlich nur eine Novellierung: Das Gesetz über das Erziehungs- und Unterrichtswesen (EUG) von 1960 musste Anfang der achtziger Jahre neu gefasst werden. Das lag einerseits an einer Fülle schulrechtlicher und schulorganisatorischer Probleme, die

sich in den siebziger Jahren aufgestaut hatten, anderseits an der in diesen Jahren in der Rechtsprechung stürmisch vordringenden «Wesentlichkeitstheorie». Diese besagte, dass bei der Regelung des Schulverhältnisses der Gesetzgeber die «wesentlichen Entscheidungen» selbst treffen müsse.

Freilich, was war «wesentlich»? Ehe ich daranging, einen neuen Entwurf zu planen, bat ich den Staatsrechtslehrer Peter Lerche um ein Rechtsgutachten. Er behandelte die Frage mit gewohnter Subtilität. Es überraschte mich nicht, dass er die Wesentlichkeitslehre kritisch würdigte: er nannte sie «teilweise wenig präzise, nicht frei von Widersprüchlichkeiten und Mißverständlichkeiten». In der Tat bestand Gefahr, dass die Verwaltung, wenn das meiste, was sie tat, in Gesetzesform überführt werden sollte, ihre Beweglichkeit verlor, dass sie schließlich schwerfällig wurde, mit Zementfüßen einhertappte. Lerches Fazit: Eines gänzlich neuen Gesetzes bedurfte es nicht. Das alte EUG von 1960 – seinerzeit das erste Gesetz, das die Grundzüge des Schulverhältnisses normierte und die Schulverwaltung ermächtigte, das Weitere durch Rechtsverordnung zu regeln – konnte fortentwickelt und den neuen Notwendigkeiten angepasst werden.

Liest man die Neufassung, die der Bayerische Landtag im Sommer 1982 beriet, so fällt Licht auf die kulturpolitische Szenerie der Zeit. Neue Stichworte tauchen auf: Sexualerziehung, Neuregelungen der Schulaufsicht, die Öffnung der Hochschulen für Bewerber ohne Abitur, eine Fülle von Ordnungsbestimmungen für die einzelnen Schularten.

Die Zwischenzeit zwischen dem «alten» EUG von 1960 und der Neufassung von 1982 versuchte ich mit der «Allgemeinen Schulordnung», der «AschO», zu überbrücken. Die Verordnung wurde in den unruhigen siebziger Jahren rasch zum bekanntesten Produkt der Schulverwaltung – und zugleich zum bevorzugten Ziel öffentlicher Proteste. Wie oft musste ich bei Schulbesuchen die «ASchO» erklären, auslegen, verteidigen! Immer wieder schwenkten die Schüler die kleinen weißblauen Broschüren – ich hatte selbst für eine hohe Auflage und die Verbreitung an allen Schulen gesorgt! – bei Veranstaltungen aufgeregt in den Händen.

Trotz der Proteste versuchte ich die «Allgemeine Schulordnung» so lange wie möglich – so lange es die Gerichte zuließen – in «unzementierter» Form zu erhalten, um sie im Einzelfall immer wieder ändern zu können. Das Beste an Verordnungen war ja, dass sie leicht zu ändern waren. Bei Gesetzen ging das nur schwer und erforderte viel Zeit. Für die allmähliche Lähmung der Exekutive durch die immer weiter vordringende «Wesentlichkeitstheorie» – selbst das Bundesverfassungsgericht machte sie sich mit Modifikationen zu eigen – war ich nicht verantwortlich; ich wusch meine Hände in Unschuld. Bis heute habe ich, wenn ich manche einschlägigen Urteile lese, den Verdacht, dass sich Richter mit dem Ruf nach einem Gesetz oft einfach die sachliche Einlassung auf Tatbestände ersparen. Der Betroffene fragt sich natürlich bei einer gerichtlichen Überprüfung: War denn nun die eigene Handlungsweise, war eine Rechtsverordnung der Verwaltung richtig oder falsch? Doch das erfährt er nicht; er erfährt nur: Sie muss auf jeden Fall durch ein Gesetz ersetzt werden!

Auf kuriose Weise ist die vielgescholtene ASchO dann auch noch in die bayerische Rechtsgeschichte eingegangen. Denn als ein Lehrer 1979 in Amendingen im bayerischen Schwaben einen Schüler heftig ohrfeigte – und das Bayerische Oberste Landesgericht ihm im Revisionsverfahren recht gab mit dem Hinweis, das sei in Bayern «gewohnheitliches Züchtigungsrecht» –, da konnte ich auf «meine» ASchO von 1973 hinweisen, die den Lehrern die Verhängung körperlicher Strafen strikt verbot. Von der Argumentation des «Obersten» sagte ich damals, sie mute mich «fast wie eine Groteske» an.

Der lange Zug von Gesetzen, den ich hier geschildert habe, wurde in Bayern begleitet und gesichert durch einen wissenschaftlichen Geleitschutz: durch die Arbeit staatlicher Institute, die in dieser Zeit gegründet oder auf der Basis älterer Einrichtungen um- und neugestaltet wurden. Auch davon ist kurz zu berichten.

So wurde 1971 das «Institut für Gymnasialpädagogik» zum «Staatsinstitut für Schulpädagogik (ISP)» erweitert, das von da an für alle Schularten zuständig war. 1984 wurde das «Staatsinstitut für Bildungsplanung und Bildungsforschung» in dieses Institut integriert. Später, nach meiner Amtszeit, kamen die Aufgabenbereiche der Landesbildstellen, eine Grundsatzabteilung und eine Qualitätsagentur dazu. Der heutige Name lautet: «Staatsinstitut für Schulqualität und Bildungsforschung». – Am 1. Januar 1972 wurde das Institut für Frühpädagogik gegründet. Fragen der pädagogischen Förderung der Kinder standen im Vordergrund, Programme zur Musik- und Bewegungserziehung und zur ästhetischen Elementarerziehung wurden entwickelt und bundesweit verbreitet. – Auch das «Bayerische Institut für Hochschulforschung und Hochschulplanung (IHF)», 1973 gegründet, verdankt seine Entstehung der Hochschulpolitik der siebziger Jahre – es leistete Forschungsarbeit auf aktuellen Feldern der Hochschulplanung und stellte dem Ministerium wichtige Entscheidungsunterlagen zur Verfügung; es beriet auch die bayerischen Hochschulen.

Am Ende dieses langen Kapitels ist ein Dank fällig. Er gilt dem Mann, ohne den ich das umfangreiche gesetzgeberische Programm, von dem hier zu berichten war, kaum hätte realisieren können: dem Schulmann und Parlamentarier, dem Rektor und Dillinger Landtagsabgeordneten Otto Meyer – einem Freund.

Als ich ihn kennen lernte, steckte er voller Pläne: Lehrerbildung, Kindergärten, berufliche Bildung, Erwachsenenbildung – alles brodelte in seinem Kopf. Auch ich hatte viele Pläne. Bei unserer ersten ausführlichen Besprechung im «Deutschen Kaiser» in München am 26. Februar 1971 verständigten wir uns rasch über das Nötige und Mögliche. Das war der Beginn einer sechzehnjährigen reibungslosen, freundschaftlichen, von gegenseitigem Respekt getragenen Zusammenarbeit von Maier & Meyer. Wie ein Tandem fuhren wir mit beträchtlichem Tempo los, wie zwei Spießgesellen suchten wir manchmal, wenn es in Parlament und Ausschüssen oder bei Ministerien und Kommissionen hakte, nach Lösungen – und fanden sie.

Unsere politische Linie war gleichermaßen entfernt von den großen und oft inhaltsleeren Formeln der Linken wie vom bloßen trotzigen Beharren auf dem Überlieferten, in das die Unions-Kulturpolitik manchmal zurückzufallen drohte. Vernünftige Unterscheidung trat an die Stelle ideologischer Rechthaberei. Das lenkte den Blick auf Bayern, das in jenen Jahren eine Kulturpolitik mit neuen und weiterführenden Ideen und Vorhaben betrieb. Es war kein Zufall, dass Otto Meyer jahrelang in der parlamentarischen Arbeitsgemeinschaft der Kulturpolitiker der Union führend tätig war, während ich gleichzeitig in der Kultusministerkonferenz die Kulturpolitik der unionsgeführten Länder koordinierte.

Meyer nutzte dabei verschiedene Positionen: die des kulturpolitischen Sprechers der CSU (1970–1988), des Begründers und Landesvorsitzenden des Kulturpolitischen Arbeitskreises (1972–1982), des stellvertretenden Vorsitzenden des Kulturpolitischen Ausschusses im Bayerischen Landtag (1970–1988), endlich des Staatssekretärs im Bayerischen Staatsministerium für Unterricht und Kultus (1988–1990).

Am wichtigsten war seine Tagesfron im Kulturpolitischen Ausschuss und im Plenum des Bayerischen Landtags. Hier war er wirklich unermüdlich. Wie viele Anträge sind hier beraten worden, wie viele Gesetzestexte wurden diskutiert, verändert, abgestimmt und wieder verändert, bis sie ihre endgültige Form erhielten, wie viele hitzige Debatten wurden geführt! Otto Meyer war in diesem Getriebe der ruhende Pol.

Er konnte zwar nie voraussagen, wie lange eine Beratung dauern werde und mit welchen überraschenden Wendungen zu rechnen war – aber es gelang ihm immer wieder, mit Fleiß, Gelassenheit und Humor die Dinge ans Ziel zu bringen. Er war ein verbindendes, ein integrierendes Element. Ohne ihn, ohne seine vermittelnde Präsenz im parlamentarischen Geschehen, kann man die Geschichte der kulturpolitischen Gesetzgebung in Bayern in den siebziger und achtziger Jahren nicht schreiben.

23. Begegnungen – und was folgte

«Kinder, macht Neues!»

Viele persönliche Begegnungen habe ich in Erinnerung aus meiner politischen Zeit. Manche wiederholten sich mit schöner Regelmäßigkeit – so die Treffen mit Lehrer-, Hochschullehrer- und Elternverbänden, die ich kaum je einmal ausließ. Sie fanden meist am Wochenende statt; die Orte wechselten durch ganz Bayern. Dank dieser Begegnungen wusste man immer Bescheid, wo bei den Betroffenen der Schuh drückte, man war informiert über das, was in den Schulen geschah und was sich in den Verbänden vorbereitete. Ein Kultusminister muss bei solchen Veranstaltungen dabei sein und den Betroffenen Rede und Antwort stehen. Manchmal muss er auch nur einfach zuhören. Oft wird er zur Klagemauer, manchmal zur Bittschriftenlinde – manchmal zur Gummiwand für verbandspolitische Boxübungen. Er muss vieles anhören, auch wenn er oft nur weniges ändern kann; denn natürlich ist für das Bildungswesen nie so viel Geld da, wie es alle gern hätten.

Auch die Begegnungen mit kleineren Zirkeln – der Rektorenkonferenz, den Theaterintendanten, Museumsdirektoren, den Schulräten, den Schulleitern aller Schularten im Land – waren nützlich. Ein wenig vernachlässigt habe ich vielleicht die Naturwissenschaften; und auch bei den Sportverbänden war ich nicht so oft, wie man es hätte wünschen sollen, obwohl ich besonders Schulsportveranstaltungen schätzte und regelmäßig an ihnen teilnahm. Aber der Sport war am wenigstens auf politische Hilfe angewiesen – mächtig und selbstbewusst wie er auftrat. Ich vergesse nicht, wie ich eines Tages Franz Beckenbauer mit einem Orden auszuzeichnen hatte und ihn, wie üblich, in das geräumige Ministerzimmer bat. Schon eine halbe Stunde zuvor füllten seine Fans den Raum bis auf den letzten Fleck – und die Mit-Eingeladenen, die auszuzeichnen waren, die Lyrikerin Christa Reinig und der Organist Viktor Lukas mit ihrem bescheidenen Anhang, hatten am Ende Mühe, noch einen Platz zu finden, und standen an der Wand auf Zehenspitzen.

Manche dieser Treffen hatten Folgen für die Zukunft. Sie hinterließen Spuren. Von einigen muss ich Näheres berichten.

1. Gleich zu Beginn meiner Amtszeit, im Frühjahr 1971, lernte ich bei einem Gespräch im Kultusministerium den Senator a. D. Ludwig Linsert kennen. Er war 1958/1959 bayerischer DGB-Vorsitzender gewesen und hatte lange Zeit als Repräsentant der Gewerkschaften im Bayerischen Senat gewirkt. Von 1967 bis 1969 war er Vizepräsident der Zweiten Kammer. Linsert, aus einer Arbeiterfamilie stammend, Sozialdemokrat, im Dritten Reich verfolgt und zu einer zweijährigen Zuchthausstrafe verurteilt, entwickelte einen Plan, wie man den Widerstand gegen den Nationalsozialismus in Bayern genauer untersuchen und schärfer erfassen könne. Er sprach zugleich im Namen der bayerischen Verfolgtenorganisationen. Noch lebten ja viele Zeitzeugen.

Linsert war überzeugt, dass es in Bayern einen breiteren, vielfältigeren Widerstand gegeben habe als im übrigen Reichsgebiet. Die NS-Bewegung hatte in diesem Land begonnen, daran war kein Zweifel – aber ebenso früh trat hier auch eine Opposition auf. Es kam nach Linserts Meinung darauf an, neben den bekannten und berühmten Einzelfällen des aktiven Widerstands – der «Weißen Rose», des 20. Juli – auch das alltägliche Oppositionsverhalten «kleiner Leute» zu untersuchen, das von schlichtem Nicht-Mittun und Sich-Verweigern bis zu offenem Widerspruch und passivem Widerstand reichte. Es war von den NS-Instanzen früh beobachtet und verfolgt worden – begann doch die Geschichte der gewaltsamen Unterdrückung oppositioneller Bewegungen durch «Schutzhaft» mit dem Lager in Dachau, dem ersten Konzentrationslager des NS-Staats überhaupt.

Linserts Plan leuchtete mir ein. Aus Kriegszeiten in Freiburg, aus Gesprächen mit Gertrud Luckner, aus Besuchen im Institut für Zeitgeschichte wusste ich, dass der Widerstand gegen den Nationalsozialismus in größere Tiefen hinabreichte, als es die bis dahin von der Forschung vor allem verfolgte «Höhenlinie» vermuten und erkennen ließ. Aber wie kam man an diese Dimension heran? Wie konnte man – methodisch kontrolliert – in den Schacht der Geschichte hinabsteigen? Wie war ein Gesamtbild von Widerstand und Verfolgung in ganz Bayern zu gewinnen? Als erfahrener Archiv- und Bibliotheksmann steuerte Karl Böck einen wichtigen Gedanken bei: Es galt nicht nur das Institut für Zeitgeschichte mit landesweiten, «flächendeckenden» Untersuchungen zu betrauen; auch die Ressourcen der bayerischen Archive mussten genutzt werden, um dem Ganzen eine verlässliche Grundlage zu geben. Nur so konnte ein entschlossener Schritt in die geographische Fläche – und in die gesellschaftliche Breite – gewagt werden.

Ich konnte Ludwig Linserts Wunsch erfüllen und das Projekt «Bayern in der NS-Zeit» mit staatlicher Hilfe und beträchtlichem finanziellem Engagement in Bewegung setzen – erstmals unter Einschaltung der staatlichen Archive. Die Ergebnisse wurden zwischen 1977 und 1983 in sechs Bänden publiziert. Es war die erste umfassende «Territorialstudie» zu Widerstand und Verfolgung im Dritten Reich; sie fand bald auch in anderen Ländern der Bundesrepublik Nachahmung.

Im Bild der NS-Zeit bewirkte sie einen Wandel: Die allzu schlichte Gegenüberstellung: hier eine fanatisch entschlossene Führung, dort eine Gefolgschaft, die sich besinnungslos «im Geist der neuen Zeit» den Führern anschloss, verschwand und machte differenzierteren Vorstellungen Platz; es zeigte sich, dass das rasch errungene Machtmonopol der Nationalsozialisten keineswegs gleichbedeutend war mit der totalen und definitiven Durchdringung der Gesellschaft. Gegenmächte von beträchtlichem Umfang blieben wirksam: Kirchen, Teile der Verwaltung, der Wehrmacht, Gruppen von Jugendlichen und Arbeitern, Bewegungen von Parteien und Verbänden im Untergrund. Die Gleichschaltungsversuche des Regimes stießen bei Einzelnen und sozialen Gruppen auf unterschiedliche Formen des Widerstands: Verweigerung des Hitler-Grußes, Nichtteilnahme an NS-Versammlungen, Kritik an Maßnahmen der Regierung, geäußert im Religionsunterricht oder von der Kanzel, gesellige Zusammenkünfte von Regimegegnern, Streiks in

einem Betrieb und vieles andere mehr. Martin Broszat, der Instituts-
direktor, der die Studie leitete, erfand für diese Widerständigkeit den
Namen «Resistenz» – ein Begriff, der sich zwar in der internationalen
Forschung nicht durchsetzte (das Wort war schon «medizinisch» belegt), der aber zu deutlichen Differenzierungen in der Widerstandsfor-
schung führte.

2. Die zweite Begegnung führte zu Wolfgang Wagner, dem Wagner-
Enkel, nach Bayreuth. Ihn besuchte ich im April 1971 mit Studenten
aus München. Er nahm sich ausgiebig Zeit und führte uns auf der
Bühne des Festspielhauses in die Geheimnisse der Richard-Wagner-
Festspiele ein, für deren Ablauf und Gestaltung er nach dem Tod seines
Bruders Wieland (1966) allein verantwortlich war.

Ich gestehe gern, dass ich ein gespaltenes Verhältnis zu Richard Wagner hatte. Als Schüler hatte ich die Tannhäuser-Ouvertüre auf dem Klavier probiert, hatte versucht, den ernsten Choral der Pilger und die zün-
gelnden Geigenstimmen des Venusmotivs nachzuahmen, las auch das
Textbuch von «Rienzi» und «Holländer», beschäftigte mich mit dem
unruhigen Leben des Meisters. Für einen an Bachs Musik geschulten
Orgelspieler bot Wagners Musik unerwartete harmonische Reize. Das
Tristan-Vorspiel – Kurt Boßler hatte es uns Schülern in der Freiburger
Musikschule präsentiert – eröffnete eine ganz neue musikalische Aus-
druckswelt. In einer Anthologie las ich Nietzsches schöne Sätze über
das Meistersinger-Vorspiel: «… Das mutet uns bald altertümlich, bald
fremd, herb und überjung an. Das ist ebenso willkürlich als pomphaft-
herkömmlich. Das ist nicht selten schelmisch, noch öfter derb und
grob. Das hat Feuer und Mut und zugleich die schlaffe, falbe Haut von
Früchten, welche zu spät reif werden.»

Aber hatte Hitler – «Onkel Wolf», wie er in Bayreuth genannt
wurde – nicht Wagner übel missbraucht? Und gab es nicht viele Äußerungen Wagners, die man gar nicht erst missbrauchen musste, weil
man sie schon im Originalton gut gebrauchen konnte im Dritten
Reich – so die unsäglichen Sätze über das «Judentum in der Musik», in
denen vom «Mangel rein menschlichen Ausdrucks» bei Juden die Rede
war, wo ihnen die Fähigkeit zur künstlerischen Kundgebung ihrer Gefühle durch die Rede – und erst recht durch den Gesang – kurzerhand
abgesprochen wurde? Es bedurfte nicht der Reeducation nach dem
Krieg, um in mir Zweifel an Wagner zu wecken. Und je mehr ich in

München Einzelheiten über Bayreuth und die Familie Wagner im Dritten Reich erfuhr, desto mehr wuchs mein Misstrauen, meine Zurückhaltung.

Aber der Enkel Wolfgang, breitbeinig auf der Bayreuther Bühne stehend, brachte uns, den staunenden Studenten und mir, in seinem knarrenden Fränkisch einen ganz anderen Wagner nahe. Wir blickten in den Zuschauerraum mit den alten Laternen – ursprünglich Gaslaternen – und den schlichten Holzbänken (die Logen waren erst nachträglich eingebaut worden!). Wir betraten den rundum geschlossenen Orchestergraben, aus dem nicht der kleinste Lichtstrahl von einem Musikerpult nach oben dringen konnte – einzig die Töne hatten Durchlass. Und wir duckten uns um die heroisch-altmodische Bühnenmaschinerie in der Tiefe – selbst die alten Gestelle für die Rheintöchter waren noch da. Auf einmal kam uns Wagner näher, wurde menschlicher – ein Stück Dresdner Liedertafel tauchte auf, die Spuren Carl Maria von Webers, die Suche nach der deutschen Oper, der Stolz eines jungen Kapellmeisters, die Begeisterung für Neues, für Experimente, für die Entfesselung der Bühne, die dramatische Exaltation. Ich weiß noch, dass ich von Bayreuth mit dem Vorsatz schied, mich künftig wieder intensiver – und unvoreingenommener – mit Wagner zu beschäftigen.

Die Bayreuther Festspiele waren damals in einem ungesicherten Zustand. Sie waren nach dem Zweiten Weltkrieg zwar erfolgreich auferstanden als «Werkstatt Bayreuth», abgekühlt und versachlicht, fast ängstlich von allem Politischen abgehoben («Hier gilt's der Kunst»). Doch ihre Zukunft war ungewiss. Die Form eines reinen Familienbetriebs, in der alles begonnen hatte, konnte auf die Dauer nicht aufrechterhalten werden – zu groß waren die materiellen Aufwendungen, die finanziellen Risiken. Schon waren kostbare Originalpartituren Richard Wagners ins Ausland gewandert, und weitere Verluste drohten.

Die Festspiele waren ein nationales Erbe. Um sie auf ein tragfähiges Fundament zu stellen, musste man den Bund, den Freistaat Bayern, den Bezirk Oberfranken und die Stadt Bayreuth an einem «runden Tisch» zusammenbringen. Das war leichter gesagt als getan. Soeben hatte in Bonn die sozialliberale Koalition unter Willy Brandt zu regieren begonnen – und soeben hatte Alfons Goppel in der schärfsten seiner Regierungserklärungen den neuen Bonner Herren den Fehdehandschuh hingeworfen. Gab es dennoch Chancen für eine Zusammenarbeit? Welches

Gewicht hatten die musikalischen, die kulturellen Traditionen, die nun einmal – trotz allem – auf dem Grünen Hügel verwahrt waren?

Ich fing mit den «Bonnern» an – und hatte das Glück, in Werner Maihofer, dem Innenminister, einen entschiedenen Wagnerfreund zu finden. Schwieriger war es mit Alfons Goppel – doch auch da siegte schließlich das Gefühl der Verantwortung für die bayerische, die freistaatliche Tradition. Am schwierigsten war es im eigenen Haus. Mit Karl Böck als Amtschef musste ich um die geplante Stiftung regelrecht ringen – er hatte aus der Zeit, in der er Persönlicher Referent Alois Hundhammers war, dessen heftige Abneigung gegen Wagner – «diesen Nazimusiker» – geerbt. Vermittelnd war Hans Walter Wild tätig, der Bayreuther Oberbürgermeister, der als SPD-Mann auch nach Bonn gute Verbindungen hatte. Kurzum: 1971 kam ein Grundsatzbeschluss zustande zugunsten einer vom Bund und vom Freistaat Bayern mitgetragenen Richard-Wagner-Stiftung.

Es dauerte dann freilich noch gute zwei Jahre, bis alles ausgehandelt war, bis die Zustimmung aller Stämme der Familie Wagner und aller beteiligten Anwälte vorlag. 1973 war es endlich soweit: Die Richard-Wagner-Stiftung konnte gegründet werden. Stiftungsmitglieder waren die Bundesrepublik Deutschland, der Freistaat Bayern, die Familie Wagner, die Stadt Bayreuth, die Gesellschaft der Freunde von Bayreuth, die Bayerische Landesstiftung, der Bezirk Oberfranken und die Oberfrankenstiftung. Als Stiftungszweck wurde – in Übereinstimmung mit dem Testament von Wagners Sohn Siegfried – festgelegt, dass das Festspielhaus stets jenen Zwecken dienen solle, für die sein Erbauer es bestimmt hatte – also der festlichen Aufführung der Werke Richard Wagners.

Winifred Wagner, die Witwe Siegfried Wagners, übereignete das Festspielhaus unentgeltlich an die Stiftung. Gleichzeitig erwarben der Bund, die Bayerische Landesstiftung und die Oberfrankenstiftung das umfangreiche Richard-Wagner-Archiv mit den wichtigsten Partiturmanuskripten, mit annähernd 1500 Originalbriefen und weiteren Dokumenten und Andenken. Das Festspielhaus wurde an Wolfgang Wagner vermietet, der bis zu seinem Tod (2009) Leiter der Festspiele blieb. Die Stadt Bayreuth kaufte die im Krieg zum Teil zerstörte Villa Wahnfried samt Park und Nebengebäuden; dort wurde das Richard-Wagner-Museum untergebracht.

So konnte ich Mitte der siebziger Jahre erleichtert feststellen, dass die Zukunft Bayreuths auf absehbare Zeit gesichert sei. Die Gründung der Stiftung fand in den Medien ein breites zustimmendes Echo. Bayreuth konnte jetzt wieder in voller künstlerischer Freiheit dem Gebot des Urahns folgen: «Kinder, macht Neues!» Dank glücklicher Umstände konnte das Kultusministerium sogar eine Wagner-Partitur aus den USA zurückkaufen.

Nicht allen Zuschauern gefiel freilich das, was in Bayreuth in den folgenden Jahren gezeigt wurde. Ich erinnere mich: Bei Patrice Chéreaus «Jahrhundertring» 1976 stand ich, nachdem die Musik verklungen war und der Vorhang sich geschlossen hatte, neben dem Leiter der Bayerischen Staatskanzlei: Er pfiff gellend aus voller Lunge auf einem Schlüssel, um seiner wütenden Ablehnung Ausdruck zu geben. Ebenso heftig und demonstrativ klatschten meine Frau und ich der Inszenierung Beifall, bald eine Viertelstunde lang. Wir waren begeistert: Chéreau hatte das «Rheingold» als eine Geschichte von Göttern, Zwergen, Nymphen und Riesen – Menschen kommen nicht vor! – märchenhaftfarbig, mit überlegener Personenregie, in Szene gesetzt. Die Riesen stapften wirklich überlebensgroß über die Bühne, die Rheintöchter wogten tändelnd und prustend «mit munterem Gekreisch» im «seligen Bade» des Stroms (Wagner), und um Loge sprühte tatsächlich ein Feuer. Ich sah mir «Rheingold» noch zweimal an, genoss die Musik, lauschte dem «schönstinstrumentierten Akkord der Musikgeschichte», mit dem das Vorspiel beginnt. Pierre Boulez dirigierte. Ich war froh, dass es weiterging auf dem Grünen Hügel. Und langsam begann ich mich mit Richard Wagner zu versöhnen.

3. In den siebziger Jahren kamen – nach dem großen Schub der Italiener, der vorangegangen war, und dem kleineren aus Griechenland und anderen Mittelmeerländern – Gastarbeiter aus der Türkei ins Land. Sie waren in München, Augsburg, Nürnberg, in ganz Bayern sichtbar; ihre Zahl wuchs von Jahr zu Jahr. In Ichenhausen, meinem späteren Stimmkreis, arbeiteten sie früh in der Lederfabrik, übrigens unter anstrengenden Produktionsbedingungen, welche die deutschen Arbeiter zunehmend mieden – wir erlebten sie als unsere Nachbarn, sprachen täglich mit ihnen; die Kinder besuchten den unter unserer Wohnung liegenden Kindergarten. Islamische Gebetshäuser und Versammlungsräume verbreiteten sich an vielen Orten – erst winzige Treffpunkte in Hinterhöfen, dann größere Gebäude, schließlich Moscheen, vereinzelt schon

mit Minaretten bestückt. Es war nicht zu übersehen: Der Islam begehrte Einlass, er machte sich bemerkbar, warf Fragen auf. Langsam, aber stetig begann er die Umgebung zu verändern. Neben den Kirchen, Kathedralen, Synagogen traten im Bild der Städte die Moscheen hervor, nicht nur bei uns, in ganz Westeuropa – immer mehr wurden sie ein Teil der Kultur, der religiösen Physiognomie Europas.

Türkische Väter – manchmal, aber seltener, auch Mütter – kamen zu mir ins Ministerium und fragten nach Möglichkeiten religiöser Unterweisung für ihre Kinder in den Schulen; es muss schon 1971, 1972 gewesen sein. Ich setzte ihnen die Rechtslage auseinander, die schwierig war. Selbstverständlich hatten Muslime – auch Kinder – ein Recht auf freie Religionsausübung. Selbstverständlich konnten sie auch verlangen, dass die Schule von ihrer religiösen Herkunft Kenntnis nahm. Aber ein islamischer Religionsunterricht? Er setzte nach deutschem Recht zwei Dinge voraus: Erstens dass die islamischen Gruppen eine dauerhafte Gemeinschaft bildeten, so dass die Schulbehörden einen ständigen Ansprechpartner hatten (anders war das Problem schon schulorganisatorisch nicht zu bewältigen); und zweitens: dass sie über «Grundsätze» verfügten, also über eine Lehre. Dem Islam aber fehlten gerade diese kirchenähnlichen, gemeindlichen Strukturen – und es gab auch kein autorisiertes Lehramt, keine schwarz auf weiß kodifizierten «Lehrsätze», nichts, was eine Ähnlichkeit mit Dogmen oder Bekenntnisschriften besaß.

In den Begegnungen und Gesprächen mit muslimischen Eltern stellte sich allerdings schnell heraus, dass diese feinen Unterscheidungen unseres Verfassungsrechts – hie «verkündigungsgebundener» Religionsunterricht, dort rein informierende «Religionskunde» – für sie kaum eine Bedeutung hatten. Sie schüttelten den Kopf. Das waren akademische Streitfragen. Sie waren schon froh, wenn ihre Kinder in den Schulen überhaupt etwas über die Religion, über den Islam erfuhren. Die schwierige Eingewöhnung in die neue kulturelle Umwelt, meinten sie, könne dadurch erleichtert werden. Also entschieden wir uns im Ministerium dafür, im Unterricht der Grundschulen für türkische Schüler «islamische Inhalte» anzubieten. Sie wurden vermittelt im Rahmen des muttersprachlichen Ergänzungsunterrichts, der 1973 in Bayern erstmals in die Volksschulordnung aufgenommen wurde. Der Unterricht wurde erteilt durch türkische Lehrer, die von der Türkei für einen befristeten Zeitraum von fünf Jahren nach Bayern entsandt wurden.

Selbstverständlich standen sie unter der bayerischen Schulaufsicht – und von Anfang an legte ich auch Wert darauf, dass sie auf das Grundgesetz und die Bayerische Verfassung vereidigt wurden.

Die Richtlinien für die «religiöse Unterweisung» lehnten sich an die in der Türkei erlassenen Lehrpläne für den «Religions- und Ethikunterricht» an. Es gab jedoch zwei wichtige Maßregeln für die Anwendung: Die staatsbürgerlichen Inhalte, wie sie in türkischen Lehrplänen üblich waren, wurden nicht übernommen – und die Lehrpläne wurden von Anfang an ergänzt durch Themen, die sich auf die Lebenssituation, auf die religiöse Umwelt türkischer Schüler in Deutschland und in Westeuropa bezogen. So wurde die Lerneinheit «Muslime feiern Feste» in der ersten Jahrgangsstufe durch eine andere Lerneinheit ergänzt: «Christen feiern Feste». Die Schüler sollten nicht nur vom Ramadan, vom Opferfest, von der Wallfahrt nach Mekka erfahren, sondern auch von Weihnachten, Ostern und Pfingsten. Sie sollten dazu erzogen werden, nicht nur gute Beziehungen zu den Menschen mit gleicher Religion zu entwickeln, sondern auch Freundschaft und Zusammenarbeit mit Andersgläubigen anzuerkennen – wobei es selbstverständlich war, dass niemand zur Religionsausübung gezwungen werden durfte.

Über diese Fragen und über die Entsendung türkischer Lehrer – es wurden im Lauf der Zeit mehrere Hundert – verhandelte ich mehrfach mit den Ministerien für Schule und für Religion in der Türkei. Dabei war mir bewusst, dass das Dyanet, das Religionsministerium, einen staatlich regulierten, laizistisch gedämpften Islam verwaltete – nicht Allahs alte, alles umfassende Religion, die zwischen «Kirche» und «Staat» kaum unterschied. Die Re-Islamisierung, die später, in den neunziger Jahren, von sich reden machte, lag damals noch in weiter Ferne. In Ankara, in Istanbul, in Izmir sah man in der Öffentlichkeit kaum verschleierte Frauen. Und ohne weiteres erhielt man auch als Nicht-Muslim Eintritt in die Moscheen. Einmal war ich mit meiner Tochter Verena einen ganzen Nachmittag und Abend in den großen Moscheen Istanbuls unterwegs: der Blauen Moschee, der Süleymaniye – und auch in der längst zum Museum gewordenen Hagia Sophia. Niemand konnte sich damals, 1975, vorstellen, dass sich eines Tages alte Positionen des islamischen Lebens-, Rechts- und Politikverständnisses – mit der Tendenz zum Integralismus, mit dem Willen, Himmel und Erde kurzzuschließen, – wieder herstellen könnten, in nicht wenigen islamischen Ländern, aber auch unter deutschen Muslimen.

Wir waren in Bayern vorausgeeilt. Ein derartiges Unterrichtsangebot für türkische Schüler muslimischen Glaubens bestand in keinem anderen Land der Bundesrepublik. Insofern hatten die Begegnungen mit türkischen Eltern deutlich sichtbare Folgen gezeitigt.

Eines wurde mir bei diesen Gesprächen klar: Integration war ein Prozess des Gebens und Nehmens; er konnte nicht einfach von oben verordnet, er musste vorbereitet und erprobt werden. Integration verlangte, dass die Einwanderer manches, aber nicht alles, aufgaben – und dass sie sich vieles, aber nicht alles, aus ihrer neuen Umwelt zu eigen machten. Die zentrale Frage war: Konnten Migranten ihre alte Religion mitnehmen in eine neue Kultur? Ich war davon überzeugt, dass dies möglich – und dass es im Interesse der Integration auch vernünftig sei. Denn die Preisgabe religiöser Traditionen hätte für die meisten islamisch geprägten Menschen in Deutschland Entwurzelung bedeutet; und das wäre ein schlechter Ausgangspunkt gewesen für die neue Beheimatung in einer bürgerlichen Umwelt – einer Umwelt, die auf aktives Mittun, auf Verantwortungsbereitschaft angewiesen war.

4. Geben und Nehmen – das galt auch für einen anderen, nahe verwandten Bereich: die Sprache. Ihre Vermittlung trat in den achtziger Jahren in den Vordergrund, als sich die «Gastarbeiter» des Anfangs immer mehr in Dauergäste – und schließlich in Mitbürger – zu verwandeln begannen. Für die Migranten, die sich entschlossen, auf Dauer in Deutschland zu bleiben, wurde es immer wichtiger, die deutsche Sprache zu beherrschen. Wir hatten im Kultusministerium vorgesorgt: Dem muttersprachlichen Unterricht in den Schulen liefen von Anfang an Deutschstunden parallel, die im Lauf der Schulzeit zunahmen – das Ziel war eine perfekte Zweisprachigkeit. Aber welches Deutsch sollte vermittelt werden, das gewohnte, herkömmliche, oder ein neues? Und aus welcher Perspektive sollte man das Erlernen, den Spracherwerb betrachten – aus der muttersprachlichen der Einheimischen oder aus der fremdsprachlichen der Migranten?

Beim Nachdenken über diese Frage stieß man in den sechziger und siebziger Jahren unvermeidlich auf den Sprachgelehrten Harald Weinrich. Ich kannte ihn schon aus der Deutschen Akademie für Sprache und Dichtung. Weinrich war ein Romanist mit weiten Interessen, ein exzellenter Schriftsteller – und persönlich ein unkomplizierter, umgänglicher Mensch. In seinen Abhandlungen und Essays nahm er die

Leser auf ausgedehnte, oft schwierige Gedanken-Gänge mit (hier passt das Wort genau), ohne sie je pedantisch zu belehren.

Bald ergab sich die Gelegenheit, die lose Verbindung mit ihm – der damals an der Universität Bielefeld wirkte – enger zu knüpfen. Mehrere Dinge kamen zusammen. Im Kultusministerium arbeiteten wir an einem Konzept «Deutschunterricht für ausländische Kinder», in das vor allem Gerhart Mahler seine langjährigen Türkei-Erfahrungen einbrachte; das Ziel war ein curricularer Lehrplan für Deutsch als Fremdsprache, der den Lehrern als Orientierungshilfe für den Sprachunterricht dienen sollte. Es galt die sprachliche Ausgangssituation und die Lernbedingungen der Ausländerkinder genauer zu erforschen und sie mit neuen didaktischen und linguistischen Erkenntnisse zu verknüpfen.

Dann wandte sich im März 1974 der Leiter der Kulturabteilung des Auswärtigen Amtes, Hans Arnold, – zugleich im Namen des Goethe-Instituts – an mich mit der Bitte, einen Lehrstuhl und ein Institut für «Deutsch als Fremdsprache» zu schaffen. Im Blick war hier vor allem die deutsche Sprache im Ausland. Nach einigem Hin und Her – zunächst war Augsburg vorgesehen, dann Bonn – wurde der Lehrstuhl 1976 an der Universität München errichtet. Es war der erste in der Bundesrepublik; im Lauf der folgenden Jahre kamen zahlreiche andere hinzu – bis schließlich (fast) jede Universität der Bundesrepublik das Fach «Deutsch als Fremdsprache» besaß.

Der Münchner Lehrstuhl konnte mit Harald Weinrich besetzt werden, dessen sprachwissenschaftliche Interessen den Bedürfnissen von Schule und Hochschule, Goethe-Institut und auswärtiger Kulturpolitik entgegenkamen. Er hatte in einem Schreiben vom 5. Oktober 1977 an das Bayerische Kultusministerium für das Fach Deutsch als Fremdsprache das Konzept einer «Kontrastiven Grammatik» entwickelt: «Es hat sich als unzweckmäßig erwiesen, den Unterricht im Bereich Deutsch als Fremdsprache unter allen Bedingungen mit der gleichen Einheits-Grammatik zu bestreiten. Sprachlernende mit unterschiedlicher muttersprachlicher Basis treten an die deutsche Sprache mit ganz verschiedenen Voraussetzungen heran ... Das heißt, es werden Grammatiken der deutschen Sprache gebraucht, die verschieden aufgebaut sind je nach der Ausgangssprache, von der aus Deutsch als Zielsprache zu erlernen ist. Die Entwicklung und kritische Beurteilung solcher kontrastiven Grammatiken ist daher zentraler Aufgabenbereich des Instituts für Deutsch als Fremdsprache.»

Übergabe der für die Richard-Wagner-Stiftung erworbenen Handschriften auf dem Flughafen München-Riem am 28. Oktober 1987

Mit Wolfgang und Gudrun Wagner bei einem Empfang im Bayerischen Landtag am 28. 5. 1998

Als einer der ersten erkannte Harald Weinrich auch, welche neuen, unerwarteten literarischen Potentiale ein von Ausländern erlerntes Deutsch in sich barg. 1985 schuf er mit Hilfe der Robert Bosch-Stiftung den Adelbert-von-Chamisso-Preis für deutsch schreibende Autoren mit anderer als deutscher Muttersprache. Der Preis wurde im Lauf der Jahre an 46 Schriftsteller aus über zwanzig Herkunftsländern verliehen. Anfangs wurde diese Initiative bespöttelt – man sprach von «Gastarbeiterliteratur». In der Tat war Chamisso, nach dem der Preis benannt war, als Flüchtling aus Frankreich gekommen und «Gastarbeiter» in einem fremden Land, in Deutschland, geworden. Aber er schrieb in der Sprache des Gastlands Gedichte, die heute noch zitiert und rezitiert werden – ein ermutigendes Zeichen für Einwanderer in heutiger Zeit. Und das Deutsch dieses Ausländers – war es nicht auch geeignet, die Ängste der Einheimischen vor «Überfremdung» heilsam zu dämpfen?

5. Dem Sozialdemokraten Wilhelm Hoegner, einem Nazigegner der ersten Stunde und zweimaligen Bayerischen Ministerpräsidenten nach dem Krieg, bin ich ein paar Mal auf der Straße und bei Festen begegnet. Von einer wirklichen Begegnung zu Lebzeiten – Hoegner starb 1980 – kann man da natürlich nicht sprechen. Hoegner begegnete mir vor allem indirekt, durch seine Reden und Schriften, durch die Biographie Peter Kritzers (1979) – und er begegnete mir in der Bayerischen Verfassung, die er durch seinen Vorentwurf wie kein anderer mitgeprägt hat; ganze Passagen stammen wörtlich von ihm.

Die Verfassung wiederum wurde für mich in meiner kulturpolitischen Arbeit in den siebziger und achtziger Jahren immer wichtiger. Im täglichen Handeln war sie die oberste Instanz – im parteipolitischen Streit bildete sie einen stabilen Widerpart.

Die Verfassunggebende Landesversammlung (1946) wollte der Schul- und Bildungspolitik entsprechendes Gewicht geben. So wurde der Abschnitt «Bildung und Schule» mit 14 Artikeln einer der längsten der Verfassung. Dort fanden sich einige der meistzitierten Formulierungen der Bayerischen Verfassung, so der berühmte Satz, dass die Schulen «nicht nur Wissen vermitteln, sondern auch Herz und Charakter bilden» sollten, die Bestimmung, dass die Mädchen «in der Säuglingspflege, Kindererziehung und Hauswirtschaft zu unterweisen» seien (später wurde das auch auf die Buben ausgedehnt!) und die Bemerkungen über den «Genuß der Naturschönheiten», das «Betreten von Wald und Bergweide» und «die Aneignung wildwachsender Waldfrüchte in ortsüblichem Umfang». Diese Formulierungen hatten schon immer die besondere Zuneigung der Satiriker und Kabarettisten gefunden. Ich erinnere mich noch gut, wie man in Achtundsechziger- und Nach-Achtundsechziger-Zeiten über sie die Nase rümpfte. Selbst Verfassungsjuristen nannten die Liebe zur bayerischen Heimat «altväterlich». Bei einer Diskussion fragte mich ein Kritiker einmal, ob man «Liebe zur Heimat» denn gerichtlich einklagen könne. Als dann freilich die Gerichte den Gesetzgeber verpflichteten, das Schulleben, das meist durch Verordnungen geregelt war, gesetzlich zu ordnen (Wesentlichkeitstheorie) – auf was griff man da zurück? Natürlich auf die eben noch bespöttelten Bildungsziele der Verfassung. Jetzt war man für die Vollmundigkeit, mit der die Verfassungsväter und -mütter diese Ziele formuliert hatten, plötzlich dankbar. Geduldig stand die Verfassung Pate bei der Umwandlung der «Allgemeinen Schulordnung» in das «Erziehungs- und Unterrichtsgesetz».

In Artikel 129 hatte die Bayerische Verfassung die allgemeine Schulpflicht statuiert. Das war damals – im Jahr 1946 – eine weitschauende Entscheidung. In dieser Zeit gab es noch keine Schulverweigerung – man nahm mit Aufatmen und Zufriedenheit zur Kenntnis, dass der Unterricht nach Krieg und Zerstörung neu beginnen konnte. In den achtziger Jahren aber nahmen die Fälle von Schulablehnung, Schulverweigerung immer mehr zu. Da half es sehr, dass die Verpflichtung zum Schulbesuch in der Verfassung stand, dass sie kein «überholtes Rechtsaltertum» war, wie mir einmal der Rechtsanwalt eines Schulverweigerers bei einer heftigen Diskussion entgegenhielt. Oder die Schulaufsicht: Als ich die «Religionskunde» für islamische Schüler unter die deutsche Schulaufsicht stellte, konnte ich mich auf Artikel 130 BV berufen. Dadurch konnte in Bayern vermieden werden, dass Neuerungen solcher Art von radikalen Gruppen in Eigenregie genommen und dadurch der öffentlichen Kontrolle entzogen wurden – wie es später in Berlin mit dem islamischen Religionsunterricht unter fragwürdiger Berufung auf die «Bremer Klausel» geschah.

Vielleicht die denkwürdigste Folge der Begegnung mit «Hoegners Verfassung» aber war die Einführung des Schulfachs Ethik als Ersatzunterricht für Religion im Jahr 1971 in Bayern. Artikel 137 BV regelte die Teilnahme am Religionsunterricht und an kirchlichen Handlungen. Sie blieb «der Willenserklärung der Erziehungsberechtigten, vom vollendeten 18. Lebensjahr ab der Willenserklärung der Schüler überlassen». Bedeutsam war, was folgte: «Für Schüler, die nicht am Religionsunterricht teilnehmen, ist ein Unterricht über die allgemein anerkannten Grundsätze der Sittlichkeit einzurichten.» Der Satz war wörtlich aus Hoegners Vorentwurf übernommen – nur so, durch Religion oder durch Ethik, konnten nach seiner Meinung die Bildungsziele der Verfassung erreicht werden.

In der Nachkriegszeit schlief diese Bestimmung zunächst einen Dornröschenschlaf. Kaum jemand sah eine Notwendigkeit, sie zum Leben zu erwecken – also ein Schulfach einzuführen, das es bis dato nirgends gab und dessen pädagogische Form völlig offen war. Die Abmeldungen vom Religionsunterricht waren gering, es schien also nicht notwendig, jenen Verfassungsartikel schulpraktisch beim Wort zu nehmen – was ja auch erst bei einer größeren Zahl von Schülern möglich gewesen wäre.

Das änderte sich schlagartig in der Zeit nach 1968. In diesen Jahren fielen nicht nur die staatlichen Bekenntnisschulen in den meisten Ländern der Bundesrepublik dahin, auch das religiöse und pädagogische Klima wurde anders, in den Schulen wie auch außerhalb. Die Abmeldungen vom Religionsunterricht nahmen erheblich zu. Die Schulpolitik musste auf diese neue Lage reagieren. So wurde in Bayern der fast vergessene Artikel 137 Abs. 2 plötzlich aktuell.

Im März 1971 gab ich einen Lehrplan für die «allgemein anerkannten Grundätze der Sittlichkeit» in Auftrag, und im Schuljahr 1972/73 führte ich das Fach «Ethikunterricht», beginnend mit der fünften Jahrgangsstufe, ein, zunächst an ausgewählten Schulen, später in sämtlichen in Frage kommenden Schularten. In wenigen Jahren wurde Ethik zum festen Bestandteil des Fächerspektrums auf der Basis differenzierter Rahmen- und Fachlehrpläne. In den siebziger und achtziger Jahren schlossen sich die anderen Länder der Bundesrepublik mit Ausnahme Bremens, Berlins und Nordrhein-Westfalens dem bayerischen Beispiel an.

Die Einführung des Fachs in Bayern ging nicht ohne Kämpfe ab. Die Opposition, voran die SPD, meldete Bedenken an, warnte vor Risiken und Gefahren. Es gab lebhafte Diskussionen im Landtag, doch ich war meiner Sache sicher und konnte mich schließlich durchsetzen. Schließlich hatte ich den wichtigsten der Verfassungsväter, Wilhelm Hoegner, auf meiner Seite.

24. Jahre mit Goppel, Jahre mit Strauß

«Weißt du nicht, wo die Glocken hängen?
Weißt du nicht, wo Gott wohnt?»

Genau acht Jahre habe ich dem Landesvater Alfons Goppel gedient –
und ebenso acht Jahre dem Bayernherrscher Franz Josef Strauß. Das
war keine Absicht, kein Plan; es hat sich eher zufällig so ergeben. Rückblickend staune ich freilich über meinen Sinn für Symmetrie.

Mit Alfons Goppel war ich, als er mich 1970 auf den «Schleudersitz» des Kultusministers berief, schon einige Jahre bekannt. Wir hatten uns wiederholt gesehen: in München, wo Goppel häufig auftrat,
und in der Bayerischen Landesvertretung in Bonn, wo ich manchmal
nach Sitzungen des Bildungsrates übernachtete. Immer war Goppel
väterlich und freundlich, unkompliziert und jovial. Und natürlich
dachte ich, der Entschluss, mich zu berufen, gehe auf seine persönliche
Entscheidung zurück. Er hatte ja Gelegenheit gehabt, meine Arbeit im
Bildungsrat und mein Auftreten bei einigen CSU-Veranstaltungen zu
beobachten.

Heute weiß ich – ich habe es erst nach meiner Amtszeit erfahren –,
dass es anders war. Alfons Goppel beabsichtigte zunächst, Wilhelm
Ebert zu berufen, den Präsidenten des Bayerischen Lehrer- und Lehre-
rinnenverbandes – einen machtbewussten Mann mit internationaler
Erfahrung, der seit langem in der bayerischen Politik kräftig mit-
mischte (unter anderem war er 1954 einer der «Schmiede» der Viererkoalition gewesen). Eine Intervention Karl Böcks und seines Freundes
Prof. Georg Maurer, Chef des Klinikums rechts der Isar, beim Parteivorsitzenden Franz Josef Strauß ließ diesen Plan dann scheitern – die
Einzelheiten übergehe ich hier. Gleichzeitig schlugen beide mich als
Kultusminister vor. Das ging schließlich auch beim Ministerpräsidenten durch, zumal da es wenig Konkurrenz gab; denn, wie schon früher
gesagt, drängten sich in der aktuellen kulturpolitischen Krise von 1970
nur wenige «Profis» zu diesem Amt. Die Minister Hans Eisenmann
und Fritz Pirkl und der CSU-Generalsekretär Max Streibl hatten, wie
ich hörte, bereits «händeringend» abgewehrt.

Ein Kultusminister ist fast immer angefochten, auch in friedlichen
Zeiten. Die Schulen des Landes bilden eine riesige Reibungsfläche – wie

viele Väter und Mütter, wie viele Bürger und Wähler haben nicht ihre Kinder dort? Zugleich aber ist der Kultusminister eine Zentralfigur in der Politik des Landes, das ja seine Hauptzuständigkeit in der Kultur hat. So ergibt sich schon von der Sache her eine Spannung und Rivalität zwischen dem Regierungschef und demjenigen seiner Kabinettskollegen, der die umfangreichsten Zuständigkeiten hat, öffentlich gut sichtbar ist und den größten Etat verwaltet.

Ich hatte Grund zu der Vermutung, dass Ludwig Huber in seiner Doppelrolle als Fraktionschef und Kultusminister dem Ministerpräsidenten ein wenig zu groß geworden war. Der Mann trat allzu sicher auf. Über den Ministerpräsidenten – ich wusste es aus der Hochschulplanungskommission – sprach er immer mit leichter Herablassung. So versuchte Goppel jetzt, da ein «Neuer» anstand, das Nebenimperium am Salvatorplatz ein wenig zu beschneiden. Nie ist ja ein Ministerpräsident mächtiger als bei der Regierungsbildung – obwohl er natürlich auf viele regionale und innerparteiliche Gegebenheiten Rücksicht nehmen muss. Aber er kann bei dieser Gelegenheit, in Maßen, eine personelle Auswahl treffen, Kompetenzen umverteilen und besondere Akzente setzen. Später, während der Legislaturperiode, gibt sich das wieder – da wird der Ministerpräsident zum primus inter pares, und seine Bewegungsfähigkeit ist nicht viel größer als die seiner Kabinettskollegen.

Goppel hatte mir telefonisch die Berufung in Aussicht gestellt, hatte aber damit Bedingungen verbunden, die den Zuschnitt des Ressorts betrafen. Die berufliche Bildung, Sport und Jugendpflege sollten abgetrennt und dem Arbeits- und Sozialministerium zugeschlagen werden – ein beträchtlicher Teil des Gesamtbereichs. Nach Beratung mit Karl Böck lehnte ich diese Verkleinerung des Ressorts ab. Goppel gab nach und sagte mir brieflich die unveränderte Zusammensetzung des Ministeriums zu. So blieb der «Salvatorplatz» für die Dauer meiner Amtszeit unter seinem alten Namen «Bayerisches Staatsministerium für Unterricht und Kultus» in seinen bisherigen Zuständigkeiten erhalten.

In zwei Legislaturperioden gehörte ich dem Kabinett Goppel III (1970–1974) und dem Kabinett Goppel IV (1974–1978) an. Mit dem Regierungschef kam ich gut zurecht. Er stand damals auf der Höhe seines Ansehens, war in ganz Bayern als «Landesvater» bekannt und geschätzt. Goppel repräsentierte das älteste Land der Bundesrepublik in der Öffentlichkeit mit Klugheit und Würde. Seine Frau Gertrud – die «Landesmutter» – unterstützte ihn dabei trefflich. Der Ministerpräsident verkörperte den bayerischen Staatsgedanken, die freistaatliche Tradition, die – wie er selbst zu sagen pflegte – «Bavarität». Zweimal stand er in seiner Amtszeit an der Spitze des Bundesrates, als Vizepräsident und als Präsident – und manche sahen in ihm sogar einen künftigen Bundespräsidenten.

Die bayerische Verfassung aus dem Jahr 1946 hatte das Amt des Ministerpräsidenten eher spärlich ausgestattet. Gewiss, der Regierungschef führte den Vorsitz im Kabinett und leitete seine Geschäfte, er bestimmte die Richtlinien der Politik und trug dafür die Verantwortung gegenüber dem Landtag. Aber auch die Minister ihrerseits führten ihre Geschäftsbereiche selbständig und unter eigener Verantwortung dem Parlament gegenüber. In den ersten Nachkriegsregierungen wurde das offenbar ganz wörtlich genommen – fast mit Neid erzählte man mir im Kultusministerium, damals hätten manche Minister auf Anfragen der Staatskanzlei nicht einmal geantwortet, sie hätten nur auf den Landtag als ihren ersten und wichtigsten Adressaten verwiesen. Die Richtlinienkompetenz des Ministerpräsidenten war damit ein bloßer «Paradedegen». Für die Koordination der Staatsgeschäfte war ausschließlich der Ministerrat zuständig – eine Versammlung von Gleichen, in der persönliche Konflikte mitunter nur mit Mühe auszuräumen waren und gemeinsames Handeln sich oft als schwierig erwies.

Alfons Goppel war wohl der erste Nachkriegs-Ministerpräsident, der das Problem der Ressort-Koordination systematisch anging, und zwar mit Hilfe zweier einfacher Maßregeln. Einmal entlastete er die Ministerratssitzungen von überflüssigen Kontroversen über Details durch vorausgehende gemeinsame Sitzungen der Ministerialdirektoren der einzelnen Häuser, in denen meist ein hohes Maß an Übereinstimmung erreicht wurde. Die Ministerratssitzungen waren demgemäß bei Goppel kürzer als bei seinen Vorgängern und Nachfolgern. Sodann baute er die damals noch bescheidene Staatskanzlei zu einem Relais für die gesamte Staatsregierung aus: Jedes Ministerium fand dort seinen Ansprechpartner. Es war ein System der gegenseitigen Information, nicht der einseitigen Weisungen; die verfassungsmäßige Eigenverantwortlichkeit der Ministerien blieb gewahrt. Aber das gemeinsame Handeln wurde erleichtert, die Schlagkraft der Staatsregierung erhöhte sich – sie konnte leichter Angriffe des politischen Gegners parieren und in den siebziger Jahren auch gegenüber dem bundespolitischen Widerpart in Bonn rascher reagieren als bisher.

Ein solches System beruhte auf Vertrauen, Vertrauen in die Verwaltung – und Verwaltungsleute haben unter Goppel in der bayerischen Politik eine führende Rolle gespielt: Ich nenne nur Fritz Baer, Rainer Kessler, Ferdinand Jaquet und Raimund Eberle. Wenn Alfons Goppel mit Verwaltungsleuten sprach, betonte er immer die Verwandtschaft, die gemeinsame Aufgabe. «Sie, Herr Kolleg'!» – diese Anrede habe ich oft bei Besprechungen von ihm gehört; sie überbrückte alle Distanz und bezog auch den jüngsten Referendar mit ein.

Goppel war Verwaltungsmann mit Leib und Seele. Aktenarbeit, Vertiefung in Details, sorgfältige Zusammenschau aufgrund geprüfter Unterlagen, das Ineinander von Politik und Rechtsförmigkeit – das alles entsprach seinem Temperament und seinen Neigungen. Am wohlsten fühlte sich der Regierungschef in der Staatskanzlei in der Prinzregentenstraße 7 – der ehemaligen Preußischen Gesandtschaft in München, die räumlich verbunden war mit der neu-klassizistischen Schack-Galerie in Nummer 9. Hier war er wirklich daheim. Man spürte es bei den Kabinettssitzungen, bei den Fachbesprechungen im Kabinettssaal, aber auch bei den Einladungen in der Adventszeit, bei denen der Regierungschef manchmal persönliche Worte sprach und geistliche Texte verlas – «wie Berthold von Regensburg», meinten Bewunderer mit Staunen und leiser Ironie. (Goppel stammte aus Reinhausen bei Regensburg.) In der CSU-Parteizentrale dagegen, in der eisenhaltigen Luft der Lazarettstraße, verstummte Goppel oft mürrisch-widerwillig und verhielt sich eher passiv.

Wenn auch die Mehrzahl der Kabinettssitzungen routinemäßig ablief und wenig Überraschungen bot, so schlugen doch manchmal die Zeitereignisse kräftig gegen die stillen Wände der Prinzregentenstraße. Das betraf in den letzten Goppel-Kabinetten weniger die Bildungspolitik, wo die Konfrontationen der sechziger und siebziger Jahre nach der Verabschiedung des Hochschulgesetzes und des Lehrerbildungsgesetzes allmählich abklangen – eher waren es neue Streitfelder: die dynamische Wirtschafts- und Energiepolitik, mit der Otto Schedl und Anton Jaumann das über Jahrzehnte agrarisch geprägte Bayern aus seinen alten Abhängigkeiten zu lösen versuchten, die neue Umweltpolitik, geprägt durch Max Streibl und später Alfred Dick – und vor allem das ehrgeizige und schwierige Unternehmen der von Bruno Merk (Innenminister 1966–1977) in die Wege geleiteten Gebietsreform. In all diesen Fällen stand Goppel tapfer zu den Ministern und ihren Vorhaben, auch wenn sie in der Öffentlichkeit bekämpft und heftig angegriffen wurden. Auch mich unterstützte er bei meinem kulturpolitischen Gesetzes-Marathon nach Kräften – mochte er auch speziell beim Kindergartengesetz andere, konservativere Vorstellungen haben.

1972 warf die Olympiade helles Licht und tiefe Schatten auf München. Sie war in enger Absprache zwischen dem Münchner Oberbürgermeister Hans-Jochen Vogel – dem eigentlichen Initiator – und Alfons Goppel vorbereitet worden. Die Spiele begannen verheißungsvoll unter dem spektakulären Zeltdach Günter Behnischs im neuen, eigens für diesen Zweck erbauten Olympiastadion. Der Einzug der Mannschaften aus aller Welt bot ein überwältigendes, farbenbuntes Bild. Carl Orffs Einleitungsmusik variierte den alten englischen Sommerkanon «Summer is icumen in». Es war eine fast tänzerische Stimmung, ein Augenblick der Fröhlichkeit und Leichtigkeit. Doch dann erschütterten Schreckensmeldungen die Welt. Palästinensische Terroristen griffen die israelische Mannschaft an, nahmen elf Athleten als Geiseln, wobei zwei von ihnen sofort getötet wurden; alle anderen sowie ein deutscher Polizist und fünf Terroristen kamen bei einem gescheiterten Befreiungsversuch ums Leben. Zwar verkündete IOC-Präsident Avery Brundage nach einer halbtägigen Unterbrechung und einer Gedenkstunde im Olympiastadion den Beschluss des Internationalen Olympischen Komitees: «The games must go on» – die Spiele müssen weitergehen. Aber das «fröhliche Fest» war mit einem Mal begraben, die unbeschwerte Stimmung des Anfangs kam in den folgenden Tagen nicht mehr auf.

Im Kabinett erlebte ich das Nachspiel. Alfons Goppel berichtete, wie er vergeblich versucht hatte, in Kairo Anwar as Sadat zu erreichen, von dem man damals, zu Recht oder zu Unrecht, glaubte, er habe Einfluss auf die Palästinenser. Bruno Merk hatte sich, gleichfalls vergeblich, den Terroristen als Ersatzgeisel angeboten (ebenso wie Bundesinnenminister Hans Dietrich Genscher, der Münchner Polizeipräsident Manfred Schreiber, der NOK-Präsident Willi Daume und der Bürgermeister des Olympischen Dorfes Walther Tröger). Merk war über die abrupt einsetzende Kritik am deutschen Krisenmanagement verbittert: Hatten die Veranstalter nicht vor den Olympischen Spielen die Polizei gebeten, möglichst unsichtbar zu bleiben? Wollte man nicht bewusst jeden Anklang an den NS-Polizeistaat vermeiden? Und nun warf man der Polizei vor, sie habe nicht genügend Scharfschützen ausgebildet, habe keine Spezial-Einsatzkommandos für Anti-Terror-Einsätze trainiert. Bruno

Merk, ohnehin im Tag-und-Nacht-Einsatz erschöpft, war tief enttäuscht darüber, dass sich auch Franz Josef Strauß der Kritik anschloss – «der ewige Besserwisser!» grollte er.

Im Allgemeinen hielten die Goppel-Kabinette der Zeit von 1970–1978 nach innen und außen gut zusammen. Sie waren relativ homogen. Jeder Minister verfügte – nach Goppels Formulierung – über sein eigenes «politisches Bankkonto». Der Älteste im Kabinett (bis 1974) war der Justizminister Philipp Held, Sohn des langjährigen bayerischen Ministerpräsidenten Heinrich Held, die Jüngsten waren Max Streibl und ich. Anton Jaumann war 1970 Wirtschaftsminister geworden. Den Zugang zu dem strategisch wichtigeren Finanzministerium hatten Strauß und Huber ihm gemeinsam verwehrt. Zu Politikern mit «Dauerpräsenz» im Kabinett rückten im Lauf der Jahre auf: Hans Eisenmann (Landwirtschaft), Fritz Pirkl (Arbeit und Sozialordnung), Franz Heubl (Bundesangelegenheiten), Karl Hillermeier (später Innen-, dann Justizminister) – und eine starke Stellung hatte von Anfang an der energische, charakterfeste Schwabe Bruno Merk, in dem manche einen möglichen Nachfolger Goppels sahen. Mit Mathilde Berghofer-Weichner kam 1974 zum ersten Mal in der Geschichte Bayerns eine Frau ins Kabinett: bis 1986 als Staatssekretärin im Kultusministerium, danach als Justizministerin.

Die Statik der Ministerrunde veränderte sich, als Ludwig Huber im Februar 1972 – nach 15 Monaten «Karenzzeit» – als Finanzminister ins bayerische Kabinett zurückkehrte, nachdem Otto Schedl, Finanzminister seit 1970, sich mit 59 Jahren aufs Altenteil zurückgezogen hatte. Das löste bereits ein kleines Beben aus. Ein großes Beben entstand, als Huber im Kabinett Goppel IV, nach 1974, plötzlich als «Sparkommissar» auftrat und seinen Kabinettskollegen enge Daumenschrauben anlegte, obwohl sich die Finanzlage nicht dramatisch geändert hatte. Rigorose Abstriche reduzierten den finanziellen Spielraum der Ministerien auf ein Minimum. Das Streichkonzert betraf besonders den Kultushaushalt, der zu Zeiten des Kultusministers Huber aufs Doppelte gestiegen und in meiner Amtszeit weiter gewachsen war.

Bei den «Differenzpunktverhandlungen» mit Huber über den Haushalt – die mit Schedl waren ein reines Vergnügen gewesen und mit Sachkompetenz und Verständnis geführt worden – erkannte ich meinen alten Fraktions-Lehrmeister kaum wieder. Nutzte er die Gelegenheit, den in der Öffentlichkeit erfolgreicheren Nachfolger zu demütigen? Ich wehrte mich mit allen Kräften. Hubers Sparpaket kam am Ende nicht in allen Teilen durch. Aber unser persönliches Verhältnis war nach dieser Attacke dauerhaft getrübt. Zugleich standen wir plötzlich im Mittelpunkt der bayerischen Landespolitik – frei nach dem alten Vers: «Der Huber, der Maier und i». Ironisch schrieb die «Mittelbayerische Zeitung» vom 10. Januar 1976 in einem Rückblick auf 1975 über das «Jubelpaar des Jahres»: «Huber und Maier waren das meistdiskutierte Paar im bayerischen Kabinett. Daß sich am Ende der persönlichen Konfrontation zwischen ihnen ein Graben kühler Distanzierung aufgetan hat, tut ihrer Popularität keinen Abbruch.»

Viele erwarteten, dass Goppel nach der dritten Amtsperiode aufhören und einem Jüngeren das Feld überlassen werde. Doch der Ministerpräsident war noch keineswegs amtsmüde. Auch war seine Stellung in der Öffentlichkeit so stark, dass ihn niemand aus dem Amt drängen konnte, am wenigsten Franz Josef Strauß. In der CSU hatte sich eine Art Doppelspitze entwickelt, die viele Erwartungen befriedigte: Strauß der Mächtige, Goppel der Bedächtige, Strauß der heftig Voranstürmende, Goppel der im Hintergrund Sichernde und Bewahrende. Mit dieser Doppelspitze erstarkte die CSU im Land zu ungeahnter, später nie wieder erreichter Kraft. Bei der Landtagswahl 1974 überbot die Partei noch das gute Ergebnis von 1970, sie erhielt 62,1 % der Stimmen – nach einem Wahlkampf, bei dem die Köpfe von Goppel und Strauß einträchtig nebeneinander von den Plakatsäulen leuchteten. Als vier Jahre später Strauß ein um drei Prozentpunkte schwächeres Ergebnis einfuhr, tröstete Theo Waigel, wie er später (am 6. September 2005) im Münchner Presseclub erzählte, den über den vermeintlichen Wankelmut des Volkes Empörten mit dem vielleicht nicht bis zur Neige ernstgemeinten Satz: «1974 habt ihr gemeinsam, Du und Goppel, 62 % erreicht – und jetzt Du allein 59 %: Respekt!»

Gern trat Goppel gemeinsam mit Staatsoberhäuptern, Regierungschefs und Ministern aus vieler Herren Länder auf, mit politischer Prominenz, an der es im Reiseland Bayern nie fehlte. Hier konnte er sich auf die Verfassung stützen – auf den Art. 47, nach dem der Ministerpräsident Bayern «nach außen vertritt». Goppel nahm das – zum Ärger mancher Bundespräsidenten – sehr wörtlich, und so durfte bei Staatsbesuchen in München nach den Nationalhymnen immer auch die Bayernhymne erklingen, und der Ministerpräsident zeigte sich mit seiner Frau neben den ausländischen Staatsgästen in der Königsloge des wiederaufgebauten Nationaltheaters stolz dem Publikum. Das Echo in der Bevölkerung war groß und überwiegend positiv. Schaulust, ja öffentlicher Prunk waren dem Verwaltungsmann Goppel nicht fremd, er bejahte sie, er spielte auf diesem Instrument, weil er darin ein Mittel staatlicher Integration sah. «Der Staat muss Staat machen.» Zur Darstellung nach außen gehörte auch eine intensive Öffentlichkeitsarbeit. Ein Verhältnis zu Presse, Funk und Fernsehen zu entwickeln fiel Goppel nicht schwer, seine umgängliche, entspannte, selten polemische, nie aggressive Art fand Anklang. Freilich war dies noch die Zeit der Chef-Essen, der Vier-Augen-Interviews, der vertraulichen Informationen – noch nicht die des raschen Schlagabtauschs in großen Pressekonferenzen, des Wettlaufs um Bilder, der 20-Sekunden-Statements im Fernsehen, der simplifizierenden Wahlkampf-Spots. Goppel gehörte auch zu den ersten Regierungschefs, die – wie Konrad Adenauer – ihren Marktwert in regelmäßigen Abständen demoskopisch überprüfen ließen. Übrigens auch den der Kabinettskollegen: So erhielten Minister und Staatssekretäre von Zeit zu Zeit von ihm ihren Wert an der demoskopischen Börse auf Punkt und Komma schriftlich signalisiert – und reagierten meist verblüfft darauf wie eine Schulklasse bei der Zeugnisausgabe.

Die glücklichen, Goppel begünstigenden Umstände änderten sich jäh, als Franz Josef Strauß 1976 – frustriert durch eine lange Oppositionszeit in Bonn – nun doch, und zwar endgültig, die Liebe zum «schönsten Amt der Welt», dem Amt des Bayerischen Ministerpräsidenten, entdeckte. Wieder setzte im Kabinett ein «tektonisches Beben» ein – noch stärker als bei Hubers Wiedereintritt ins Kabinett im Jahr 1972. Goppel leistete längere Zeit hinhaltenden Widerstand gegen den Wunsch des Parteivorsitzenden – aber 14 Jahre eigener Regierung waren eine lange Periode, fast eine Rekordzeit, und die öffentliche Meinung stellte sich zumindest nicht einhellig gegen Strauß' Forderung. Als später, am 26. Mai 1977, zwei gewichtige Flügelmänner – Bruno Merk und Ludwig Huber – das Kabinett Goppel IV verließen, um in die Wirtschaft zu gehen, stand Alfons Goppel plötzlich ohne Deckung da.

Von Gustl Lang, dem CSU-Fraktionsvorsitzenden, erfuhr ich manches über die Verhandlungen zwecks Übergabe des Goppelschen «Erbhofs». Sie wurden eigenartigerweise nicht zwischen den beiden Kontrahenten direkt, sondern über den «Vermittler» Lang geführt, einen listenreichen Oberpfälzer, der eher Goppel als Strauß nahestand (auch Goppel hatte einen oberpfälzischen Stimmkreis). Lang klagte, es sei schwierig, zwischen Menschen zu vermitteln, die eine sehr dezidierte – und in vielen Punkten negative – Meinung voneinander hatten. «Für Strauß hat Goppel kein Verhältnis zur Macht – für Goppel hat Strauß kein Verhältnis zum Recht», sagte er. Schließlich kam ein Übergabe-Modus zustande. Die Kontinuität im Übergang wurde betont. Ein Teil der Kabinettsmitglieder sollte übernommen werden.

Aber Strauß wollte sichergehen. Bei einem Fraktionstreffen auf der Seiser Alm in Südtirol nahm er sich am 8. Oktober 1976 die potentiellen künftigen Kollegen und Mitarbeiter einzeln vor. Die Sache zog sich hin, bis in den Abend, in die Nacht hinein. Endlich, es war schon 2 Uhr nachts, war ich an der Reihe. Leider war Strauß zu dieser Zeit seiner Sinne nicht mehr mächtig. Er tobte und schrie. Abwechselnd attackierte er mich als «arroganten Professor» – und Marianne, seine Frau, attackierte meine Frau, die sich tapfer wehrte. Ich war schockiert. Es war ein böses Omen. Zeit zum Schlafen blieb keine mehr, denn ich musste am nächsten Morgen in Oberstdorf sein, wo (verspätet) des 100. Geburtstags von Gertrud von le Fort in dem nach ihr benannten Gymnasium gedacht wurde.

Was war geschehen? Auf der Fahrt von Südtirol nach Schwaben in Begleitung meiner Frau mit dem bewährten Fahrer Alois Lechner hatte ich Zeit zum Nachdenken. Natürlich hatten Strauß und ich in den vergangenen Jahren auch Meinungsverschiedenheiten gehabt, natürlich waren wir verschiedene Male aneinandergeraten. Das war fast unvermeidlich, die Reibungsfelder der Kulturpolitik waren ja groß genug – und auch Ludwig Huber war in seiner Zeit als Kultusminister öfter mit Strauß zusammengestoßen.

Verbittert war Strauß, als ich 1974 sein Veto gegen den Kunsthistoriker und Denkmalpfleger Michael Petzet, der neuer Generalkonservator des Bayerischen Landesamtes für Denkmalpflege werden sollte, nicht beachtete. Petzet war der weitaus Beste unter allen, die in Frage kamen – und dass er als Direktor des Lenbachhauses aus den Diensten der Landeshauptstadt, aus dem «roten München» kam und auch umstrittene Ausstellungen veranstaltet hatte, war für mich kein Grund, ihn nicht zu ernennen.

Beim Streit um die neue Lehrerbildung 1977 hatte sich Strauß fast provozierend auf die Seite Wilhelm Eberts gestellt – und nur mit Hilfe der CSU-Fraktion konnte ich das Gleichgewicht zwischen den einzelnen Schularten und den verschiedenen Lehrerverbänden wieder herstellen. – Auch über die berufliche Grundbildung wurde gestritten (wieder tauchte der Vorwurf der Verschulung auf!); über die Zukunft der überlieferten, von den bayerischen Königen gegründeten Behindertenanstalten gab es verschiedene Meinungen (konnte man sie nicht durch so etwas wie die «Pfennigparade» ersetzen, fragte Strauß – ich widersprach) – und ebenso brach immer wieder einmal Streit aus über Schulleiterernennungen, über Kunst und Künstler, Theaterspielpläne und Preisverleihungen (wobei ich oft gar keine Eingriffsmöglichkeiten hatte, aber am Ende in Strauß' Augen sogar für Eskapaden des Regietheaters und die in seinen Augen falsche Auswahl eines Preisträgers verantwortlich gemacht wurde).

Das alles war zwar ärgerlich, aber man konnte und musste es aushalten. Wo Politik war, da war auch Streit. Ich sagte zu allen Streitfragen immer offen meine Meinung – und hielt an meinem Grundsatz fest: in kulturpolitischen Fragen lag die Entscheidung bei mir. Ich hatte auch immer wieder erlebt, dass Strauß zurückwich, wenn man ihm hartnäckig widersprach. Einmal hatte er sich sogar bei mir für einen heftigen Angriff nach einiger Zeit entschuldigt: «Entschuldige bitte, es ist aus politischer Leidenschaft geschehen!»

Ende September 1973, beim Parteitag in München, war ich der CSU beigetreten. Niemand hatte mich dazu gedrängt, auch nicht Strauß. Aber mir war längst klar, dass man in einer Parteiendemokratie auf die Dauer nicht in der splendid isolation des Parteilosen verharren konnte: Man musste bei Entscheidungen mit am Tisch sitzen, musste – schon aus Informationsgründen – präsent sein bei den entscheidenden Vorstandssitzungen der Partei am Montagvormittag. Ich ging aufs Ganze: 1974 kandidierte ich für den Parteivorstand der CSU – und gewann. Bis 1979, ja bis 1987 belegte ich bei Vorstandswahlen unter den frei Gewählten stets den ersten Platz – mit nur zwei ehrenvollen Ausnahmen: 1981 drängten mich der hochgeschätzte Stefan Höpfinger, 1985 die gleichfalls hochgeschätzte Ursula Männle auf den zweiten Platz. Nun war ich nicht nur in der Fraktion, sondern auch in der Partei fest verankert. Auf Bitten Theo Waigels, des Vorsitzenden der Grundsatzkommission, wirkte ich auch am Grundsatzprogramm der Christlich-Sozialen Union mit. Der Abschnitt «Bildung, Wissenschaft, Kultur» trug im Wesentlichen meine Handschrift.

Strauß hatte meinen Parteibeitritt begrüßt, er hatte im Hofbräuhaus mit mir angestoßen. Auch in den folgenden Jahren war ihm – bei allem zeitweiligen Streit – bewusst, dass meine Mitgliedschaft in der CSU nicht nur mir selber Vorteile brachte. Sie stand auch symbolisch für eine Öffnung der Partei zu bisher «Fernstehenden» hin – Wissenschaftlern, Intellektuellen, Künstlern. Diese Öffnung war Strauß wichtig. Er machte sie zu seiner ganz persönlichen Sache. Insofern wusste er, was er an mir hatte. Drastisch sagte er einmal zu Karl Böck, der es mir weitererzählte: «Wenn Leute wie Maier weg sind, ist die CSU wieder eine Bierdimpfel-Partei.»

Rational betrachtet gab es also viele Dinge, die mich mit FJS verbanden: sein historischer Sinn, seine analytischen Fähigkeiten, seine politische Erfahrung – und psychologisch war mir sogar das Spontane, Heftige, Plötzliche seiner Natur, das «Keltische», wie ich es nannte, nicht gänzlich fremd. Vor allem eine Gabe faszinierte mich an ihm: sein ungewöhnliches, singuläres Redetalent, das von kunstreicher Rhetorik bis zu volkstümlicher Kraft und Derbheit reichte.

Diese Redegabe habe ich immer bewundert, seitdem ich erstmals – beim Streit über die «Europäische Verteidigungsgemeinschaft» im Deutschen Bundestag 1953 – den mir bis dahin unbekannten Abgeordneten Franz Josef Strauß in Freiburg am Radio reden, argumentieren, polemisieren hörte. Viele Strauß-Reden habe ich später unmittelbar als Ohrenzeuge aus der Nähe gehört. Strauß spielte Ball mit den Worten. Man konnte aus seinen Wortmeldungen ein ganzes Kapitel politischer Rhetorik zusammenstellen. Alles wechselte in rascher Folge: Schlagfertigkeit, Witz, Sarkasmus, Selbstironie – attisches Salz und homerischer Zorn. Sein Sprechtempo war enorm und brachte oft die Parlamentsstenographen in Verwirrung. Alles trug die Farbe des Augenblicks; man konnte es nicht nachmachen. Strauß verstand es, komplizierte Zusammenhänge zu verdeutlichen – durch Bilder, Beispiele, Vergleiche, Parabeln. Selbst spröde und schwierige Materien – Finanzpolitik, Verteidigung, Außenwirtschaftsprobleme – gewannen in seiner Darstellung Leben und Anschaulichkeit. Der Redner Strauß erfreute sein Publikum aber nicht nur durch Bildhaftigkeit und Witz, barocke Deftigkeit und Volksnähe – er mutete ihm auch schwierige Darlegungen, differenzierte Gedankengänge, weit ausholende historische Analysen zu. Der gelernte Altphilologe ging den Worten auf den Grund. Der Historiker befragte die Geschichte – nicht um aus ihr politische Rezepte zu holen, sondern um Klarheit zu gewinnen über die Forderung des Tages.

Das war erstaunlich – und es war selten. Der heutige Parlamentarismus bietet ja nicht mehr den natürlichen Nährboden für große Rednertalente. Auch im Deutschen Bundestag war die Kunst der politischen Rede nicht im Übermaß vorhanden. Ich schrieb später eine Würdigung des Redners Strauß und seiner politischen Rhetorik zu seinem 65. Geburtstag in der von Friedrich Zimmermann herausgegebenen Festschrift «Anspruch und Leistung. Widmungen für Franz Josef Strauß», Stuttgart-Degerloch 1980 – bis heute wohl die einzige ausführliche Analyse seiner Redekunst. Hans Georg Roth half mir beim Sammeln und Sichten der Zitate aus vier Jahrzehnten. Wenn ich Strauß im Originalton reden hörte, war ich nicht nur interessiert und persönlich angetan – ich war auch bereit, ihm vieles zu verzeihen; denn auch mir war – ich wiederhole es – das freie, direkte, ungeschminkte Wort ein Lebenselixier.

Das also war der rationale, der nüchterne, der analytische Strauß. Die meisten, die ihm begegneten, erlebten ihn so. Sie kannten ihn gar nicht anders. Aber es gab eben auch den anderen Strauß. Wehe, wenn plötzlich Emotionen, Wutausbrüche seine Intelligenz überschwemmten, seine Gelassenheit zerstörten. Dann konnte sich der hochbegabte Mann in Sekundenschnelle in ein zuckendes Bündel von Wut und Aggressivität verwandeln. Dann konnte seine Ratio für Momente regelrecht aussetzen. Bischof Kunst, der Bevollmächtigte des Rates der EKD am Sitz der Bundesregierung, mir wohlbekannt seit Jahren, erzählte eines Tages, wie er Strauß in der Kuba-Krise 1962 in Bonn handlungsunfähig in einem Gebüsch liegen sah. Das habe ihn von einem Moment zum andern aus einem Strauß-Fan zu einem Strauß-Gegner werden lassen. «Ich wusste plötzlich: Dieser Mann darf nicht Bundeskanzler werden.» Ähnliche Urteile über Strauß hörte ich – über die Familie Büchner in Freiburg – auch von Heinrich Krone, der Strauß in den fünfziger Jahren in Bonn aus der Nähe beobachtet hatte. Es war leider wahr: Dem ungewöhnlichen Mann fehlte, um das Höchste in der Politik zu erreichen, nicht die Leidenschaft, nicht die Intelligenz – aber das Maß, die Selbstbeherrschung.

Woran sollte man sich nun halten: an den rationalen, nüchternen Franz Josef Strauß – oder an den unberechenbaren, irrationalen, der plötzlich außer Rand und Band geraten konnte? Die Frage hatte mich schon am Vortag bewegt, bei der Fraktionstagung in Südtirol, bei einem langen Gespräch mit Bruno Merk. Wir wanderten gemeinsam über die Seiser Alm. Merk ging es damals nicht gut. Er hatte einen Hörsturz erlitten. Er war, wie er mir sagte, eisern entschlossen, nicht in ein Kabinett Strauß einzutreten. Eine Verständigung mit Strauß, eine kollegiale Zusammenarbeit mit ihm könne er sich nicht vorstellen, meinte er. Und er wusste schon, dass auch Ludwig Huber seine politische Laufbahn unter Strauß nicht fortsetzen werde. Seltsam, dass die beiden Rivalen Merk und Huber die Lage nach dem Ende der Ära Goppel ganz ähnlich einschätzten und zu gleichen Schlüssen kamen. Von der CSU-Fraktion wurden sie übrigens am 15. Juni 1977 gemeinsam in einer kleinen Feier verabschiedet.

Ich war jünger, ich war kürzer in der Politik als Merk und Huber – sehr viel kürzer als Goppel. Sollte ich ihnen folgen? Oder sollte ich es, nach acht Jahren guter Zusammenarbeit mit «Don Alfonso», auch mit seinem Nachfolger, dem Bayernherrscher Strauß, versuchen? Ich schwankte, ich wog die Vorteile, die Nachteile ab. Schließlich siegte wiederum – wie schon bei meinem Eintritt in die Politik – die Neugier. Musste man nicht das Experiment Politik, wenn man sich einmal darauf eingelassen hatte, auch zu Ende führen, selbst unter erschwerten Bedingungen? Und war es nicht wichtig, die begonnene kulturpolitische Arbeit auch in der Zeit nach Goppel fortzusetzen und abzuschließen?

Der nächtliche Streit in Südtirol war nicht der letzte Zusammenstoß mit Franz Josef Strauß. Am 19. November 1976 hatte die Landesgruppe der CSU im Deutschen Bundestag bei einer Klausurtagung in Wildbad Kreuth mit Mehrheit beschlossen, die traditionelle Fraktionsgemeinschaft mit der CDU im Deutschen Bundestag zu beenden. Stand nun eine Ausdehnung der CSU auf das ganze Bundesgebiet bevor? Einige Gruppen in der Partei, auch Strauß, hofften es, sie hofften auf diese Weise, zu einer Form von Opposition zu kommen, die schlagkräftiger war als die bisherige – nach dem Motto: getrennt marschieren, vereint schlagen.

Die Rechnung war freilich ohne den Wirt gemacht. Denn die CSU im Bund, das bedeutete natürlich auch: die CDU in Bayern. Helmut Kohl als CDU-Vorsitzender hatte in dieser Hinsicht bereits vorgesorgt. Die CDU stand zum «Einmarsch» in Bayern bereit. Wäre sie tatsächlich angetreten, so hätte die CSU wohl ihre absolute Mehrheit im Freistaat sofort und dauerhaft verloren. Vor diesem drohenden Szenario wich Strauß zurück. Am 12. Dezember, kaum einen Monat nach dem Beschluss, wurde «Kreuth» – der Name hatte inzwischen Symbolcharakter – wieder zurückgenommen.

Ich war von Anfang gegen dieses Unternehmen, das mir gefährlich, ja am Ende selbstmörderisch für die CSU zu sein schien. Man konnte doch mit bloßem Auge sehen, dass eine bayerische CDU in Franken, in Schwaben, sogar in Teilen Altbayerns erhebliche Chancen hatte. Außerdem wusste man aus Erfahrung: Nichts wirkt so zerreißend, nichts hinterlässt so tiefe Wunden wie ein Bruderkampf zwischen Schwesterparteien. Im Landesvorstand argumentierten vor allem die Schwaben Bruno Merk und Anton Jaumann in diesem Sinne – ich schloss mich ihren Bedenken an. Dieter Hanitzsch stellte uns in einer Karikatur in der «Abendzeitung» nebeneinander als Opponenten gegen «Kreuth» dar, die von Strauß mit der Faust «in den Boden gespitzt» wurden; nur unsere Beine und Schuhe ragten noch aus der Erde.

Inzwischen warf schon das Wahljahr 1978 seine Schatten voraus. Nachdem ich acht Jahre Regierungsmitglied war, aber nach wie vor nicht dem «Haus», dem Parlament, angehörte, war es höchste Zeit, dass ich mich um ein Abgeordnetenmandat bemühte. Landrat Hans Zehetmair versuchte mich für Erding zu gewinnen – doch Max Streibl als Bezirksvorsitzender, mir sonst gewogen, winkte ab: Er habe, sagte er, schon zu viel Prominenz in seinem oberbayerischen «Teich». Da ergab sich plötzlich eine Chance in Schwaben. Durch den totalen Rückzug Bruno Merks aus der Politik – er legte auch sein Abgeordnetenmandat nieder – wurde sein Günzburger Stimmkreis für eine Neubesetzung frei. Auf seine Aufforderung hin – Theo Waigel, der Günzburger Landrat Georg Simnacher und andere schlossen sich an – griff ich zu. Ich wurde gewählt. Fortan war ich politisch «Schwabe» und nahm in der CSU-Fraktion am Tisch der Schwaben Platz.

In Ichenhausen fand ich mit Hilfe des Kreisrats Moritz Schmid, eines verdienten Bauunternehmers, der in der Nazizeit mitgeholfen hatte, die kostbare Dossenberger-Synagoge vor der Zerstörung zu retten, eine Zweitwohnung. Sie lag im Dachgeschoss über dem Kindergarten der Stadt, ganz nahe beim Oberen Schloss, mit weitem Blick ins Günztal. Fast jede Woche war ich nun in meinem Stimmkreis, nahm am Landkreisgeschehen teil, feierte Feste und Gedenktage mit – zehn Jahre lang. Ich lernte kräftig nach, lernte das «kleine Einmaleins» der Politik, vor allem jene Dinge, die außerhalb der Schulen, Hochschulen, Künste lagen: Finanzen, Verkehr, Bauwesen, Landwirtschaft. In einem bäuerlich geprägten Stimmkreis musste man für die Diskussionen beim politischen Frühschoppen am Sonntagmorgen auch über die Brüsseler Milchquoten-Regelungen Bescheid wissen. Zum Glück konnte ich in Zweifelsfällen meine Verwandten am Oberrhein fragen – unter ihnen noch immer einige Vollerwerbsbauern mit Erfahrung und kundigem Rat.

Der wöchentliche Wechsel von München, wo unsere Kinder zur Schule gingen, nach Mittelschwaben, wo ein Gutteil der schwäbischen politischen Prominenz wohnte – Theo Waigel, Georg Simnacher, Karl Kling, Hans Berkmüller, Alfred Sauter, Johannes Schropp –, war anstrengend, aber politisch ergiebig und hilfreich. Mit einem Stimmkreis im Rücken konnte ich den Auseinandersetzungen der kommenden Zeit gelassener ins Auge sehen als in der Rolle des «Einzelkämpfers» wie bisher.

Die Landtagswahl kam rasch herbei – mit dem schon erwähnten Ergebnis. Es war vorzüglich, wenn es auch nicht mehr an Goppels Rekordzahlen heranreichte. Franz Josef Strauß wurde zum Bayerischen Ministerpräsidenten gewählt und bildete am 7. November sein erstes Kabinett. Die Rolle war neu für ihn: Er war ja immer Bundespolitiker gewesen, ein Mann der internationalen Politik mit weit ausgreifenden Interessen. Die Jahre der Opposition seit 1969 hatte er dazu benutzt, in vielen Weltreisen fast alle Potentaten dieser Erde persönlich kennenzulernen. Seine Personenkenntnis war stupend, und an Kenntnis der politischen Geographie rund um den Globus kamen ihm nur wenige gleich. Und nun plötzlich Landesvater in Bayern? Ich vergesse nicht die Blicke, mit denen Strauß 1978 die niedere Decke des CSU-Fraktionssaals im Münchner Maximilianeum mit den Augen maß: Das war ihm alles zu klein, zu eng – obgleich er die Landesrolle im Lauf der Zeit mit seiner massigen Gestalt prall ausfüllte. Doch am Ziel seiner Wünsche war er mit dem Ministerpräsidentenamt in München keineswegs.

Zu meinem Erstaunen erhielt ich wenige Tage später meine erneute Berufung zum Kultusminister – zusammen mit einem Brief, in dem ermunternde, mahnende und leise drohende Töne kunstvoll ineinander verwoben waren. Die Dinge nahmen ihren Lauf. Die erste Kabinettssitzung mit Strauß wurde fällig – und sie verlief unerwartet friedlich und gelassen.

Denke ich an die acht Jahre mit Strauß zurück und vergleiche ich sie mit der gleich langen Goppel-Zeit, so fallen deutliche Unterschiede ins Auge. Zum einen änderte sich der persönliche Stil. Während Goppel bei Kabinettssitzungen nicht viel gesprochen hatte und gleich zur Sache gekommen war, um dann den zuständigen Ministern das Wort zu überlassen, leitete Strauß die Sitzungen meist mit längeren Ausführungen zur politischen Lage ein, die sich keineswegs auf die Landespolitik und die Bundespolitik beschränkten. Internationale Politik, strategisch-technologische Fragen, Weltwirtschaftsprobleme, geopolitische Analysen standen im Vordergrund. In die sachlichen Bemerkungen streute der Ministerpräsident Persönliches ein: Erinnerungen und Zitate, Anekdoten und Porträts. Das war meist spannend, oft amüsant, ich habe von diesen Ausführungen – manchmal richtigen kleinen Kollegs – eine Menge gelernt. Aber nach einiger Zeit sah man, wenn man an die lange Tagesordnung dachte, doch besorgt auf die große viereckige Uhr in der Mitte des Kabinettstischs.

Zweitens veränderte sich die Herangehensweise. Hatte Goppel, der Verwaltungsmann, immer eine – schon vorhandene oder neu zu schaffende – Ordnung als Ziel vor Augen, so fehlte eine derartige «staatliche» Perspektive bei Strauß fast gänzlich. An ihre Stelle trat eine leidenschaftliche, hoch engagierte Parteinahme für den einzelnen Bürger – auch und gerade dort, wo dieser mit der Verwaltung im Streit lag. Der Ministerpräsident trat bei Konflikten kaum je als Haupt der Verwaltung auf. Fast immer gab er sich als Ombudsmann der Bürger. Manchmal führte er sogar höchstpersönlich die Opposition gegen die eigene Regierung und Verwaltung an. Ich vermutete, dass sich diese Ombudsmann-Perspektive in den langen Jahren der Opposition in Bonn gebildet hatte, in der sich viele Bürger mit Bitten an den Abgeordneten Strauß gewandt hatten, der im Einzelfall zu helfen versuchte – ohne dass eine Verwaltung die Stichhaltigkeit der Bitten überprüfte und ohne dass der Helfende sich gedrängt fühlte, zu bedenken, welche Präzedenzwirkungen sein Tun für künftige Entscheidungen hatte.

Drittens: Strauß war alles andere als ein Generalist. Seine Welt waren die Einzelfälle. So rückten in den Tagesordnungen seiner Amtszeit die «Anregungen und Informationen» (A + I) – eine schon von Goppel eingeführte Kategorie – immer mehr in den Vordergrund der Kabinettsberatungen. Was ursprünglich als Beigabe und Ergänzung gedacht war, gewann allmählich zentrale Bedeutung. Denn an solchen Einzel-

Der Landesvater: Alfons Goppel 1971 bei der Verleihung des Bayerischen Verdienstordens (in der Mitte der Kapuzinerpater Manfred Hörhammer, Mitbegründer der Pax-Christi-Bewegung)

Ein Hauch von Vergeblichkeit: der Bayernherrscher Franz Josef Strauß

fällen, die ihm in Briefen, Gesprächen, Telefonaten zugetragen wurden – und dem Umgang der Verwaltung mit ihnen – konnte der Ministerpräsident die Ministerien und die Minister, ihr vermeintliches Fehlverhalten, ihren Bürokratismus, kurz ihr Versagen im Kabinett regelrecht «vorführen». Gewohnheit, Tradition, die Sorge um Gleichbehandlung, das Vermeiden von Präzedenzwirkungen – alle die alten ehrwürdigen Grundsätze der bayerischen Verwaltung spielten plötzlich keine Rolle mehr. Wer sich darauf berief, wurde verhöhnt. Nein, ein «Staatsfreund» im Sinne Schillers war Strauß nicht – eher war ihm die in Bayern seit jeher populäre Rolle des «starken Anarchen» auf den Leib geschrieben.

Viertens (und das ergab sich fast zwingend aus Punkt drei): Der Ministerpräsident wollte alles (oder vieles) selber machen. Manchmal vertiefte er sich tatsächlich verblüffend genau und gründlich in die Problemlagen des einzelnen Ressorts – aber auch ohne eine solche Vertiefung wollte er überall unmittelbar und in allen Einzelheiten mitreden. Selbst in interne Abläufe der Ministerien griff er ein. Arbeitsökonomie und Arbeitsteilung waren ihm in dieser Hinsicht ganz fremd. Ich erinnere mich noch, wie er förmlich explodierte, als Wilhelm Vorndran, Staatssekretär der Justiz, ihn einmal vorsichtig daran erinnerte, dass der Chef sich doch unmöglich um alles und jedes kümmern konnte; er zitierte das römische «Minima non curat praetor». Strauß ließ das nicht gelten.

Scherzhaft sagte ich einmal zu ihm – in einem Moment, in dem er ein wenig gelockert und ansprechbar war: «Du kommst mir vor wie ein Dirigent, der nicht nachhaltig probt, übt, wiederholt und korrigiert, sondern der bei Fehlern sofort abklopft und sich auf den Platz des Oboisten (Cellisten, Geigers, Paukenisten) setzt, um ihm zu zeigen, wie man richtig spielt – bis am Ende das ganze Orchester frustriert ist.» Er lachte und schwieg. Ob er geahnt hat, dass die Stärke seines Vorgängers gerade im «Durchdirigieren» – bei Wahrung der Selbständigkeit der einzelnen Orchestergruppen – lag? Goppel usurpierte als «Dirigent» nie den Platz des einzelnen Instrumentalisten. Er vertraute darauf, dass jeder Mitspieler selbst mit der Zeit lernte, Fehler zu vermeiden – nicht weil der Chef es hinterher ahndete, sondern weil die Mitmusiker es schon beim Spielen hörten und kritisch korrigierten.

Am tiefsten schnitt ein fünfter Eingriff in die herkömmliche Verwaltungstradition ein: Unter Strauß ging die Staatskanzlei immer stärker dazu über, die Ministerien von der Zentrale aus zu steuern, sie oft regelrecht zu gängeln. Der Beamtenapparat der Staatskanzlei wuchs an, die zentralen Organe wurden ausgebaut, die Ressorts wurden immer strenger überwacht, kontrolliert, mit ständigen Auskunfts- und Berichtspflichten überzogen. An die Stelle des Austauschs mit den Ressorts trat mehr und mehr ein Einweg-Verkehr. Zunehmend trachtete die Staatskanzlei danach, auch die Verwaltungsspitzen der Ministerien selbst zu bestimmen – und damit interne Aufstiegswege der Ämter zu blockieren. Das alles trug keineswegs zu einem gesteigerten Eifer in der Gesamtverwaltung bei, ganz im Gegenteil: es erzeugte vielmehr einen Defensivgeist, der zur Verlangsamung, zur Abnahme der Risikobereitschaft, im schlimmsten Fall zum Stillstand führte. Man ging auf Nummer sicher; die Devise lautete anfangs: «Nur nichts falsch machen!» und hieß am Ende: «Keine Bewegung bitte!» Unter den Argusaugen der zentralen Aufsicht erstarrten viele Initiativen, die unter normalen Umständen von risikobereiten, unternehmungslustigen Einzelnen – und die gab es in der qualifizierten bayerischen Verwaltung zuhauf – ausgingen.

Heute wundere ich mich nicht mehr, dass die drei Kabinette Strauß – aufs Ganze gesehen – im Land weit weniger bewegt haben als die vier Kabinette Goppel. Der Main-Donau-Kanal blieb Fragment, zumindest zu Lebzeiten von Strauß; die atomare Wiederaufarbeitungsanlage in Wackersdorf wurde später wieder aufgegeben. Nur der Flughafen München und die Deutsche Airbus GmbH kamen voran. Es lag nicht nur an der kürzeren Dauer der Ära Strauß, es fehlte in dieser Zeit vor allem die Gelassenheit, die Offenheit für Initiativen, die von außen kamen, die kollegiale Ermunterung und Motivation, die Goppels Stärken gewesen waren.

Das «System Strauß» – das ich hier ein wenig typisierend schildere – bildete sich freilich erst allmählich heraus. Erst einmal musste sich sein Urheber in die Einzelheiten der Landespolitik einarbeiten, die ihm bisher eher ferngelegen hatten. Das brauchte Zeit. Außerdem war die CSU-Fraktion in der Zeit des Kabinetts Strauß I noch keineswegs «auf Linie» gebracht worden: Unter Gustl Lang bildete sie eher ein Gegengewicht zur Staatsregierung und ihren immer stärker zentralisierenden Tendenzen. Eigendynamik entwickelte das «System Strauß» erst, als es, gestützt auf folgsame, vom Parteivorsitzenden selbst ausgewählte Mitstreiter, «selbsttragend» zu funktionieren begann – und das bereitete sich vor in der Zeit, in der Edmund Stoiber als Generalsekretär amtierte (ab 1978), und wurde definitiv, als Gerold Tandler den Fraktionsvorsitz übernahm (1982).

Trotz alledem: Man konnte politisch auch unter widrigen Umständen einiges erreichen, wenn man Strauß' historischen Nerv traf. Diese Erfahrung machte ich gleich zu Anfang seiner Regierungszeit. Für seine Regierungserklärung hatte FJS von den Ministerien Vorschläge erbeten. Ich schlug nur einen einzigen Punkt vor: die Wiederherstellung des von König Max II. geschaffenen Maximiliansordens. Das Echo bei den anderen Ministerien war verhalten, eher ablehnend; selbst das eigene Haus reagierte nur lau. Aber Strauß griff meinen Vorschlag in der einschlägigen Kabinettssitzung engagiert auf – und so trat der Maximiliansorden, der seit der Zeit des Nationalsozialismus praktisch nicht mehr existierte, 1980 erneut ins Leben. Es war ein Stück bayerischer Eigenstaatlichkeit, ein kulturelles Gegenstück zum friderizianischen Orden Pour le mérite. Auch dass das Historische Kolleg in München – 1980 von Stiftungen gegründet – in der Kaulbach-Villa seinen endgültigen Platz fand, ging auf meine Initiative zurück – und auch hier fand ich, als es um die Wiederherstellung des historischen Baus ging, sofort den Zuspruch von Franz Josef Strauß. Ohne seine Hilfe wäre es kaum gelungen, den Widerstand des Finanzministeriums zu überwinden, das andere Verwendungen im Auge hatte.

In all diesen Jahren legte sich die Bundespolitik immer wieder als mächtiger Schatten über die bayerische Landespolitik. Als CSU-Vorsitzender, als Gegner von Willy Brandt und Helmut Schmidt, als Rivale des CDU-Vorsitzenden Helmut Kohl war Franz Josef Strauß in das Bonner Tun und Treiben Tag für Tag involviert – ganz anders als der «Landesvater» Goppel, der sich im Großen und Ganzen bei seiner Politik mit dem bayerischen Revier begnügt hatte.

Im Oktober 1980 bot sich für Strauß, der inzwischen das 65. Lebensjahr erreicht hatte, die Chance der Kanzlerschaft in Bonn. Am 2. Juli 1979 hatten ihn die CDU/CSU-Bundestagsabgeordneten in einer (Probe)-Abstimmung gegen den von Helmut Kohl favorisierten niedersächsischen Ministerpräsidenten Ernst Albrecht als Kanzlerkandidaten auf den Schild erhoben. Die SPD – und besonders die FDP – freuten sich über diese Kandidatur. Strauß' bullige Gestalt bot beiden Parteien ein dankbares Gegenüber, ein attraktives Feindbild. Gegen den unruhigen Bayern, der mühelos die Pfeile der Kritik auf sich zog, war leichter zu streiten als gegen den minder polarisierenden, vorsichtiger argumentierenden Pfälzer Helmut Kohl.

Der Wahlkampf wurde eine Schlammschlacht. Verwiesen die einen auf die Gefahren des Linksterrorismus, der Deutschland in den siebziger Jahren erschüttert hatte, so malten Schmidt und Genscher die Gefahren der «Alleinherrschaft» einer Partei – oder eines einzigen Mannes – an die Wand. Am Ende reichten die Wählerstimmen für Strauß nicht aus. Die Regierung Schmidt/Genscher wurde bestätigt. Freilich nicht für lange Zeit: Nach kaum zwei Jahren, im September 1982, brach die sozialliberale Koalition auseinander, und Helmut Kohl wurde zum neuen Bundeskanzler gewählt.

Ich hatte bereits 1976 zu Kohls Wahlkampf-Mannschaft gehört – als künftiger Minister für Bildung und Wissenschaft im Falle eines Wahlsiegs. 1980 war ich in der gleichen Eigenschaft Mitglied in Strauß' Schattenkabinett. Aus dem Wahlkampf habe ich einen ungewöhnlich frostigen, unlustigen, unfreundlichen Strauß in Erinnerung. In öffentlichen Kundgebungen, auf Pressekonferenzen überspielte er seine Unlust zwar; aber bei internen Besprechungen der «Mannschaft» trat sie offen zu Tage – so sehr, dass manchmal sogar die Treuesten der Treuen unter den CDU-Schattenministern – Gerhard Stoltenberg und Manfred Wörner – völlig ratlos waren. Er grollte, er schrie, er verließ plötzlich die Sitzung, er beschimpfte die CDU-Kollegen wegen ihrer «Weichheit» und «Nachgiebigkeit». Hatte Strauß am Ende gar keine Lust, nach Bonn zu gehen? Oder sah er als Realist die unvermeidliche Niederlage voraus – und die anschließende Schwächung seiner Position im Bund und in der Union?

Schon damals beherrschte der Gegensatz Kohl-Strauß alle Abläufe in der Unionspolitik; bei jedem Gespräch in München wie in Bonn stieß man auf die Spuren dieser kaum je öffentlich erklärten Fehde; es war ganz unmöglich auszuweichen, man wurde in den Streit hineingezogen. Ich kannte Kohl seit den sechziger Jahren. Schon bevor ich in die Politik ging, war er in meinem Münchner Seminar als Referent zu Gast gewesen.

In Deidesheim, bei den legendären abendlichen Treffen mit Saumagen, Pfälzer Wein und anschließenden nächtlichen Gesprächen, hatte ich ihn mehrfach viele Stunden aus der Nähe beobachten können, in einem Kreis, dem verschiedene «Granden» aus Politik und Publizistik – Eugen Gerstenmaier, Richard von Weizsäcker, Gerhard Stoltenberg, Bernhard Vogel, Günter Gaus, Ludolf Hermann – angehörten. Kohl hatte mich bereits in meiner Bildungsrats-Zeit in seinen Deidesheimer Kreis eingeladen, nachdem er sich mit dem damaligen bayerischen Kultusminister Huber, der gleichfalls kurze Zeit zu Gast gewesen war, zerstritten hatte – es waren die üblichen Reibungen zwischen CDU und CSU. Der Kohl von damals, groß, schlank, mit katzenhaftem Gang, verfügte, wie ich staunend feststellte, über eine unerschöpfliche physische Ausdauer und eine stets gegenwärtige subtile Kenntnis aller Einzelheiten der deutschen und internationalen Politik; einmal verblüffte er nach Mitternacht den Kreis, indem er eine wichtige UNO-Resolution zum Nahen Osten wörtlich aus dem Gedächtnis zitierte. Er brachte es auch fertig, frühmorgens vor den Zimmern der längst zu Bett gegangenen norddeutschen CDU-Prominenz mit seinen verbliebenen Mainzer Getreuen fröhlich-provozierend die «Internationale» zu singen.

Kohl betrieb Politik wie ein Geländespiel – mit bubenhaftem Vergnügen, mit diebischer Freude, wenn ein Streich gelang. Er vertraute auf seine Jugend. Als Strauß ihn in den siebziger Jahren mehrfach ungerecht und unflätig angriff, reagierte er gelassen. Zu Vertrauten sagte er mit leisem Zynismus (sonst bei ihm nicht üblich), das Problem Strauß werde sich eines Tages biologisch ganz von selbst erledigen.

Als dann Strauß in den achtziger Jahren seine Abneigung zügeln und ein wenigstens geschäftsmäßiges Verhältnis zu Kohl entwickeln musste – die Rede von der «Männerfreundschaft» kam auf, man traf sich zu gemeinsamen Spaziergängen in der Eifel und anderswo –, da kommentierte Kohl das aktuelle Befinden des früheren Radsportlers und späteren aktiven Fliegers Strauß mir gegenüber unbarmherzig mit den Worten: «Der Strauß? Ein ganz schwacher Läufer!» Kohl konnte warten. Er war jünger und verfügte als rheinischer Fürst und unverdrossener Parteiarbeiter über die stärkere, wenn auch minder geschlossene Truppe – und er verfolgte seine Ziele mit einer Gleichmäßigkeit und Ausdauer, die dem genialischen, aber sprunghaften Älteren fremd war. (Lange Zeit, ehe sich das «System Strauß» endgültig etablierte und verfestigte, ging in der bayerischen Verwaltung der Spruch um: «Kontinuität hält der nicht aus.»)

So blieb Strauß bis zuletzt in München, immer wieder sarkastisch das Zeitgeschehen glossierend, manchmal grimmig an seinen Ketten rüttelnd – und unberechenbar die Kreise der Regierung Kohl/Genscher störend. Er hatte in der deutschen Nachkriegspolitik vieles, aber nicht alles erreicht – nicht das, was er sich vorgenommen hatte. Strauß blieb bis zum Ende das, was Kohl relativ früh hinter sich gelassen hatte: ein Landesfürst. Was wäre wohl geschehen, «wär er hinaufgelangt», hätte er den Weg in die Spitze der Bundespolitik gefunden, wie er es zeitlebens erstrebte? Das bleibt Gegenstand von Spekulationen. Ein Hauch von Vergeblichkeit umgibt diesen hochbegabten, vitalen, vor Energie fast berstenden Mann, der mir immer als eine urbayerische Figur erschienen ist und dem doch eines ganz fremd war: die große bayerische Ruhe.

Die letzten Jahre, die ich mit ihm erlebte, von 1982 bis 1986, im Kabinett Strauß II, waren schwierig, oft quälend. Politisch gelang ihm nicht mehr alles so wie früher. Sprunghafte Manöver wie die Vermittlung eines Milliardenkredits an die DDR 1983 stießen auch innerparteilich zunehmend auf Kritik. Ein Schicksalsschlag traf ihn tief: der Tod seiner Frau bei einem Autounfall bei Kreuth am 22. Juni 1984.

Zunehmend schirmte er sich ab gegen kritische Stimmen. Er wurde noch empfindlicher, als er schon früher gewesen war. Schon im Bonn der fünfziger Jahre hatte man Adenauer den «dünnen Dickhäuter», Strauß dagegen den «dicken Dünnhäuter» genannt. Unser persönliches Verhältnis wurde schwierig. Allmählich, das spürte ich, ging auch der Rest der Narrenfreiheit verloren, den ich in guten Zeiten immer bei ihm hatte. Der Mann war ein Denkmal geworden, das man nicht mehr anrühren durfte. Das hatte ich schon früher gemerkt: Als ich es 1981 wagte, einen Artikel im «Bayernkurier» zu kritisieren, in dem einer anderen Zeitung, dem «Münchner Merkur», wegen abweichender Meinungen offen gedroht wurde, nahm Strauß' Umgebung das als einen Angriff auf den «Großen Vorsitzenden» selbst. Man zweifelte ernstlich an meinem Verstand. «Bist du eigentlich noch ganz dicht?», sagte einer, der mir sonst durchaus wohlgesinnt war. «Weißt du nicht, wo die Glocken hängen? Weißt du nicht, wo Gott wohnt?»

Aber bevor ich von diesen letzten Zuspitzungen erzähle, die dann schließlich zum Ende meiner politischen Laufbahn führten, muss ich noch von etwas anderem berichten, nämlich vom Zentralkomitee der deutschen Katholiken. Ihm gehörte ich bereits seit 1969 als Mitglied an. 1976 – im Jahr der Zusammenstöße mit Strauß auf der Seiser Alm und wegen Kreuth – wurde ich zum Präsidenten gewählt. Vorher war Bernhard Vogel als rheinland-pfälzischer Kultusminister Präsident gewesen. Als neuer Regierungschef in Mainz und Nachfolger Helmut Kohls konnte er das Amt nicht weiterführen. Zwölf Jahre lang war ich Präsident des ZdK und vertrat damit die größte Organisation der katholischen Laien in der Bundesrepublik.

Fünf Katholikentagen stand ich vor – Freiburg, Berlin, Düsseldorf, München, Aachen. Das «Katholikenzeugl» – so Strauß' verdrossenbrummiger Ausdruck für mein Amt – lag dem Ministerpräsidenten kräftig im Magen, ich erfuhr es bald. Er konnte mit dem «Sprecher der deutschen Katholiken» (Otto B. Roegele) nicht einfach so umspringen wie mit anderen Kabinettsmitgliedern. Er musste Rücksicht nehmen. War es am Ende vielleicht sogar nützlicher für ihn, mich drinnen, in der Kabinettsdisziplin, zu haben als draußen im «Freigelände», wo der eigene Einfluss endete?

25. Im Zentralkomitee der deutschen Katholiken

«Katholikentage waren manchmal aufregend.
Aber erst die Katholikennächte!»

Das Zentralkomitee der deutschen Katholiken war eine altbewährte Einrichtung – über hundert Jahre alt, aber unvermindert aktiv. Es war der Dachverband der katholischen Verbände, eine Vereinigung der vielen Laienorganisationen und -aktivitäten, die sich im Lauf der Zeit entwickelt hatten: angefangen von den klassischen Männer-, Frauen- und Jugendverbänden bis zur Gemeinschaft Katholischer Soldaten, dem Bund Katholischer Unternehmer, der Katholischen Arbeiternehmer-Bewegung, der katholischen Elternschaft, dem Cäcilienverein, dem Caritasverband, dem Kolpingwerk, Misereor, Pax Christi – man kam beim Blättern in der langen Liste der Mitglieder kaum an ein Ende. Das ZdK war ein getreues Abbild der pluralistischen Gesellschaft, wie sie sich in neuerer Zeit auch innerhalb der Kirche herausgebildet hatte. Meist verwendete man für dieses weite Feld gesellschaftlicher Aktivitäten den Ausdruck «Katholizismus».

Beim hundertsten Geburtstag des ZdK im Jahr 1968 flackerte kurz eine Diskussion über den Namen Zentralkomitee auf. Passte ein solches Wort noch in die Gegenwart? Musste man dabei nicht immer an die Zentralkomitees der Kommunisten denken, an einen Funktionärs-apparat? Doch nach einigen Debatten entschied man sich dafür, es bei der überlieferten Bezeichnung zu lassen. Denn der Name Zentralkomitee verband die deutschen Katholiken mit der bürgerlichen Bewegung des 19. Jahrhunderts, mit der Bildung von Vereinen, Verbänden, Genossenschaften, die oftmals in Lokalkomitees und Zentralkomitees gegliedert waren. Es war ein wichtiges und verpflichtendes Stück Geschichte – auch wenn sich das Zentralkomitee der deutschen Katholiken in der Gegenwart vorsichtshalber nicht «ZK» abkürzte wie die Zentralkomitees in Moskau oder Ostberlin, sondern «ZdK».

Noch älter als das Zentralkomitee waren die Katholikentage. Sie gingen auf das Revolutionsjahr 1848 zurück. Damals trat vom 3.–6. Oktober 1848 im Kurfürstlichen Schloss in Mainz die erste Versammlung der katholischen Vereine, der erste Katholikentag, zusammen, und es konstituierte sich – in Anlehnung an die irische «Catholic Association» – der «Katholische Verein Deutschlands» als zentrale Institution. Wenig später wagten sich auch die deutschen Bischöfe erstmals aus der einzelstaatlichen Deckung im Deutschen Bund heraus. Sie hatten vorher untereinander kaum Kontakt, durften sich nicht zu Konferenzen treffen, mussten für ihre Anordnungen vielfach das landesherrliche Placet einholen. Auf Initiative des Kölner Erzbischofs Johannes von Geissel und unter dem Vorsitz des Primas Germaniae, des Salzburger Kardinals Friedrich Fürst zu Schwarzenberg, hielten sie in Würzburg die erste – und für lange Zeit einzige – gesamtdeutsche Bischofsversammlung ab, vom 22. Oktober bis zum 16. November 1848 – 42 Jahre nach dem Ende des Alten Reiches im Jahr 1806.

Die Laien und ihnen folgend die Bischöfe stellten mit diesen Versammlungen die seit 1806 verlorene öffentliche Repräsentation der katholischen Kirche wieder her. Diese war in den Staaten des Deutschen Bundes von Anfang an durch staatliche Aufsichtsrechte gefesselt und durch territoriale Abgrenzungen zerstückelt worden. Während aber die Bischofsversammlungen rasch wieder verschwanden und erst nach 1867 als kleindeutsche Bischofskonferenzen wieder auflebten – Grund war das römische Misstrauen gegen deutsche «nationalkirchliche Bestrebungen» –, bestanden die Katholikentage in mehr als hundertjähriger, nur durch den Nationalsozialismus unterbrochener Folge fort. Öffentlich sichtbar als eigenständige gesellschaftliche Größe war die katholische Kirche in Deutschland im 19. und 20. Jahrhundert hauptsächlich durch die Katholikentage. Sie inspirierten nach dem Zweiten Weltkrieg auch die Evangelische Kirche zu ähnlichen Manifestationen: 1949 entstand der «Deutsche Evangelische Kirchentag» als Einrichtung in Permanenz. Das Zweite Vatikanische Konzil hatte natürlich auf ZdK und Katholikentage aufs stärkste eingewirkt. Man machte sich Gedanken, ob alles so weitergehen könne wie bisher, ob man auf dem richtigen Weg sei. Beim Katholikentag in Bamberg 1966 gab Bernhard Hanssler, Geistlicher Direktor im ZdK, die Parole aus, es gelte jetzt, das Konzil «einzudeutschen». Es stellte sich die Frage, wie das traditionsreiche und hochentwickelte deutsche Laienapostolat in neue Strukturen einzugliedern sei.

In einem Referat «Unser politischer Auftrag» erinnerte ich daran, dass der deutsche Katholizismus in einer ganzen Reihe von Konzils-Aussagen eine Bestätigung seines bisherigen Weges sehen konnte – ich nannte die «justa autonomia», die Eigengesetzlichkeit der weltlichen Sachbereiche, die Ermunterung der Laieninitiativen, die sorgfältige Unterscheidung dessen, was der Christ als Bürger in eigener Verantwortung und was er als Glied der Kirche gemeinsam mit den Bischöfen tat. Ich plädierte für eine «innerliche Aneignung der Demokratie». Sie könne nicht geschehen «ohne Rücksicht auf die anderen, die die gleiche Demokratie bilden und mittragen». Dem Katholiken in der Demokratie sei darum ein simpler Interessentenstandpunkt verwehrt. Er müsse seine Forderungen auch anderen gegenüber erläutern und begründen. «Was ihm selbstverständlich ist, muss er den anderen verständlich zu machen versuchen.» (Erst viel später erfuhr ich von Hans Joachim Meyer, meinem späteren Nachfolger im Präsidium des ZdK, dass mein Bamberger Referat auch unter Katholiken in der DDR ein Echo fand und diskutiert wurde.)

Bezüglich der Gestalt des organisierten Katholizismus hatten sich zwei Schulen herausgebildet. Die einen glaubten, die Kirche werde künftig eine umfassende Synodalstruktur entwickeln, in der Seelsorge und Leibsorge, Gottesdienst und Weltdienst eine Einheit bildeten (so u. a. der Münsteraner Weihbischof Tenhumberg). Die anderen – ich gehörte dazu – hielten das für einen Rückfall in einen schon überwundenen kirchlichen Integralismus; sie plädierten für eine Öffnung, Erweiterung, Ergänzung der alten Verbändestruktur des ZdK und für institutionelle Formen der Zusammenarbeit mit der Deutschen Bischofskonferenz, hielten aber an einer eigenen Laienvertretung fest.

Vom 3. Januar 1971 an tagte im Dom zu Würzburg die «Gemeinsame Synode der Bistümer in der Bundesrepublik Deutschland». Von den 312 Synodalen waren 140 Laien. Ich war von Anfang an dabei. In acht Sitzungsperioden wurden Vorlagen diskutiert und zur Entscheidung gebracht, die von Sachkommissionen vorbereitet worden waren. Die Synode war nicht der Auftakt zu einer umfassenden, dauerhaften «Synodalisierung» der Kirche in der Bundesrepublik. Aber sie brachte den deutschen Katholizismus in eine neue Form, indem sie synodale Elemente an wichtigen Stellen einführte: am umfassendsten durch die Schaffung von Räten in Pfarreien, Dekanaten und Diözesen, sodann durch die Einrichtung einer «Gemeinsamen Konferenz» zwischen der Deutschen Bischofskonferenz und dem Zentralkomitee der deutschen Katholiken, endlich durch eine deutliche organisatorische Umgestaltung des Zentralkomitees selbst.

War dieses im 19. Jahrhundert zuerst ein Komitee zur Organisation der Katholikentage gewesen, ein Sammelpunkt katholischer Laienaktivitäten in der Öffentlichkeit (wobei man auf die Diskussion innerkirchlicher Fragen bewusst verzichtet hatte), so wurden jetzt die Querverbindungen zwischen den freien Initiativen der Laien und dem inneren Leben der Kirche stärker betont. Neben die *Verbändevertreter* und die *Einzelpersönlichkeiten* traten als neue gewichtige Kraft die *Diözesanräte* (im Verhältnis 40:20:40). Es war ein Schritt zur «Veramtlichung» des Verbandskatholizismus – mit allen Vorzügen, aber auch Gefahren, die so etwas mit sich brachte. Zu den gesellschaftlich-politischen Aufgaben, die nach wie vor den Schwerpunkt bildeten, kamen jetzt zahlreiche kirchlich-religiöse Themen hinzu: Fragen der Pastoral, der Ökumene, des Verhältnisses zu den Weltreligionen, des christlich-jüdischen und des christlich-islamischen Dialogs.

Auch die Katholikentage wuchsen nach dem Konzil über die alte «Heerschau» der katholischen Laien hinaus. Sie bezogen gottesdienstliche, liturgische Momente, Akzente des Spiels, der Andacht, der Meditation, der Stille ein. Sie öffneten sich innerkirchlichen und theologischen Themen. So gewann das Zentralkomitee der deutschen Katholiken ein verändertes Gesicht, eine neue konzilsgemäße Struktur; es wurde nun ganz offiziell – und von der Deutschen Bischofskonferenz anerkannt – das zentrale Organ des Laienapostolats im Sinn des Laiendekrets des Zweiten Vatikanischen Konzils.

Dieser Prozess der Umgestaltung war im Wesentlichen abgeschlossen, als ich im ZdK für die Nachfolge Bernhard Vogels kandidierte. Es war eine Zeit der Wandlungen, der Umbrüche. Viele Gläubige, Laien wie Geistliche, waren unschlüssig über den künftigen Weg. Sie suchten nach Orientierung. In einer kleinen Wahlrede umschrieb ich meine kirchenpolitische Haltung mit den Worten: «Ich habe vorkonziliar nie einem Bischof den Ring geküßt. Ich weigere mich aber auch, die Bischöfe nachkonziliar ins Bein zu beißen.» Ich erntete Gelächter, aber auch Zustimmung und Beifall. Am Ende wurde ich mit großer Mehrheit gewählt.

Das ZdK wurde damals von zwei sehr verschiedenen Persönlichkeiten geprägt, die sich glücklicherweise gut ergänzten. Der eine war der Generalsekretär Dr. Friedrich Kronenberg, Volkswirt und zeitweilig Bundestagsabgeordneter der CDU, ein beherzter Realist, der sich durch keine Krise einschüchtern ließ und der auch in schwierigen Situationen immer einen Ausweg wusste. Er amtierte seit 1966 – und sollte sein Amt bis 1999 fortführen. Besondere Verdienste erwarb er sich durch den klugen Umgang mit den schwierigen innerdeutschen und gesamtdeutschen Kirchenverhältnissen. Trotz der politischen Trennung gelang es ihm, eine Fülle von Kontakten zwischen ost- und westdeutschen Katholiken aufrechtzuerhalten oder neu zu schaffen. Gemeinsam mit Bernhard Vogel erhob er Einspruch, als die vatikanische Ostpolitik unter der Führung von Erzbischof Agostino Casaroli 1975 sich anschickte, die in der DDR gelegenen Bistümer und Administraturen zu verselbständigen und damit die nach wie vor bestehende katholische Kircheneinheit in Deutschland zu gefährden (die Ernennung eines eigenen Nuntius für die Berliner Bischofskonferenz war geplant). Berühmt wurde sein Spruch, der die «Kirche von unten» betraf, eine Splittergruppe, die regelmäßig bei Katholikentagen auftrat, um sich bei dieser Gelegenheit die Publizität zu verschaffen, die ihr sonst abging: «Es gibt weder eine Kirche von unten noch eine Kirche von oben – es gibt nur eine Kirche unterwegs.»

Die andere Persönlichkeit war mein alter Freiburger Schulfreund Klaus Hemmerle. Er war inzwischen Bischof von Aachen geworden und wirkte zugleich als geistlicher Assistent des Zentralkomitees. In den schwierigen siebziger Jahren wurde er im deutschen Katholizismus zu einer Integrationsfigur. Er half mit, dass das Gespräch, der Austausch zwischen Amt und Laien erhalten blieb, ja dass sich beides in dieser Zeit sogar verstärkte und vertiefte. So kam es im katholischen

Deutschland nicht zu jenen Konfrontationen, wie sie den holländischen Katholizismus zur Zeit des dortigen Pastoralkonzils und später auch die Katholiken in der Schweiz und Österreich bis an den Rand der Spaltung erschütterten.

Ich erinnere mich gut an die morgendlichen Eucharistiefeiern, die den Sitzungen des Geschäftsführenden Ausschusses vorangingen. Sie fanden in der Kapelle des ZdK in der Hochkreuzallee 246 in Bonn-Bad Godesberg statt. Klaus Hemmerle hielt die Messe und die Ansprache, er redete zu allen wie zu Freunden, ganz natürlich und unprätentiös. Aber auch an die abendlichen und nächtlichen Diskussionen im Haus, in der bergzugewandten «Skihütte», erinnere ich mich. Bischof Klaus gelang es immer wieder, mit seinem Humor Verhärtungen aufzulösen und die Debatte voranzubringen. Er verstand sich nicht nur mit katholischen Laien und Klerikern gut – er war auch jederzeit in der Lage, Gespräche mit Wirtschaftsleuten, Journalisten, Politikern und Künstlern zu führen. Aus dem konfessionell gemischten Baden stammend, hatte er eine besondere Nähe zu evangelischen Partnern. Hilflos wurde er nur, wenn er auf Arroganz und egoistischen Machtsinn stieß (auch innerhalb der eigenen Diözese). Dann lief eine kindliche Verwunderung über sein feines Gesicht: Wie kann man nur so selbstsicher sein? Gegenstrategien erwog er kaum, sie hätten wohl auch wenig genützt. Er versuchte den unangenehmen Eindruck mit Stoßgebeten zu vertreiben – oder mit Schüttelreimen, für die er berühmt war.

So ging es denn weiter mit den deutschen Katholiken: Nach der heftigen Eruption des Katholikentags von Essen 1968, als «Humanae vitae», die «Pillenenzyklika» Papst Pauls VI., die Gemüter erregte und die Bischöfe die empörten Gläubigen in einer eigenen Erklärung an ihre persönliche Verantwortung und ihre Gewissensfreiheit erinnern mussten; nach dem abwartend-verhaltenen Trierer Katholikentag von 1970; nach dem kräftigen, die Zukunft bestimmenden Einschnitt der Würzburger Synode (1971–1975) – und endlich nach dem Katholikentag in Mönchengladbach 1974, der das erste große Aufatmen brachte, das Gefühl «Wir sind über den Berg» (so Julius Kardinal Döpfner), das vorläufige Ende der Turbulenzen der vorangegangenen Zeit.

Es kam der Freiburger Katholikentag 1978, der erste, den ich als Präsident erlebte – noch dazu in meiner Heimatstadt. Er setzte neue Akzente: Erstmals gab es ein «Geistliches Zentrum» (das fortan zum festen Bestandteil der Katholikentage werden sollte). Eine große Kundgebung für Europa fand statt mit dem belgischen Ministerpräsidenten Leo Tindemans, mit Bundeskanzler Helmut Schmidt und mit Joseph Kardinal Höffner. Bei der Schlusskundgebung auf dem Messplatz erinnerte ich – was damals noch kaum üblich war – an die besorgniserregende Bevölkerungsentwicklung Deutschlands und die Auswirkungen auf den Sozialstaat, die zu erwarten waren: «In einem reichen Land», sagte ich, «stehen Jahr für Jahr mehr Särge als Wiegen. In einem reichen Land drohen Familien arm zu werden, wenn sie kinderreich sind. In einem reichen Land muss man sich Sorgen machen um die Zukunft der sozialen Sicherung. In einem reichen Land mangelt es an Geduld und Opferbereitschaft für Alte und Kranke, fehlt das Ja zu einem Leben, das belastet, gebrochen und behindert ist.»

Das gastgebende Land Baden-Württemberg repräsentierte der neue Ministerpräsident Lothar Späth. Er war erst kurz im Amt nach dem plötzlichen Rücktritt Hans Filbingers. Auch die Papstbotschaft kam von einem neuen Papst – dem nur kurz regierenden Johannes Paul I. Und neu waren die zwei großen Ordensgründer, die auf unsere Einladung hin nach Freiburg gekommen waren, bestaunt und verehrt von vielen Zuschauern: Mutter Teresa (Missionaries of Charity) und Roger Schutz (Communauté de Taizé).

In den Achtzigerjahren erlebten die Katholikentage – ebenso wie die Evangelischen Kirchentage – nach einer Zeit des Rückgangs einen neuen Aufschwung. Sie zogen in steigendem Maße junge Menschen an. Alfred Kardinal Bengsch, der streitbare, verdiente Repräsentant der Katholiken in der DDR, hatte für 1980 nach Berlin eingeladen. Er starb während der Vorbereitungszeit. Bei der Trauerfeier in der Hedwigskirche ergriffen drei Kardinäle aus Polen, Ungarn und der Tschechoslowakei das Wort: Franciszek Macharski (Krakau), László Lékai (Esztergom) und Frantísek Tomásek (Prag) – ihr österreichisch klingendes Deutsch ließ an das alte Habsburg denken. Und mir fiel ein, was Alfred Bengsch dem Generalsekretär Kronenberg, Bischof Hemmerle und mir bei einer Dienstbesprechung im Bernhard-Lichtenberg-Haus in Ostberlin verraten hatte: Über die ostpolitischen Pläne des Vatikans war er nicht durch Casaroli und nicht durch einen Bischof oder Nuntius aufgeklärt worden, sondern durch seinen alten Charlottenburger Schulkameraden, den Kirchen-Staatssekretär und SED-Mann Hans Seigewasser!

Beim Berliner Katholikentag 1980 war die jüngste deutsche Geschichte auf Schritt und Tritt gegenwärtig: «Mit der Schuld der Väter leben» hieß ein von Karl Lehmann, Rudolf Morsey und Werner Nachmann bestrittenes Forum. Aber auch die Realität des Ost-West-Konflikts war deutlich zu spüren entlang der Mauer, die sich durch die Stadt zog. Niemand hätte damals zu denken gewagt, dass der nächste Berliner Katholikentag – 1990, nach dem Fall der Mauer – zu einem Freudenfest im Zeichen der Wiedervereinigung werden würde. Aber die sichtbare Einheit der Gläubigen war schon damals, 1980, eine Hoffnung.

Katholikentage mussten vorbereitet werden. Das war seit jeher die Aufgabe des Zentralkomitees der deutschen Katholiken – in Zusammenarbeit mit den Ortskomitees der einladenden Diözesen. Es galt die Finanzierung zu sichern, die prominenten Teilnehmer anzuschreiben, die Abläufe festzulegen, für Unterkunft und Verpflegung der vielen Tausende von Besuchern zu sorgen. Prominente mussten abgeholt, begrüßt und betreut werden. Reden – zumindest Vorlagen für solche – mussten erstellt werden. Dazu brachte die kleine, aber effektive Verwaltung des ZdK die nötige Erfahrung mit. Sie war sich des Wertes ihrer Arbeit wohl bewusst; manchmal ging der Spruch um: «Wir reden nicht. Wir lassen reden» (Vincens Lissek).

Katholikentage waren manchmal aufregend. Aber erst die Katholikennächte! In endlosen Sitzungen bis tief in die Nacht hinein musste in Arbeitsgruppen alles für den nächsten Tag besprochen und vorbereitet werden: Ordnung und Sicherheit (es war die Zeit der Terroristenanschläge!), Nachrichtentechnik und Akustik, Verkehr, Verpflegung – ja sogar der Schmuck. In Freiburg herrschte Streit darüber, wie der Münsterplatz bei der Eröffnung geschmückt werden sollte. Entwaffnend meinte Klaus Hemmerle, der Platz sei doch schon längst geschmückt: Die alten Freiburger hätten da einfach einen Münsterturm hingestellt! Am stürmischsten ging es stets in der Arbeitsgruppe Gäste und Protokoll zu. Manchmal wurden Ansprüche auf Erste Plätze von prominenten Eingeladenen sehr deutlich vorgebracht. Der bundesrepublikanische Jahrmarkt der Eitelkeiten enthüllte sich vor unseren Augen. Welche Politiker und Kirchenleute sich am nachdrücklichsten in den Vordergrund zu spielen pflegten, verrate ich nicht. Nur der notorisch Uneitlen sei einen kurzen Augenblick lang gedacht – an der Spitze stand Norbert Blüm mit der Bemerkung: «Mich könnt ihr hinsetzen, wohin ihr wollt, ich bin zufrieden.»

Die ersten Katholikentage nach dem Zweiten Weltkrieg hatten alle eine «Botschaft». Das erste Nachkriegstreffen in Mainz 1948 sah Deutschland als «neues Missionsland». Bochum 1949 proklamierte zum ersten Mal in einer breiten Öffentlichkeit die Mitbestimmung. Berlin 1952 verkündete nach Krieg und beispielloser Zerstörung schlicht die alte Wahrheit: «Gott lebt». Doch mit wachsender Pluralisierung der Gesellschaft – und auch der Kirche – wurden diese Botschaften schwächer, oder genauer: Sie wurden vielstimmiger, kontroverser, uneindeutiger.

Bei den Katholikentagen in den siebziger und achtziger Jahren erlebte ich diesen Übergang recht deutlich. Zwar bemühte ich mich nach wie vor, eigene Akzente zu setzen, ich wählte, gemeinsam mit dem Präsidium, die wichtigsten Redner aus, schrieb sie an, machte, wo nötig, Besuche, kümmerte mich um eine gründliche Vorbereitung. Klarheit und Stimmigkeit sollten erreicht werden. Klaus Hemmerle sorgte dafür, dass in die Katholikentage nicht nur die wichtigen Forderungen des Tages einflossen, sondern auch Theologie und Spiritualität. Aber das alles stieß jetzt an deutliche Grenzen.

Gewiss, es gab auf Katholikentagen immer noch das eindringliche Bekenntnis, das gemeinsame Gebet, die Suche nach Einheit, das Ringen um eine «Botschaft» – aber es gab in zunehmendem Maß auch Vielfalt, unaufgelöste Widersprüche, Kontroversen, Streit: so in den Fragen des Friedens, der Dritten Welt, der inneren Sicherheit, des Sozialstaats. Ich musste es hinnehmen, dass der Katholikentag, je größer er wurde, je mehr sich das Programm ausdehnte und differenzierte, keine einheitliche Botschaft mehr aussandte – das Medium selbst war in seiner Vielfalt zur «Botschaft» geworden. Mich tröstete ein Wort des von mir verehrten Theologen Hans Urs von Balthasar, das dieser Wendung eine positive Deutung gab: «Die Wahrheit ist symphonisch.»

Als Kultusminister versuchte ich neben den politischen und sozialen auch die kulturellen Aktivitäten des Zentralkomitees neu zu beleben. Sie waren nach den fünfziger Jahren, in denen man sich noch eigens um Autoren, um Künstler bemüht hatte, so gut wie ganz verebbt. Bernhard Hanssler, obwohl ein musischer und sprachgewandter Mensch, hatte mit seiner Bemerkung über Böll und Grass (er sprach von «Versehrtenliteratur») die Kunst- und Literaturfreunde verschreckt. Albrecht Beckel, ZdK-Präsident von 1968–1972, versuchte in seiner Amtszeit gegenzusteuern.

Durch keine Krise einzuschüchtern: Friedrich Kronenberg, Generalsekretär des Zentralkomitees der deutschen Katholiken 1966 bis 1999.

Mit einem späteren Nachfolger: Alois Glück, ZdK-Präsident seit 2009 (hier als Landtagspräsident bei der Verleihung der Verfassungsmedaille am 4. Dezember 2006)

Unternehmungslustig ging ich nach 1976 auf «Menschenfang». In einem Gesprächskreis «Kirche und Kunst» versammelte ich über viele Jahre hin Architekten, Maler, Musiker, Literaten, Filmleute, Regisseure. Wir tagten meist in der Katholischen Akademie in München – ein Kreis, der nicht nur aus praktizierenden Katholiken bestand, aber natürlich auch keine Versammlung von Kirchenfeinden oder Gleichgültigen war; fast alle Teilnehmer brachten eine «katholische Kindheit» mit – waren damit gesegnet oder geschlagen. Georg Meistermann traf hier auf die Malerkollegen Herbert Falken und Emil Wachter. Bertold Hummel begegnete den Schriftstellern Manfred Bieler und Herbert Rosendorfer (Opernpläne wurden geschmiedet). Mit Erich Kock war einer der fleißigsten katholischen Filmemacher dabei, mit August Everding ein barocker Theaterfürst, der überall Bescheid wusste und unerschöpflich Neues hervorsprudelte, mit Werner Ross ein aufmerksamer kritischer Beobachter der zeitgenössischen Literatur. Aus Rom stieß Anton Henze, aus Wien Justus Dahinden zu unserem Kreis. Wir begründeten ein «Literaturbüro» unter dem Dach der katholischen Akademie in Bayern, dessen Leitung der junge Germanist Hans-Rüdiger Schwab übernahm: Er besuchte die schreibende Zunft in Deutschland, befragte sie über die Kirche, den Glauben, die Künste. Vor allem spürte er junge, noch unbekannte Literaten auf. Wir erreichten, dass ein Kunst- und Kulturpreis der deutschen Katholiken geschaffen wurde, gemeinsam getragen von ZdK und Bischofskonferenz. Der erste Preisträger war der polnische Romancier Andrzej Sczcipiorski, den ich bei Europatreffen katholischer Laien kennengelernt hatte, schon einige Zeit, bevor er durch seinen Roman «Die schöne Frau Seidenmann» vor allem in Deutschland berühmt wurde.

Bei einer Godesberger Tagung mit Künstlern und Wissenschaftlern am 26. und 27. März 1979 brachte ich Heinrich Böll mit Bernhard Hanssler zusammen. Beide Herren erkannten rasch, dass ihr Bild vom jeweils anderen ein Zerrbild war (Bölls «Prälat Sommerwild» in «Ansichten eines Clowns» war ein wenig schmeichelhaftes Hanssler-Porträt – ganz offensichtlich eine Retourkutsche für die «Versehrtenliteratur»). Unvergesslich ist mir ein Dialog zwischen Böll und Joseph Beuys, der sich im Wissenschaftszentrum abspielte. Es ging um die – damals verbreitete – Sozialkritik an der Kirche. Sie traf nach Meinung beider nicht den Kern. «Das ist doch ein gerupfter Hahn, Joseph, oder nicht?» rief Böll von unten zu Beuys in die Galerie hinauf. «Jawohl, ein gerupfter Hahn, schon lange, Heinrich!» rief Beuys von oben ins Parkett zurück. Das Leiden an der Kirche, das war bei dieser Tagung zu spüren, war nicht einfach ein vordergründiger Zorn über das Fehlen von Caritas, Fürsorge, Sozialhilfe. Als Anwälte der Fantasie erwarteten die Künstler von der Kirche mehr und anderes.

An späteren Tagungen nahmen noch andere Künstler und Schriftsteller teil: Vladimir Tarnopolski, Arvo Pärt, Friederike Mayröcker, Günter de Bruyn. Ich kann mich nicht erinnern, dass irgendjemand unsere Einladungen abgelehnt hätte. Die Bereitschaft zum Gespräch war groß. Man hätte nach meiner Meinung mit diesem Pfund viel mehr wuchern können und sollen – auch bei Katholikentagen. Einzig in München gelang es mir, den reichen Schatz der Stadt an Museen, Galerien, Bibliotheken und Archiven für den Katholikentag 1984 fruchtbar zu machen – dabei half mir vor allem Wolfgang Frühwald.

Mit Joseph Beuys traf ich mich zweimal in München. Er hatte stets seinen charakteristischen Hut auf, den er auch beim Essen nicht ablegte. Im Gespräch gab er sich witzig, lässig, manchmal provozierend. Er riet mir, im «Haus der Kunst» ein Museum der Avantgarde einzurichten, «damit der Hitler endgültig aus diesem Haus verbannt ist» – dies sei, meinte er, die einzig angemessene, richtige Rache für die ‹Entartete Kunst›. (Die berüchtigte Ausstellung hatte im Juli 1937 im Hofgartengebäude stattgefunden.) Später sah ich ihm zu, wie er in München sein großes Steinfeld «Das Ende des 20. Jahrhunderts» für die Präsentation in der Pinakothek zubereitete und vollendete. Mit einem Presslufthammer bohrte er lauter kleine kreisrunde Vertiefungen in die Basaltblöcke hinein. «Lauter kleine Steingräber» spottete er. Erich Steingräber, der Generaldirektor, hatte den großen Beuys – 44 Basaltblöcke von anderthalb Metern Länge – für die Bayerischen Staatsgemäldesammlungen angekauft.

Damals fuhr das Präsidium des ZdK auch regelmäßig nach Rom. Wir bemühten uns um Kontakte mit vatikanischen Stellen – es ging um Information, um geduldiges Erklären der Eigenheiten des manchmal für Leute am Tiber so fremdartigen Landes im Norden. So hatten wir, Hemmerle, Kronenberg und ich, Gespräche mit dem Substituten Benelli (den Hemmerle mit einer kleinen Tonverschiebung in der Aussprache – Ben-Eli – sogleich in schwindelnde theologische Höhen katapultierte). Auch so wichtige Personen wie Karl Josef Rauber (später Nuntius in der Schweiz, in Ungarn, in Belgien und Luxemburg) und Erwin Josef Ender (später Nuntius in Deutschland) lernten wir im Vatikan kennen.

Eines Tages packte uns der Übermut: Klaus und ich beschlossen, einmal den ganzen Vatikan zu durchstreifen. Wir hatten, abgesehen von Klaus' Bischofsgewand, nur einen einzigen, allerdings türenöffnenden Schlüssel: unser Alemannisch, das uns bei den Schweizergardisten als unbedingt vertrauenswürdig erscheinen ließ. «Jetzt sind wir richtig durch den Vatikan getobt», sagte Klaus hinterher. Es ging fast mühelos – nur an einer Stelle gab es Schwierigkeiten, als wir nämlich an einen Gardisten aus der Welschschweiz gerieten, der uns finster anblickte; aber da wir aus Nachkriegs- und Besatzungszeiten beide Französisch konnten, überwanden wir auch diese Schranke.

Denkwürdig waren auch die «Dienstbesprechungen» – so der offizielle Name – mit Angehörigen der Berliner Ordinarienkonferenz im Bernhard-Lichtenberg-Haus neben der Hedwigskathedrale in Ostberlin. Vom ZdK waren regelmäßig der Präsident, der Generalsekretär und der geistliche Assistent dabei. Wir berichteten bei den Konferenzen über die Geschehnisse im Westen – und erhielten wichtige Informationen über die Lage der katholischen Kirche in der DDR. Es war ein gesamtdeutscher Austausch – dies in nächster Nähe zum Ministerium für Staatssicherheit, das die Gespräche abhörte und getreulich protokollierte – manchmal allerdings hilflos «fremdelnd» bei spezifischen Catholica. (Man kann die Akten heute in der Stasiunterlagen-Behörde nachlesen.) Kardinal Bengsch ließ gelegentlich, wenn er das Abhören erschweren wollte, eine Schallplatte laufen und dämpfte den Ton unserer Gespräche. Manchmal allerdings schien er geradezu Wert darauf zu legen, dass «die anderen» deutlich hörten, was er sagte. Direkte Kontakte zur Regierung der DDR lehnte er immer ab, er nahm auch Einladungen zu offiziellen Empfängen und Feiern nicht an, wollte nichts wissen von «Psalter und Harfe», wie er sagte. Übrigens hatte er – gelernter Elektriker – beim Einzug in sein Haus eigenhändig die Wanzen ausgebaut, welche die Staatssicherheit in seinem Arbeitszimmer montiert hatte.

Ich versuche Bilanz zu ziehen. Ein Kultusminister als ZdK-Präsident – ging das ganz ohne Reibungen ab? Musste es nicht gelegentlich zu Loyalitätskonflikten führen? Nun, im Allgemeinen gab es nach meiner Erfahrung in den zwölf Jahren meiner Amtszeit im ZdK keine Schwierigkeiten – die Beteiligten hielten beide Ämter auseinander, und ich tat dasselbe. So hatte es auch mein Vorgänger Bernhard Vogel gehalten; so hielt es meine Nachfolgerin Rita Waschbüsch, die vorher Sozialministerin im Saarland gewesen war.

Briefe, die wir an den Bundeskanzler, die Ministerpräsidenten, die Parteivorsitzenden schrieben, wurden sachlich beantwortet. Gespräche, die wir mit den Parteien führten, mit CDU und CSU, mit SPD und FDP, verliefen ohne Zwischenfälle – auch wenn es in manchen Fragen naturgemäß keine Einigung gab und kontroverse Standpunkte am Ende einfach stehen blieben. Manchmal gab es auch unerwartete Synergie-Effekte: beim Münchner Katholikentag 1984 konnte ich den jungen CSU-Landtagsabgeordneten Alois Glück als Vorsitzenden des Trägervereins und Pressesprecher gewinnen – für ihn ein Ausgangspunkt für spätere bedeutende Ämter in Partei, Parlament und Kirche.

Eine große Ausnahme muss ich allerdings machen. Sie betraf das Verhältnis der deutschen Katholiken – und speziell des Zentralkomitees – zu Polen.

Schon früh in der Nachkriegszeit hatte es enge Verbindungen zwischen deutschen und polnischen katholischen Laien gegeben. Wiederholt hatte sich das ZdK zur Notwendigkeit und Dringlichkeit der polnisch-deutschen Versöhnung bekannt – ganz im Sinn des berühmten Briefes der polnischen Bischöfe an die deutschen Amtsbrüder zu Ende des Zweiten Vatikanischen Konzils 1965, in dem der Satz stand «Wir vergeben, und wir bitten um Vergebung.» Seit Bamberg 1966 nahmen regelmäßig polnische Gäste an Katholikentagen teil, hier finden sich zahlreiche Namen, die später überall bekannt wurden: Stanislaw Stomma, Tadeusz Mazowiecki, Jerzy Turowicz, Mieczyslaw Pszon.

1980, in Berlin, wurde diese Teilnahme plötzlich unterbrochen. Was war geschehen? Es ging um die Grenzfrage, um die Oder-Neiße-Linie. Diese war im Warschauer Vertrag vom 7. Dezember 1970 als westliche Staatsgrenze der Volksrepublik Polen festgestellt worden – die endgültige Festlegung blieb jedoch nach Artikel I Absatz 1 des Vertrags einer friedensvertraglichen Regelung vorbehalten. Solange diese ausstand, war nach meiner Meinung auch in den Schulbüchern und Atlanten der ganze komplexe Sachverhalt zu vermitteln: der de facto-Tatbestand der jetzigen Grenze – aber auch der de jure-Vorbehalt des Friedensvertrags. Diese Ansicht vertrat ich in einem Interview mit dem «Spiegel» vom 17. Dezember 1979 im eigenen Namen und zugleich im Namen der Unions-Kultusminister, um deren Koordination ich bemüht war. Vielleicht waren meine Formulierungen ein wenig zu nachdrücklich, zu offensiv, zu schneidend – neu waren sie auf keinen Fall. In Polen fand das Interview weite Verbreitung und stieß auf heftige Kritik. Am 25. Februar 1980 schrieb Stefan Kardinal Wyszynski, der polnische Primas, an Joseph Kardinal Höffner, seinen deutschen Amtsbruder, und verlangte eine «Überprüfung» meiner Erklärungen. «Ihr Aufrechterhalten mit gleichzeitiger Bekleidung der Stellung des Präsidenten im Zentralkomitee würde für uns eine äußerste Schwierigkeit bedeuten für die Erhaltung der sonst so nützlichen Kontakte zwischen den Vertretern des polnischen Laikats, von der Bischöflichen Kommission für das Laienapostolat repräsentiert, und dem Verband, der alle Organisationen des deutschen Laikats einbeschließt.» Kardinal Höffner wies in seiner Antwort vom 1. April 1980 darauf hin, dass ich – als Kultusminister, nicht als ZdK-Präsident – nur die Tatsache wiederholt hatte, «die im Urteil des Bundesverfassungsgerichtes der Bundesrepublik Deutschland zum Grundvertrag (mit der DDR) festgestellt worden ist, daß es nämlich einen Friedensvertrag noch nicht gibt ... Diesen staatsrechtlichen Tatbestand kann Prof. Maier als Kultusminister eines Bundeslandes der Bundesrepublik Deutschland nicht ignorieren, wie auch ich ihn nicht ignorieren kann.» Höffner bedauerte aber das Fehlen eines Hinweises von meiner Seite, «dass staatsrechtliche Fragen nur *einen* Aspekt der Wahrheit und der Wirklichkeit darstellen». Er fügte hinzu: «Als Christ und Bischof sehe ich meine Aufgabe darin, die Botschaft von der Erlösung in Jesus Christus und der in ihm gründenden, alle Grenzen überwindenden Liebe zu künden.»

Hier lag in der Tat ein Loyalitätskonflikt – und er ließ sich nicht einfach auflösen. Glücklicherweise hatten sich die Bischöfe um so profane Dinge wie die Darstellung von Grenzen in Schulbüchern nicht zu kümmern – ich dagegen konnte mich als Schulminister nicht um dieses Problem herumdrücken. Ein Briefwechsel mit Stanislaw Stomma und ein Treffen mit dem Krakauer Kardinal Macharski am Ostermontag in Ottobeuren brachten einige Klärungen. Sie entspannten vor allem psychologisch die Lage. Ganz ausgeräumt wurden die polnischen Vorbehalte aber nicht. Beim Berliner Katholikentag Anfang Juni 1980 blieben die polnischen Gäste fern, was ich sehr bedauerte.

Doch dann traten Ereignisse ein, die den Konflikt relativierten. Im August erreichten Meldungen über einen zweiten, rasch sich ausbreitenden Streik auf der Danziger Werft – der erste war 1970 blutig niedergeworfen worden – die deutschen Haushalte über Funk und Fernsehen. Der «Geist von Helsinki» hatte inzwischen die alten Abschirm- und Geheimhaltungsmechanismen unwirksam gemacht. Plötzlich waren die Deutschen Zeugen eines unerwarteten Geschehens im östlichen Nachbarland: der wagemutigen ersten Gründung freier Gewerkschaften im Ostblock, des Kampfs um freie Rede, korrekte Informationen, soziale Gerechtigkeit. Die kecke hochgemute Figur des Streikführers Lech Walesa erschien in den Medien und prägte sich ein. Staunend sah man, wie in der Solidarnosc-Bewegung Arbeiter, Intellektuelle, Bauern, Menschen aus allen Schichten der Bevölkerung zusammenarbeiteten. In Polen schien sich die schwere Decke des Kommunismus langsam zu heben. Erste Bilder einer neuen freiheitlichen Gesellschaft zeichneten sich ab.

Vom 15. bis zum 19. November kam Johannes Paul II. zu seinem ersten Papstbesuch nach Deutschland. Ich sah ihn in Köln, hieß ihn namens des ZdK in Fulda willkommen, spielte bei seiner Münchner Rede vor Künstlern im Herkulessaal der Residenz zur Begrüßung auf der Orgel. (August Everding und Franz Henrich hatten mich darum gebeten.) Meine Frau und ich hatten bei einem abendlichen Gespräch vier Begleiter des Papstes in unserer Wohnung in der Autharistraße 17 zu Gast: Stanislaw Stomma, Jerzy Turowicz, Tadeusz Mazowiecki und Wladyslaw Bartoszewski. Es waren denkwürdige Stunden. Dass wir offen über alles, auch über die jüngsten deutsch-polnischen Kontroversen, reden konnten, war schon erstaunlich und erfreulich genug. Aber meine Fantasie hätte wohl kaum ausgereicht, mir vorzustellen, dass ich in zweien unserer Gäste den künftigen Ministerpräsidenten und den künftigen Außenminister eines freien Polen vor mir hatte.

Wir diskutierten eine halbe Nacht lang darüber, wie die Oder-Neiße-Linie in deutschen Schulbüchern und –Atlanten darzustellen war, aber auch darüber, wie Polen in seinen Schulbüchern mit dem Hitler-Stalin-Pakt und mit der Vertreibung der Deutschen umgehen sollte. Nach Meinung der polnischen Vertreter in der polnisch-deutschen Schulbuchkommission sollten diese beiden Tatsachen nämlich überhaupt nicht erwähnt werden – ein diplomatisches Arrangement mit den kommunistischen Machthabern, das nach meiner Meinung nicht akzeptabel war. Am Ende waren wir wenigstens über eines einig: Eine Versöhnung zwischen Polen und Deutschen, die diesen Namen verdiente, konnte nur auf der vollen und ganzen Wahrheit beruhen. Halbheiten und Formelkompromisse waren auf keinen Fall geeignet, das nötige Vertrauen zu schaffen.

Ein Jahr später überstürzten sich die Ereignisse. Am 12. Dezember verfügte ein «Militärrat der nationalen Errettung» in Polen den Kriegzustand. Zahlreiche Solidarnosc-Mitglieder wurden verhaftet – darunter auch Mazowiecki und Bartoszewski. Die Solidarnosc wurde verboten. Mich empörte das peinliche Schweigen des DGB angesichts der Unterdrückung einer freien Gewerkschaft, aber auch die ausweichende Haltung der von Helmut Schmidt geführten Bundesregierung. Am 22. Dezember veranstaltete das Zentralkomitee der deutschen Katholiken in Köln einen Schweigemarsch für das polnische Volk. Wir gehörten zu den ersten, die entschieden gegen die Unterdrückungsmaßnahmen in Polen protestierten. Zum Auftakt rief ich Politiker und Journalisten dazu auf, immer wieder die Freiheit für die vielen verhafteten Gewerkschaftler, Arbeiter, Bauern, Wissenschaftler, Journalisten und Freunde aus der kirchlichen Laienarbeit zu fordern.

Beim Düsseldorfer Katholikentag 1982 war Polen erneut prominent vertreten, nämlich durch den neuen Primas, den Erzbischof von Gnesen und Warschau, Jozef Glemp. Erst im letzten Moment hatte er unter der Herrschaft des Kriegsrechts von seiner Regierung die Reisegenehmigung erhalten. Als er gemeinsam mit Joseph Kardinal Höffner bei der Eröffnungsveranstaltung auftrat, brach minutenlanger Beifall aus. Glemp bedankte sich für die Hilfsbereitschaft der Deutschen – er sah in den vielen Zeugnissen der Unterstützung, von Paketen bis zu ganzen Krankenhausausstattungen, eine «echte Kette guten Willens». Auch Erzbischof Jean-Marie Lustiger aus Paris, erstmals bei einem Katholikentag, setzte als gebürtiger Pole und Jude in Düsseldorf einen «polnischen Akzent».

Ganz wurde der Konflikt über die Grenze und ihre Darstellung freilich erst gelöst durch eine Erklärung polnischer und deutscher Katholiken sieben Jahre später. Sie wurde am 1. September 1989 aus Anlass der 50. Wiederkehr des Kriegsbeginns in Warschau und Bonn veröffentlicht. Hier traten alle Beteiligten dafür ein, «daß die Westgrenze Polens dauerhaften Bestand hat; daß Bevölkerungsgruppen mit anderer sprachlicher und kultureller Prägung, einschließlich der in Polen lebenden Deutschen genauso wie die in Deutschland lebenden Polen, ihre Identität wahren können; daß die Völker Europas, auch das deutsche Volk, das von der Spaltung Europas besonders betroffen ist, das Recht auf Selbstbestimmung wahrnehmen können: daß die Grenzen in Europa immer offener werden; daß die politische, wirtschaftliche, soziale und kulturelle Entwicklung in Europa diese Öffnung erleichtert».

Das Zentralkomitee der deutschen Katholiken bestätigte mit dieser Erklärung seine alte und bewährte Linie im Prozess der Verständigung und Aussöhnung mit Polen – eine Linie, die eng mit den Namen Albrecht Beckel, Friedrich Kronenberg, Vincens Lissek und Bernhard Vogel verbunden ist. Selbstverständlich hatte auch ich die Erklärung unterzeichnet. Aber zu dieser Zeit war ich nicht mehr Kultusminister.

26. Bundespräsident?

*«Ein Amt, in dem man keine Macht ausübte,
sondern durch Überzeugung wirken konnte …»*

Ich weiß nicht mehr genau, wann mein Name zuerst für das Amt des Bundespräsidenten genannt wurde. Es muss im Sommer oder Herbst 1978 gewesen sein. Damals wurde darüber diskutiert, wer Nachfolger des Bundespräsidenten Walter Scheel werden würde; Scheel hatte nach den jüngsten Landtagswahlen für eine Wiederwahl in der Bundesversammlung keine Mehrheit mehr. Favorit der Union für seine Nachfolge war der Vorsitzende der Unions-Bundestagsfraktion, Professor Karl Carstens. Aber dieser angesehene Mann hatte einen Flecken auf seiner weißen Weste: Er war 1940 der NSDAP beigetreten.

Eines Abends im November 1978 bat mich Helmut Kohl nach Bonn. Wir trafen uns im Haus des ZdK-Generalsekretärs Friedrich Kronenberg. Kohl fragte mich unumwunden, ob er mich für das Amt des Bundespräsidenten vorschlagen dürfe, falls die Kandidatur von Carstens wegen dessen Mitgliedschaft in der NSDAP nicht zu halten sei. Man hatte, wie ich erfuhr, auch Walter Scheel meinen Namen genannt; Scheel hatte – wie er mir später selbst sagte – «positiv reagiert».

Ich hatte Zweifel, ob ich mir in relativ jungem Alter – ich war damals 47 Jahre alt – ein solches Amt zutrauen sollte. Es wäre eine Novität gewesen. Sollte ich nicht lieber in der aktiven Politik bleiben? Anderseits war ein Amt, in dem man keine Macht ausübte, sondern durch Überzeugung wirken konnte, durchaus nach meinem Geschmack. Halbironisch zählte ich meiner Frau die Vorteile eines solchen Amtes auf: «Weißt Du, als Minister muss man alles selbst tun, überall selbst Hand anlegen. Hier ist das anders. Ein Präsident muss nichts aus eigener Initiative tun. An einen Präsidenten wird etwas herangetragen!» Doch ich brauchte mich nicht zu entscheiden. Wenige Tage nach dem Bonner Gespräch wurde bekannt, dass auch Walter Scheel 1942 als Soldat und früherer HJ-Scharführer in die NSDAP aufgenommen worden war. Damit war der sozialliberalen Koalition das Hauptargument gegen Carstens aus der Hand genommen. Tatsächlich wurde Karl Carstens offizieller Kandidat der CDU und CSU. Am 23. Mai 1979 wurde er von der Bundesversammlung im ersten Wahlgang mit 528 von 1036 Stimmen zum fünften Präsidenten der Bundesrepublik Deutschland gewählt.

Auch wenn ich nur durch eine taktische Ausweichbewegung des CDU-Vorsitzenden und nur für kurze Zeit ins Spiel gekommen war – fortan galt ich als ein möglicher Kandidat für dieses hohe Amt. Und vor allem: Ich war der erste Kandidat der CSU; einen solchen hatte es bis dahin nicht gegeben.

Strauß' Reaktion war ambivalent. Auf der einen Seite betonte der Parteivorsitzende immer wieder den Anspruch der CSU, eines Tages auch dieses höchste Staatsamt zu besetzen. In diesem Zusammenhang nannte er am 20. November 1978 bei einem Pressegespräch meinen Namen. In einigen Zeitungen stand sogar, er habe mich als Kandidaten «neu ins Gespräch gebracht». Freilich hatte er hinzugefügt, ich sei wohl noch zu jung, um auf das «Kandidatenkarussell» aufzusteigen.

Einige Jahre vergingen. Für 1984 stand wiederum eine Bundespräsidentenwahl an. Karl Carstens hatte auf eine Wiederwahl verzichtet. Am 5. August 1983 lud mich Helmut Kohl – inzwischen Bundeskanzler – zu einer Besprechung in seinen Ferienwohnsitz nach St. Gilgen am Wolfgangsee ein. Wiederum ging es um das Amt des Bundespräsidenten. Ich betonte im Gespräch, dass ich bereit sei, dafür zu kandidieren, allerdings nur, wenn die beiden Unionsvorsitzenden sich auf meine Person einigten. Von mir aus, versicherte ich, würde ich nie eine solche Kandidatur in der Öffentlichkeit anmelden, das verbiete sich bei diesem Amt von selbst. Dasselbe sagte ich auch Franz Josef Strauß, mit dem ich vor und nach dem Treffen mit Kohl sprach.

Ich musste dann freilich erleben, dass Strauß meinen selbstverständ-

Mit Walter Scheel bei der Eröffnung des Europäischen Denkmalschutzjahres 1975 in Bonn (rechts Bundesinnenminister Werner Maihofer)

Mit Karl Carstens in München (im Dezember 1982)

lichen Hinweis auf die Prärogative der Parteivorsitzenden als eine «Verzichtserklärung» interpretierte. Auf Fragen von Journalisten meinte er nun plötzlich, die CSU habe für das Amt des Bundespräsidenten «keinen Kandidaten anzumelden». Dem widersprach ich, als die Presse mich fragte, vorsichtig, aber deutlich. Ich trat dafür ein, die Präsidenten-Nachfolge innerhalb der CSU offenzuhalten: die Frage müsse auf jeden Fall in den Führungsgremien der Partei vor einer Entscheidung nochmals geprüft werden. In der Sache stand ich damit allerdings auf verlorenem Posten. Denn da Strauß sich persönlich alle Wege für eine mögliche Option für Bonn freihalten wollte, konnte er einen Bundespräsidenten, der aus den eigenen Reihen kam, im Spiel der Macht nicht brauchen. Klaus Dreher brachte den klassischen Antagonismus zwischen CDU und CSU in dieser Frage in der «Süddeutschen Zeitung» vom 14. Oktober 1983 auf den Punkt: «In der Zeit, in der er (Kohl) noch die Opposition im Bundestag führte, setzte ihm die CSU ständig mit der Forderung zu, sie müsse einmal eine ‹Nummer eins› stellen; und als der CSU-Vorsitzende Franz Josef Strauß mit seiner Kanzlerkandidatur 1980 diesen Anspruch ‹konsumierte›, mußte er dafür der Schwesterpartei das Vorrecht der Besetzung der Ämter des Bundestagspräsidenten und des Bundespräsidenten zugestehen. Zwar wird in der CDU-Führung die ‹Geschäftsgrundlage› dieser Verabredung mittlerweile als zweifelhaft angesehen, aber Strauß hält sich freiwillig und gern insoweit daran, als er damit seinem ohnehin nicht geliebten Kultusminister Hans Maier die Präsidentschaftskandidatur verwehren kann.»

Ein wenig spekulativ übertreibend hatte die «Sozialdemokratische Pressekonferenz» ein paar Tage früher, am 11. Oktober, geschrieben: «Für Strauß gäbe es in dieser Frage vermutlich nur eine akzeptable Lösung: Daß er selbst zum Präsidentenkandidaten ausgerufen würde. Aber auf die Idee kommt niemand, nicht einmal in der CSU. Der nackte Ingrimm mag Strauß manchmal packen, wenn er erlebt, daß zwar der Hans Maier, nicht aber er selbst für präsidentenamtswürdig gehalten wird.»

Noch einfacher und deutlicher drückte es Jahre später Johannes Gross im FAZ-Magazin vom 27. März 1992 aus: «Der verläßliche Bayernfreund erinnert sich, dass der Große Vorsitzende zu jener Zeit, als die CSU, die noch nie einen Bundespräsidenten gestellt hat, daran dachte, einen Kandidaten zu präsentieren, weil sie über einen hoch präsentablen verfügte, nämlich den Kultusminister Hans Maier, zu ihm gesagt hatte: ‹Niemals. Das kommt nicht in Frage, daß der protokollarisch über mir steht.›»

Ein kleines Nachspiel: Als für 1999 wieder eine Bundespräsidentenwahl ins Haus stand, fragte mich Theo Waigel, der damalige CSU-Vorsitzende, ob ich an einer Kandidatur Interesse habe. Doch da war ich schon mehr als zehn Jahre aus der Politik heraus; meine Emeritierung als Professor stand unmittelbar bevor – und ich war inzwischen 67 Jahre alt. Also sagte ich ab.

Und so hat die CSU bis heute nie das oberste Amt der Bundesrepublik mit einem eigenen Kandidaten besetzt.

27. Ende einer Dienstfahrt

«Schade. Danke.» (August Everding)

Ich sagte schon, dass die letzten Jahre, die ich im Kabinett Strauß II (1982–1986) verbrachte, schwierig waren. Es kam zu Auseinandersetzungen, zu Zuspitzungen bis ins Persönliche hinein. Die Luft wurde dünner. Zwar hatte ich nach wie vor die Unterstützung der großen Mehrheit der Landtagsfraktion. Aber rings um den alternden Ministerpräsidenten formierte sich ein Kreis bedingungslos zäher Verteidiger, die für den «Großen Vorsitzenden» durch dick und dünn zu gehen bereit waren: Peter Gauweiler, Edmund Stoiber, Gerold Tandler, Otto Wiesheu – auch Hans Zehetmair, der Otto Meyer im Vorsitz des Bildungspolitischen Arbeitskreises der CSU abgelöst hatte, lehnte sich mehr und mehr an diese Gruppe an.

Als Strauß im Juli 1983 erneut mit dem «Münchner Merkur» eine Fehde ausfocht und dabei vom Kabinett eine weitere eidesstattliche Erklärung verlangte, dass kein Kabinettsmitglied den Journalisten informiert habe – es ging um einen Bericht über seine Vermittlung eines Milliardenkredits an die DDR und die Reaktionen darauf –, da weigerte ich mich, diesem Ansinnen nachzukommen. Ich schrieb an Strauß und an alle Kabinettskolleginnen und -kollegen: «Mir erscheint es nicht sinnvoll, daß weitere eidesstattliche Erklärungen zu dem umstrittenen ‹Merkur›-Artikel von Rudolf Lambrecht angefordert und unterzeichnet werden ... Denn erstens ist ein Umgang miteinander, der auf dem Austausch eidesstattlicher Erklärungen beruht, unwürdig und macht das Kabinett in den Augen der Öffentlichkeit lächerlich. Zweitens sind die Vorgänge um den ‹Münchner Merkur› in der gegenwärtigen Diskussion um den Kredit an die DDR wirklich ein Nebenkriegsschauplatz. Ich halte es nicht für gut, wenn der Eindruck entsteht, hier komme es vor allem darauf an, gegen Journalisten, über die man sich geärgert hat, vorzugehen. Drittens habe ich eindeutig (eidesstattlich) klargestellt, daß ich mit dem erwähnten Artikel nichts zu tun habe. Genügt das nicht?»

Strauß war über meinen Vorstoß eher verdutzt als zornig. Nur meine zusätzliche Bemerkung, die ganze Diskussion mute mich wie ein «Kasperltheater» an, erregte ihn. «Nimm das zurück!», verlangte er. Aber leider konnte man den trüben Stil der Auseinandersetzung, der inzwischen eingerissen war, den verbissenen Kampf mit gerichtlichen Mitteln gegen Journalisten, denen man «Informationsfälschung» vorwarf, kaum anders charakterisieren. Sich einen ähnlichen Vorgang mit ähnlichen Begleiterscheinungen unter Goppel vorzustellen war schlechterdings unmöglich.

Meine Weigerung trug mir Beifall in der Öffentlichkeit ein. Sie animierte sogar die Karikaturisten. Zugleich aber hatte ich das Gefühl, dass ich eine Grenze überschritten hatte – die Strauß Ergebenen waren über meinen Widerspruchsgeist entsetzt, ganz offensichtlich war ich nun «zum Abschuss freigegeben». Die Gegner lauerten nur noch auf eine Gelegenheit, mir dieses Mal endgültig zu zeigen, «wo die Glocken hängen». Ein freudiges, unbeschwertes Arbeiten wie in meiner ganzen bisherigen Tätigkeit, sowohl in der Goppel-Zeit wie auch noch in den ersten Strauß-Jahren, war jetzt kaum mehr möglich. Freilich: In der Ära Strauß standen in Bayern ohnehin keine großen gesetzgeberischen Initiativen mehr an.

Bereits früher hatte Strauß versucht, mich in der Fraktion zu Fall zu bringen. Allerdings war er mit diesem Versuch gründlich gescheitert. Im Dezember 1981 hatte Wilhelm Ebert dem Ministerpräsidenten ein dickes Konvolut von «Fällen» in die Hand gedrückt – es enthielt angebliche Übergriffe des Kultusministeriums gegen Lehrer, Berichte über «Knebelungen» ihrer Meinungsfreiheit. Strauß hatte es – wie es seine Art war – sofort an die Fraktion weitergegeben, bei der nächsten Sitzung sollte darüber gesprochen werden. Aber offenbar hatten weder

Ebert noch Strauß die umfangreiche Akte überhaupt gelesen, sonst hätten sie den Bumerang bemerkt, der darin enthalten war. Mit einiger Mühe gelang es mir, den Text einzusehen. Ich hatte leichtes Spiel, ich brauchte in der Fraktion nur vorzulesen, aus welchen Gründen das Kultusministerium die betreffenden Lehrer mit Disziplinarmaßnamen «verfolgt» hatte.

Einer der Lehrer hatte Strauß und sein Kabinett als «Falschspieler in den höchsten politischen Etagen» bezeichnet (das Verfahren lief noch). Einer hatte behauptet, wer pädagogisch handle, müsse zwangsläufig gegen Verordnungen verstoßen (das Verfahren war eingeschlafen). Einer hatte Leistungsdruck und Schulangst als Folgen eines «Übertrittstests» ausgemacht (trotz einer Missbilligung wurde er kurz darauf zum Schulamtsdirektor befördert). Einer endlich nannte Jugendoffiziere der Bundeswehr «Erzieher, die wirksame Methoden zur Tötung von Menschen gelernt» hätten (Strafe: ein Verweis). Als ich den letzten Satz vorlas, brach in der CSU-Fraktion fast ein Aufstand los. Der Abgeordnete Wilhelm Gastinger fragte empört, weshalb man diesen Punkt denn überhaupt auf die Tagesordnung gesetzt habe; der Kultusminister habe doch in dieser Sache nur seine Pflicht und Schuldigkeit getan. Hatten nicht Georg Leber und Hans Apel, die sozialdemokratischen Bundesverteidigungsminister, die Kultusminister immer wieder beschworen, in den Schulen für ein gerechtes Bild der Bundeswehr zu sorgen? Jedenfalls, die geplante «Abrechnung» mit mir schlug gründlich fehl, die Debatte wurde rasch beendet, Strauß zog sich ohne eine Äußerung zurück.

Aber wirksamer als der offene Kampf ist manchmal der anhaltende Kleinkrieg. Einem solchen Kleinkrieg sah ich mich nach 1982 fast jede Woche bei Kabinettssitzungen ausgesetzt. Immer wieder stand ein Punkt auf der Tagesordnung mit dem stereotypen Titel: «Linkstendenzen an Schule und Hochschule». Da wurde dann über 68er-Lehrer und ihre nicht-konformen Äußerungen berichtet – ich kannte sie längst aus den Erzählungen unserer Kinder –, es ging um die «Wirtschafts- und Technikferne», die man besonders den Gymnasien nachsagte, und überhaupt um die öffentliche Kritik an der Staatsregierung, an der CSU, an Strauß. Es war die Zeit, in der die geplante Wiederaufbereitungsanlage in Wackersdorf heftige Debatten hervorrief. Viele Lehrer – auch viele Schüler – waren dagegen, demonstrierten, verschickten Unterschriftslisten; nun verlangte man von mir, die Lehrer zu «Fortbil-

*Beim Olympiatag der
Münchner Schulen 1986*

*Mit Peter Schreier beim
ersten «Kissinger
Sommer» 1986*

dungsmaßnahmen» über Energiefragen abzukommandieren, sie zu belehren, als seien sie unmündige Kinder. Plötzlich war ich der «Watschenbaum» für allen Ärger, den die Staatsregierung mit Pädagogen hatte. Da half manchmal nur die Flucht nach vorn. Nach einer langen Debatte im Kabinett sagte ich einmal zornig: «Auch die ‹linken Lehrer› sind meine Lehrer, wenn sie sich an Gesetz und Ordnung halten.» Ich dachte, ich hätte damit eine Selbstverständlichkeit ausgesprochen. Doch für Strauß war es offensichtlich eine Provokation.

Auch in Personalentscheidungen mischte der Ministerpräsident sich immer wieder mit persönlichen Wünschen ein. Das war in Zeiten der Lehrerarbeitslosigkeit ein besonders heikler Punkt. Vergeblich erinnerte ich ihn daran, dass er doch selbst als Bundesminister personalintensiven Ressorts – Verteidigung, Finanzen – vorgestanden habe; er wisse doch, dass man sich in Fällen, wo viele Bewerber miteinander konkurrierten, streng an das Leistungsprinzip halten müsse – auch wenn das Beharren auf Zeugnissen und dienstlichen Bewertungen, die Rücksicht auf Noten (mit Bruchteilen hinter dem Komma) gewiss manchmal bürokratisch und «herzlos» erscheinen könne. Ich konnte ihn nicht überzeugen. Aber auch bei Einzelfragen, so bei der Beschaffung medizinischer Großgeräte, bei der viel Geld im Spiel war, versuchte Strauß mir Weisungen zu erteilen, welche Firma ich zu nehmen hatte – und war empört über meine «politische Instinktlosigkeit», wenn ich sorgfältig prüfte, Gutachten einholte und am Ende anders entschied.

Anfang Dezember 1985 war ich 15 Jahre im Amt. Ich war inzwischen der dienstälteste Kultusminister in der Bundesrepublik Deutschland. Mit dem in Bayern Erreichten konnte ich zufrieden sein: Der Kultusetat hatte sich in meiner Amtszeit auf rund 11 Milliarden erhöht und machte inzwischen nahezu ein Drittel des Staatshaushalts aus – selbst wenn man inflationsbedingte Verluste abrechnete, war das eine ungewöhnliche Steigerung.

Die Hochschulen hatten die größte Expansion ihrer Geschichte erlebt – mit der Gründung neuer Universitäten (in Bayern nach Regensburg und Augsburg: Bamberg, Bayreuth, Passau), mit zahlreichen Fachhochschulen und dem Ausbau der alten Universitäten in München, Erlangen-Nürnberg, Würzburg. Die Studentenzahlen hatten sich mehr als verdoppelt. Und, was mir besonders wichtig war: Die Expansion der Schulen und Hochschulen war nicht auf Kosten der Qualität

gegangen. Schüler und Studenten, Berufsschüler und Lehrlinge mussten sich nach wie vor anstrengen: kein Tänzeln, keine Verzärtelung,
keine pädagogischen Heublumenbäder, kein Verzicht auf Wettbewerb
und Leistung. Aufklärerische Strenge war gefragt (sie ging im Norden
und im Osten unseres Vaterlandes, die lange Zeit, eigentlich seit dem
18. Jahrhundert, im Bildungswesen dominiert hatten, in der zweiten
Hälfte des 20. Jahrhunderts gründlich verloren!). Wie pflegte mein
akademischer Lehrer Arnold Bergstraesser zu sagen: «Man muss
manchmal den Brotkorb höher hängen, damit sich die geistigen Hälse
recken.»
    Trotz dieser Erfolge war meine politische Zukunft ungewiss. Bun-
despräsident konnte ich nicht werden, solange ich damit Strauß' Kreise
störte. In Bayern an die Spitze zu kommen, dafür fehlte mir die langjährige Verankerung in der Partei – und auch die Bereitschaft zur totalen,
vorbehaltlosen Identifikation mit ihr. Ich wollte diesen Weg auch gar
nicht gehen. Ich war ja kein «politisches Tier». Ich musste nicht – wie
viele Berufspolitiker, die beinahe von Kindesbeinen an im politischen
Leben standen – mit der Politik siegen oder untergehen. Nach wie vor
fühlte ich mich als ein Wissenschaftler in (zeitweiliger) politischer Verantwortung. Ging jetzt die Zeit zu Ende, in der ich gebraucht wurde?
    So kam das Jahr 1986 heran. Es wurde aufregend, die Ereignisse be-
schleunigten sich, es war eine regelrechte «Stretta». Zugleich erlebte
ich eine Reihe von Veranstaltungen, die alle etwas Abschließendes,
Endgültiges hatten – zum mindesten erscheint es mir heute in der Rück-
schau so.
    Schon am 13. Dezember 1985 hatte die CSU-Vertreterversammlung
des Kreises Günzburg die Weichen für die Landtagswahl im kommenden Jahr gestellt und mich mit 111 von 112 Stimmen zum Direktkandi-
daten bestimmt. Auch die anderen Mandatsträger Karl Kling (schwäbische Liste für den Landtag) sowie Bezirkstagspräsident Dr. Georg
Simnacher und Bezirksrat Moritz Schmid (Bezirkstag) erhielten über-
zeugende Voten. Die Sache schien einfach und klar und abgemacht zu
sein: Niemand meldete sich bei der Versammlung in der «Post» in Leip-
heim zu Punkt 4 der Tagesordnung («Aussprache und Diskussion») zu
Wort. Der Kreisvorsitzende Dr. Theo Waigel nahm das als eine «schwäbische Form der Zustimmung zum Gesagten».
    Am 25. März 1986 verabschiedete ich den Amtschef des Kultusmi-
nisteriums Dr. Ernst Schnerr in den Ruhestand. Aus Ingolstadt gebür-

tig, Altbayer und Jurist, hatte er als Nachfolger des Schwaben und Bibliotheksmanns Karl Böck von 1981 an die Verwaltung des Ministeriums mit Ruhe und Bedacht geleitet. In den schwierigen Achtzigerjahren war er bemüht, mir den Rücken freizuhalten, indem er im Schulbereich auf Initiativen verzichtete, die neuen Zwist mit dem Ministerpräsidenten hätten auslösen können. Schnerr war ein Verwaltungsmann im besten Sinn des Wortes. Freilich verfügte er nicht über die politischen Verbindungen seines Vorgängers Karl Böck und über dessen unmittelbares – wenn auch manchmal schwankendes, abwechselnd negatives und positives – Verhältnis zu Franz Josef Strauß; aber wer tat das schon? Die Bestellung eines neuen Amtschefs stieß auf Schwierigkeiten. Die Staatskanzlei «mauerte» und wollte einen eigenen Kandidaten ins Haus am Salvatorplatz setzen. Ein persönliches Gespräch mit Strauß – im Beisein von Hans Zehetmair – führte dann doch zu einer Einigung auf einen Schnerr-Nachfolger «aus dem Haus». Der Jurist Josef Hoderlein, Oberfranke aus Reichenbach im Landkreis Kronach, bewährt als Organisator des Schulentwicklungsplans, aber auch in Hochschuldingen erfahren, zuletzt Leiter der Berufsschulabteilung, trat die Nachfolge von Ernst Schnerr an. So folgte auf einen Schwaben, auf einen Altbayern ein Franke als Amtschef – nicht untypisch für Regierung und Verwaltung im Freistaat.

Die Kar- und Ostertage verbrachte ich mit meiner Schwester und mit Freunden und Mitarbeitern in Jerusalem. Hier war ich wiederholt gewesen: einmal mit Studienstiftlern, einmal mit dem Zentralkomitee der deutschen Katholiken – und mehrfach als Orgelspieler. Die Oberlinger-Orgel in der Dormitio-Kirche auf dem Sion, die größte in Israel, ging auf eine gemeinsame Initiative von Bernhard Vogel und mir zurück, sie war mit Zuschüssen aus Rheinland-Pfalz und Bayern finanziert und mit einem Jumbo-Jet von Köln-Bonn nach Tel Aviv geflogen worden. Auch Teddy Kollek, den legendären «Mayor of Jerusalem», einen gebürtigen Wiener, kannte ich gut; ich war dabei, als er den Romano-Guardini-Preis der Katholischen Akademie in Bayern erhielt. Er freute sich, dass ich an Ostern nach Jerusalem kam: «Das ist hier die schönste Jahreszeit, in der alles blüht und duftet.» Sein Rathaus und sein Arbeitszimmer standen übrigens immer für jeden Besucher, Israeli oder Araber, offen, er hatte immer Zeit – es war kühn, ja lebensgefährlich, aber es funktionierte.

Am 22. Juni feierten wir im Rittersaal des Bergedorfer Schlosses unweit von Hamburg ein Jubiläum besonderer Art: Der «Bergedorfer Gesprächskreis» wurde 25 Jahre alt. In diesem Kreis hatte ich 1972 erstmals die Sprache der Neuen Linken analysiert und gefragt: «Können Begriffe die Gesellschaft verändern?» Kurt A. Körber, erfolgreicher Erfinder und Unternehmer, Freund von Helmut Schmidt, hatte diese Gespräche begründet, bei denen sich Politiker, Wirtschaftsleute und Wissenschaftler trafen; er lud mich immer wieder dazu ein. So auch zu der Jubiläumsveranstaltung, bei der Richard von Weizsäcker, seit 1984 Nachfolger von Karl Carstens als Bundespräsident, die Bergedorfer Debatten als «Übungsplatz einer offenen Gesellschaft» und «Vorbild eines gesellschaftlichen Pluralismus» rühmte.

Ich hatte das Thema «Bürger und res publica – die Zukunft der Verantwortung» gewählt. Diskussionsleiter war Ralf Dahrendorf. Er lobte mich nach meinem Referat, apostrophierte mich als «Konservativen» und bekannte, er beneide mich «um eine Ironie, die nie zum Zynismus wird». Das war ein Kompliment und gut gemeint. Aber war ich wirklich ein Konservativer? Darüber dachte ich lange nach. Hatte ich wirklich nur zu bewahren, nicht auch zu reformieren, zu erneuern versucht? Hatte ich, um zu Einsichten und Entscheidungen zu kommen, länger gebraucht als die sogenannten «Progressiven» – Konservative brauchen ja nach allgemeiner Ansicht länger? Ich schüttelte den Kopf, ich wollte mich nicht in diese Schublade einsperren lassen – und wehre mich dagegen bis heute. War bei mir nicht der Groschen manchmal – und gar nicht selten – viel rascher gefallen als bei Liberalen und Sozialisten? Waren diese nicht oft die langsamer lernenden Schüler – hielten sie nicht viel länger an überlieferten Vorstellungen fest als ich?

Acht Tage später erlebte ich eine musikalische Premiere: Zum ersten Mal fand in Bad Kissingen das Internationale Musikfestival «Kissinger Sommer» statt. Bad Kissingen lag damals buchstäblich am äußersten Rand der Bundesrepublik. Die Initiatoren – Oberbürgermeister Georg Straus, der Bundestagsabgeordnete Eduard Lintner und Walter Priesnitz, Ministerialdirektor im Bundesministerium für innerdeutsche Beziehungen – hatten denn auch für ihr musikalisches Unternehmen in Bonn sachgerecht «Zonenrandmittel» beantragt. Man muss sich die Zeitumstände vorstellen: Ganz in der Nähe, in der Rhön bei Geisa, lagen zu dieser Zeit die Vorposten von NATO und Warschauer Pakt

*Die treuen Schwaben: Bergwanderung im Allgäu im September 1981
mit Wirtschaftsminister Anton Jaumann (links) und Abg. Paul Diethei
(zweiter von rechts)*

*Mit Theo Waigel und Bezirksrat Moritz Schmid im Landkreis Günzburg
(1986)*

hochgerüstet einander gegenüber – nur durch Grenzanlagen, Sicherungselemente und einen Todesstreifen getrennt.

Die alte Musik- und Kurstadt Bad Kissingen hatte in das neue Festival etwas einzubringen, sie besaß aus der Prinzregentenzeit, der bayerischen «Belle Époque», den schönsten holzgetäfelten Konzertsaal Deutschlands (die vergleichbaren Säle im Leipziger Gewandhaus und im Münchner Odeon waren im Bombenkrieg untergegangen). Und die Nähe zur DDR war nicht nur belastend, sie war auch eine Chance: Die Dresdner, die Leipziger kamen herüber, Peter Schreier, Ludwig Güttler, Burkhard Glaetzner – und nach einigen Jahren trafen sich in der Saalestadt russische und deutsche Komponisten erstmals zu einem mehrtägigen Symposion.

Die künstlerische Leiterin, Kari Kahl-Wolfsjäger, Kulturredakteurin bei «Capital», entwarf ein Programm, das sich als Erfolgsrezept erweisen sollte. Wir besprachen es auf einer langen Autofahrt von Bonn nach München miteinander. Stars von heute und Stars von morgen, berühmte Interpreten der internationalen Musikszene und hochtalentierte Nachwuchskünstler sollten gemeinsam das Musikfestival bestreiten. Schon der erste Kissinger Sommer war ein Erfolg. Auf Bitten der Stadt und der Festspielleiterin übernahm ich die Schirmherrschaft.

Vom 10.–14. September folgte der Aachener Katholikentag – der letzte, den ich als Präsident eröffnete und bei dem ich in der abschließenden Hauptkundgebung sprach. Vorher hatte ich im August in Lübeck eine farbige Variante erlebt – den «Nordischen Katholikentag», zu dem Teilnehmer aus allen skandinavischen Ländern kamen. Von den zahlreichen Veranstaltungen in der alten Hansestadt ist mir eine im Gedächtnis geblieben: ein Kabarett-Auftritt der von mir hochgeschätzten Schwester Isa Vermehren, die vor ihrem Ordenseintritt künstlerische Mitarbeiterin bei Werner Finck gewesen war. Der «Nordische Katholikentag» passte gut nach Lübeck. Das «Katholische» störte die Bewohner der alten Hansestadt kaum. Der evangelische Probst war gastfreundlich und öffnete uns den Lübecker Dom – nur die Verwendung von Weihrauch hatte er sich ausdrücklich verbeten, trotz meiner Hinweise auf die «Wohlgerüche Arabiens» und ihr internationales geistliches Flair.

Für das Aachener Ereignis hatte ich an einer Reihe von Vorbereitungstreffen teilgenommen. In Maria Rast wurden wir von den Schwestern so reichlich verwöhnt, dass Bischof Hemmerle den klösterlichen

Besuch des spanischen Königs Juan Carlos und der Königin Sophia in München (27. Februar 1986)

Beim Katholikentag in Aachen am 13. September 1986 mit Bundeskanzler Helmut Kohl und Ministerpräsident Johannes Rau. Im Hintergrund: Jürgen Schmude, Präses der Synode der Evangelischen Kirche in Deutschland

Ort sogleich in «Maria Mast» umtaufte. Die traditionelle, alle sieben Jahre stattfindende Heiligtumsfahrt, bei der Windeln und Lendenschurz Jesu, Marienkleid und Enthauptungstuch Johannes' des Täufers – als Reliquien im Aachener Dom verwahrt – gezeigt und verehrt wurden, sollte 1986 mit dem Katholikentag vereinigt werden. Kühn war ich mit Münchner Studenten nach Aachen gefahren – mit Katholiken, Protestanten, Agnostikern, von denen viele gegenüber diesen alten Bräuchen skeptisch und kritisch gestimmt waren. Aber Klaus Hemmerle fand im Gespräch die richtigen Worte, er stellte das Geschehen in die heutige Zeit hinein – und setzte wie im Flug zu einer theologischen Deutung an, die um das Wort «Tuchfühlung» kreiste: Tuchfühlung mit dem Heiligen, Tuchfühlung mit Jesus, seiner Mutter, seinem Vorläufer, Nähe, verkörpert in irdischen, tastbaren Stoffen. Es ging nicht um ein chemisch nachgewiesenes Faktum, es ging um Tieferes, Authentisches, um die Unmittelbarkeit Gottes, seine Nähe zu den Menschen, seine Menschlichkeit.

Diese Kunst, das Alte Wahre neu zu sagen, zeigte Klaus Hemmerle auch beim Aachener Katholikentag. Immer wieder gelang es ihm, das Evangelium gegenwärtig zu machen, ganz unhistorisch, vor neu geöffneten Ohren. So blieb das Motto des Katholikentages «Dein Reich komme» keine ferne Beschwörung, sondern nahm konkrete Gestalt an in vielen Bereichen: Nord-Süd-Konflikt, Theologie der Befreiung, Umweltfragen, Massenkommunikation. Sehr konkret wurde es zu einer Frage an die Gegenwart in der Kundgebung für das Leben des ungeborenen Kindes mit dem Titel «Das Licht der Welt erblicken», bei welcher der Richter Walter Bayerlein, die Ärztin Veronica Carstens, die Politikerin Rita Waschbüsch und der Bischof Karl Lehmann das Wort nahmen.

Der nächste Ort war die Paulskirche. Hier erhielt Wladyslaw Bartoszewski am 5. Oktober den Friedenspreis des Deutschen Buchhandels. Ich hatte ihn in der Jury vorgeschlagen und hielt auch die Laudatio. Mein Lob kam von Herzen: «Wladyslaw Bartoszewski hat vieles gewagt in seinem Leben: Kopf und Kragen, bürgerliche Sicherheit, Glück und Karriere. Er hat unbeugsamen Mut bewiesen ... Als verfolgter Pole den noch viel mehr verfolgten Juden zu helfen, als Opfer des NS-Terrors an der polnisch-deutschen Versöhnung mitzuarbeiten, als Wissenschaftler und Schriftsteller für die Freiheit der Meinung und die Freiheit der Kirche zu streiten – dazu gehört Mut.»

Wir hatten damals unseren alten «Grenzstreit» längst ad acta gelegt.

Nach der Verhaftung Bartoszewskis und Mazowieckis hatte ich als ZdK-Präsident alles getan, was mir zu Gebote stand, um eine Freilassung zu erreichen – Außenminister Hans Dietrich Genscher hatte mich in diesem Bemühen tatkräftig unterstützt. Schließlich wurde Bartoszewski – noch vor Mazowiecki – durch die Hilfe jüdischer Freunde, die bei der polnischen Regierung intervenierten, aus dem Internierungslager Jaworze entlassen. Er konnte jedoch unter dem Kriegsrecht nicht in Polen bleiben. Nach einer Übergangszeit im Wissenschaftskolleg in Berlin konnte ich ihn in Bayern mit Hilfe verschiedener Professorenkollegen «auffangen» – von 1983 an war er als Gastprofessor in München, Eichstätt und Augsburg tätig, ehe er 1989 nach Polen zurückkehrte, 1990 bis 1995 polnischer Botschafter in Wien und 1995 Außenminister wurde.

Wenn ich von diesen verschiedenen Treffen berichte, könnte es so scheinen, als sei das Jahr 1986 für mich nur eine «Gipfelwanderung» von Höhepunkt zu Höhepunkt gewesen. Aber so war es nicht. Die meiste Zeit war ausgefüllt mit Ministeriums- und Parlamentsarbeit – und in der zweiten Jahreshälfte verdichteten sich in Bayern die Wahlkampftermine erheblich. Vor allem in meinem Stimmkreis musste ich präsent sein – das erwarteten die fleißigen und pünktlichen Schwaben von einem Abgeordneten.

Der politische Alltag dort war bunt und vielfältig: Bau-, Verkehrs- und Umweltangelegenheiten, Denkmalpflege, Sportstätten, Rechtsstreitigkeiten, Rentenfragen, das Altersgeld für Landwirte, die persönlichen Nöte von Bürgern, von denen ich in den regelmäßigen Sprechstunden hörte – das alles beanspruchte Zeit und Anstrengungen. Im Wahlkampf gab es kleine und große Versammlungen, Straßenaktionen, Spezialveranstaltungen für Frauen, Jugendliche, Alte. Plakate wurden geklebt, Handzettel verteilt. Außer den politischen Freunden in der näheren schwäbischen Umgebung, an der Spitze Theo Waigel, halfen auch prominente Auswärtige bei den Wahlveranstaltungen mit: Rita Süssmuth, Kurt Biedenkopf, Gerhard Stoltenberg, Christa Meves, die Mitherausgeberin des «Rheinischen Merkur» und Autorin vielgelesener Taschenbücher – und meine stets verlässliche Staatssekretärin Mathilde Berghofer-Weichner.

Der Einsatz lohnte sich: Bei der Landtagswahl am 12. Oktober wurde ich mit 63,3 % der Stimmen wiedergewählt. Das lag weit über dem Landesdurchschnitt von 55,8 %. Ich war froh und glücklich, das

Vertrauen der Günzburger Kreisbürger in so hohem Maß gewonnen zu haben – war ich doch in Schwaben noch relativ neu, kein Alteingesessener, kein «politisches Urgestein» wie mein Vorgänger Bruno Merk. Auf die schwäbischen Wähler, das hatte sich erneut gezeigt, war Verlass. Für die folgende Zeit hatte ich wiederum eine politische Basis. Gespannt harrte ich nun in München der Dinge, die da kommen sollten.

Vom Wichtigsten, was im Jahr 1986 in der Familie geschah, habe ich noch nicht erzählt. Am 4. August wurde unsere sechste Tochter, Julia Clara, geboren. Sie war ein Nachzügler, ein Überraschungskind: 15 Jahre war es her, seitdem die letzte Maier-Tochter, Franziska Ruth, zur Welt gekommen war. Für meine Frau war es eine Risikoschwangerschaft; Adelheid war inzwischen 48 Jahre alt. Glücklicherweise ging alles gut. Ein wenig verkehrte Welt war es schon: Die Jüngste in der Maier-Familie war bei ihrer Geburt schon zweifache Tante, hatte doch unsere Zweitälteste, Barbara Susanne, der Familie schon zwei Enkelinnen, Laura und Magdalena, geschenkt. «Oma, wo ist dein Baby?», riefen beide beim Besuch in der Entbindungsstation.

Am 23. Oktober wurde Franz Josef Strauß vom Bayerischen Landtag mit den Stimmen der CSU wiederum zum Ministerpräsidenten gewählt. Vier Tage später lud er mich am Nachmittag zu einem Gespräch in die Staatskanzlei ein. Im Beisein des CSU-Generalsekretärs Gerold Tandler trug er mir den Plan einer Teilung des Kultusministeriums vor.

Ich erhob Einwände: Ein einheitliches Ministerium habe entscheidende Vorteile gegenüber einem geteilten, es biete viele Synergieeffekte; Kulturpolitik, die diesen Namen verdiene, brauche ein griffiges, schlagkräftiges Instrument. Die Autorität des Ministeriums gegenüber Lehrern, Hochschullehrern, Künstlern werde durch eine Teilung bestimmt nicht gestärkt. Allenfalls könne man, um die Arbeit zu erleichtern, an einen zweiten Staatssekretär speziell für Hochschulen und Künste denken. Eine Entscheidung fiel in diesem Gespräch nicht. Ein Angebot wurde mir nicht gemacht. Ich hatte aus Strauß' Reaktion den Eindruck, dass auch die von mir vorgeschlagene Variante «zweiter Staatssekretär» nicht aus der Diskussion war. Sicher war ich allerdings nicht.

Zwei Tage später, am 29. Oktober, wurde mir um 15.30 Uhr ein Brief des Ministerpräsidenten übergeben. Darin bezeichnete Strauß die Bereiche Wissenschaft und Forschung wie auch schulische Bildung als Kernstücke seiner Politik. Unvermittelt fuhr er fort: «Zur Durchsetzung unserer gemeinsamen politischen Ziele muß daher in Zukunft für jeden der genannten Bereiche ein Mitglied der Staatsregierung ausschließlich verantwortlich sein. Ich halte es deshalb für geboten, das Staatsministerium für Unterricht und Kultus in folgende Geschäftsbereiche aufzuteilen: 1. Geschäftsbereich für Wissenschaft und Kunst ... 2. Geschäftsbereich für Unterricht und Kultus ...» Am Ende bat Strauß, dass ich das Ministerium für Wissenschaft und Kunst übernehme. Meine Befürchtungen hatten sich also bewahrheitet. Die Teilung des Kultusministeriums war beschlossene Sache. Wohlweislich wurde der mir zugedachte Teil – Wissenschaft und Kunst – in dem Brief des Ministerpräsidenten an erster Stelle genannt. Doch diese kosmetische Umstellung konnte nicht darüber hinwegtäuschen, dass das eigentliche Fundament des Hauses, sein Schwergewicht – Unterricht und Kultus, das gesamte Schul- und Unterrichtswesen – in andere Hände übergehen sollte. Ich konnte also zwar im Kabinett bleiben – aber mit einem wesentlich kleineren, im Kräftespiel der Politik weit weniger gewichtigen Ressort. Mit anderen Worten: Ich sollte politisch einen Kopf kürzer gemacht werden.

Viel Zeit zum Nachdenken blieb mir nicht. Denn anderntags um 11.00 Uhr sollte das neue Kabinett bereits vereidigt werden, und die vorausgehende Fraktionssitzung war auf 9.30 angesetzt. In aller Eile formulierte ich meine Antwort und überbrachte sie um 18.00 Uhr in die Staatskanzlei. Dann brach ich zur traditionellen «Bräukirta» nach Freising auf – das war wegen der Verbindung mit der Technischen Universität, die in ihrer Versuchsanstalt das Bier braute, ein Dienstgeschäft.

In meinem Antwortschreiben erinnerte ich an das Gespräch vom 27. Oktober. Dort hatte Strauß die Notwendigkeit einer Teilung unter anderem damit begründet, dass in vielen Schulen und bei vielen Lehrern eine «negative Stimmung» gegen die Staatsregierung herrsche und dass stärkere Anstrengungen gegen diese Tendenzen nötig seien. Eine Teilung des Kultusministeriums, so schrieb ich in meiner Antwort, sei kein geeigneter Schritt, um die Arbeit des Kultusministeriums zu verbessern. Sie zersplittere die Zuständigkeiten und bringe dem Steuerzahler erhebliche Mehrausgaben, ohne die Effizienz der Bildungsverwaltung zu stärken. Ich fuhr fort:

«Ich habe 16 Jahre lang die bayerische Kulturpolitik an der Spitze des Kultusministeriums geleitet – nicht ganz ohne Erfolg, wie ich meine. Jedenfalls haben bayerische Schulen und Hochschulen, bayerische Abschlüsse und Zeugnisse, bayerische Kunst- und Forschungsleistungen heute im In- und Ausland einen guten Klang. Einer Zerstörung dieser Tradition möchte ich nicht die Hand bieten, einem Ministeriums-Torso nicht vorstehen. Ich bitte daher um Verständnis, daß ich Ihr Angebot, den Geschäftsbereich Wissenschaft und Kunst zu übernehmen, nicht annehme. Mit der Bestellung eines zweiten Staatssekretärs zur personellen Entlastung (wie schon früher vorgeschlagen) wäre ich selbstverständlich einverstanden.»

Der letzte Satz in meinem Brief ließ noch einen Spalt für mögliche Gespräche offen. Doch dazu kam es nicht mehr. In der Fraktionssitzung am Donnerstagmorgen stellte Gerold Tandler als Vorsitzender die Weichen so, dass ich nicht mehr zu Wort kam. Aber auch die Freunde in der Fraktion erhielten keine Gelegenheit, sich zu äußern; die Erklärung des Ministerpräsidenten nahm die ganze knappe Zeit ein; es wurde nicht mehr diskutiert.

So nahm ich im Landtagsplenum auf einer der hinteren Bänke Platz und verfolgte mit Spannung, wie das Kabinett Strauß III vereidigt wurde. Das Kultusministerium war geteilt worden, jedes der beiden neuen Ministerien hatte einen Staatssekretär erhalten – so dass es nun tatsächlich zu dem auch von mir für nötig gehaltenen zweiten Staatssekretär gekommen war. Nach lobenden Abschiedsworten von Strauß, der mich als den «erfolgreichsten und bekanntesten deutschen Kultusminister» bezeichnete, erhielt ich von den CSU-Abgeordneten minutenlangen Beifall mit Pultgeklapper – eine akustische Demonstration der «sprachlos gewordenen CSU-Fraktion» (Alois Rummel im «Rheinischen Merkur» vom 7. November 1986). Nach der Sitzung wünschte ich meinen Nachfolgern Hans Zehetmair und Professor Wolfgang Wild Glück und Erfolg. Ich gratulierte auch meiner früheren Staatssekretärin Mathilde Berghofer-Weichner, die nun Justizministerin geworden war – die erste Ministerin in der bayerischen Geschichte. Wir hatten uns immer gut verstanden, waren elegant mit unserer «Asymmetrie» umgegangen: Sie stand als stellvertretende Vorsitzende der CSU parteipolitisch «über mir», ich war als Minister fachlich und verwaltungsmäßig ihr Vorgesetzter. Ihre Hände schüttelnd wünschte ich ihr, sie möge eine richtige Justitia werden – ohne Binde vor den Augen, aber mit einer verlässlichen Waage in den Händen.

Dann räumte ich meinen Schreibtisch am Salvatorplatz. Und wenige

Tage später verabschiedete ich mich vom Haus, von den Mitarbeiterinnen und Mitarbeitern – wiederum in dem langen Gang, in dem ich 1970 angefangen hatte. Meine Sekretärin, Margit Krug, Landtagsbeauftragte des Hauses, privat eine erfahrene Bergsteigerin und Skiläuferin, oft bei Extremtouren in den Alpen die einzige Frau unter Männern, hatte ich schon im Januar 1984 in den Ruhestand entlassen können – sie hatte in ihrer 39jährigen verantwortungsvollen Tätigkeit fünf Kultusministern gedient. Ihre nicht minder tüchtige Nachfolgerin Angelika Mooser folgte mir später in die Münchner Universität.

Inzwischen hatte ich viele Hunderte von Briefen und Telegrammen erhalten, die meinen Abgang bedauerten. Sogar Kollegen der SPD entschuldigten sich fast, dass sie mir Ärger gemacht hätten, und wünschten mir Glück für die Zukunft. Franz Xaver Kroetz, befragt von der «Abendzeitung», meinte zu meinem Erstaunen: «Dem werden wir noch nachtrauern.» Das kürzeste Telegramm kam von August Everding, es enthielt nur zwei Worte: «Schade. Danke.»

In der Presse wurde Strauß' Versicherung, er habe mir doch einen Platz im Kabinett angeboten, nirgends ernstgenommen. «Warum wird ein solcher Mann förmlich zum Rücktritt gezwungen?», fragte Paul F. Reitze («Die Welt», 31. Oktober). Hans Heigert stellte lakonisch fest: «Er (Strauß) wollte seinen Minister nun amputieren. Sachliche Notwendigkeiten gab es dafür nicht» («Süddeutsche Zeitung», 31. Oktober). Konrad Adam («Frankfurter Allgemeine», 1. November) vermutete: «Zum Schluß ist er (Maier) wohl ganz bewußt vor die Wahl gestellt worden, sich den Vorstellungen des Parteichefs zu unterwerfen oder auf sein Amt zu verzichten.» Robert Leicht («Die Zeit», 7. November) fragte: «Wollte er (Strauß), der den Politikwissenschaftler, den Publizisten, den Präsidenten des Zentralkomitees der deutschen Katholiken im Kabinett wohl dominieren konnte, diesen feinsinnigen Dickschädel einem schwächeren Nachfolger beizeiten aus dem Wege räumen?»

Kaum jemand sah einen Fortschritt in der Teilung des Kultusministeriums. Auch die Meinung, das Kabinett sei durch die personellen Veränderungen «handlicher und spritziger» geworden («Der Spiegel», 3. November), teilten nur wenige. Die «Südwest-Presse» bedauerte meinen Abgang: «Mit ihm geht der letzte Kultusminister von Rang – und daß dies so ist, sagt nichts Gutes über den Rang der Kulturpolitik der Länder» (31. Oktober).

Wilhelm Ebert gab, erstaunlich genug, einen Empfang für mich und entdeckte nachträglich sogar Gutes an meiner Politik – vor allem, meinte er, hätte ich stets die Kultusministerkonferenz entscheidungsfähig gehalten. Das stimmte. Jahre hindurch hatte ich mich bemüht, die Unions-Kulturpolitik zu koordinieren. Auf SPD-Seite hatte das Peter Glotz getan, mit dem ich mich immer wieder auf einen Kompromiss verständigen konnte. Trotz grundsätzlicher Unterschiede in der Beurteilung der Gesamtschule hatten die Kultusminister am 27. Mai 1982 in Bremen die «gegenseitige Anerkennung der mittleren Schulabschlüsse» beschlossen. Die Schüler in den Ländern der Bundesrepublik, so war unsere Meinung, sollten unter dem politischen Grundsatzstreit nicht leiden. Der Föderalismus lebt ja davon, dass sich die Beteiligten immer wieder auf gemeinsame Wege einigen – unter Aufrechterhaltung der konkurrierenden Modelle und des Wettbewerbs.

Ob es ein Zufall war, dass die zwei als sachkundig geltenden Koordinatoren, die den vielgescholtenen Kultur-Föderalismus in der Bundesrepublik Deutschland jahrelang in Gang hielten, beide keine strammen Parteisoldaten waren?

Die Umstände meines Ausscheidens waren nicht erfreulich. Handstreichartig hatte man das Haus geteilt und sich damit eines unerwünschten politischen Konkurrenten entledigt. Es war ein abgekartetes Spiel. Aber nach wenigen Tagen der Bitterkeit begann ich auch die andere Seite zu sehen und zu bedenken. Ein fortgesetzter Kleinkrieg mit Strauß hätte mich innerlich zermürbt. Schon unter den bisherigen Angriffen hatte meine sonst so stabile Gesundheit gelitten. War es da nicht besser, zu einer Zeit auszuscheiden, da viele es noch bedauerten? Irgendwann, so dachte ich, wird ja in der heutigen Mediendemokratie jedes Gesicht einmal lästig und weckt Überdruss, so dass man es nicht mehr sehen mag.

Der Rest ist rasch erzählt. Ich blieb noch ein gutes Jahr im Bayerischen Landtag, arbeitete im Rechts- und Verfassungsausschuss mit, mühte mich um meinen Stimmkreis, der mir ans Herz gewachsen war. Ich war stolz, als mir die Stadt Ichenhausen im November 1986 auf Antrag des Ersten Bürgermeisters Walfred Kuhn die Ehrenbürgerwürde verlieh. Ein Angebot des hessischen Ministerpräsidenten Walter Wallmann, der mich am 11. Februar 1987 telefonisch bat, in sein Kabinett als Kultusminister einzutreten, lehnte ich ab. Das Angebot war ehrenvoll, ich wäre sozusagen «im Amt», in der Kulturpolitik geblieben – aber in Hessen zu arbeiten hätte doch einen gänzlich neuen Anfang in einer anderen politischen Umgebung bedeutet.

So hielt ich Ausschau, wie ich an die Universität, in die Wissenschaft zurückkehren könne. Freunde in Freiburg versuchten mich für die Nachfolge von Wilhelm Hennis zu gewinnen, mit dem ich seit meiner Freiburger Assistentenzeit gut bekannt war – wir gaben gemeinsam jahrelang die Buchreihe «POLITICA» bei Luchterhand heraus. Auch an das Geschwister-Scholl-Institut in München, das ich mitgegründet hatte, hätte ich zurückkehren können, wären da nicht heftige Querelen gewesen, die mich abschreckten – und die auch meinem Kollegen Kurt Sontheimer in seinen letzten Dienstjahren die Lust an der Arbeit nahmen.

Ein Kreis von Interessierten – die treibende Kraft war Franz Henrich, der Direktor der Katholischen Akademie in Bayern – kam auf die Idee, mich für den Guardini-Lehrstuhl in der Philosophischen Fakultät der Universität München vorzuschlagen. Dort stand seit längerer Zeit die Nachfolge des Theologen und Philosophen Eugen Biser an. Nach einigem Nachdenken – und einigem Streit, der sich an der Universität entspann – griff ich zu und bewarb mich am 16. Juni 1987 um das traditionsreiche Amt.

Zum Jahresende 1987 legte ich mein Abgeordnetenmandat nieder. Am 15. Dezember 1987 verabschiedete ich mich von meinen Parlamentskollegen im Münchner Maximilianeum. Ich bedankte mich bei meiner Fraktion für die langjährige Unterstützung, aber auch bei der Opposition für Kritik und Widerspruch. Ich schied, wie ich sagte, ohne Groll gegen irgendjemanden, ich erinnerte an das Vergnügen, das mir die Politik die meiste Zeit, wenn auch nicht alle Tage, bereitet hatte, und an die Freude, die ich neben meiner Arbeit jederzeit im Schreiben und im Musizieren fand – «ein Kamin, durch den viel Rauch abzieht». Doch ich bekannte auch offen: das politische Spiel, an dem ich im Lauf der Zeit steigende Lust gewonnen hatte, werde mir wohl in Zukunft fehlen.

«Unsere Politik», sagte ich bei dieser Gelegenheit, «leidet an Politikern, die schon in jungen Jahren die Brücken zum zivilen Leben abbrechen.., für die gilt: alles oder nichts. Solche Menschen haben wenig Widerstandskraft in Krisenfällen. Sie werden immer geneigt sein, das Votum einer Partei vor die eigene Meinung zu setzen, sich von Stimmungen in der Öffentlichkeit beeindrucken zu lassen oder die Zornausbrüche eines Vorsitzenden für Dienstanweisungen zu halten.» Demgegenüber empfahl ich Distanz, Selbstironie, das tägliche Gespräch mit jungen Leuten und von Zeit zu Zeit eine kräftige Impfung gegen die

Versuchungen der Gottähnlichkeit. «Sind wir Politiker denn so wichtig? Kommt es wirklich nur auf uns an?»

Ich schloss mit den Worten: «Ich denke gern an die Jahre im Maximilianeum zurück. Es war eine Zeit, in der ich viel gelernt habe. Ich hoffe, ich konnte Bayern in einer schwierigen Zeit einen Dienst erweisen.»

28. Was die Kinder erlebten

> *«Da war KuMi Maier in den Lehrerzimmern*
> *nur noch eine vage Erinnerung.»*

An dieser Stelle ist ein Zwischenspiel fällig. Was erlebten unsere Kinder in der Schule? War es ein Vorteil für sie, Töchter des Kultusministers zu sein? Oder war es eher ein Nachteil, eine Beeinträchtigung, vielleicht sogar ein Brandmal? (In den Siebzigerjahren wurden in Schulhöfen vereinzelt Maier-Puppen an Galgen aufgehängt!)

Wir Eltern hatten die Kinder immer gemahnt: Nehmt euch ja nichts heraus in der Schule! Seid ganz normal wie alle anderen. Im Zweifel macht euch eher kleiner. Nur keine Besonderheiten, keine Extrawünsche. Schließlich wussten wir, dass die Presse auf solche Fälle geradezu lauerte, und bei fünf Töchtern, die in die Schule gingen, war ja reichlich Gelegenheit dazu. Wurden «Eigenwilligkeiten» der Schülerinnen ruchbar oder ließ sich der Vater gegenüber einzelnen Lehrern oder einer Schulleitung gar zu «Interventionen» verleiten, lag gleich zur Kennzeichnung der Stempel «Amtsanmaßung» bereit – und die Schlagzeile war fertig.

Wie also ging es den Kindern? Sie mögen dazu selbst das Wort nehmen. Hier sind ihre Erinnerungen an die Schulzeit, eingeholt 30, 40 Jahre danach.

Agnes Katharina, die Älteste, geboren 1963, heute Frauenärztin, schreibt:

«Sechs aus unserer 48-köpfigen Klasse gingen 1973 aufs Gymnasium, die Mädchen aufs Theodolinden, die Buben aufs Albert-Einstein.

Strahlend betrat die neue Lehrerin am ersten Schultag den Raum. ‹Und wir ham auch wen ganz Bsondern in unserer Klasse, die Maier

Katharina ist nämlich die Tochter vom Kultusminister!› Vom ersten Tag an war ich in dieser Klasse allein.

Ich schnitt mir meine langen Zöpfe selbst ab und legte mir eine zeitgemäße Frisur zu. Ich trainierte wie besessen in der Leichtathletik-AG und landete bei den Münchner Meisterschaften auf dem dritten Platz. Es half alles nichts. Nach der Schule lauerten mir zwei Klassenkameradinnen auf und warfen mein Fahrrad in den Dreck. ‹Weil dein blöder Vater die Steuern so hoch macht!› Das Schicksal bescherte mir am Ende der fünften Klasse eine schwere Hirnhautentzündung. Die halbe Klasse kam mich im Krankenhaus besuchen, und als ich entlassen wurde, hatte ich eine neue beste Freundin und eine Clique.

Später wurde es komplizierter. Damals musste man in Bayern nur einen ‹Stoppt-Strauß›-Anstecker tragen, um von der Schule zu fliegen. Ich kämpfte jahrelang an zwei Fronten: Die Lehrer waren entweder besonders nett zu mir oder zeigten mehr oder weniger deutlich, was sie von der bayerischen Schulpolitik hielten. Ich kämpfte jahrelang darum, als eigenständiger Mensch wahrgenommen zu werden. Immer war ich die Tochter vom KuMi.

Natürlich war ich links, arbeitete für Amnesty International, engagierte mich gegen den Nachrüstungsbeschluss und für Schülerrechte. Wir schöpften kreativ die Möglichkeiten politischen Engagements an der Schule aus, indem wir auf der 200 m-Grenzmarke, innerhalb derer politische Betätigung verboten war, mit unseren Flugblättern hin- und herhüpften und uns kindlich freuten, dass tatsächlich eine Lehrerin uns stellte. Den Verweis dafür bekam ich nie – unser Rektor bestellte mich zum Gespräch in sein Büro und druckste herum. Letztlich brachte er's nicht übers Herz, der Tochter vom KuMi einen Verweis zu erteilen.

Auch gegen die Vereinnahmung von links musste ich kämpfen – niemand nahm mir ab, dass ich meinen Vater von Herzen liebte, trotz aller Fetzen, die zwischen uns flogen; dass ich von ihm Ehrlichkeit in politischen Dingen gelernt habe und das ‹Gegen-den-Strom-Schwimmen› im Kreis von vermeintlichen Gesinnungsgenossen.

Dass wir, nachdem wir uns zum Thema Rüstungspolitik oder vorehelicher Geschlechtsverkehr angebrüllt hatten, zusammen Schumann-Lieder am Klavier sangen, konnten meine Freunde nicht verstehen.

Erst als ich weit weg von zu Hause ein Fach studierte, mit dem niemand in der Familie zu tun hatte, war ich vom KuMi-Phantom befreit.»

Die zweite Tochter, Barbara Susanne, Jahrgang 1964, heute Personal-referentin, schrieb auf meine Frage einen Brief:

«In den sechziger Jahren war es durchaus üblich, dass Väter sich nicht so viel um ihre Kinder kümmerten und öfter nicht anwesend waren. Das hat mich also im Vergleich zu meinen jüngeren Geschwistern nie gestört. Ich hatte aber immer das Bedürfnis, Dich ab und zu für mich allein zu haben und Dich als Vater zu erleben. Daran habe ich schöne Erinnerungen – auch schon ganz frühe: Wie Du auf dem Spielplatz am Athener Platz den Ball ganz hoch geworfen hast, wie Du mich getröstet hast, weil ich Antigeburtstag hatte (Erläuterung des Vaters: das war manchmal der Protest-Geburtstag der Schwestern, wenn eine Tochter bei ihrem Geburtstag allzu exklusiv gefeiert wurde!), wie Du mir Andersen-Märchen vorgelesen hast, die ich noch nicht verstanden habe, aber gerade deshalb so schön fand, wie ich Dich zum Mittagessen aus Deinem Nauplia-Dachzimmer (EdV: wir wohnten damals in der Naupliastraße) abgeholt habe und von Dir auf dem Rücken runtergetragen wurde (dabei hast Du einem immer die Arme ziemlich hochgezogen und die anderen mochten das deshalb nicht so gerne …).

Später – Du warst schon Minister – bin ich mit Dir zu Orgelkonzerten (Freiburg, Nürnberg, Bad Wörishofen) gefahren und habe mich als Zimbelsternzieher und Umblätterer versucht. Du musstest immer mit dem Kopf nicken, weil ich nicht so schnell war im Notenlesen, aber ich hatte Dich für mich und stand endlich mal im Mittelpunkt. In Bad Wörishofen hast Du mir als Entschuldigung, dass Du die Zeit und das Abendessen vor lauter Üben vergessen hattest, eine Handpuppenprinzessin geschenkt. Die habe ich heute noch. Und auch die anderen Puppen, die Du mir später mitgebracht hast. Du hast mich ab und zu aus der Geschwistermenge herausgehoben und mich gelobt für meine ‹Fernsehansagerinnenfrisur› und für meine Schwimmkünste. Das fand ich wunderbar!

Ich habe immer die Nähe zu Dir als Vater und Mensch gesucht und wollte mich nicht mit Dir politisch auseinandersetzen. Als Kind war das aber schwierig. In der Realschule bei den Armen Schulschwestern warst Du ein Idol. Kultusminister und Vorsitzender des Zentralkomitees der deutschen Katholiken. Eine Schwester hat mir ernsthaft berichtet, sie habe ein Bild von Dir über dem Bett hängen. Diese Beliebtheit beim Personal hat mir Distanz bei den Schülerinnen eingebracht. Das

*Auf dem Weg zur Schule: die Eltern mit (von links) Agnes, Verena, Barbara
(September 1972)*

*Fünfmädelhaus mit Mutter: Verena, Agnes, Barbara, Franziska, Johanna
(1976)*

waren ja einfache Giesinger Mädel, und als erstes wurde ich da gefragt: ‹Bist a Sechzga oda a Bayer?› Gottseidank war ich so geistesgegenwärtig und habe mich für die Sechziger entschieden, sonst wäre ich ein totaler Außenseiter geworden. Es hat immer eine Weile gedauert, bis ich mein Tochter-Image, das eigentlich Dein Image war, loswurde, aber es hat noch immer geklappt.

Später im Gymnasium war es umgekehrt. Da stand auf dem Klo (wohlgemerkt auf dem Mädchenklo): ‹Haut dem Maier in die Eier›, und damit war kein Schüler oder Lehrer gemeint, sondern Du. Das war natürlich bitter. Ich wusste ja auch gar nicht, für was man Dich hätte schlagen sollen. Ich hätte wahrscheinlich nur meine große Schwester fragen müssen, aber das habe ich nie getan. Ich wollte nicht gegen Dich demonstrieren oder im SPIEGEL ein Interview geben. Du warst mein Vater und ich mochte Dich gerne, warum hätte ich es mir schwer machen sollen und mich mit Dir streiten, wo Du doch ohnehin so wenig Zeit hattest? Am Morgen bin ich oft mit Herrn Laermann in die Schule gebracht worden. Ich hab mir nix dabei gedacht, aber unser Geschichtslehrer (ein echter Alt-Achtundsechziger mit rotem Vollbart und Nickelbrille) hat mich als Bonzenkind bezeichnet, was ich nun wirklich nicht war, und hat im Unterricht spitze Bemerkungen gemacht, die eigentlich Dir galten. Es ging um das Thema Gesamtschule – das weiß ich noch ...

Als ich schwanger wurde, hast Du es als erster bemerkt und mich so gut Du es konntest unterstützt. In der Schule war es ab da ein Spießrutenlauf. Die Tochter vom KuMi ist schwanger. Das kann man nur mit Schwangerschaftshormonen und einem fröhlichen Naturell überstehen. Kurz vor dem Abitur gab es eine Umfrage des Kultusministeriums. Man sollte ausfüllen, welchen Berufs- bzw. Studiumswunsch man hätte. Ich war hochschwanger und hatte keine Ahnung. Also schrieb ich Seiltänzerin. Das fand ich lustig, mich mit dem dicken Bauch auf einem Seil vorzustellen hoch oben in der Manege des Lebens. An unserer Schule waren auch blinde Schüler, und einer von denen war ein richtiger Witzbold, und er schrieb: ‹Optiker›. Er wurde nicht zum Direktor zitiert, aber ich, und es wurden mir schlimme Vorhaltungen gemacht, dass ich die Vorgaben meines eigenen Vaters lächerlich machen würde. Beinahe hätte ich einen Verweis bekommen.

Ein bissl blöd, und das finde ich bis heute nervig, ist meine offenbar große äußere Ähnlichkeit mit Dir. Als Kind fand ich andere Väter schöner und wollte nicht dauernd aufs Butterbrot geschmiert bekommen, dass ich Dir wie aus dem Gesicht geschnitten sei. Heute finde ich es skurril, wenn sich immer noch Menschen bemüßigt fühlen, diese Bemerkung zu machen … Obwohl ich heute finde, dass Du durchaus ein attraktiver Mann bist und es auch früher warst. Aber als Kind hat mir halt eher der Papa von Kathrin Köhle gefallen.

Mein Fazit ist, dass es für mich nicht leicht ist, mit Deiner Anwesenheit in meinem Leben als berühmter und unglaublich kluger Mensch umzugehen und dass ich immer noch dabei bin, meinen eigenen Weg zu finden. Ich habe viel von Dir, aber eben nicht Deinen Intellekt, nicht Deine Musikalität und nicht Dein Durchhaltevermögen – das was alle Leute von Dir kennen und was dann oft automatisch projiziert wird.

Leider (oder vielleicht doch zum Glück) bist Du auch nicht so berühmt, dass ich mein Leben als Tochter verbringen könnte. So wie die Töchter von Bertolt Brecht oder von Sigmund Freud … Also muss ich meinen ganz eigenen Barbaraweg schon selbst finden, und er wird immer auch etwas mir Dir zu tun haben. Schließlich bist Du mein Vater!»

Es folgt die «goldene Mitte» – oder wie sie manchmal von sich sagt «das Quetschkind»: Verena Maria, geboren 1966, heute Berufsschullehrerin.

«In der Schule als dritte Tochter des Kultusministers – da gibt es für mich zwei prägende Ereignisse.

Ich war in der dritten Klasse, als 1975 Peter Lorenz von der RAF entführt wurde. Das ernste Gesicht auf dem Foto hat mir die Mama beim Bettenmachen gezeigt. Wir bekamen Polizeischutz vor's Haus, und Du wurdest fortan von zwei Beamten eskortiert – wo immer Du warst. Ich hatte seither schreckliche Angst, konnte nicht mehr schlafen und bin mehrfach in Ohnmacht gefallen. Richtig losgeworden bin ich die Angst erst, als ich mit sechzehn die Bücher von den – und über die – Terroristen verschlang. Da habe ich verstanden, dass sie normale Menschen waren wie ich, die an einem Punkt ihrer Geschichte nicht mehr herauskamen aus der Wut.

Die Schule war deshalb sehr anstrengend, weil ich sehr viele Kraft darauf verwandte, wach zu bleiben und mich halbwegs zu konzentrieren. Die gute Seite daran: der Begleitschutz. Das waren nette Männer, die mit mir bei sonntäglichen Spaziergängen Fangen spielten, die mich in die Luft wirbelten und mir Beine stellten, bis ich auf dem Boden lag.

Für sie waren wir einfach die Maier-Dirndl. Sie haben uns ernst genommen. Oft habe ich mich später gefragt, warum ich mit denen nicht einfach mal über meine Ängste gesprochen habe. Verpasste Chance.

Für die Lehrerinnen – großenteils noch Nonnen – in der Haupt- und Realschule, die wir trotz Gymnasialempfehlung besuchen sollten, waren wir die Töchter des Kultusministers, den sie vergötterten. Ich war schnell aufsässig, so konnten sie – glaube ich – reichlich wenig mit mir anfangen. Ich hatte keine Lust auf Steno und Buchhaltung. Zuhause hast Du darüber geredet, wie wichtig es ist, das Vaterunser auf Lateinisch zu können oder die Phantasie und Fuge über B-A-C-H von Max Reger zu kennen. In der Schule lernte man karierte Faltenröcke zu nähen oder wie die Speisestärke in die Soße zu rühren ist, damit sie nicht klumpt. Ich kann mich nicht erinnern, dass Du je gefragt hast, was wir da eigentlich lernen in der Realschule.

Es gab halt einfach keine Zeit. Und alles andere war wichtiger, als sich um die Bildung der Kinder zu kümmern. Das ist später anders geworden. Ich finde, Du bist entspannter und netter geworden, seit Du nicht mehr Kultusminister bist. Schade, dass die Gelassenheit immer erst dann kommt, wenn Menschen keine Verantwortung mehr tragen.»

Unsere vierte Tochter, Johanna Elisabeth, geboren 1968, heute PR-Fachfrau, antwortete auf die Frage, ob es ein Vorteil sei, die Tochter des amtierenden Kultusministers zu sein, mit einem klaren: Nein!

«Ganz egal, ob die Vorurteile positiv oder negativ sind, es sind doch stets Vorurteile, und sie lassen einen nicht mehr sein als ‹die Tochter von› jemandem.

Natürlich bedeutet ein solches Amt auch ein intensives Arbeitsleben, das nicht viel Zeit lässt für eine Tochter – schon gar nicht für sechs Töchter.

Kinder lernen von ihren Eltern aber nicht nur durch das, was ihnen gesagt wird, oder durch die Art und Weise, wie man mit ihnen umgeht, sie lernen, weil sie die Erwachsenen imitieren, ihre Werte übernehmen – weil die Eltern ihnen ein Vorbild sind.

Und mein Vater war ein gutes Vorbild: Er hat ein authentisches und zufriedenes Leben geführt. Seine Position hat er sich mit viel Fleiß, Zuverlässigkeit, Stärke und einem unglaublichen Wissen erarbeitet. Seine Ansichten hat er klar geäußert und verteidigt.

Er liebt das Leben, kann auch einmal über sich selbst lachen, besitzt eine große Gelassenheit. Er hat einen starken Willen und eine Art, die Welt mit einer Großzügigkeit zu betrachten, die mir gefällt. War es ein Glück, Hans Maier als Vater zu haben? Ja, ganz bestimmt, auch wenn er nicht oft da sein konnte.»

Hier müsste unsere fünfte Tochter folgen, Franziska Ruth, geboren 1971, heute Architektin. Sie hat zu meiner Kultusminister-Zeit in den Schulen, die sie besuchte, im Großen und Ganzen ähnliche Erfahrungen gemacht wie ihre Schwestern. Aber sie wollte sich dazu nicht im Einzelnen äußern. – Und unsere sechste Tochter, Julia Clara, geboren 1986, Studentin, hat die Schule natürlich erst sehr viel später erlebt, von 1992 an. Da war KuMi Maier in den Lehrerzimmern nur noch eine vage Erinnerung.

Dritter Teil

Die Zeit – und das
ganz gewöhnliche Leben

«... und die Kaiserin Maria Theresia starb, und der Struensee wurde hingerichtet, Amerika wurde frei, und die vereinigte französische und spanische Macht konnte Gibraltar nicht erobern ... und die französische Revolution und der lange Krieg fing an, und der Kaiser Joseph starb auch.

... und die Ackerleute säeten und schnitten. Der Müller mahlte, und die Schmiede hämmerten, und die Bergleute gruben nach den Metalladern in ihrer unterirdischen Werkstatt ...»

Johann Peter Hebel, Unverhofftes Wiedersehen (1811)

29. Wissenschaft: der Guardini-Lehrstuhl

«Da kam uns der Zufall zu Hilfe» (Wulf Steinmann).

Professoren, sagt man, fallen weich. Sie können, wenn ihre Dienstfahrt in Wirtschaft oder Politik unerwartet zu Ende ist, jederzeit «auf ihre Güter» zurückgehen. Meist sind sie ja Beamte auf Lebenszeit. So erging es auch mir, als ich 1988 an die Münchner Universität zurückkehrte. Mein Professorengehalt – ich hatte nach einigen Rufen das Endgrundgehalt erreicht – war sogar um ein Winziges höher, als es meine Ministerpension gewesen wäre, hätte ich schon 1986, mit 55 Jahren, den Ruhestand gewählt – was ich aber nie wollte. Ich konnte also zufrieden sein, meine Familie erlebte keine Einbußen.

Zum ersten Mal konnte ich mich nun ein wenig länger, nicht nur in der kargen «Teilzeit» am frühen Morgen und am späten Abend, meinen Kindern, widmen. Vor allem meine Jüngste konnte ich in ihrem Baby- und Kleinkindalter intensiv beobachten. Bald wurde sie zu einem «Höckli», einem «Springerli» – meine Frau gebrauchte immer diese schönen schweizerischen Worte. Bald konnte ich sie auf der Schaukel in unserem Garten «anschubsen» – «so langsam, dass nicht einmal das ängstlichste Mädchen der Welt sich fürchten kann, und so sacht, dass von Schubsen eigentlich gar nicht mehr die Rede sein kann» (Originalton Julia Clara in späteren Jahren).

Weniger idyllisch als zu Hause fiel mein Einstand in die Ludwig-Maximilians-Universität aus. Zunächst hatte es im Vorfeld der Berufung eine unerfreuliche Diskussion darüber gegeben, ob ich für den Guardini-Lehrstuhl überhaupt geeignet sei. In der Tat war ich kein Philosoph. Aber die Guardini-Professur war auch kein Fach-Lehrstuhl, sie hatte einen weiteren Radius. Robert Spaemann, einer meiner künftigen Kollegen, fand den Ausweg: An die Stelle des Wortes «Religionsphilosophie» traten in der Bezeichnung des Lehrstuhls die Worte «Religions- und Kulturtheorie» – ansonsten blieb alles beim Alten.

Überhaupt waren meine philosophischen Kollegen dem «Heimkehrer» wohlgewogen: Dieter Henrich hatte das Gutachten für die Fakultät geschrieben, in dem er meine Berufung empfahl; Werner Beierwaltes schickte mir seine Schriften, von denen mich die Arbeiten über Augustin am meisten interessierten. Das «Quartett» Beierwaltes-Henrich-Spaemann-Maier spielte sich ein, ohne Misstöne, für eine ganze Reihe von Jahren – erstaunlich für ein akademisches Ensemble. Auch der Präsident der Universität, der Physiker Wulf Steinmann, brachte mir viel Verständnis entgegen.

Die Ministerkollegen Wolfgang Wild (Wissenschaft) und Max Streibl (Finanzen) hatten mich bei meinen Berufungsverhandlungen freundlich behandelt. Sie waren mir entgegengekommen – ich brauchte ja vor allem ein gut besetztes Sekretariat für meine umfangreiche Post. Aber es gab auch andere Reaktionen. In der Universitätsverwaltung spürte ich manchmal kleinliche Widerstände. Als ich nach einem Waschbecken für mein Zimmer fragte, hielt mir jemand – fast mit Hohn – ein uraltes, längst nicht mehr gültiges Schreiben des Kultusministeriums entgegen, das die Zuteilung solcher Luxusgüter streng begrenzte. Und bei meinem ersten Promotionsverfahren zwangen mich Kollegen durch ihren Einspruch in die Revision – ich musste meine Notengebung mündlich vor dem Promotionsausschuss erläutern und verteidigen, was sie sichtlich genossen. Meine Kompetenz als Prüfer unterlag offenbar Zweifeln – warum eigentlich nach so vielen Jahren der Praxis?

Zickigkeiten dieser Art waren nicht selten, sie häuften sich. Ein Kollege sagte mir geradezu vorwurfsvoll: «Warum kommen Sie eigentlich an die Universität zurück? Sie hatten doch die Macht, wie konnten Sie darauf verzichten?» Ich konnte den Mann nur beneiden um sein sattes Verständnis von «Macht» in einer rechtsstaatlichen Demokratie. Wurden politische Ämter nicht auf Zeit verliehen? Standen sie nicht unter politischen, rechtlichen, publizistischen Kontrollen? Ging nicht alles politische Geschehen unter Flutlicht vor sich, fern von aller Geheimbündelei, wie sie in Teilen der Wirtschaft, der Wissenschaft nach wie vor bestand? «Amerika, du hast es besser», dachte ich manchmal im Stillen. Dort konnte ein Wissenschaftler mühelos zwischen Universität, Wirtschaft und Politik wechseln, ohne dass sein Ansehen Schaden litt. Er konnte aus einem öffentlichen Amt ohne Schwierigkeiten an die Universität zurückkehren – als leibhaftiger Mensch, der ernst genommen wurde, nicht als ein Revenant, der gespensterhaft durch die akademischen Couloirs irrte. Warum war das in Deutschland anders?

Waren wir immer noch eine Ständegesellschaft? Seit jeher war ich der Meinung, ein Teil des Elends der Universitäten liege darin, dass dort zu viele Menschen waren, die nirgendwo anders groß werden konnten als in einer akademischen Umgebung. Schließlich sorgten Kollegen, die mich schon länger kannten, für einen Wandel. Laetitia Boehm, Horst Bürkle, Wolfgang Frühwald, Peter Lerche, Wolfgang Spann und Hans Zacher verbreiteten in der Universität die erstaunliche Kunde, ich meine es wirklich ernst, ich wolle tatsächlich wieder in der Universität arbeiten und nutze die akademischen Bretter nicht für einen neuen Absprung in die Politik, in die Wirtschaft oder sonstwohin. Ich selbst tat alles, um diese Fama durch Taten zu beglaubigen: Ich hielt Vorlesungen und Seminare, ich forschte, ich prüfte, ich schrieb Gutachten und Aufsätze. Nach zwei, drei Jahren kam die Botschaft endlich bei den Zweifelnden an, ich konnte aufatmen und musste mich nicht mehr täglich rechtfertigen, verteidigen und beweisen. Ich war wieder Kollege unter Kollegen. Es dauerte freilich noch einige Zeit, bis sich mein Hörsaal mit Hörerinnen und Hörern füllte. Aber auch mein Vorgänger Eugen Biser hatte klein, mit nur wenigen Interessierten, angefangen.

An dieser Stelle muss ich etwas über den Guardini-Lehrstuhl sagen, der in der Philosophischen Fakultät beheimatet war. Er war in der Ludwig-Maximilians-Universität ein Glanzstück, aber auch etwas Sperriges, Ungewohntes – fast unablösbar von seinem ersten Inhaber, dem Theologen und Philosophen Romano Guardini (1885–1968). Dieser hatte sich zwar 1922 in Bonn für ein *Fach*, Dogmatik, habilitiert. Aber in Berlin hatte er von 1923 an etwas doziert, was eben nicht als «Fach» galt, «Katholische Weltanschauung» nämlich – bis die Nationalsozialisten 1939 seinen Lehrstuhl einzogen. Später pflegte Guardini zu sagen (er schrieb es am 22. Februar 1954 in sein Notizbuch), er sei kein Wissenschaftler, ihm fehle das Fach. «Ich muss den Mangel des ‹Faches› immerfort durch mehr ‹Geist› ausgleichen. Die Situation ist irgendwie illegitim.»

Ich hatte mich schon immer gewundert, weshalb Guardini, den ich im Sommersemester 1954 zum ersten Mal in München gehört hatte, vor seiner Vorlesung immer in großen Kreisen im Lichthof herumgewandert war. Heute weiß ich es: Da er kein «Fach» hatte, wollte er nicht das Dozentenzimmer aufsuchen, wo die Fachkollegen sich versammelten. Er fühlte sich nicht zugehörig.

Wieder in der Universität, Ludwigstraße 31, München (1988)

Vorgänger und Nachfolger: Eugen Biser und Hans Maier in der Ludwigskirche (1990)

Guardini war in Berlin schlecht behandelt worden – obwohl Carl Heinrich Becker, der preußische Kultusstaatssekretär und spätere Minister, ihn kannte und schätzte (er hatte ihn auch, samt seinem Lehrstuhl, von Breslau nach Berlin «transferiert», da es an der Berliner Universität in keiner Fakultät eine Mehrheit für eine Berufung gab). Guardinis Vorlesungen standen im Verzeichnis hinter den Veranstaltungen des Turnlehrers, und es bedurfte einer Demarche im Kultusministerium, um zu erreichen, dass sie wenigstens hinter denen der Fakultäten eingeordnet wurde. «Für die Universität», bemerkte Guardini später bitter (Berichte über mein Leben, Düsseldorf 1984, 40 f.), «war ich der vom Zentrum aufgezwungene Propagandist der katholischen Kirche, welcher an der ‹Hochburg des deutschen Protestantismus› nichts zu suchen hatte, und sie zeigte mir das auf jede Weise.»

Guardini musste in Berlin auf die mit einem Ordinariat normalerweise verbundenen akademischen Rechte verzichten, da er keiner Fakultät angehörte, sondern direkt dem Rektor unterstellt war. Er examinierte nie Studenten, war nie Dekan oder Rektor, nahm an der akademischen Selbstverwaltung nicht teil. Doch diese eingeschränkte akademische Existenz hatte auch ihr Gutes: Sie ließ ihm viel Zeit fürs Schreiben. In kurzer Zeit wurde aus dem Fachdogmatiker ein berühmter theologisch-philosophischer Autor, ein Interpret der Literatur, dessen Bücher ein großes Publikum erreichten. Und so geschah das Paradoxe, Unerwartete, dass Guardini bei seinen Nachkriegs-Rufen nach Tübingen und nach München in den Verhandlungen mit den Kultusministerien die «negativen Privilegien» seiner Berliner Zeit – eigentlich Diskriminierungen – erneuert wissen wollte, ja sie förmlich einklagte: Er erreichte, dass er in der Universität keine Examina abzunehmen und keine akademischen Ämter zu übernehmen hatte.

In den sechziger Jahren war Romano Guardini ein renommierter Autor und hochgeschätzter Redner, in München überaus präsent mit einer breiten Hörerschaft zwischen 500 und 600 Hörern in der Universität (im Kongresssaal des Deutschen Museums waren es manchmal 1000). Aber er prüfte nicht, hielt keine Seminare, hatte keine Schüler. Diese Konstellation, die universitätsintern und in der Öffentlichkeit kaum auffiel, wurde seinem Nachfolger zum Verhängnis. Karl Rahner, der 1964 den Lehrstuhl Guardinis übernahm, war gleichfalls ein berühmter Autor, dessen Schriften in weite Kreise drangen, zumal nach dem Zweiten Vatikanischen Konzil – aber er war doch in erster Linie

Fachtheologe, Dogmatiker, ein Mann, der Seminare abhielt und prüfte, der einen großen Schülerkreis hatte mit nicht wenigen Examinanden und Doktoranden.

Mit den Vorlesungen tat sich Karl Rahner schwerer als Guardini: Dem ernsten Alemannen fehlte die Leichtigkeit und Luzidität des Vorgängers – und er hatte auch nicht die für München so wichtige künstlerische Note; die Muse hatte ihn – im Unterschied zu seinem Bruder Hugo, der ein vorzüglicher Redner und guter Stilist war – nicht geküsst. Seine Darlegungen waren manchmal schwer verständlich – und wenn er nach weiten Ausgriffen und Exkursen, nach Verdeutlichungen und Vertiefungen in riesigen Schachtelsätzen, sich selbst ermunternd, ausrief: «Jetzt sag' ich's einmal ganz einfach!», dann konnte man sicher sein: Es war noch schwerer zu verstehen als vorher.

Rahner wechselte nach wenigen Jahren – 1967 – nach Münster auf den Lehrstuhl für Dogmatik und Dogmengeschichte, nachdem ihm die Münchner Theologen das Promotionsrecht in ihrer Fakultät verweigert hatten – ein Affront gegenüber einem Mann, der damals der bekannteste Theologe im deutschsprachigen Raum war. Aber man sah seit jeher seitens der Münchner Theologen argwöhnisch und manchmal eifersüchtig auf den Guardini-Lehrstuhl in der Philosophischen Nachbarfakultät. Sein Urheber galt als Berühmtheit, aber als Außenseiter, sein Werk wurde von vielen nicht anerkannt. Auch Neid auf seine Berühmtheit mag mitgespielt haben. Selbst einen so aufgeschlossenen Mann wie Gottlieb Söhngen habe ich über Guardinis Psalmenübersetzung herablassend sagen hören, sie werde dem Gegenstand nicht gerecht, Guardinis Wortkunst gleiche einem «Wohltemperierten Klavier».

Es dauerte lange, fast endlos lange, bis der Lehrstuhl nach Rahners Weggang neu besetzt werden konnte. Die Universität hatte die Aufhebung bzw. Umwidmung beantragt. Das lehnte ich als damaliger Kultusminister ab; es wäre eine Desavouierung sowohl Guardinis wie Rahners gewesen, die Verleugnung einer spezifischen Münchner Tradition, die sich in der Nachkriegszeit gebildet hatte und inzwischen weit über die bayerische Landeshauptstadt hinauswirkte.

Endlich wurde ein Nachfolger gefunden: der Theologe Eugen Biser, der vorher in Heidelberg und in Würzburg gelehrt hatte. Er stammte aus Oberbergen am Kaiserstuhl, war ein theologischer Schüler von Bernhard Welte in Freiburg, war aber zugleich ein Philosoph, promoviert von Karl Löwith in Heidelberg.

Ihm gelang es in zwölfjähriger Tätigkeit, von 1974 bis 1986, dem Guardini-Lehrstuhl ein neues Gesicht zu geben. An Karl Rahner anknüpfend, entwickelte er in Vorlesungen, Seminaren und Publikationen eine umfassende Verstehenslehre des Glaubens. Auf den Spuren Guardinis näherte er sich der Gegenwart in vielfältigen Interpretationen von Architektur, Dichtung und Musik. Eugen Biser, klein von Gestalt, war ein bescheidener Mann, stets hilfsbereit und überaus gewissenhaft. In München fuhr er lange Zeit mit einem Motorroller durch die belebten Straßen zu seinen zahlreichen Vorträgen und Gesprächen. Wie Guardini nahm er auch das Amt des Universitätspredigers in der Ludwigskirche wahr – mit wachsendem Echo in München, mit vielen jugendlichen Hörern. Über den Freskenzyklus dieser Kirche, das Werk des Malers Peter Cornelius, schrieb er einen gelehrten Essay, der die Größe des ludovizianischen München, aber auch seine Brüche und Widersprüche widerspiegelte.

Wie es der Zufall wollte, kannte ich Eugen Biser schon lange – schon seit seiner Zeit in Freiburg. Bei seiner Primiz im Jahr 1946 hatte ich, damals noch Schüler, die Orgel gespielt. Später besuchte ich ihn mit zwei Freunden aus der Mariahilf-Jugend, Alfred Schaffner und Georg Kiechle, in Umkirch, seiner ersten Pfarrstelle. Wir brachten einen Vorrat an selbstgefertigten Kasperlpuppen und ein transportables Kasperletheater mit, das ich aus Brettern und Stangen zusammengebaut hatte. Wir spielten bei den Bauern auf dem Land am Oberrhein Kasperlestücke, sammelten Vorräte an Kartoffeln und Gemüse für die Dreikönigsküche, die Altenküche der Pfarrei.

Ende der fünfziger Jahre sah ich Biser wieder bei einer Heidelberger Veranstaltung mit dem Studentenpfarrer Richard Hauser. Ich erschrak fast über den Ernst, die Askese, die sich in seine Züge gegraben hatte. Sein Gesicht, immer schon zerfurcht, war überaus schmal geworden. Seither verfolgte ich aufmerksam und mit steigender Neugier seine Vorträge und Publikationen – seinen Denkweg als Nietzscheforscher, Religionsphilosoph, Literaturinterpret. In den achtziger Jahren wurde Biser zu einem theologischen Analytiker der Zeit, zum Entdecker und Verkünder eines «mystischen», «therapeutischen» Christentums.

Das war die Tradition, die ich in München vorfand. Sie war reich, vielfältig, in manchen Dingen kontrovers, aber immer anregend und über die Einzelfächer hinauswirkend – im Ganzen ein imponierendes und verpflichtendes Erbe. Eugen Biser hatte sich sehr bemüht, in seinem Umkreis Vorurteile und Widerstände gegen mich auszuräumen. Er wurde unterstützt vom Dekan der Philosophischen Fakultät, dem Philosophen Manfred Zahn, und seinem Nachfolger Hans Schneeweiß. Dieter Henrich hatte in seinem Gutachten Sinn und Zweck des Guardini-Lehrstuhls umrissen: Von seinem Inhaber werde erwartet, dass er imstande sei, «aus einem auch in selbständigem Denken bewährten christlichen Glauben die Gegenwart und die Lebensbedingungen des Menschen in ihr, sowie deren Heraufkunft und mögliche Zukunft zu betrachten, zu analysieren und durch ein auf Universalität ausgehendes Verstehen in der Tiefe zu erschließen. Gelang dies Guardini vor allem im Blick auf die Werke der Dichter, so kann es Maier aus der Verständigung über die politischen Ideen und Prozesse ... gelingen.»

Am 4. Februar 1988 hielt ich meine Antrittsvorlesung – es war die dritte nach den früheren in Freiburg 1962 und in München 1966. Sie fand großen Zulauf – gewiss nicht wegen meiner wissenschaftlichen Meriten, sondern wegen der besonderen Zeitumstände. «Hier wurde nach siebzehn Jahren eine Rückkehr gefeiert: die Wiedereingliederung des ehemaligen bayerischen Kultusministers Hans Maier in die Universität» (Renate Schostack, «Frankfurter Allgemeine», 6. Februar 1988). Wulf Steinmann, der Universitätspräsident, erinnerte bei der Begrüßung daran, dass man lange auf einen geeigneten Nachfolger für Guardini, Rahner und Biser gewartet habe. Man habe von der Hoffnung gelebt. «Da kam uns der Zufall zu Hilfe.» Das Auditorium lachte und klatschte.

Ich sprach «Über revolutionäre Feste und Zeitrechnungen». Das knüpfte an meine Forschungen zur Französischen Revolution an – an das spannungsvolle Verhältnis der Revolution zur christlichen Überlieferung. Ich brauchte nicht nach Paris zu fahren, um die Quellen einzusehen – Bayern als einstiger Rheinbund-Staat mit stets wachem Frankreich-Interesse verfügte selbstverständlich über die vollständige Sammlung der Ausschuss-Protokolle des Konvents – und Eberhard Dünninger, inzwischen Generaldirektor der Bayerischen Bibliotheken, lieh sie mir aus der Staatsbibliothek bereitwillig aus. Hier konnte man Zug um Zug verfolgen, wie sich die Feste der Revolutionszeit mit dem Tod des Königs und dem Ende der Monarchie auch von den christlichen Traditionen lösten, denen sie bis dahin gefolgt waren – und wie im Erziehungs-Ausschuss des Konvents die Idee entstand, die «Ère vulgaire», die Zählung der Jahre nach Christus, zu beenden und eine ganz neue «republikanische» Zeitrechnung zu beginnen – die ja dann in Frankreich und in den von ihm eroberten europäischen Ländern von 1793 bis 1805 tatsächlich bestand.

In den Mittelpunkt der Vorlesung stellte ich Jacques-Louis Davids berühmtes Bild des ermordeten Marat – eine Ikone der Revolution. Als David es malte, standen die Verhandlungen des Konvents über die neue Zeitrechnung unmittelbar vor dem Abschluss. Am 6. Oktober 1793, acht Tage vor der Fertigstellung des Bildes, wurde die christliche durch die revolutionäre Zeitrechnung ersetzt, deren Anfang rückwirkend auf den 22. September 1792 datiert wurde. David reagierte unverzüglich auf diese neue Gegebenheit: Auf der Holzkiste im Bild, welche die Widmung trägt, erkennt man noch die Jahreszahl 1793 – doch sie ist übermalt. Stattdessen steht nun in der Mitte: L'An Deux, das Jahr Zwei – die neue Zählung des soeben eingeführten «republikanischen Kalenders». «Der alten Zeitrechnung» – so deutete ich diesen Dualismus – «ist Charlotte Corday, die Mörderin, mit dem Datum ihres Briefes in Marats Hand noch unterworfen. Und so geht die Grenze zwischen der christlichen Zeitrechnung und der neuen Ära der Revolution mitten durch das Bild hindurch.»

Die Vorlesung wurde für mich zum Anstoß für weitere Forschungen, die ich mit Mitarbeitern und Studenten in Seminaren und Diskussionen unternahm. Sie galten vor allem der – seltsam unbekannten – Geschichte der christlichen Zeitrechnung. Ich untersuchte diese Art des Zählens und der historischen Vergewisserung sowohl in ihrer prospektiven Form («nach Christus») wie in ihrer retrospektiven Form («vor Christus»). Damit hatten sich bis dato nur wenige Forscher beschäftigt – gewichtige Ausnahmen waren Anna-Dorothee von den Brincken, Arno Borst, Peter Rück und – vom jüdischen Standpunkt aus – der israelische Bibliker und Qumranforscher Shemaryahu Talmon. Mit allen sprach oder korrespondierte ich in der folgenden Zeit.

Während die Zählung «nach Christus» sich seit dem sechsten Jahrhundert verhältnismäßig rasch und umfassend im ganzen christlichen Europa verbreitet hatte, kam die Zählung «vor Christus» erst spät – paradoxerweise in der Aufklärung – in Gebrauch. Ihr mächtiger Gegenspieler war und blieb lange Zeit die biblische Zeitrechnung «seit Erschaffung der Welt». Noch Bossuet legte diese «Schöpfungschronologie» seinem «Discours sur l'histoire universelle» (dritte Auflage 1700) zugrunde – wenn er sie auch schon durch Angaben «vor Christus» ergänzte. Aber erst Voltaire verwendete durchgehend die retrospektive Zeitrechnung – nicht aus Sympathie gegenüber dem Christentum, sondern weil es sich mit einer «Zeit in der Zeit» präziser nach vorwärts und rückwärts rechnen ließ. Bei der Schöpfungschronologie nämlich war der Ausgangspunkt unsicher; die Angaben darüber, wann die Welt geschaffen wurde, schwankten im Lauf der Zeit um Jahrzehnte, ja Jahrhunderte, und so konnte diese Art der Zählung auf die Dauer den Genauigkeitsforderungen moderner Geschichtsschreibung nicht genügen.

Das kleine Buch «Die christliche Zeitrechnung», das aus diesen Überlegungen hervorging (1991), war die erste wissenschaftliche Frucht meiner «Guardini-Zeit». Der Lektor Rudolf Walter vom Herder-Verlag in Freiburg nahm es in seine bewährten Hände, wir suchten gemeinsam die Bilder aus. Es erlebte sechs Auflagen und wurde in mehrere Sprachen übersetzt. Im Jahr Zweitausend hielt ich an vielen Orten Vorträge über das plötzlich aktuell gewordene Thema – ich war auch beim Start der deutschen Gedenkbriefmarke in Berlin dabei und sprach zur Einführung. Das Jahr Zweitausend beschäftigte die Öffentlichkeit nicht nur in Deutschland. Selbst die Sorbonne in Paris lud 1999 zu einem Kongress über die christliche Zeitrechnung mit einer Rätselfrage ein: «L'An 2000 – après quoi?» (das Jahr Zweitausend – nach was?)

Das wissenschaftliche Echo auf diese Forschungen zur Zeit und zur Zeitrechnung – vor allem unter Theologen, aber auch unter Historikern – blieb leider schwach. Es fiel mir schwer, das zu begreifen. Warum interessierten sich so wenige Forscher für die Eckdaten der seit Jahrhunderten gebräuchlichen, aber kaum je wissenschaftlich untersuchten «Vermessung der Zeit»? Hatte hieran nur die Politik ein Interesse? Speziell in Deutschland war ja noch in Erinnerung, dass die Nationalsozialisten überall, wo sie konnten, die Formulierung «nach Christus» durch die andere «nach der Zeitrechnung» ersetzt hatten – ohne dass sie es freilich wagten, gleich auch noch eine neue Ära zu proklamieren, wie es der italienische Faschismus versuchte, der die künftigen Jahre nach dem «Marsch auf Rom» (1922) datieren wollte. Mit Shemaryahu Talmon unterhielt ich mich über diesen Fragenkomplex, als ich ihn während einer Israelreise in seiner Jerusalemer Wohnung, einem alten Kreuzfahrerhaus, besuchte: Er wunderte sich ebenso wie ich über die Gleichgültigkeit vor allem christlicher Theologen gegenüber dem Thema Zeitrechnung, während diese Frage in der jüdischen Theologie bekanntermaßen seit jeher eine große Rolle spielte.

Das zweite Thema, das uns am Guardini-Lehrstuhl beschäftigte, waren die modernen Gewaltregime und ihre Wahrnehmung in Geschichtswissenschaft und Philosophie. Das Problem rückte vor allem in den Jahren nach 1989 – der Zeit, in welcher der Warschauer Pakt zerfiel und ganz Europa, nicht nur Deutschland, sich wiedervereinigte – in den Vordergrund. Eine kaum übersehbare Fülle von Archivmaterial wurde nun der Forschung zugänglich. Nach dem Faschismus, dem Nationalsozialismus begann der Prozess der «Historisierung» auch die kommunistischen und sozialistischen Regime zu erfassen.

Auch hier wollte ich es nicht einfach beim aktuellen Stand der Dinge belassen. Die Geschichtswissenschaft hatte die despotischen Regime des 20. Jahrhunderts – Kommunismus, Faschismus, Nationalsozialismus – nach Ort und Zeit, Herkunft und Wirkung, politischem und sozialem Profil sorgfältig unterschieden. Aber wie benannte sie das, was ihnen gemeinsam war? Darüber gab es keinen Konsens, ja in Deutschland schien lange Zeit nicht einmal die Frage zugelassen zu sein.

Der Totalitarismus-Begriff war in Zeiten der beginnenden Entspannung zwischen Ost und West fast tabuisiert worden. Die Faschismusformel dagegen wurde inflationär ausgeweitet, obwohl man damit Gefahr lief, dem italienischen Faschismus allzu große Bedeutung zuzumessen und den deutschen Nationalsozialismus in seiner Eigenheit zu verkennen und zu verharmlosen. Mussolini und Hitler waren nun einmal nicht in allen Punkten auf eine Linie zu bringen. Der Satz «Die Partei befiehlt dem Staat» galt in Deutschland uneingeschränkt, aber nur bedingt in Italien. Es kam in der Nazizeit durchaus vor, dass «staatlich» argumentierende NS-Juristen von orthodoxen Nationalsozialisten als «Faschisten» beschimpft wurden. Auch der «deutsche Gruß» war nicht dasselbe wie der «salute romano», und ebenso wenig glichen die starren Standarten der Italiener den im Wind flatternden Hakenkreuzfahnen in Deutschland – wie auch die erdfarben braunen Nazi-Uniformen von den «staatlich» schwarzen des Faschismus deutlich abstachen.

In all diesen Fragen musste man zu den Quellen zurückgehen. Das galt sowohl für die historischen Verläufe wie für ihren Niederschlag in Systemen, Begriffen, Bildern. Glücklicherweise gab es in München das Institut für Zeitgeschichte, mit dem ich seit meiner Studentenzeit eng verbunden war. Es hatte sich schon in den siebziger und achtziger Jahren Verdienste um die Klärung der Begriffe Totalitarismus und Faschismus, um die Analyse der Beziehungen zwischen Faschismus und Nationalsozialismus erworben. Sollte man dort nicht auch die «Namengebung» der modernen Despotien erforschen können?

Am 20. Juli 1994 fand im Institut für Zeitgeschichte – von mir mitangeregt – ein Colloquium statt: «Tyrannis, Autokratie, Diktatur: Wie benennt man die Gewaltregime des 20. Jahrhunderts?», an dem u. a. Hans Buchheim, Klaus Hildebrand, Hermann Lübbe, Gilbert Merlio und Horst Möller teilnahmen. Wir einigten uns darauf, unsere Aufmerksamkeit vorab den bekanntesten Deutungsmustern – Totalitarismus und politische Religionen – und ihrem wechselseitigen Verhältnis zuzuwenden. In der folgenden Zeit konnte ich bei meinen Untersuchungen eng mit dem Institut zusammenarbeiten – seit 1995 auch als Mitglied des Beirats. Vor allem mit Horst Möller ergaben sich viele Gemeinsamkeiten – einmal wegen seiner Frankreich-Verbindungen, sodann weil er in Deutschland einer der wenigen Kenner der Aufklärung und ihrer Geschichte war.

In den folgenden Jahren war ich mit einer Reihe von Mitarbeitern – Philosophen, Historikern, Literaturwissenschaftlern – damit beschäftigt, die Deutungen totalitärer Herrschaft im Zeitraum 1919 bis 1989 aufzuarbeiten – unterstützt von der Volkswagen-Stiftung, später von der Alfried Krupp von Bohlen und Halbach-Stiftung. Bei drei internationalen Symposien in München (1994), Tutzing (1996) und Genf (1999) konnte ich die führenden Forscher auf diesem Gebiet zur Diskussion ihrer Thesen zusammenbringen: von Juan J. Linz (Yale) bis zu Philippe Burrin (Genf), von Jeremy Noakes (Exeter) bis zu Hella Mandt (Berlin). Maßgebliche Hilfe aus dem Kreis meiner Mitarbeiter kam von Michael Schäfer, Katrin Mey und Hans Otto Seitschek.

Unsere Forschungen dienten aber nicht nur der Aufarbeitung des historischen Materials für die künftige Forschung und eigenen ersten Beiträgen zu einem systematischen Diktaturvergleich. Sie brachten auch die «Väter» einer religionsphilosophischen Betrachtung der modernen Totalitarismen wieder in den Blick: Eric Voegelin und Romano Guardini. Erfreulicherweise liegt das – zu Lebzeiten nur zur Hälfte sichtbare – Werk Eric Voegelins inzwischen dank der Bemühungen von Jürgen Gebhardt und Peter J. Opitz fast vollständig englisch und deutsch vor. Auch Romano Guardinis Werk ist in Nachdrucken, aber auch in neuen Editionen greifbar – hier hat sich nach Franz Henrich und Hans Mercker vor allem Hanna-Barbara Gerl-Falkovitz um neue Funde und ihre Veröffentlichung und Kommentierung verdient gemacht. Nach wie vor enthält Guardinis kleine, schon im Dritten Reich konzipierte Schrift «Der Heilbringer in Mythos, Offenbarung und Politik» (1946), die Hitler als Führer, «Erlöser», weltlichen Heiland in den Blick nimmt, wichtige Einsichten in die quasi-religiösen Elemente des modernen Totalitarismus.

Auch ein anderer Klassikertext wurde im Zusammenhang unseres Projekt entdeckt und veröffentlicht – ich meine Hannah Arendts «Denktagebuch». Es enthält Aufzeichnungen, die ihre Arbeit ein Leben lang begleiteten, in denen die Innenseite ihres Denkens sichtbar wird. Das Tagebuch wurde 2002 im Piper Verlag München von Ursula Ludz und Ingeborg Nordmann publiziert; die Anträge für die nötigen Vorarbeiten hatte ich bei der Deutschen Forschungsgemeinschaft gestellt. In mehrjähriger Arbeit, die viel Zähigkeit erforderte, wurde das in 28 Schreibheften und einem ergänzenden «Kant-Heft» vorliegende Manuskript aus dem Nachlass Arendts in Marbach und Washington von den Herausgeberinnen entziffert und erschlossen, in Texteinheiten eingeteilt und für den Druck vorbereitet. Unterstützt wurde die Arbeit durch den Altphilologen Karl Bayer, meinen alten Mitarbeiter aus dem Kultusministerium; ihn hatte ich dafür gewinnen können, die zahlreichen, manchmal flüchtig notierten altgriechischen Exzerpte der Autorin zu verifizieren und zuzuordnen – eine Arbeit, zu der kaum ein anderer in der Lage gewesen wäre.

Das dritte Thema, das mich nach der Rückkehr in die Universität zu beschäftigen begann, war eine «alte Liebe»: die ältere deutsche Staatslehre nämlich, die ich auf meinen Streifzügen durch die Geschichte der Politik- und Polizeiliteratur kennengelernt und nach verschiedenen Seiten ausgekundschaftet hatte.

Auch diese Thematik gehörte leider nicht zu den «großen Erzählungen» der Forschung. Das deutsche Staatsdenken war kein allgemeiner Besitz der Wissenschaft. Ganz im Gegenteil, den meisten war es fern und fremd – es musste erst aus dem Staub der Archive und Bibliotheken befreit und einer unverdienten Vergessenheit entrissen werden. Wenige Gebiete der wissenschaftlichen Literatur waren editorisch so vernachlässigt worden wie dieses. Die Bergungsarbeiten der Philologie auf den Gebieten der Renaissance- und Barockliteratur waren ihm kaum zugute gekommen. Es gab in Deutschland nicht – wie in anderen Ländern – einen «Kanon» der wichtigen politischen Schriften der Nation – und daher auch wenig Neuausgaben älterer Literatur.

Im April 1989 veranstaltete die Pennsylvania-Universität, gemeinsam mit dem German Marshall Fund, dem Deutschen Historischen Institut in Washington und dem Goethe-Institut New York, eine Tagung in Philadelphia. Sie war dem Gedenken an «Vierzig Jahre Grundgesetz» gewidmet. Ralf Dahrendorf eröffnete; ich hatte die «Concluding Address». Michael Stolleis sprach über «The Implementation of the Welfare State». Bei einem Abendgespräch zwischen Stolleis und mir wurde die Idee einer Neuausgabe klassischer Schriften der deutschen Staatslehre geboren.

So schrieb ich am 28. Juni 1989 den «verehrten Kollegen» Gabriele Haug-Moritz (Tübingen), Horst Denzer (München), Peter Häberle (Bayreuth/St. Gallen), Hasso Hofmann (Würzburg), Klaus Luig (Köln), Volker Press (Tübingen) und Michael Stolleis (Frankfurt am Main) einen Brief. «Seit Jahren denke ich darüber nach, wie die Kenntnis der älteren deutschen Staatslehre durch Forschungsarbeiten und Editionen gefördert werden könnte … Zwischen Luther und Max Weber – um es plakativ zu sagen – liegt eine ausgedehnte terra incognita. Dies gilt nicht nur für Einzelpersönlichkeiten, die vielfach im Ausland bekannter sind als bei uns (Althusius, Pufendorf) – es gilt auch für unsere ‹parlamentarischen› Traditionen. So hat man z. B. erst vor wenigen Jahren mit Vorarbeiten zu einer Edition der Akten des Immerwährenden Reichstags (im Rahmen der Historischen Kommission bei der Bayerischen Akademie der Wissenschaften) begonnen. Es ist schwer vorstellbar, daß man in anderen Ländern so nachlässig mit zentralen Stücken der politisch-historischen Überlieferung umgeht.»

Ich lud die Interessierten in unser Haus in München ein, um zu besprechen, was zu tun sei. Michael Stolleis brachte eine provisorische Liste klassischer Autoren und Texte mit – es war schon das Programm einer Bibliothek im Umriss. Wir diskutierten die Schwierigkeiten und Probleme: Wie stellt man Klassizität fest, wenn es keinen Kanon gibt? Hilft hier der europäische Vergleich? Finden wir genügend fähige Übersetzer (denn der größte Teil der älteren Staatslehren ist lateinisch abgefasst)? Wer betreut die einzelnen Bände? Und wie soll das äußere Bild eines solchen Klassiker-Bandes beschaffen sein – wie hält man die richtige Mitte zwischen einer bibliophilen Ausgabe mit Lederpressung und

Goldschnitt und der benutzerfreundlichen Armut und Einfachheit eines Reclam-Bändchens?

Viele Gespräche schlossen sich an das Münchner Treffen an: Gespräche mit meinem Freund Volker Press, mit Kollegen und Schülern, die auf ähnlichen Wegen waren, wie Wolfgang Zorn, Martin Heckel, Theo Stammen. Wir haben vieles erörtert, erwogen, gesammelt, gebündelt und vorbereitet. Wir planten neue Editionen – im Anschluss an die Reihe POLITICA bei Luchterhand, die in den sechziger und siebziger Jahren vor allem der internationalen Vernetzung der deutschen Politikwissenschaft diente (hier erschienen die ersten Übersetzungen von Leo Strauss, Michael Oakeshott, Bertrand de Jouvenel). Aber den Durchbruch von der Idee zur Realität brachte erst Michael Stolleis zuwege mit seiner Kenntnis der historischen Zusammenhänge, seinem Blick für das Wichtige, seinem Formulierungs- und Organisationstalent. Ohne ihn wäre die «Bibliothek des deutschen Staatsdenkens» nicht zustandegekommen, die dann in den Jahren nach 1994 endgültig Gestalt annahm. Zwei Verlags-Häfen – Insel und C. H. Beck – mussten angelaufen werden. Der 1990 an Stolleis verliehene Leibniz-Preis half mit, die Sache in Schwung zu bringen; denn es verhandelt sich leichter mit Verlagen, wenn man nicht nur kluge Manuskripte anzubieten hat, sondern auch Zuschüsse für den Druck in der Rocktasche verwahrt.

2006 war das Werk – bei C. H. Beck – abgeschlossen, 21 Bände waren erschienen. Das große Corpus des deutschen Staatsdenkens war – wenigstens in Umrissen – wieder sichtbar, von Pufendorf bis Möser, von Althusius bis Besold, Leibniz, Christian Wolff, von den Fürstenspiegeln, dem reformatorischen Denken, den Kameralisten bis zu Hegels genialer Frühschrift über die Reichsverfassung. Wir erhielten viel Beifall von Fachleuten – am nachdrücklichsten von Niklas Luhmann. Offensichtlich hatte sich die Anstrengung gelohnt.

Aber eine leise Enttäuschung schwang doch mit, als Michael Stolleis und ich mit Wolfgang Beck am 25. April 2006 im Historischen Kolleg in München den Abschluss feierten: Der Anteil, den die Öffentlichkeit, die Wissenschaft und Politik, an dieser Edition nahm, hielt sich im üblichen Rahmen, die Verkaufszahlen blieben – gemessen am Einsatz der vielen Autoren, Herausgeber, Übersetzer – in den Grenzen gelehrter Publikationen, und vor allem: Ein neues historisches Bewusstsein, das an jenes ältere, vornationale, humanitäre und freiheitliche Denken anknüpfte, entwickelte sich kaum. Waren den Deutschen die älteren Epochen ihrer Geschichte gänzlich aus dem Blick geraten? Drohte uns alle Vergangenheit, die uns mit Europa verbindet, zur Vorgeschichte – und damit partiell zur Ungeschichte – zu werden? Ich bin überzeugt: In unserem Parlamentarismus und Föderalismus, unserem Rechts- und Sozialstaat sind viele ältere Züge unserer Geschichte aufbewahrt. Wir wissen es nur nicht mehr. Gehörte es nicht zu den Voraussetzungen einer lebendigen politischen Kultur, sie wieder zu erschließen?

Natürlich erschöpften sich die Aktivitäten am Guardini-Lehrstuhl nicht in den geschilderten Forschungs- und Editionsprojekten. Für die breitere Öffentlichkeit waren vor allem die Vorlesungen wichtig, die langsam ein größeres Publikum – neben den Studenten auch Senioren – erreichten. In einem fünfsemestrigen Zyklus las ich über Staatsphilosophie (von Vitoria und Bodin bis in die Gegenwart), in einem dreisemestrigen über «Christentum» (Phänomenologie; gesellschaftliche Umwelt; Akkulturation). Einzelvorlesungen galten Augustin, Pascal, Rousseau und Nietzsche. Auch die aristotelische Tradition – als die wohl erfolgreichste Denkspur der Philosophiegeschichte – versuchte ich in ihrer Bedeutung für das soziale und politische Denken der Neuzeit sichtbar zu machen – ein Vorhaben, das mir erwünschte Gelegenheit gab, wieder in das seit Schulzeiten schon halb vergessene Griechisch einzutauchen. In meine «Übungen zur Soziologie des Kirchenliedes» (Wintersemester 1994/95) lud ich die Kirchenlieddichterin Maria-Luise Thurmair als Zeitzeugin ein. Dort lernte ich auch den blinden Musikwissenschaftler und Organisten Markus Zimmermann kennen, mit dem ich in den folgenden Jahren bei Forschungsvorhaben und Buchprojekten intensiv zusammenarbeitete.

Aber auch aktuellen Streitthemen wich ich nicht aus. Über Probleme der Naturbeherrschung durch Kultur entwickelte ich eigene Thesen – zu einer Zeit, die von einer zunehmend kritischen Wahrnehmung der Zivilisation und ihrer Wirkungen auf die Natur gekennzeichnet war (Kultur und Natur, Wintersemester 1990/91). Im Sommersemester 1993 hielt ich ein Seminar – wohl das erste in der Ludwig-Maximilians-Universität – über den «politischen Islam»; zu den Teilnehmern gehörte auch Harun Harry Behr, heute Professor für Islamische Religionslehre in Erlangen-Nürnberg. Und natürlich waren auch stets die aktuellen Fragen der Zeitgeschichte im Doktorandencolloquium präsent – vom «christlichen Widerstand» im Dritten Reich, dessen Eigengewicht ich gemeinsam mit Hans Günter Hockerts genauer zu bestimmen suchte, bis zu den Auseinandersetzungen über die Tauglichkeit von Begriffen wie «Totalitarismus» und «politische Religionen» für die Erkenntnis der Geschichte des 20. Jahrhunderts.

Vorlesungen habe ich immer gern gehalten – ich tue es noch heute. Sie zwingen den Dozenten zum lebenslangen Lernen, halten ihn auf der Höhe der Forschung – und erlauben ihm zugleich neue Vorstöße in noch unbekanntes Land. Man kann probieren, experimentieren, zur Diskussion stellen, ohne dass alles schon schwarz auf weiß belegt und gesichert sein muss. Ich habe es den Achtundsechzigern immer übel genommen, dass sie – zumindest in den deutschen Universitäten – die Vorlesung regelrecht getötet haben, die eine Quelle von Grundinformationen für die Studierenden war. Viele der besten Gelehrten zogen sich resigniert auf ihr Seminar zurück, wo sie keine Störungen befürchten mussten. Aber waren sie dann noch «ordentliche *öffentliche* Professoren»? Was ist Wissenschaft, was bewirkt sie, wenn ihr ein geselliges Umfeld und öffentliche Resonanz fehlen?

1999 wurde ich emeritiert – mit 68, nicht mit 65 Jahren; denn ich war noch Professor «alter Ordnung». Meine Abschiedsvorlesung «Von der Schönheit des Christentums» hielt ich am 26. Juli 1999 in der Großen Aula der Universität. Ich bedankte mich bei allen Hörerinnen und Hörern, denen ich von 1962 bis 1971 und wieder von 1988 bis 1999 Themen der politischen Wissenschaft und der christlichen Weltanschauung vortragen durfte. Glücklicherweise wurde – wiederum nach Jahren des Suchens und der Vertretungen – 2002 ein Nachfolger gefunden: der französische Philosoph Rémi Brague (Paris), der heute zu den führenden katholischen Intellektuellen Frankreichs zählt. Mit ihm nahm der Guardini-Lehrstuhl einen neuen Anfang mit neuen Schwerpunkten: jüdisches und islamisches Denken, Kosmologie und Ethik, Philosophie der Religionen Europas, europäische Identität.

Noch von einer anderen kleinen «Wiederherstellung» ist zu berichten, die in meine Guardini-Zeit fällt. Sie betrifft Guardinis Freund, den Pfarrer Josef Weiger (1883–1966), und seine Wirkungsstätte, das alte Pfarrhaus Mooshausen bei Aitrach in Oberschwaben. Dort wohnte Romano Guardini von 1943 bis 1945; dort schrieb er sein Buch «Das Ende der Neuzeit». Weiger war nicht nur ein Freund Guardinis seit gemeinsamen Studienzeiten in Tübingen, er war auch der landsässige, bodenständige Gegenpol des nervösen, oft angefochtenen Stadtgelehrten Guardini. Guardini hat sich in Krisen immer wieder zu ihm geflüchtet. Schon seine frühen «Briefe vom Comer See» (1924/25) waren an Weiger gerichtet, und auch später gingen Guardinis Manuskripte immer wieder durch Weigers Hand – für den Philosophen und Theologen so etwas wie ein privates theologisches Imprimatur.

Das Haus war in der Zeit, in der Pfarrer Weiger dort wirkte (1917–1957), ein Ort spiritueller Begegnungen – und in der NS-Zeit bot es ein schützendes Dach für Oppositionelle und Dissidenten. Mit Hanna-Barbara Gerl-Falkovitz, Elisabeth Prégardier und anderen gründete ich einen Freundeskreis, der sich der Tradition dieses Hauses annahm. Es gelang uns mit Hilfe des Bistums Rottenburg-Stuttgart und seines Bischofs Walter Kasper, die historischen Räume samt Mobiliar, Archiv und Bibliothek zu sichern und einer neuen Verwendung zuzuführen. Es entstand ein stiller, konzentrierter Ort der Guardini-Forschung.

Inzwischen haben dort zahlreiche Tagungen stattgefunden – historische, theologische, kunst-, literatur- und musikwissenschaftliche Tagungen. Immer wieder konnte ich hierzu auch evangelische Kollegen gewinnen – so Carsten Nicolaisen, Harry Oelke und Hartmut Lehmann. Neben den Universitäten und Akademien braucht die Wissenschaft auch Orte der Stille, des Nachdenkens, des Schweigens. Mooshausen ist ein solcher Ort – mit Wäldern ringsherum, Klöstern in der Nachbarschaft und dem Illerkanal in unmittelbarer Nähe, der mit seinem lautlosen Strömen und hellen Leuchten Guardini begeisterte und zu poetischen Betrachtungen inspirierte.

30. Mit Studenten durch Europa

«Geschichte, die sich vor unseren Augen und Ohren abspielte,
Geschichte, die noch nicht in den Büchern stand.»

Fahrten mit den Studienstiftlern – im Inland, ins Ausland – waren eine alte, schon seit den Sechzigerjahren erprobte Übung. Ich hatte diese Gewohnheit auch in meiner Zeit als Kultusminister nie aufgegeben – bot sie mir doch Gelegenheit zu Gesprächen mit Studenten und zu Erkundungen im Land und bei den europäischen Nachbarn. Immer wieder mieteten wir in München einen Bus und fuhren westwärts, südwärts, nordwärts: nach Frankreich, in die Schweiz, nach Italien und

Griechenland, nach Dänemark, Schweden, England. Am aufregendsten waren unsere Fahrten nach Mittel- und Osteuropa – hinter den Eisernen Vorhang, der sich in der Zeit zwischen den späten Sechzigern und dem Ende der achtziger Jahre an einigen Stellen langsam und mühsam zu lockern schien, bis er 1989/90 plötzlich an allen Stellen, quer durch das geteilte Europa hindurch, mit einem Ruck zerfiel.

Natürlich ist man klüger, wenn man vom Rathaus kommt, natürlich zieht man in der Erinnerung einen zeitgeschichtlichen Rahmen um seine persönlichen Erfahrungen und Erlebnisse. Den Ausgang kannten wir noch nicht, als wir zu unseren – meist mehrtägigen – Reisen «nach Europa» aufbrachen. Aber wir fühlten doch, dass etwas in Bewegung geraten war, dass sich viele Dinge zu verändern begannen. Im Westen spürten wir das allmähliche Schwinden der Grenzen: Die Wartezeiten an den mehr und mehr ausgedünnten Grenzstationen wurden im Lauf der Zeit immer kürzer. Bald wurde man einfach durchgewinkt. Im Osten merkten wir, wie der kollektive Druck allmählich nachließ, wie sich in der alles umgebenden Ideologieflut Inseln des Privaten bildeten, wie die Gespräche, die man mit den Einheimischen, oft mit wildfremden Menschen, führte, offener, unvorsichtiger, kühner wurden.

Der alte Kontinent, damals noch in zwei Hälften gespalten, zeigte auch in seinem Äußeren ein Janusgesicht. Im Westen schnelle Autos, TGV und Intercity, im Osten – besonders in Polen – alte Fahrgestelle, Bauernwagen, mit Panjepferden bespannt (einige sahen wir sogar auf der Autobahn). Im Westen neue Hochhäuser und Autobahnen; im Osten verwitterte Orte, halbverfallene Wohnungen, blakende Kamine, holprige Landstraßen. Im Westen ein Bauboom ohnegleichen, der oft auf Kosten der Landschaft ging, im Osten vieles Verrottete, aber auch auffällig viel Schönes, Kostbares, das erhalten geblieben war. Unter dem Vitriol der Volksdemokratie hatte sich im östlichen Europa manches konserviert, was im Westen längst dem Sanierungsdrang, dem Modernisierungseifer zum Opfer gefallen war. Sah man im Westen das dynamische künftige Europa vor sich – vom Binnenmarkt zum EURO, vom Interrail zum Internet –, so tauchte man im Osten tief in die Geschichte, in die Vergangenheit des Kontinents ein; man erlebte Europa als widerständigen Rest, als archaischen Torso – manchmal beharrend und alle Modernisierung verweigernd, ausgezeichnet mit den alten Eigenschaften der Langsamkeit und Vorsicht.

Frankreich und Italien «eroberten» wir früh. Die bekannten großen

Wegschneisen hatte schon der Tourismus gebahnt. Aber wir suchten auch eigene Wege und Umwege. So bei unserer Toscanafahrt im September 1971: Einen Ausflug nach Certaldo machten wir Boccaccios wegen, in Pienza folgten wir den Spuren Enea Silvio Piccolominis, des nachmaligen Papstes Pius' II., der ein Kenner Deutschlands und der Deutschen gewesen war. In Siena bewunderten wir nicht nur den Dom mit seinem bizarren Zebramuster, wir entdeckten und bestaunten auch die Werke des Malers Duccio. In Frankreich erkundeten wir Städte und Landschaften, Burgund, die Auvergne, Paris – und stießen hier – und später in Böhmen und Polen – auf die großen Erklärer, die Vermittler zwischen den Nationen und Traditionen: Joseph Rovan, Alfred Grosser (Paris), Hugo Rokyta (Prag), Wladyslaw Bartoszewski (Warschau). Wir besuchten sie wiederholt und erzählten ihnen, was wir erlebt hatten, was in der Bundesrepublik vor sich ging – sie wiederum lehrten uns, Deutschland und die Deutschen von außen zu sehen, aus vielerlei oft gegensätzlichen Perspektiven.

Auch Israel besuchten wir im Mai 1975. Wir wohnten in den zeltartigen kleinen Häusern im Weizman-Institut in Rehovot, die wir billig mieten konnten. Unser Bus hatte Sitzbänke aus einer alten Straßenbahn, sie lagen einander gegenüber, was dem Gespräch zugute kam. Wir fuhren durchs Land, nach Norden und nach Süden, besuchten in Jerusalem die Dormitio-Abtei, den Abt Laurentius Klein und seine Benediktinermönche, waren in Herzliya, der Stadt, die an Theodor Herzl, den Autor des «Judenstaates», erinnerte, hatten ein Gespräch mit einem Vertreter des Außenministeriums, der aus Olmütz stammte und ein gemächliches Habsburger-Deutsch sprach. Die politischen Fronten zwischen Israel und Palästina waren freilich schon damals verhärtet; wir spürten es in diesem Gespräch – und ein paar Tage später noch deutlicher in Betlehem, wo ein prominenter palästinensischer Arzt den Überfall auf die israelische Mannschaft bei der Olympiade 1972 in München verteidigte und unsern Protest rundherum zurückwies – was uns verwirrte und empörte.

Es war ein Vorteil, dass die Studienstiftler aus verschiedenen Fachrichtungen kamen – so entstand beim Stehen und Gehen immer schnell eine kleine Universität. Regionen und Städte, kleine Orte und ganze Länder wurden lebendig, wir wurden informiert über die Geschichte, die Wirtschaft, das kulturelle Leben. Vor den Fahrten wurden die «Hausaufgaben» verteilt, oft bewusst «quer», so dass einmal ein Physiker eine Theateraufführung interpretierte, ein andermal ein Kunsthistoriker sich ökonomischen und technischen Fragen widmete – oder eine Studentin der Luft- und Raumfahrt über die «Frauen in der Sowjetunion» sprach. Hinterher trafen wir uns zuhause, besprachen das Erlebte, schrieben Berichte und informierten diejenigen, die nicht teilnehmen konnten.

Wir finanzierten unsere Reisen übrigens zum überwiegenden Teil selbst. Manchmal gab die Studienstiftung einen Zuschuss. Manchmal fanden wir verständige Sponsoren. Die Hauptlast aber lag auf den Schultern der «Ehemaligen», die schon im Beruf standen und oft gut verdienten. Sie machten vieles möglich, was Studenten allein nicht geschafft hätten. Auf all unseren Reisen waren immer «Ehemalige» dabei, denn über die Jahre hin war unsere Gruppe korallenriffartig gewachsen – durch Partner, Kinder, Freunde. Alle Lebensalter begegneten sich auf unseren Fahrten. Im Übrigen waren wir anspruchslos, was das Reisen, Wohnen und Essen anging. Oft lebten wir von Saft, Brot und Obst – nicht zu vergessen die inzwischen europaweit verbreiteten «Fritten». Ich erinnere mich, dass auf einer Venedigfahrt einer der Teilnehmer sich tagelang aus einem Rucksack voller Äpfel ernährte. Aber gelegentlich gab es doch auch zum Abschluss ein festliches Mahl – so einmal in einem alten Hotel in Autun an einem weißgedecken Tisch mit Silberleuchtern. Eine Fülle von Gängen kam auf uns zu, die einleitenden kalten «Crudités» wollten gar nicht enden und machten uns fast frösteln. Kostbare Weine, gleichfalls kalt, erschöpften uns. Die Heimfahrt sah einen Aufenthalt in Bern vor – und eine erlösende heiße «Rösti» am Abend fügte die deutschen Barbaren wieder in häusliche Essgewohnheiten ein.

In der Gruppe gab es leise, fast unmerkliche Hierarchien. In Freiburg war der Jurist Peter Häberle der «Dienstälteste» (ich hatte ihn aus der Gruppe von Fritz Pringsheim «geerbt»). In München kam diese Rolle Brigitte Borgmann zu, die gleichfalls Juristin und später bei der «Allianz» tätig war. Und zwei weitere Personen sind zu nennen, die unseren Kreis prägten: der Altphilologe Alfons Hofmeister aus München und der Historiker Volker Press aus Erding. Zusammen bildeten diese vier den «Urschlamm» unserer Gruppe – dass diese im Lauf der Zeit Dauer und Beständigkeit gewann, weit über die Studienjahre der «Aktiven» hinaus, war im Wesentlichen ihr Werk.

Peter Häberle konnte nicht an allen unseren Fahrten teilnehmen.

Begegnung mit Martin Walser in Nußdorf (1. November 1986)

Mit Ernst Jünger im Stauffenbergschen Forsthaus in Wilflingen (2. November 1986)

Früh erhielt er eine Professur in Marburg, ehe er nach Augsburg und Bayreuth (und zu einer ständigen Gastprofessur nach St. Gallen) berufen wurde. Aber nicht selten nahm er sich Zeit und fuhr mit. Das war dann immer etwas Besonderes. Wir saßen einen Abend lang in Florenz auf der Piazza della Signoria zusammen, tranken Sambuca und bedachten Vergangenheit und Zukunft – oder wir trafen uns mit der Gruppe in Goethes Gartenhaus in Weimar. Wir stiegen 1987 den Annaberg in Polen hinauf – und wir besuchten in Krakau die Burg, die Marienkirche, die Tuchhalle. Es waren besonders die «Ostfahrten», auf denen Peter Häberle seine berühmten, ebenso einfachen wie hintergründigen Fragen sowohl an «Offizielle» wie an Dissidenten stellte – beide waren regelmäßig verblüfft.

Brigitte Borgmann, Schülerin von Wolfgang Kunkel, kam aus der Münchner Gruppe des Byzantinisten Hans Georg Beck, die ich 1963 übernommen hatte. Sie beobachtete den neuen jungen Vertrauensdozenten und seine Familie mit scharfem Blick, war in all unseren Münchner Wohnungen gegenwärtig, sah Kinder und Kindeskinder wachsen – und blieb mit ihrem Mann Karl Haug («Percy») das letzte heimliche Quartier der «Gruppe Maier». Die jährlichen Adventstreffen – mit munterem Gesang aus älteren Kehlen – fanden in ihrer Schwabinger Wohnung statt. Viele Fahrten, vor allem nach Frankreich, aber auch nach Griechenland hat sie organisiert. Mit gutem Grund wurde sie dafür immer wieder gefeiert, ja manchmal regelrecht besungen – 1974 auf der Insel Ägina mit schulgerechten Hexametern und einem Toast mit Retsina-Wein.

Unser «Cicerone» in den Mittelmeerländern war Alfons Hofmeister, von Beruf Griechisch-Lehrer, ein Mann, der des Italienischen in allen Varianten kundig war, ein Kenner italienischer Landschaften, Städte, Künstler und Poeten. Seine Italienphilologie schloß auch die einheimische Küche ein, alles Backwerk, alle Prosciutto-Sorten, alle Käse, alle Weine. Hofmeister brachte erstaunliche Dinge zuwege. Über die Via Appia vor den Toren Roms zu wandern ist ja keine Kunst, viele sind dort schon gegangen. Doch mit Alfons Hofmeister war es eine Entdeckungsfahrt, auch heute noch – ebenso überraschend wie die verschlungenen Wege, die er uns in den römischen Katakomben führte, wo uns manchmal im Dunkel der engen Gänge der Atem stockte. Ans Fantastische grenzte es, wenn uns Hofmeister die private, sonst nicht zugängliche Villa I Collazzi bei Florenz, ein Michelangelo zugeschriebenes Werk des Cinquecento, zeigte, als gehöre sie ihm und seiner Frau Marianne ganz allein. Bei solchen Gelegenheiten lief er zu hoher rhetorischer Form auf und umarmte die ganze Studienstiftler-Gemeinde mit dem beschwörenden Anruf: «Freunde!» – es war wie der Auftakt zu einem platonischen Gastmahl.

Der vierte im Bund – leider schon verstorben – war Volker Press. Er war etwas Seltenes: ein evangelischer Altbayer aus Erding, ein Schnabel-Schüler mit weiten, nicht nur deutschen, sondern europäischen Interessen, ein Forscher, der ein gutes Hundert europäischer Archive, auch kleine und kleinste, kannte, ein selbständiger Entdecker schon in jungen Jahren. In unserer Gruppe verkörperte er den historischen Geist, den Geist der Neugier. Auf unseren Fahrten war er der geborene historische Kommentator: Ob er nun am Mikrophon des Reisebusses die Stadt oder Landschaft, durch die wir fuhren, erläuterte oder auf einem Marktplatz, vor einem Denkmal, in einem Gasthof mit ein paar Bemerkungen Vergangenheit und Gegenwart verknüpfte. Nie belehrte er pedantisch, immer entdeckte er Neues, machte auf nie gesehene Details aufmerksam, immer schien er aus einem unerschöpflichen Vorrat von Wissen zu schöpfen.

Volker Press war kein antiquarischer Historiker, er lebte in der Gegenwart; sein historischer Sinn verband sich mit einer scharfen Beobachtungsgabe, einer Witterung für das Zeitgenössische, Zeittypische. Ich besitze noch aus seiner frühen Studienstiftlerzeit einen Bericht über ein Gespräch in Ostberlin im Dezember 1963 mit einem alten Bauarbeiter und Heizer, zwei Jahre nach dem Mauerbau, mit Worten von ungeschminkter Deutlichkeit – heute ein Zeitdokument. Nicht minder lebhaft und engagiert hat uns Volker Press fast dreißig Jahre später, im April 1992, in Sankt Petersburg und Moskau russische Geschichte und russische Gegenwart erschlossen. Dazwischen Fahrten – er war inzwischen längst Professor in Marburg, dann in Tübingen –, auf denen wir Länder und Städte erkundeten: Stockholm und Uppsala, Umbrien und die Campagna, Südengland, Wien, Budapest, Luxemburg – und immer wieder Prag und Böhmen-Mähren. Nicht zu vergessen die inneren Regionen Deutschlands: Niederbayern, Mittelschwaben, Franken und Sachsen. Wenn Volker Press einmal nicht mitfahren konnte, dann fehlte uns etwas: Seine Worte waren wie ein Notenschlüssel zu den Landschaften, die wir durchquerten – seine Sätze gliederten und ordneten alles, was wir sahen, sie waren wie Taktstriche in der Luft.

Unsere Fahrten ins östliche Europa begannen mit Prag. Hier hatte sich in den sechziger Jahren ein «Kleiner Grenzverkehr» zwischen Bayern und der Tschechoslowakei entwickelt – von deutscher Seite initiiert durch den Chamer Landrat Dr. Max Fischer, der bald euphorisch als «bayerischer Außenminister» bezeichnet wurde. Wir nutzten die Gelegenheit mehrfach – 1964, 1966 – und dann wieder 1988 und 1990. Dazwischen lag die «Eiszeit» nach dem Ende des «Prager Frühlings» im Jahr 1968 und der Besetzung der Tschechoslowakei durch Truppen des Warschauer Pakts. Einige Jahre konnten wir mit unseren tschechischen Bekannten nur korrespondieren, ehe sich die Grenzen wieder für Touristen öffneten. Nach 1968 kamen auch tschechische Flüchtlinge zu uns nach München, wie schon nach 1948 – an der Spitze Ota Filip und seine Frau.

Prag – war das wirklich eine östliche Stadt? Der kalte Krieg hatte die Geographie durcheinandergewirbelt: Plötzlich waren Wien und Helsinki «westliche» Städte, Prag und (Ost)berlin dagegen waren «östlich», weil sie zum sowjetischen Herrschaftsbereich gehörten. Mitteldeutschland zählte zum «Westen des Ostens» – wie Polen, Ungarn, die Tschechoslowakei.

Prag kannten wir nur literarisch. Wir hatten «René Rilkes Prager Jahre» von Peter Demetz gelesen, einen Schlüsseltext für das Verständnis der Stadt und die Lage der deutschen Minderheit um 1900 – und natürlich die Romane und Erzählungen Kafkas, der ohne Prag, das «Mütterchen mit Krallen», nicht zu denken war. Das ziemlich düstere, geschwärzte, regenreiche Prag von 1964 sahen wir mit den Augen des kafkaschen «Kübelreiters». Zum ersten Mal betrat ich die Nikolauskirche auf der Kleinseite. Ich kannte sie aus Paul Claudels «Seidenem Schuh», einem im Freiburg der Nachkriegszeit oft gespielten Drama. Ausgerechnet in dieser Kirche hatte der Dichter – der einmal französischer Konsul in Prag gewesen war – seinen Bonifatius auftreten lassen, hier umriß der Diplomat Claudel in Worten, die er dem Schutzpatron der Deutschen in den Mund legte, sein eigenes, halb abwehrendes, halb bewunderndes Deutschlandbild – das Bild einer «zögernden Masse, formlos, ohne Anruf von außen, ohne ein anderes Schicksal als Gärung und langsam dumpfes Sich-Dehnen» – und zugleich das Bild eines Volkes «außerhalb aller trockenen Rahmen und verholzten Stämme, allem Sein gegenüber im Stande der Sehnsucht», eine «große gespeicherte Kraft im Herzen Europas».

Im Münsterland bei Annette von Droste-Hülshoff (Mai 1986)

Mit Marian Szyrocki im Riesengebirge bei «Rübezahls Grab» (4. August 1987)

Die Geschichte Prags und seine Gegenwart erschlossen uns zwei Männer, die wir bei den folgenden Pragfahrten näher kennenlernten: der Prager Erzbischof (seit 1977 Kardinal) Frantisek Tomásek (1899–1992) und der Politiker, Literatur- und Kunsthistoriker Hugo Rokyta (1912–1999).

Zu Erzbischof Tomáseks Wohnung musste man sich in jenen Jahren einen fast konspirativen Zugang bahnen: von hinten durch den ausgedehnten bischöflichen Garten am Burgberg. Fremde Besucher betraten das Haus durch den Kücheneingang. Doch man wurde freundlich empfangen, und der Kirchenmann mit seinem kräftigen tiefen Bass unterhielt sich mit uns, als seien wir alte Bekannte. Er gehörte zu den in der Tschechoslowakei nicht seltenen «heimlich Geweihten» (wie später der Pater und Schriftsteller Tomas Halik). Im Prager Frühling wurde er zur Symbolfigur der Erneuerung, nach 1968 zu einem Repräsentanten des inneren Widerstands. In den Gesprächen bekamen wir einen Begriff von den Besonderheiten der Kirchenbedrängnis in der CSSR: Das Regime ging, zumindest in der Zeit nach Stalin, nicht mehr frontal gegen Kirchen und Geistliche vor, sondern mehr indirekt – mit einer bohrenden Politik der Nadelstiche und Schikanen. Selbst die Ernennung Tomáseks zum Kardinal in petto (1976) war ein Politikum: Konnte, sollte, durfte sie bekanntgegeben werden? Der Erzbischof bedurfte einer ständigen klugen kirchen- wie staatsrechtlichen Beratung. Einer seiner wichtigsten Berater und stillen Helfer war unser «zweiter Mann» in Prag, Hugo Rokyta.

Ihn lernten wir erst später näher kennen – als er uns bei unserem Besuch 1988 als «Stadtführer» zugewiesen wurde. Wir schlenderten mit ihm von der Karlsbrücke zum Altstädter Ring, über besonnte, von Menschen wimmelnde Plätze – nur manchmal erschreckt von einer um die Ecke biegenden knirschenden Straßenbahn. Am Ring stellte sich Rokyta in die Mitte des Platzes, dorthin, wo bis zum 3. November 1918 die Mariensäule gestanden hatte, und beschwor, wohl eine Stunde lang, die mehrhundertjährige Geschichte der gotischen, barocken, klassizistischen Häuser ringsum, während er sich langsam, zentimeterweise, auf dem Stiefelabsatz drehte. Die Zeit schien in der Mittagshitze stillzustehen – und zugleich öffnete sich die Vergangenheit: von Kaiser Rudolf II. und seinem Astronomen Tycho Brahe bis hin zu den Bewohnern und den Besuchern des alten Prag: Gluck und Mozart, Stifter und Richard Wagner und aus dem 20. Jahrhundert Bertha von Suttner, Claudel und Einstein, Kafka und Rilke, Brod und Kisch.

Wir staunten. Wer war dieser Mann? Nach 1968 konnte man in Prag viele Intellektuelle treffen, die das Regime auf die Straße gesetzt hatte. Wissenschaftler, Schriftsteller, Künstler fungierten plötzlich als Straßenbahner, Fensterputzer, Kellner – oder eben als Fremdenführer. Doch Rokytas Exil hatte schon früher begonnen. Zwei Diktaturen waren dem Hochbegabten in die Quere gekommen, hatten seine wissenschaftliche und politische Laufbahn zerstört. Der junge Mann, zweisprachig aufgewachsen, war in der Zwischenkriegszeit der jüngste parlamentarische Sekretär in Prag, er hatte die in der Koalition befindlichen Minister und Abgeordneten der deutschen Christlich-Sozialen sprachlich und politisch betreut. Er war dem «Aktivismus» verbunden, jenen politischen Kräften, die auf dem Boden der Verfassung standen und sich aktiv am politischen Leben beteiligten, im Unterschied zu der – bald vom Nationalsozialismus vereinnahmten – Partei Konrad Henleins, die eine solche Mitarbeit ablehnte.

Nach dem Einmarsch der deutschen Invasionstruppen in Prag im März 1939 wurde Rokyta verhaftet und in die Konzentrationslager Dachau und Buchenwald verschleppt. Er entrann mit Mühe dem Tod. 1945 nach Prag zurückgekehrt, suchte er nach einer neuen Tätigkeit. An die alte Vermittlungs- und Ausgleichstätigkeit im Parlament war nach der Vertreibung der Deutschen nicht mehr zu denken – und der kommunistische Umsturz von 1948 machte auch jede andere politische Tätigkeit unmöglich. Rokyta wurde Denkmalpfleger, er half mit, die Denkmäler zu retten, die in der Tschechoslowakei an Schriftsteller deutscher Sprache erinnerten. Dass Adalbert Stifters Geburtshaus in Oberplan (Horní Planá) noch existiert, ja zur Gedenkstätte wurde, ist auch sein Werk.

Wie schwer es ist, Gerechtigkeit zu üben, das konnte man gerade bei diesem geborenen Vermittler erleben. Als sich Vaclav Havel als Präsident der Tschechoslowakei nach der gelungenen Wende von 1989/90 bei den Deutschen für die Vertreibung entschuldigte, war ich von dieser noblen Geste angetan – auch meine Frau war ja eine Vertriebene aus Schlesien. Rokyta stimmte mir zu. Auch er hielt ein Wort der Versöhnung gegenüber den Deutschen für notwendig. Die polnischen Bischöfe hatten ja durch ihren Brief an ihre deutschen Amtsbrüder 1965 ein Beispiel gegeben. Aber dann machte er eine Pause und fragte fast schamhaft, mit leiser Stimme: «Und wer entschuldigt sich bei mir?»

Auch unsere Kontakte mit Budapest hingen an Personen. Da war der

Pfarrer Toth, bei dem ich 1972 bei einer Frühmesse im Dom die ersten Ministrantinnen hinter dem Eisernen Vorhang sah (in Polen noch undenkbar!); da war das Geschwisterpaar Elischer, das uns im selben Jahr bei der Olympiade in München besuchte; und da war Marta Karwinski, die uns freundlich empfing, uns die Burg zeigte und uns auf den langen Wegen durch die brückenreiche Donaustadt begleitete. Marta war die Schwester von Nermin Abadan, die inzwischen in München meinen Lehrstuhl vertrat, die Tochter eines türkischen Vaters und einer deutschen Mutter. Sie war von einer kaum zu übertreffenden Höflichkeit und Hilfsbereitschaft. Leider wurde ihr das wenige Jahre später zum Verhängnis: Eine zweifelhafte weibliche Person, die um ihre Hilfe nachgesucht hatte, nistete sich in ihrer kleinen Wohnung ein, zog alles an sich und bedrängte sie so, dass sie sich eines Tages nicht mehr zu helfen wusste und verzweifelt aus dem Fenster in den Tod stürzte.

Bei einem Besuch in Esztergom entdeckten wir im Dom an versteckter Stelle Bilder von József Mindszenty. Der Kardinal war damals schon nicht mehr in Ungarn – er lebte in Wien. 1949 hatten die Kommunisten ihm einen Schauprozess gemacht. 1956 befreiten ihn die Aufständischen aus dem Gefängnis. Nach dem Zusammenbruch des Aufstands war er in die amerikanische Botschaft in Budapest geflohen. Der Wiener Kardinal Franz König hatte ihn dort ab 1963 regelmäßig im Auftrag der Päpste Johannes' XXIII. und Pauls VI. besucht. Mindszenty war fünfzehn Jahre lang im Asyl in der Botschaft geblieben, bis er 1971 im Zug der neuen vatikanischen Ostpolitik vom österreichischen Nuntius Opilio Rossi im Auto von Budapest nach Wien geholt wurde. 1974 wurde er, da er nicht freiwillig zurücktrat, vom Papst abgesetzt. Ich besaß seine «Erinnerungen» – in deutscher Sprache verfasst – ; er hatte sie mir nach München zugeschickt mit einer persönlichen Widmung, in dem er mir die Ungarische Schule in Kastl ans Herz legte, in der zahlreiche Emigranten als Unterrichtskräfte wirkten.

Pfarrer Toth, führend am Ungarnaufstand von 1956 beteiligt, durfte nur ganz früh am Morgen im Dom erscheinen; er stand noch immer unter Aufsicht. Überhaupt spürten wir damals in Ungarn noch wenig von Lockerungen, vom «Gulasch-Kommunismus» (Das Wort gab es schon!), wie er sich in der Zeit des Partei- und Regierungschefs Janos Kadar ausbreitete. Einzig die Versorgung, so stellten wir fest, war tatsächlich besser als in der benachbarten Tschechoslowakei. Ausländer konnten in ungarischen Städten schönes Geschirr, Schmuck und Schall-

Mit Hugo Rokyta in Prag (im August 1988)

Alexander Jakowlew und Michail Gorbatschow (1988)

platten kaufen. Und, eine Besonderheit im Ostblock, undenkbar in der benachbarten DDR: Die Ungarn konnten auf Reisen gehen, auch ins westliche Ausland – wochen-, monatelang. Sie mussten nur den Brief einer Familie im Westen vorweisen, die bereit war, sie aufzunehmen – so waren zum Beispiel die Elischers problemlos zu uns nach München gekommen.

Zehn Jahre später, in der Karwoche 1982, waren wir in Wien. Ich weiß noch, dass wir bei unserem ersten Spaziergang in der Nähe der Karlskirche den Maler Ernst Fuchs trafen, dessen Gemälde wir aus der Dormitio in Jerusalem kannten – er saß in einem Sessel auf der Straße wie ein lebendiges Ausstellungsstück, mit halbliturgischer Kleidung und birett-ähnlichem Hut. Er ließ sich ansprechen und befragen. Trotz der gedrängten Tage vor Ostern hatte Kardinal Franz König Zeit für uns. Er erzählte uns, wie er 1960 nach einem Autounfall in Jugoslawien, der ihn zu längerer Muße zwang, sich entschlossen hatte, Russisch zu lernen, und wie er nach dem Erlernen weiterer slawischer Sprachen mit den Nachbarländern – und mit den orthodoxen Kirchen – in ein intensives Gespräch gekommen war. In der Tat war Kardinal König in den Achtzigerjahren der führende Experte des Vatikans für Osteuropa. Er hatte auch bei der schwierigen Lösung des Falles Mindszenty mitgewirkt.

Ich besuchte die «Österreichische Gesellschaft für Literatur» in der Herrengasse. In diesen bescheidenen Räumen, mehr Zimmern als Sälen, gingen in den sechziger Jahren Thomas Bernhard und Peter Handke aus und ein, damals noch gänzlich unbekannt – und auch die Alten, Arrivierten waren da: Heimito von Doderer, Elias Canetti, Manès Sperber. Wolfgang Kraus schuf diesen mitteleuropäischen Treffpunkt in den ersten Jahren nach dem Staatsvertrag, als der russische Ring um Wien sich lockerte und neue Initiativen, auch literarische, gewagt wurden.

Vom Dach des Stefansdomes grüßte der Doppeladler. Er erinnerte mich an die frühen Jahre in Freiburg – an die Spuren Vorderösterreichs im Chorfenster des dortigen Münsters. In dem häuslichen Kircheninneren herrschte die familiäre Stubenatmosphäre alter Zeiten – so als begänne gleich die Frühmesse für die Dienstboten, eingeläutet von den dunklen Schlägen der «Pummerin». Draußen auf den großen Plätzen Wiens streckten die Straßenschilder der alten Kaiserstadt, die nach Budapest und Pressburg, nach Brünn und Prag wiesen, ihre Arme ins

Leere – denn nach keiner dieser Städte konnte man einfach hinfahren, überall waren Grenzen, Gräben, Mauern, Stacheldraht.

1984 entschloss ich mich, mit den Studienstiftlern in die DDR zu fahren. Dazu brauchte ich zwei Genehmigungen: die von Franz Josef Strauß (Dienstreise) und die von Erich Honecker (Einreise). Ich erhielt sie nach kurzer Zeit. Auf östliche Weisung mussten wir allerdings in Gera eine «linientreue» Begleiterin an Bord nehmen, die unser Tun und Treiben beobachtete und «höheren Orts» vermeldete; doch das hielten wir aus.

Mein Mitarbeiter Richard Neun organisierte die Fahrt; er dachte an alles: an die Gasthöfe, die Koffer, die östliche Währung, die Termine, die Öffnungszeiten der Kirchen und Museen, die Biographien der zu begrüßenden Bürgermeister, Denkmalpfleger und Kirchenvorstände. Er wurde reichlich bedankt und auf der Heimfahrt im Omnibus mit Hexametern gefeiert (was bis dahin nur Brigitte Borgmann widerfahren war): «Singe, o Muse, lautschallend den Ruhm des wackeren Neun mir ...»

Wir fuhren über Gera nach Freiberg, Dresden, Leipzig, nach Naumburg, Weimar, Erfurt, Eisenach. Für die meisten von uns war alles neu. Zum ersten Mal sahen und betraten wir die Dome in Freiberg und Naumburg. In Dresden besuchten wir die Hofkirche (die Frauenkirche lag in Trümmern), den Zwinger, die Galerie alter Meister. Wir wanderten im Elbsandsteingebirge, sahen Schloß Pillnitz am Abend im Nebel versinken, fuhren bei einbrechender Nacht auf der Elbe.

Und die Menschen – wie waren sie? Die Bedienungen in den Hotels übten strikte Zurückhaltung – nur knappe Höflichkeit, kein überflüssiges Wort. Wir saßen gesondert. Wir waren für sie korrekt zu behandelnde Ausländer. Hatte man fertig gegessen, wurde alles blitzartig abgeräumt – manchmal schon kurz davor, als müsse man das Geschirr vor dem Zugriff der Gäste schützen. Umso überraschter war ich, als in der Nähe von Dresden ein Kellner mir über die Studenten heimlich einen Brief zukommen ließ, dem ich entnahm, dass er gar kein Kellner war. Er hatte einen Ausreiseantrag gestellt und war sofort in Gewahrsam genommen und zur Arbeit im Hotel (unter Aufsicht) verpflichtet worden. In München gab ich seinen Brief an Franz Josef Strauß weiter – und mit dessen Hilfe gelang es tatsächlich, dem Mann die gewünschte Ausreisegenehmigung zu verschaffen.

Aus alten Zeiten, vom Berliner Katholikentag 1952, hatte ich Verbindung zu einer Familie in Farnroda. Inzwischen war schon die zweite und dritte Generation an der Reihe, Peter und Monika Bilzer und die Tochter Katharina. Wir hatten sie noch nie gesehen. Ich schlug vor, dass wir uns auf der Wartburg trafen. Natürlich nahm die Stasi unsere Begegnung auf. Das brachte den Betroffenen Nachteile in den letzten Jahren der DDR – später, nach der Wiedervereinigung, eher kleine Vorteile – «Westkontakte» waren jetzt kein Vergehen mehr.

Sehr freundlich waren die Denkmalpfleger, die Fremdenführer (offiziell «Stadtbilderklärer» genannt). Mit ihnen kam man oft «kurzhändig» auch über soziale und politische Dinge ins Gespräch – immer freilich musste man dabei mit den geschärften Augen und Ohren unserer «Führerin» rechnen. Beim Essen, beim Kaffee, in Museen und Kirchen, selbst in Klos wurden uns von den Einheimischen massenhaft Ostmarkscheine gegen D-Mark angeboten. Ich musste eingreifen, denn die Geschäftsgrundlage unserer Fahrt war ein striktes 1:1 zwischen Ost- und Westmark. Sonst wäre die Führerin bei der Endabrechnung wegen «Pflichtverletzung» in Schwierigkeiten gekommen – das wollten wir nun auch wieder nicht. Irgendwo war ja auch sie ein armer Teufel, wie sich herausstellte: Ihr Vater, Altkommunist, hatte vor dem Mauerbau in Westberlin gewohnt, war in der SEW, der Westberliner Variante der SED, tätig gewesen und hatte dann, als die Mauer stand, nach Ostberlin umziehen müssen, wodurch sich die Lage der Familie erheblich verschlechterte, wie sie offen zugab.

Man sah den Unterschied zwischen Ost und West beim Fahren übers Land. Die Landschaft sah anders aus: große Felder, zugeschnitten auf die Bearbeitung durch Kombinate. Man roch den Unterschied: fast überall ein penetranter Braunkohlegeruch, nicht nur in Industriegebieten. In den Städten war die Schauseite meist gut gepflegt für die Touristen, vor allem in Weimar, das im Krieg unzerstört geblieben war. Aber sobald man von den Hauptplätzen und Hauptstraßen wegging, begegnete man dem Verfall, vor allem in den kleinen Städten; die Denkmalpfleger klagten bitter, manchmal fast aggressiv, darüber.

Wir erlebten viele Führungen in den Kirchen. Sie waren höchst verschieden. Da gab es – zum Beispiel in Naumburg – eine Führerin, die das Bildprogramm des Doms konsequent «postchristlich» interpretierte – mit einem in Spartakusnähe gerückten «revolutionären» Jesus an der Spitze. Das Gegenstück war die Führung im Erfurter Dom, wo ein Führer und Erklärer nicht nur die christliche Vergangenheit sachkundig beschwor, sondern seine Rede auch mit erstaunlichen Invektiven gegen die herrschenden Autoritäten spickte.

Den Vogel schoß der für sein liturgisches Orgelspiel berühmte Domorganist Wilhelm Kümpel ab, der im Dom auf der kleinen Chororgel, mit der er sich begnügen musste – die große war zwar versprochen, aber nicht gebaut worden –, Variationen über «O Heiland reiß die Himmel auf» improvisierte. Als wir am Abend im «Erfurter Hof» zusammensaßen und einige von uns ihm Komplimente über seine Improvisationskunst machten, meinte er lächelnd: «Am wichtigsten war wohl die letzte Strophe.» Wie lautete die letzte Strophe? Einige kannten sie: «Hier leiden wir die größte Not.» Und welches musikalische Thema hatte Wilhelm Kümpel zur musikalischen Illustration dieser Zeile gewählt? Es war aussagekräftig, nicht zu überhören: (E)S – E – D.

Drei Jahre später, im August 1987, brachen wir nach Polen auf. In dieser Zeit galt noch immer, wenn auch abgeschwächt, das 1981 verhängte Kriegsrecht. Wieder bekamen wir einen offiziellen Reisebegleiter aus Posen, der im Dienst der staatlich gelenkten Reiseorganisation PolOrbis stand – keinen fanatisch Überzeugten, wie wir rasch merkten, eher einen Opportunisten, gutgekleidet, gut gelaunt, wohlgenährt. Aber wir hatten auch das Gegenstück bei uns, Pater Remigius aus dem Tschenstochauer Pauliner-Kloster, einen bedächtigen Mann, ein Muster polnischer Volksfrömmigkeit. Und gute Dienste leistete uns die in Oppeln zweisprachig aufgewachsene Hanna Nogossek – damals noch Studentin, später als Museumspädagogin verdient um die deutsch-polnischen Beziehungen.

Wir fuhren von München über Dresden und Görlitz nach Hirschberg (Jelenia Gora). Das Hotel in Hirschberg, schmutzig, fast in Auflösung begriffen, war ein Schock. Aber wir wurden beim Frühstück nicht separiert, sondern zu den Einheimischen an den Tisch gesetzt – und so blieb es bei unserer Reise bis zum Ende. Und die Gespräche in Polen waren – Kriegsrecht hin und her – von Anfang an von einer Direktheit und Offenheit, wie wir sie weder in Prag noch in Budapest erlebt hatten – von der DDR gleich gar nicht erst zu reden.

Von Hirschberg fuhren wir nach Krummhübel (Karpacs). Unser Ziel war das Landhaus von Marian Szyrocki im Riesengebirge. Szyrocki kannte ich aus München, wo er Gastprofessor gewesen war, er war der führende polnische Barockforscher, Professor in Breslau, ein Mann der Gelehrtenklause, aber auch der Literatur, Freund der Poeten, vielfältiger literarischer Anreger. Nach dem Zweiten Weltkrieg rettete er Handschriften der schlesischen Barockmeister vor dem Verfall, führte Bücherschätze wieder zusammen, so dass Breslau als Vorort der Barockliteratur sein altes Gewicht behielt und neue Anziehungskraft für die Gelehrten aus aller Welt gewann. Szyrockis Institut im alten Gebäude der Leopoldina am Oderufer war ein Zentrum der polnischen Germanistik.

Das Riesengebirge wirkte auf mich vertraut, es war ähnlich wie der Schwarzwald oder der Bayerische Wald, nur noch weicher, flachkuppiger. Die Schneekoppe war im Nebel nicht zu sehen. Noch mehr als in der Ebene herrschte hier in den Tälern eine kleinbäuerliche Landwirtschaft, jeder Hof zog sein Eigentum wie eine Decke um sich, überall standen Kühe, Ziegen, Schafe vor den Höfen und auf den Wiesen, die Landschaft hatte etwas Beruhigendes, Aufgeräumtes.

Szyrocki empfing uns in dem garagenähnlichen kleinen Arbeitshaus, in dem er die Hälfte des Jahres verbrachte, um ungestört arbeiten zu können. Es war mit Büchern von unten bis oben austapeziert. Ganz in der Nähe lag «Rübezahls Grab». Wir wanderten gemeinsam hin durch die Waldeinsamkeit. Und wir besuchten mit Szyrocki auch die alten Kurorte in der Nähe, in denen noch die guterhaltenen Ferienquartiere der Berliner von einst zu bewundern waren, Häuser nach schlesischer oder nach Tiroler Art, manche gründerzeitlich großdimensioniert, manche in den ländlichen Varianten des Jugendstils gehalten

Dann nach Oppeln (Opole). Der relative Reichtum der Stadt fiel auf. Es gab Antiquariate, Antiquitätenläden, wie wir sie in anderen Orten nie gesehen hatten. In der Franziskanerkrypta führte uns ein asketisch wirkender älterer Pater mit feierlichem Nachdruck in die Geheimnisse der polnischen Geschichte ein. Er war vier Jahre lang im KZ Dachau gewesen. Sein makelloses Deutsch klang in seinem brüchigen Mund wie ein Vorwurf.

Wir fuhren zum Annaberg. Er war nicht hoch, nur etwas über 400 Meter, bildete aber doch eine beherrschende Anhöhe in der flachen Oderebene. In der Ferne sah man Rauch und Feuer aus den Eisenhütten des Industr21ereviers. Auch die Basilika war klein. Die großen Wallfahrten spielten sich im Freien ab. Es regnete. Die Andenkenläden hatten bis zwei Uhr geschlossen. Wir fragten nach Solidarnosc-Plaketten – nach 1980 waren sie zum geheimen Wahrzeichen Polens geworden. «Nein, die dürfen wir nicht mehr verkaufen.» Als wir sagten, wir seien

Deutsche, erhielten wir dann doch welche, kostenlos – gegen die feierliche Versicherung, sie nicht öffentlich zu tragen und die Herkunft nicht zu verraten.

Der Annaberg war nicht nur der «Heilige Berg» Oberschlesiens. Er war auch ein historisches, ein militärisches und politisches Symbol – ein Leidenszeichen der Polen wie der Deutschen. Hier fand im Mai 1921 – nach dem für Polen negativen Ausgang der Oberschlesien-Abstimmung – der Aufstand der polnischen Insurgenten statt; hier warfen deutsche Freikorps den polnischen Aufstand nieder. Später bauten die Nationalsozialisten ein Amphitheater für 100 000 Menschen auf dem Berg – als Gegenposition zum Marienheiligtum. Das Kloster wurde geschlossen, die Kalvarien-Andachten waren verboten. Es dauerte lange, bis nach dem Krieg «der Berg» wieder auflebte – nunmehr als religiöser Mittelpunkt der neugegründeten Diözese Oppeln. Bischof Alfons Nossol, Geistlicher mit deutschen Wurzeln, ein großer Versöhner, feierte auf dem Berg neben polnischen wieder erste deutsche Gottesdienste – man betete und sang «in der Sprache des Herzens», wie er unschuldiglistig sagte.

Dann fuhren wir nach Tschenstochau (Czestochowa), dem Mittelpunkt der polnischen Seele. Wenn die Kirchen in Polen, die wir sahen und besuchten, fast immer in gutem Zustand waren, so war diese besonders schön und reich geschmückt. Auch das Devotionalienwesen, das sich draußen, auf dem riesigen Vorplatz, austobte – nicht anders als in Lourdes, Fatima, Rom oder Jerusalem –, war im Inneren streng gebändigt: Statt Votivtafeln hingen an den Wänden unzählige kleine silberne Herzen, die dem Ganzen einen ebenso feierlichen wie intimen Charakter verliehen. Und immer erfüllte der Gesang der Tausende die hohen stuckverzierten Gewölbe: innig flehend, bekenntnishaft, fröhlich, demütig, ausgelassen – nicht mehr der Choral des Westens, noch nicht der Gesang der Ostkirche, etwas zwischen Volkslied und Kirchengesang, ganz geistlich und ganz weltlich in einem.

Auch Auschwitz (Oswiecim) besuchten wir. Es war der äußerste Kontrast zu unseren literarischen, geistlichen, wissenschaftlichen Begegnungen. Diese hatten alle etwas Ermutigendes, Hoffnungweckendes. Auschwitz aber war eine Stätte des Todes. Beiläufig hatte Volker Press bemerkt, dass sich unter den vielen Titeln der österreichischen Kaiser auch der eines «Herzogs von Auschwitz» befand. Eine junge polnische Historikerin führte uns durch die Gedenkstätte, zeigte uns

die beiden Lager Auschwitz und Birkenau – unpathetisch, sachlich-
streng, ohne jeden schuldzuweisenden Unterton. Es war wohl der einzige Weg zur «Verarbeitung» des Grauens.

Bartoszewski hatte mir von seiner Verhaftung und seinem Aufenthalt in Auschwitz vom September 1940 bis zum April 1941 erzählt.
Damals waren die Polen im Lager noch fast unter sich: noch keine
Gaskammer, keine Todesspritzen – aber viele starben an Hunger, an
Entkräftung, an Schlägen, von den vierzehn Menschen aus Barto-
szewskis Warschauer Wohnhaus allein elf. Dann kamen Gefangene
aus anderen Völkern, auch Deutsche, zu den polnischen Häftlingen
hinzu, und seit Anfang 1942 wurde Auschwitz zum zentralen Ort der
Vernichtung der Juden. Die Führerin schilderte die Kombination von
Arbeits- und Todeslager, die Selektion, die Rampe, die Vergasung im
«Bad», wo die Opfer in 15–20 Minuten erstickten, die Entnahme von
Haaren, Ringen, Goldzähnen, die Verbrennung der Getöteten im Kre-
matorium, später die Asche als Dünger – die Haare als Rosshaarge-
webe für Matratzen.

Ich weiß noch, wie eine unserer Studentinnen nach der Führung in
Tränen ausbrach. «Aber das müssen doch Sadisten gewesen sein, die
sich so etwas ausdachten!» Unsere Historikerin schwieg lange, dann
sagte sie einen Satz, der mir bis heute im Gedächtnis geblieben ist:
«Wäre Auschwitz nur ein Werk von Sadisten, wäre es keine Frage an
die Menschheit.»

Und in der Tat: Nicht die ganz gewöhnliche Grausamkeit, der Sadis-
mus und Zynismus, die Häufung des Schreckens war es, was Auschwitz
singulär machte, dachte ich – das bliebe noch innerhalb des Menschlichen, Verstehbaren –; es war vielmehr die kühle, leidenschaftslose, im
Wortsinn unmenschliche organisierte Menschenvernichtung im Dienst
vermeintlicher «Notwendigkeiten» der Geschichte. Erschreckend war
das gute Gewissen der Henker. Sie fühlten sich gerechtfertigt durch ent-
lastende Ideologien, die ihnen just das geboten, was gewöhnlichen
Menschen durch das Gesetz, das Gebot «Du sollst nicht töten!» verboten war. Gestützt auf totalitäre Rechtfertigungen, konnten die Mörder
nicht nur dem Gericht entgehen – sie konnten sich eigenmächtig selbst
in Richter verwandeln. Ihr Alibi war perfekt. In Heinrich Himmlers be-
rüchtigter Posener Rede vom 4. Oktober 1943 springt das Wort «anständig» ins Auge: Man muss anständig bleiben, in allen Lebenslagen,
auch und gerade bei dem – geschichtlich notwendigen, unvermeid-

lichen – Massenmord. Man darf Juden vergasen, sie ausrotten – aber man darf sich, beispielsweise, nicht an ihrem Schmuck bereichern. All diese Fragen erörterten wir tags darauf in Krakau mit Mieczyslaw Pszon, dem Chefredakteur von «Tygodnik Powszechny». Das Blatt war die einzige katholische Zeitung im Ostblock, sie residierte im Anbau des erzbischöflichen Palastes. Um frei reden zu können, hatten wir unseren Begleiter abgeschüttelt. Wir waren überrascht, als wir in die Redaktionsräume eintraten: Hinter Pszons Schreibtisch hing ein großes Bild Kaiser Franz Josephs – man war plötzlich im alten Galizien.

Wie macht man eine solche Zeitung? Wie sichert man die nötigen Freiräume? Wie bringt man Katholizität publizistisch zur Geltung in einem atheistischen Staat? Pszon erzählte uns, dass es anfangs kaum ging; der im Haus wohnende Zensor drohte alles zu streichen, was nicht linientreu war – und damit hätte er das Blatt fast ausgelöscht. «Aber es ging wie überall: Im Lauf der Zeit entwickelten sich menschliche Beziehungen. Wir kamen ins Gespräch, wir konnten ihm wenigstens unsere Meinungen offen darlegen. Schließlich kam es zu einem Kompromiss: Wir akzeptierten seine Streichungen – die im Lauf der Zeit geringer wurden –, aber wir ließen verbotene, zensierte Artikel in den entsprechenden Ausgaben einfach weiß. Das erregte Aufsehen, es hatte zur Folge, dass im ganzen Land ein Run auf die unbekannten Autoren einsetzte. Ihre Artikel wurden dann oft im Samisdat-Verfahren verbreitet – manchmal in höheren Auflagen, als wenn sie im Blatt erschienen wären.»

Wir staunten. Peter Häberle fragte kopfschüttelnd: «Kann man denn unter solchen Bedingungen überhaupt eine Zeitung machen?» Pszon antwortete ohne Zögern in seinem rauen, aber perfekten Deutsch, das mir noch im Ohr ist: «Jawoll, geht mit Schwirrrigkeiten. Aberrr geht.»

Pszon legte Wert darauf, dass wir nicht nur den Getto-Aufstand 1943 in Warschau kannten – wir hatten Willy Brandts Kniefall gesehen –, sondern auch den Aufstand der national-polnischen Heimatarmee im August 1944, bei dem die bereits am anderen Weichselufer stehende Rote Armee nicht eingegriffen hatte. Stalin hatte die Polen bewusst verbluten lassen, hatte auch den westalliierten Flugzeugen die Landung von Nachschub auf sowjetisch kontrollierten Flughäfen verboten. Und Pszon betonte wie Bartoszewski, dass die ersten Insassen des Konzentrationslagers Auschwitz Polen gewesen seien – auch viele der dort ermordeten Juden hätten die polnische Staatsbürgerschaft gehabt.

Wir behielten unsere Polenreise lange in Erinnerung. Überall im Land hatten wir die Veränderungen gespürt, den plötzlich erwachten Mut, die erstaunliche, für uns Deutsche geradezu unglaubliche Zuversicht. Die regierenden Kommunisten waren geschwächt. Die Kirche hatte die Rolle einer oppositionellen «Zivilgesellschaft» übernommen. Die Solidarnosc stand zur Übernahme der Macht bereit. In den Kirchen, den Gemeindehäusern hingen die Bilder des größten Hoffnungsträgers: Johannes Pauls II., des Papstes. Er hatte als Krakauer Erzbischof das Erstaunliche vollbracht, aus Nowa Huta, der von den Kommunisten nahe Krakau gegründeten «Stadt ohne Gott», eine Stadt voller neuer Kirchen zu machen, indem er die Polen in aller Welt aufforderte, Kieselsteine für Neubauten einzusenden – dies alles ohne offene Polemik gegen die Kommunisten, einzig im Beharren auf seelsorglichen Notwendigkeiten. Und er hatte bei seinem ersten Besuch als Papst 1979 in Warschau minutenlange Beifallsstürme entfacht, als er dem alten «Sende aus deinen Geist, und das Angesicht der Erde wird neu werden» nach einer Pause mit Bedacht und leiser Stimme, wie erläuternd, zwei Worte hinzufügte: «*Dieser* Erde!»

Wiederum vergingen Jahre. Erstaunliches geschah. Wir erlebten, wie das zweite totalitäre Reich im 20. Jahrhundert, das Reich des östlichen Sozialismus, einstürzte. In Polen regierte plötzlich ein nichtkommunistischer Ministerpräsident, der erste seit 1945; in Ungarn wurde der Sowjetstern von den öffentlichen Gebäuden geholt; in Berlin fiel die Mauer; in der Tschechoslowakei begann der zweite, dauerhaftere «Prager Frühling» – und selbst die hartnäckigste Bastion, Ceaucescus Gewaltherrschaft, fiel um Weihnachten 1989 dahin.

Überall erhoben sich Menschenmassen gegen ihre Bedrücker. Viele Denkmäler der kommunistischen Eroberung nach dem Zweiten Weltkrieg wurden geschleift: in Warschau das Dsershinskij-Monument, Erinnerung an den polnischen Gründer der Tscheka, in Budapest ein halbvergessenes Stalin-Denkmal, dem ein witziger Kopf vorher ein Schild umhängte: «Nichts währt ewig.» Und der Sturz der Führer und der Monumente riss auch die verwaltete, manipulierte Geschichte mit. Plötzlich durfte wieder von (fast) allem gesprochen und geschrieben werden, was vorher tabuisiert worden war, vielfach auch im Westen:

von den Millionenopfern der «Kulaken»vernichtung und der «Säuberungen», vom Hitler-Stalin-Pakt, von Katyn, von den Schauprozessen der Nachkriegszeit.

Am 12. April 1992 flogen wir nach St. Petersburg, das inzwischen wieder seinen alten Namen trug. Wir wohnten im Oktober-Hotel, waren mit Russen zusammen und bekamen einiges von ihren täglichen Sorgen und Nöten mit. Der Newskij-Prospekt lag da, großzügig wie in alten Zeiten, freilich fehlte das Flair des Wohlstands. Das Warenangebot in den Schaufenstern war spärlich und noch immer sortiert nach Monokulturen: hier lauter Gläser, dort lauter Marmeladen, dort lauter Mäntel. Die Lebensmittelgeschäfte sahen oft wie Apotheken aus: Alles stand in Reih und Glied, sorgfältig geordnet, als wäre es Gift. Aber wir trösteten uns, St. Petersburg war eben eine nördliche Stadt – und auch in Stockholm oder Helsinki herrschen ja nicht der Überschwang und die Farbenfülle südlicher Märkte.

Russland befand sich im Übergang. Es war das Jahr, in dem die Sowjetunion sich auflöste, die neue «Russische Föderation» und die umgebende «GUS» Gestalt annahmen. Die alte Nomenklatura hatte 1991 gegen Gorbatschow geputscht. Boris Jelzin hatte in Moskau den Putschisten die Stirn geboten – er stieg rasch zum neuen Herrscher Russlands auf. Gorbatschow zog sich in die nach ihm benannte Stiftung zurück, deren Sitz die frühere Moskauer Parteihochschule war. Wir hatten vor, ihn dort zu besuchen, mit ihm zu sprechen.

Im Wirbel der Ereignisse bildeten die jungen Marinesoldaten, die in schwarzen Uniformen mit goldenen Knöpfen durch den breiten Newskij-Prospekt der Admiralität und den Kasernen zustrebten, ein Element der Kontinuität. Rechts sahen wir die Kirche «Auferstehung im Blute», am Ort des Attentats auf Zar Alexander II. errichtet – sie sollte nun, hörten wir, eine Gedächtnisstätte für die Opfer des Terrorismus in aller Welt werden. Links die Kasaner Kathedrale: Sie war 1970, als ich mit dem Deutschen Bildungsrat zum ersten Mal nach Leningrad kam, noch ein Museum des Atheismus gewesen.

Am Abend standen wir, Studenten und Professoren aus München, um die Alexandersäule auf dem Schloßplatz herum und diskutierten mit Volker Press über russische Geschichte, russische Gegenwart. Ob der Blindschuss der «Aurora», der am Abend des 25. Oktober 1917 den Aufständischen das Signal zum Sturm auf den bereits umstellten Winterpalast gab, wirklich die Morgenröte einer neuen Zeit einleitete?

Am 15. April fuhren wir mit dem Nachtzug von St. Petersburg nach Moskau. Das Hotel, gegenüber dem Außenministerium gelegen, gehörte der GUS. Von Taxifahrern wurden wir gewarnt: die Besitzverhältnisse seien unklar, jeder dränge hinein, Schlägereien und Überfälle seien an der Tagesordnung.

Der Rote Platz war gesperrt. Der Volkskongress tagte. So mussten wir um den alten Kremlbezirk im weiten Abstand herumgehen. Die Basilius-Kathedrale mit den gedrungenen Türmen und dem schönen Kerbschnittmuster – auch sie bis vor kurzem ein Museum des Atheismus – «arbeitete wieder» als Kirche. Die goldenen Kuppeln und Turmspitzen der Kremlkirchen glänzten im Licht der Frühlingssonne. Am Abend sah man am Platz die Sowjetsterne von den Ecktürmen des Kreml leuchten – aber die Sowjetfahne auf dem Schloss war verschwunden, an ihrer Stelle flatterte die alte russische Trikolore rot-blau-weiß im Wind.

Demonstrationen für Jelzin, gegen Jelzin, für die Marktwirtschaft, gegen die Marktwirtschaft. Niemand konnte uns genaue Auskunft geben über die Stärke der politischen Strömungen im Land. Auch der Volkskongress gab kein getreues Bild, er war ein Relikt aus der Sowjetzeit, mit gefährlichem Übergewicht der äußersten Rechten und Linken. Das erinnerte uns Deutsche an den Reichstag in der letzten Phase der Weimarer Republik. Kein Wunder, dass Jelzin zu diesem Kongress auf Distanz ging; er wollte nicht in den Fehler Gorbatschows fallen, der sich einließ, mitredete, für seine Politik warb, Mehrheiten suchte, sich festlegte, vieles versprach, was er nicht halten konnte, und darüber allmählich Gesicht und Macht verlor. Aber war das Gegenteil zu dieser Politik der Perestrojka die richtige Alternative – die schiere präsidiale Autokratie und Unnahbarkeit, die das Schicksal Russlands wiederum, wie schon oft, auf zwei Augen stellte?

Offensichtlich musste Russland eine lange Zwischenzeit durchlaufen – eine Zeit der halben Maßnahmen, des gebremsten Fortschritts, des fatalistischen Schlendrians, des Aleatorischen und Provisorischen. Gewiss, die Preise waren größtenteils freigegeben. Aber da die Produktion nicht entmonopolisiert, geschweige denn privatisiert war, gab es kein hinreichendes Angebot. Ich dachte an die Zeit nach der Währungsreform in Deutschland: Erst mussten private Kräfte entfesselt, mussten Konkurrenz und Wettbewerb eingeübt werden. Nach wie vor herrschten in Russland hierarchisierte Mentalitäten und Verhaltensweisen. Beispielsweise setzte der Leiter eines Großmarkts bei Überangeboten nicht die Preise herunter – er gab die Ware an die nächsthöhere Sammelstelle zurück. Das waren alte Reflexe: jahrzehntelang war die eigenmächtige Veränderung von Preisen (nach oben wie nach unten) ein Verbrechen gewesen, das streng bestraft wurde; man konnte nicht erwarten, dass die Menschen über Nacht verlernten, was ihnen mit Zwang eingebläut worden war.

Noch konnte man – wir erkundigten uns – in Russland nicht Grund und Boden erwerben, genauer: Man konnte es theoretisch, nach der Verfassung – nicht aber praktisch. «Kein russischer Jurist weiß, wie das geht», sagte man uns. Wie sollte unter diesen Bedingungen eine Marktwirtschaft in Gang kommen?

Der Übergang vollzog sich denn auch offenbar in verzerrten, unerfreulichen, oft mafiosen Formen, ohne Absicherung, ohne soziales Netz; die Zeche bezahlten die Alten, Kranken, die Rentner, alle, die ohne den lebenswichtigen Konnex mit einer Familie allein in der Welt standen. Ihnen blieb oft nur der Schwarzmarkt, die «Marktwirtschaft mit anderen Mitteln» (eine Formel, die ich von den «Freiburgern» noch im Ohr hatte) – also das, was übrig blieb, wenn die rechtliche «Ordnung der Wirtschaft» fehlte.

Studentenschicksale. Sascha K. wohnte in der Krapotinskaja im Zentrum Moskaus in zwei Zimmern einer kommunalen Wohnung. Ich hatte seine Adresse von meiner Tochter Verena, die in Moskau studiert und in der Nähe gewohnt hatte. Frühmorgens arbeitete er in der Gegend als Straßenkehrer. Er und seine Schwester erzählten, wie es ihnen in den letzten Jahren erging. Sascha wuchs noch in der Breschnew-Zeit auf. Er wurde ein schneidiger und überzeugter Pionier, Komsomolze, Student, trat noch in jungen Jahren in die KP ein. Die neue Zeit erwischte ihn kalt. Er hatte Mühe bei der Umorientierung. Mit großer Redlichkeit gab er sich Rechenschaft über seinen Weg. Er wollte alles gründlich überdenken, jeden Schritt überlegen, nicht mit fliegenden Fahnen überlaufen, weil es jetzt Mode war. Kommunistisch leben – das ging nur freiwillig. Das Übel der Vergangenheit war der Zwang. Er wusste auch, dass sein Idealismus – der Idealismus unzähliger junger Menschen in der Sowjetunion – ausgenützt und ausgebeutet worden war. In die Vergangenheit wolle er nicht zurück, sagte er. Aber wohin würde ihn die «neue Zeit» führen?

Leichter fiel es der kleinen Schwester, mit den neuen Verhältnissen zurechtzukommen. «Wissen Sie, ich bin schon in der Zeit der Perestrojka groß geworden, für mich ist das kein Problem. Ich habe die kommunistischen Ideale nicht mehr so erlebt wie er. Daher habe ich auch nicht so sehr unter der Auflösung der ‹alten Werte› gelitten.»

Nachmittags, beim Gespräch mit Professoren der Philosophischen Fakultät der Lomonossow-Universität, blieben die russischen Studenten stumm. Stattdessen stritten sich die Professoren. Der neue Dekan war ein Popperianer, er schlug gegenüber den alten philosophischen Lehren und besonders gegenüber Karl Marx einen lässig-kritischen Ton an, wie er gestern noch undenkbar gewesen wäre; er relativierte und historisierte die alten Idole. Die meisten stimmten ihm zu. Marx war kein «Kanon» mehr, sondern, gut westlich, ein «Angebot» unter vielen. Doch ein älterer Kollege, bleich, mit scharfen Zügen, dialektisch geschult, warf sich in die Bresche, verteidigte die Einmaligkeit, den Absolutheitsanspruch des Meisters. Und obwohl er isoliert war, fand er Beifall bei den Studenten – weil er seine Minderheitsposition verteidigte, weil er kämpfte und nicht klein beigab.

Leider bekamen wir Gorbatschow nicht zu Gesicht. Aber er schickte uns einen seiner engsten Mitarbeiter, den Vordenker der Perestrojka-Politik, Alexander Nikolajewitsch Jakowlew. Das Gespräch fand am 21. April um 17.00 Uhr im «Internationalen Fond für sozialwirtschaftliche und politische Forschungen», der sogenannten Gorbatschow-Stiftung statt. Einer aus unserer Gruppe, der russisch sprach, Alexander Trunk (heute Professor in Kiel), hat es sorgfältig protokolliert. (Die folgenden Zitate stützen sich auf seine und meine Aufzeichnungen.)

Der untersetzte Jakowlew, bald 70, galt in den Jahren der Perestrojka als Freund und graue Eminenz Gorbatschows. Sein Temperament war geblieben, doch sein Pessimismus hatte zugenommen. Sarkastisch kommentierte er den augenblicklichen Zustand Russlands mit einem Ausspruch des populären Komikers Jurij Nikulin: «Es gibt zwei Wege aus der Krise, einen realistischen und einen fantastischen. Der realistische: Wir holen Leute von anderen Sternen. Der fantastische: Wir fangen selbst an zu arbeiten.»

Das Gespräch drehte sich zunächst um Wirtschaftsfragen. Wir fragten, wie Russland ausländisches Kapital, ausländische Investoren anziehen wolle, solange die Eigentumsfragen nicht geklärt seien. Jakowlew gab uns recht, er selbst habe bereits 1986 mit der Wiedereinführung des Grundeigentums beginnen wollen. Aber sogar Gorbatschow habe das für nicht durchführbar gehalten. «Die Widerstände sind ja auch heute noch ganz massiv: Es gibt eine einflussreiche Schicht von Leuten, die sich dank des Staatseigentums von fremder Leute Arbeit ernähren. Sie sind gegen die Privatisierung.»

Jakowlew erzählte, was 1986 mit einem großen Kredit der Deutschen Bank geschehen sei. Friedrich Wilhelm Christians, der Vorstandssprecher der Bank, habe bei den Verhandlungen angeregt, die Verwendung der Kreditmittel im Einzelnen festzulegen. Das wurde abgelehnt – man sagte, das sei eine innere Angelegenheit der Sowjetunion. Die Folge war, dass der Kredit dann einfach schematisch auf die einzelnen Ministerien aufgeteilt wurde. Natürlich habe man damit nur die gerade vorhandenen Löcher gestopft – das Geld versickerte spurlos.

Wir fragten weiter: War die Perestrojka verfrüht? Wurde sie mit unzulänglichen Mitteln ins Werk gesetzt? Hätte es mehr Entschlossenheit gebraucht? Bei diesen Fragen wurde Jakowlew fast zornig: «Entschlossenheit, Unentschlossenheit? Das ist hier nicht die Frage. Bedenken Sie, dass wir (die Reformer) wenige waren und dass wir uns dafür entschieden hatten, gewaltlos, einzig mit Mitteln der Überzeugungskraft, vorzugehen. Was hätten wir auch anderes tun können gegenüber 19 Millionen Parteimitgliedern und 6 Millionen Soldaten? Der größte Teil der Wirtschaft gehörte zum militärischen Sektor. Bei einer Truppenreduzierung musste bedacht werden, was mit den vielen Offizieren geschehen solle. Und wer unterstützte die Reformer? Die Zeitungen. Alle anderen – Partei, Staat etc. – waren mehr oder minder gegen Reformen. Hätte man es auf einen Bürgerkrieg ankommen lassen sollen?»

Jakowlew nahm Gorbatschow gegen den Vorwurf der «Unschlüssigkeit» in Schutz. Er hob seine großen Leistungen hervor. «Der Zweite Weltkrieg ist erst jetzt endgültig beendet. Zum ersten Mal in der Geschichte hat sich ein Imperium ohne großen Krieg aufgelöst. Den Zweiten Weltkrieg hat die Menschheit mit Milliarden von Geld und unzähligen Menschenopfern bezahlt. Für den Untergang des Kommunismus zahlen wir allein.» Jakowlew räumte ein, man habe im Kreis der Reformer eines nicht genügend gesehen: dass ein solcher Epochenwandel immer mit Machtkämpfen einhergehe. Die seien auch nach dem Ende der Sowjetunion noch nicht endgültig entschieden. Doch habe die Perestrojka ein neues Bewusstsein geschaffen; der Beweis sei das Scheitern des Putsches im vergangenen Jahr. Zurück wollten die wenigsten – nur seien die Vorstellungen über die Zukunft nach wie vor unklar und kontrovers.

Uns interessierte natürlich besonders, unter welchen Umständen die deutsche Wiedervereinigung zustande gekommen war. Wir wussten von Ärzten in Leipzig und Dresden, dass die Krankenhäuser vor den großen Demonstrationen im November 1989 angewiesen worden waren, mehr als die Hälfte der Betten für «Notfälle» freizuhalten. Die Führung der SED rechnete also mit einer «chinesischen Lösung». Man erwartete, dass die Sowjetunion eingreifen würde – wie sie dies schon beim Arbeiteraufstand 1953 getan hatte. Aber dann kam die große Überraschung: Die russischen Soldaten blieben in ihren Kasernen. Sie schlugen die Demonstranten nicht nieder, sie erstickten nicht die Rufe «Wir sind das Volk!» «Wir sind ein Volk!» Sie mischten sich nicht ein. Die Führung der Sowjetunion, so schien es, überließ die DDR einfach ihrem Schicksal. Sie ließ die SED am ausgestreckten Arm verhungern.

Wir fragten Jakowlew, ob Gorbatschow von Anfang geplant habe, den osteuropäischen Staaten in ihrer Entwicklung freie Hand zu geben – oder ob er von den Auflösungserscheinungen im Warschauer Pakt und in der Sowjetunion überrascht worden sei. Seine Antwort: In der ersten Phase der Perestrojka habe man an eine koordinierte Reform in ganz Osteuropa gedacht. Er selbst habe im Auftrag Gorbatschows die osteuropäischen Länder bereist, habe versucht, die Reformmöglichkeiten auszuloten. Es gab sehr viel Zustimmung. Nur in Bulgarien und in der DDR sei er auf unfreundliche Reaktionen gestoßen. «Honecker sagte mir, in der DDR seien alle notwendigen Reformen, auch im Wirtschaftssektor, bereits durchgeführt. Weiteres sei nicht nötig.»

Wir fragten, wie Gorbatschow seinen Bericht – speziell über die DDR – aufgenommen habe. Jakowlew erwiderte: «Er meinte lakonisch: Wenn die uns nicht brauchen, dann brauchen wir sie auch nicht.» Das klang ganz anders als noch zur Breschnew-Zeit: Breschnew war wohl der letzte russische Führer, der – in der Linie Lenins – die Meinung vertrat, das Wohl und Wehe des Kommunismus in Deutschland sei entscheidend auch für das Wohl und Wehe der Sowjetunion. Gorbatschow war von solchen Rücksichten offensichtlich frei – darin wirklich ein «neuer Mann».

Wir erinnerten uns an «Gorbis» berühmtes Wort bei der Vierzig-Jahr-Feier der DDR in Ostberlin: «Wer zu spät kommt, den bestraft das Leben.» Aus diesem Satz und aus Jakowlews Bericht ergab sich ein klares Bild: Die «Chemie» zwischen dem Kremlchef und Erich Honecker hatte von Anfang an nicht gestimmt. Eine herzliche Abneigung verband die beiden. Das hatte verhindert, dass es, als sich der Untergang der DDR abzeichnete, zu einem Rettungsversuch von Seiten Russlands kam. Die Drohungen von Egon Krenz, dem Nachfolger Honeckers, mit einer «chinesischen Lösung» gingen daher von vornherein ins Leere. Gorbatschow gab die Wiedervereinigung frei, er verzichtete auf den Einsatz militärischer Macht – und bewegte gerade durch seinen Macht-Verzicht, sein Nicht-Handeln die Weltpolitik.

Das Gespräch mit Jakowlew war der Höhepunkt unserer Russlandfahrt. Diese Fahrt schloß auch meine dreißigjährige Tätigkeit als Vertrauensdozent der Studienstiftung in München ab. Ich war mit Studenten durch Europa gefahren, ein Vierteljahrhundert lang, und wir hatten auf unseren Fahrten nicht nur Länder und Menschen kennengelernt, wir hatten auch ein Stück Geschichte miterlebt – Geschichte, die sich vor unseren Augen und Ohren abspielte, Geschichte, die noch nicht in den Büchern stand.

31. Protestanten, Orthodoxe – und ein deutscher Papst

> «... nur wenn der Schmerz der Trennung
> lebendiger und stärker ist
> als die Gewöhnung an den status quo,
> kann die Ökumene Fortschritte machen.»

Zeit meines Lebens, von früher Jugend an, wollte ich «das Christentum» entdecken. Es war ein riesiger, zerklüfteter, schwer überschaubarer Kontinent. Die erste Kunde hatte ich – mitten im Dritten Reich – von meinen Religionslehrern in der Schule und in der Pfarrei gehört. Später beschäftigte mich die Frage in meiner wissenschaftlichen und praktischen Arbeit. Das Christentum entdecken – was hieß das für einen Empiriker, Historiker, Interpreten (und Nicht-Theologen)? Die Antwort kann ich heute in einem Satz zusammenfassen: Auf der Suche nach dem *Christentum* entdeckte ich die *Christen verschiedener Konfessionen.*

Als Kind war ich in einer katholischen Umgebung aufgewachsen. Gewiss, ausschließlich katholisch war die Welt in Freiburg nicht. Denn es gab in der alten Schwarzwaldstadt auch die andern, «die Evangelischen», und natürlich auch kleinere Religionsgemeinschaften. Die Evangelischen begegneten mir vor allem in der Schule. Es war eine Gemeinschaftsschule, in der, wie in Baden üblich, evangelische und katholische Schüler gemeinsam unterrichtet wurden. Paradoxerweise trennte sie nur der Religionsunterricht. Man lernte sich also zeitig kennen. Man war sich nicht fremd. Bis heute zähle ich viele meiner damaligen Mitschülerinnen und Mitschüler evangelischen Glaubens zu meinen Freunden und Bekannnten. Ihnen verdanke ich den ersten Zugang zu jener anderen Welt, die Protestantismus heißt.

Am Oberrhein waren solche Begegnungen leichter möglich als anderswo. Hier berührten sich nicht nur viele konfessionelle Besitzstände auf engem Raum, da überall vorderösterreichisch-katholische und markgräflich-evangelische Gebiete aneinanderstießen – hier gab es auch immer wieder Bewegungen, die durch die Konfessionen hindurchgingen: Erasmus, die josephinische Aufklärung, Liberalismus und Demokratie. Gewiss erschallten auch in Baden die Kampfrufe der Konfessionalität und der Laizität, gewiss wurde auch hier im 19. Jahrhundert der Kulturkampf geführt – manchmal sogar härter als anderswo. Aber schließlich setzte sich doch immer ein konfessioneller Irenismus durch: Man schämte sich einer allzu lange trotzig durchgehaltenen Unversöhnlichkeit.

Da waren nun also die Evangelischen – eine kleine Minderheit in der Volksschule, eine weit größere im Gymnasium. Wie waren sie? Fielen sie auf? Gab es Schwierigkeiten mit ihnen?

Eine Schwierigkeit, so erinnere ich mich, gab es in der Tat. Unsere evangelischen Mitschüler waren, von wenigen Ausnahmen abgesehen, durchweg besser situiert, sie waren «etwas Besseres». Ihre Väter waren Universitätsprofssoren, Fabrikanten, Bankleute, während die Katholiken meist aus bäuerlichen, kleinbürgerlichen, bestenfalls mittelständischen Verhältnissen stammten. Die Evangelischen wohnten selten in Mietwohnungen, sie hatten meist eigene Häuser. Bei Einladungen in diese ungewohnt feine Umgebung reagierten wir Katholiken manchmal störrisch und bockig – es war einfach das andere Milieu, der gehobene Lebensstil, die uns betroffen machten. Unsere evangelischen Mitschüler, in der Schule ganz normal wie andere auch, schienen zu Hause

Würzburger Synode: Joseph Ratzinger mit Erzabt Augustin Mayer und Kultusminister Hans Maier (1971)

Herausgeberschaft und Redaktion der Internationalen Katholischen Zeitschrift (Communio) im Erbacher Hof in Mainz (1996): Bischof Karl Lehmann, Weihbischof Peter Henrici, Michael Figura, Hanna-Barbara Gerl-Falkowitz, Hans Maier, Maximilian Greiner

etwas zu repräsentieren, was uns fremd war – eine spezifische Bürgerlichkeit. Bürger und Protestant – das war offenbar eine Einheit. Meine Mutter erzählte mir von ihren Jugendjahren in dem damals noch fast ganz protestantischen Stuttgart, in dem die katholischen Dienstmädchen der protestantischen Herrschaften Mühe hatten, am Sonntagmorgen Ausgang für die Messe zu erhalten, indem sie unwirsch darüber belehrt wurden, dass sie dem ungebildeten, zum Dienen bestimmten Teil der Menschheit angehörten. So etwas wirkt nach – ihr Zorn darüber war in den dreißiger und vierziger Jahren, als ich zur Schule ging, noch nicht ganz verflogen.

Leichter war es mit einer anderen Eigenschaft evangelischer Mitschüler, die sogar eine gewisse Anziehungskraft auf uns Katholiken ausübte. Die Evangelischen, so schien es uns, waren freier. Sie bewegten sich ungezwungener, souveräner. Das mochte mit der erwähnten sozialen Stellung zusammenhängen. Sie waren freier in ihren Meinungen und Urteilen, ihren Sitten und Gewohnheiten, auch in ihren religiösen Bindungen und Zugehörigkeiten. Schon damals erschienen mir Protestanten, verglichen mit dem großen und geschlossenen, aber manchmal auch schwerfälligen katholischen Heerwurm, wie eine rasch und beweglich ausschwärmende Kavallerie – Individualisten, die in loser Tuchfühlung miteinander standen und doch, erstaunlich genug, zu gemeinsamen Zielen gelangten. Ohne Zweifel verfügten sie über gute Köpfe. Die Stäbe mussten wohlorganisiert sein. Das Offizierskorps war hervorragend, mochte es auch gelegentlich an Truppen fehlen (bei den Katholiken war es eher umgekehrt). Kurzum, der Einzelne, das Individuum, schien da eine andere Stellung zu haben als bei uns, man nahm sich mehr Rechte, mehr Freiheiten heraus. Ob dann alles, was die Einzelnen taten, am Ende der evangelischen Kirche zuzurechnen war, das war eine ganz andere Frage; aber sicher lag in dieser kecken Eigenverantwortlichkeit etwas, was wir Katholiken als «protestantisch» empfanden – es faszinierte uns, auch dort, wo wir Zweifel hatten und nicht ohne weiteres folgen mochten.

Noch ein Drittes ist mir aus jenen Jahren in Erinnerung geblieben – nämlich erste ökumenische Aktivitäten mitten im Krieg, im Dritten Reich. Ich sehe den evangelischen Pfarrer Horch aus der Nachbargemeinde aus unserem Pfarrhaus kommen, höre unseren Pfarrer Hausch sagen, man habe gemeinsam um den Frieden und die Versöhnung zwischen den Kirchen gebetet. Unser Pfarrvikar lieh mir aus seiner Bibiothek die beiden Bände «Die Reformation in Deutschland» von Joseph Lortz aus, die damals Aufsehen erregten – mit diesem verständnisvoll gezeichneten Bild Martin Luthers und der Reformation wuchs ich auf, ältere Phasen katholischer Polemik überspringend.

Auch die Orthodoxen waren mir früh begegnet: zuerst jener Pfarrer aus Freiburg, der zu Ende des Krieges nach Berlin reisen wollte; dann Alexander Kresling, der Leiter des Russischen Chors an der Freiburger Universität; dann Fedor Stepun, der Religionsphilosoph aus München. In den sechziger Jahren besuchte ich Gottesdienste in orthodoxen Gemeinden, sprach mit Geistlichen, vertiefte mich in ostkirchliche Liturgien, Gebete und Gesänge – in Deutschland, aber auch bei Reisen nach Griechenland und Russland. Ich nahm Anteil an der in Bayern lebhaft sich entwickelnden Ostkirchenforschung – in Erlangen, Regensburg, Niederaltaich. Den Plan einer Orthodoxen Fakultät in München – als Kompensation für die von der Türkei willkürlich geschlossene orthodoxe Ausbildung in Chalki – unterstützte ich von Anfang an. Ich hatte die Hoffnung, München könnte durch eine Gründung dieser Art etwas in der Welt Einzigartiges werden: ein Ort, an dem alle Theologien der christlichen Konfessionen vereinigt waren.

Aber erst der Zusammenbruch des Kommunismus und das Ende der Sowjetunion räumte die letzten Schranken beiseite. Als ich 1992 am Osterfest (nach lateinischer Zählung) in Kolomenskoje bei Moskau mit orthodoxen Christen Palmsonntag feierte – es waren vier Stunden Ewigkeit! – und als ich im Sommer 1996 in Begleitung des Kiewer Kollegen Anatoly Loj mit einem Wachslicht in der Hand durch die dunklen Gänge des Höhlenklosters wanderte, da hatte ich endlich das Gefühl, im Inneren der Orthodoxie angekommen zu sein. Inzwischen haben sich die Verbindungen zu orthodoxen Christen in Mittel-, Ost- und Südosteuropa erweitert und verdichtet: An Ostern stehen auf meinem Schreibtisch die Grüße der Ostkirchen – Karten, bemalte Holzeier, Bilder von Kirchen – und immer wieder die Auferstehungsikone: Christus beim Abstieg ins Reich der Toten, wie er die Schlüssel und Ketten der Unterwelt zerbricht.

In früheren Zeiten siedelten die Konfessionen meist in eigenen, voneinander abgegrenzten Räumen: Es gab katholische, evangelische, orthodoxe Länder und Regionen, Städte und Dörfer. Ein ständiges Zusammenleben verschiedener Konfessionen war eher die Ausnahme. Heute dagegen siedeln die Konfessionen längst nebeinander und beieinander, ja ineinander. Strikte Trennung wie früher üblich, gegenseitige bürgerliche Ausschließung – «Du hast das falsche Gesangbuch!» – sind heute schon rein räumlich die Ausnahme. Das Zeitalter des «Cuius regio eius religio» ging spätestens in der großen Flucht- und Vertreibungswelle 1944–1947 und in der nachfolgenden Integration der Konfessionen in Restdeutschland zu Ende. Heute treiben die europäische Integration, die Migrationsbewegungen von Ost nach West und von Süd nach Nord den Prozess konfessioneller Mischung in Europa voran, und die Globalisierung verleiht ihm zusätzliche Schubkraft. Die Zukunft ist abzusehen: Anstelle eines blockhaften Nebeneinander der Konfessionen wird im künftigen Europa mehr und mehr die individuelle Koexistenz von Christen verschiedener Bekenntnisse treten.

Das bringt natürlich auch Verluste mit sich, schon in der Gegenwart. Die alten, klar abgegrenzten Bilder der Konfessionen werden undeutlicher, verwischter. Viele Einzelne – plötzlich herausgenommen aus einem Glauben, in den sie hineingeboren wurden und den sie mit vielen Gleichgesinnten fraglos und selbstverständlich praktizierten – werden den Schritt zu bewusster persönlicher Entscheidung nur mit Mühe oder gar nicht gehen. Verluste sind die Folge. Und Unsicherheiten breiten sich aus: Das oft unübersehbare Nebeneinander differenter Glaubensvollzüge kann zwar Neugier wecken, aber auch Verwirrung stiften und Zweifel auslösen. Die Frage stellt sich: Führt der Weg der christlichen Konfessionen von der einstigen Abgrenzung und Trennung zu einer undeutlichen Fusion in der Zukunft, zu einem Synkretismus, in dem die Beliebigkeit regiert, zu einem «Markt der Religionen», in dem es nur noch wechselnde Angebote gibt? Oder bietet das Aufeinanderrücken, das engere Zusammenleben umgekehrt eine Chance, nach dem konfessionell Trennenden das Gemeinsam-Christliche zu entdecken? Spüren wir, dass Konfessionen (notwendigerweise) Fragmente sind, entwickeln wir ein Gefühl für unsere eigene Unvollständigkeit und Ergänzungsbedürftigkeit?

Meine Schulzeit in Freiburg war für mich so etwas wie ein ökumenischer Grundkurs – etwas fürs ganze Leben. In dieser Zeit lernte ich auch, gelegentlich in die Haut «der anderen» zu schlüpfen. Das war lehrreich und eröffnete viele Perspektiven. In Gesprächen mit Protestanten, mit Orthodoxen wurde das Trennende, aber auch das Verbindende sichtbar, kam die ganze Christentumsgeschichte in den Blick – manchmal in höchst unterschiedlichen, ja gegensätzlichen Beleuchtungen.

So erschrecken wir heute und wehren heftig ab, wenn orthodoxe Christen uns vorhalten (und zwar den Katholiken, Anglikanern, Protestanten gemeinsam vorhalten!), wir hätten seit dem 9. Jahrhundert den Boden der Rechtgläubigkeit verlassen, den die ökumenischen Konzilien der alten Kirche bereitet hätten – wir hätten eine Fülle von Irrtümern hervorgebracht und sollten deshalb schleunigst zurückkehren zur Theologie der Väterzeit. Extreme Meinungen wird man zurechtrücken müssen. Doch der allgemeine Vorwurf, der dahintersteckt – ist darin nicht auch ein Körnchen Wahrheit? Haben die westlichen Kirchen (und vor allem ihre Theologen) nicht tatsächlich oft Glauben und Frömmigkeit zurücktreten lassen zugunsten einer Haltung des Wissenwollens, der feststellenden, auf «Abschluss» zielenden Positivierung? – Umgekehrt mag es aber auch für eine selbstkritische, reformoffene Orthodoxie von Nutzen sein, wenn sie erfährt, wie «der Westen» sie sieht: als eine Kirche mit einem glühenden Kern von Frömmigkeit und Glauben, aber einem gering entwickelten sozialen Umfeld: mit wenig Diakonie, wenig kirchenrechtlicher Autonomie, wenig Selbständigkeit gegenüber den politischen Gewalten. Und so könnte man fortfahren in der Erkundung des Fragmentarischen bei uns selbst und bei den anderen und würde kaum je an ein Ende kommen.

Eine Zeitlang setzte ich große ökumenische Hoffnungen in den ersten deutschen Papst seit 482 Jahren: In den 2005 auf den Stuhl Petri gewählten Theologen und Kardinal Joseph Ratzinger. Ein Papst aus dem Land der Reformation, ein Kenner der frühen Kirche und der Probleme der Petrus-Nachfolge, des römischen Primats – das musste Hoffnungen wecken. Waren sie gerechtfertigt? Oder sind sie inzwischen enttäuscht worden? Um darauf zu antworten, muss ich ein wenig weiter ausholen. Ich muss von dem freundschaftlichen, aber auch spannungsvollen Verhältnis erzählen, das mich seit vielen Jahren mit Joseph Ratzinger verbindet.

Den Autor Ratzinger kannte ich schon seit den fünfziger Jahren. Leibhaft begegnet bin ich ihm zum ersten Mal bei den Salzburger Hochschulwochen im Sommer 1962, wo er eine Vorlesung über die Vision der Kirchenväter von der Einheit der Völker hielt. Meine junge Frau und ich hörten seinen klaren und gründllichen Ausführungen aufmerksam, ja gebannt zu. Ein Jahr darauf las ich in der von Josef Höfer und Karl Rahner herausgegebenen, völlig neu bearbeiteten zweiten Auflage des «Lexikons für Theologie und Kirche» seinen Artikel «Primat» – eine kleine Sensation, wie mir schien. Denn hier vertrat Ratzinger die These, «dass mit dem wahren Wesen des Patriarchats eine weitestgehende patriarchale ‹Autonomie› vereinbar» sei, so dass man «an der konkreten Rechtsstruktur etwa der Ostkirchen kaum etwas zu ändern» bräuchte. Ich notierte die abschließenden Sätze: «Ja eine Wiederherstellung solcher ‹Autonomie› dürfte nicht nur wünschenswert sein, um zur Wiederherstellung der Kommuniongemeinschaft, d. h. der Kircheneinheit, zu kommen, sondern auch um den eigentlich ‹apostolischen› Kern des päpstlichen Amtes deutlicher abzuheben von den auf Gewohnheitsrecht oder konziliarer Rechtsetzung gegründeten patriarchalen Ansprüchen, die in Rom zwar älter, aber nicht grundsätzlich anders strukturiert sind als in Antiocheia, Alexandrien und Konstantinopel. Die Abgrenzung von beiderlei Amt wird eine Aufgabe der Zukunft sein, die es nicht nur ermöglichen wird, Historisches reiner als bisher zu verstehen, sondern die mit der erneuerten Verbindung zum Vergangenen zugleich neue Möglichkeiten des Kommenden entbinden kann.»

Das weckte Hoffnung auf eine Wendung, einen ökumenischen Aufbruch zur Orthodoxie hin (und es will mir heute wie eine Kurzformel des Ratzingerschen theologischen Denkens überhaupt erscheinen). Hoffnungen weckten auch – einige Jahre später – die Nachrichten vom Konzil: Ratzinger, Professor in Bonn, war Konzilstheologe geworden; und man hörte, dass er auf den Kölner Kardinal Frings einen positiven, sogar progressiven Einfluss ausübte. Übrigens auch einen ökumenischen Einfluss – so habe er, wurde berichtet, von einem neuen Marien-Schema mit Rücksicht auf die «getrennten Brüder» entschieden abgeraten.

Als junger Hochschullehrer hatte ich seit den sechziger Jahren den Weg des Theologen Ratzinger von Rede zu Rede, von Schrift zu Schrift verfolgt. Seine knappen Berichte über die Sitzungsperioden des Zweiten Vaticanum boten mir einen Schlüssel zum Verständnis des inneren Geschehens in dieser denkwürdigen Kirchenversammlung. Seine «Einführung in das Christentum» (1968) begleitete mich in den schwierigen Siebzigerjahren, in den Stürmen von Universität, Kirche, Politik. Mir entging nicht, dass Ratzinger in seiner Rede auf dem Bamberger Katholikentag 1966 nachdenkliche, ja kritische Töne angeschlagen hatte, dass er von der «Zweigesichtigkeit» des Konzils sprach, dass er vor einem neuen nachkonziliaren Triumphalismus warnte. «Solange die Kirche auf Erden pilgert, hat sie keinen Grund, sich ihres eigenen Wer-

kes zu rühmen. Solches Rühmen könnte gefährlicher werden als Pfau-
enwedel und Tiara, die uns ohnedies mehr zum Lächeln als zum Stolz
veranlassen.» Und an anderer Stelle: «Eine Weltzuwendung der Kirche,
die ihre Abwendung vom Kreuz darstellen würde, könnte nicht zu
einer Erneuerung der Kirche, sondern nur zu ihrem Ende führen. Der
Sinn der Weltzuwendung der Kirche kann nicht sein, den Skandal des
Kreuzes aufzuheben, sondern allein der, ihn in seiner ganzen Blöße wieder zugänglich zu machen, indem alle sekundären Skandale weggge-
räumt werden, die sich dazwischengeschaltet haben und leider oft genug die Torheit der Liebe Gottes mit der Torheit der Eigenliebe der
Menschen verdecken ...»

Diese Sorge-Empfindung gegenüber neu aufbrechenden kirchlichen
Frontbildungen und Konflikten nach dem Konzil führte uns in den siebziger Jahren enger zusammen. 1970 veröffentlichten wir gemeinsam das
Buch «Demokratie in der Kirche – Möglichkeiten, Grenzen, Gefahren» – es wurde in viele Sprachen übersetzt. 1972 ergriffen wir – mit anderen – die Initiative zur Gründung der «Internationalen Katholischen
Zeitschrift (Communio)». Sie wurde herausgegeben von drei Theologen und vier Laien, von Hans Urs von Balthasar, Karl Lehmann und
Joseph Ratzinger, von Albert Görres, Franz Greiner, Otto B. Roegele
und mir. Wozu eine neue Zeitschrift – so fragte Franz Greiner im ersten
Heft Anfang 1972. Er gab zur Antwort: «Wir stellen fest, daß das reiche, oft verwirrende Angebot des nachkonziliaren Katholizismus die
Not vieler überzeugter Christen nicht behoben, sondern verschärft
hat.» Um aus der Krise herauszukommen, nannte er drei Stichworte:
Katholizität, Internationalität, Neue Trägerschaft. Für die beiden ers-
ten Stichworte entwickelten Hans Urs von Balthasar und Henri de
Lubac in der Gründungsnummer weitausgreifende theologische Pers-
pektiven. Die Neue Trägerschaft gewann Gestalt im Verlag und im
Verein Communio und in der Zusammenarbeit mit weiteren Editio-
nen, die im Lauf der Zeit auf siebzehn anwuchsen – von den USA bis
Polen, von Paris bis Lemberg, von Santiago de Chile bis Prag.

Am 25. März 1977 wurde Joseph Ratzinger, inzwischen Professor in
Regensburg, als Nachfolger Julius Döpfners zum Erzbischof von München und Freising ernannt – der erste Altbayer auf dem Münchner
Stuhl nach einer langen Reihe von Franken und Pfälzern. Als Kultusminister nahm ich den römischen Ernennungsbrief in Regensburg, wo ich
zufällig gerade dienstlich war, aus seiner Hand entgegen und brachte

ihn – konkordatsgerecht – dem Bayerischen Ministerpräsidenten Alfons Goppel ins Feriendomizil nach Bad Kohlgrub. Im Kabinett gab es, kaum verwunderlich, keine «Erinnerungen» gegen den bayerischen Theologen, der längst ein international beachteter, in viele Sprachen übersetzter Autor war. Die Inthronisation wurde ein bayerisches Fest. Die Gläubigen feierten mit dem neuen Erzbischof im Liebfrauendom und scharten sich um ihn vor der Patrona Bavariae am Marienplatz.

Nur fünf Jahre blieb Ratzinger (seit Juni 1977 Kardinal) Erzbischof von München und Freising. Schon früh versuchte Papst Johannes Paul II. ihn an die Kurie zu ziehen – zunächst als Präfekten für das katholische Erziehungswesen. Ratzinger lehnte unter Hinweis auf den erheblichen Reformbedarf in seinem Bistum ab. 1981 bot der Papst ihm den Vorsitz der Glaubenskongregation (Nachfolge Seper) an. Diesmal sagte Ratzinger zu, ließ sich aber die Zusicherung geben, dass er neben diesem Amt weiterhin persönliche theologische Texte publizieren dürfe. So begann 1982 die enge Zusammenarbeit Ratzingers mit Johannes Paul II., die bis zu dessen Tod andauern sollte – das Bündnis des Theologen mit dem Philosophen auf dem Papstthron, die Kooperation des polnischen Pontifex und des deutschen Kardinals, die freundschaftliche Beziehung zwischen einem charismatischen Verkünder und einem eher bedächtigen introvertierten Gelehrten.

Leider verschlechterten sich in dieser Zeit die Beziehungen des Kardinals zu den deutschen Katholiken. Reibungen und Konflikte häuften sich. Das reichte von der «eisernen» Haltung Roms in Sachen Sexualethik, Laien- und Frauenrechte bis zum kritischen Echo auf Katholikentage und Ökumenische Kirchentage. Die früher sehr enge Kommunikation der deutschen Laien mit Rom in der Zeit Pauls VI. ließ in der zweiten Hälfte des Pontifikats Johannes Pauls II. deutlich nach. Mancher Kontakt- und Gesprächswunsch wurde brüsk abgewiesen. Katholische Laien – aber auch Bischöfe und Priester – hatten von Kardinal Ratzinger ein besonderes Verständnis für ihre Probleme, eine bessere Vermittlung zwischen der Ortskirche und dem römischen Zentrum erwartet – doch leider vergebens.

Zu einer offenen Konfrontation kam es Ende der neunziger Jahre in der Frage der Schwangerschaftskonfliktberatung. Seit 1974 war in der Bundesrepublik Deutschland die gesamte Materie der §§ 218 ff. in mehreren Anläufen neugeordnet worden – in spannungsvoller Auseinandersetzung zwischen dem parlamentarischen Gesetzgeber und dem

Bundesverfassungsgericht. Gegenüber der vom Bundestag 1974 beschlossenen reinen Fristenlösung stellte das Bundesverfassungsgericht klar, dass der Lebensschutz des Ungeborenen grundsätzlich für die ganze Dauer der Schwangerschaft galt und dass er Vorrang hatte vor dem Selbstbestimmungsrecht der Schwangeren (1975). Der Gesetzgeber versuchte dieser Forderung durch eine weitgefasste Indikationenlösung, kombiniert mit Beratung, gerecht zu werden (1976). Nach dem Einigungsvertrag (1990) musste das Parlament erneut tätig werden, um eine Neuregelung für das wiedervereinigte Deutschland zu treffen. Auch hier wurde das 1992 verabschiedete Gesetz wegen der fristenregelungsgleichen Ausgestaltung der Notlagenklausel vom Bundesverfassungsgericht verworfen (1993). Die vom Bundestag am 29. Juni 1995 beschlossene Neufassung sah vor, dass der – grundsätzlich strafbare – Schwangerschaftsabbruch dann straflos blieb, wenn 1. die Schwangere den Abbruch verlangte und dem Arzt nachwies, dass sie sich mindestens drei Tage vor dem Eingriff hatte beraten lassen, 2. der Abbruch von einem Arzt vorgenommen wurde und 3. seit der Empfängnis nicht mehr als 12 Wochen vergangen waren.

Eine zentrale Rolle in diesem System spielte die Beratung. Sie machte die Eigenart der deutschen Regelung aus – im Unterschied zu der reinen Fristenlösung, die in den meisten Ländern der Welt galt (wo auch mit wenigen Ausnahmen das Lebensrecht des Ungeborenen in den Verfassungen nicht garantiert war). Nach § 219 diente die Beratung dem Schutz des ungeborenen Lebens. Sie sollte durch Rat und Hilfe dazu beitragen, die Konfliktlage im Zusammenhang der Schwangerschaft zu meistern – im Bewußtsein, dass der wirksamste Schutz für das Kind nur gemeinsam mit der Mutter erreicht werden konnte, und in der begründeten Hoffnung, dass sich die Mehrheit der Frauen nach eingehender Beratung für das Kind entscheiden würden.

In dieser Hoffnung trug auch die Kirche in Deutschland das staatliche Beratungskonzept mit und sorgte für katholische Beratungsstellen, die im weltanschaulich pluralen Beratungsangebot nicht fehlen durften. Doch von Anfang an gab es Gegner, die gegen die Mitarbeit der Kirche – übrigens beider Kirchen! – bei der Beratung protestierten. Diese Gruppe – unzweifelhaft eine Minderheit – fand bald auch in Rom Gehör. Sie argumentierte, der Nachweis der Konfliktberatung – ein entscheidender Bestandteil der deutschen Regelung – sei, da er die notwendige Bedingung für die straffreie Durchführung der Abtreibung bleibe, mitverantwortlich für die mögliche Tötung der Kinder; er sei eine «Tötungslizenz». In der folgenden Zeit verengte sich die Diskussion immer mehr auf die Ausstellung der Beratungsbescheinigung, des «Scheins» – obwohl dieser Schein in kirchlichen Beratungsstellen gewiss «nicht ausgestellt (wurde), um Straffreiheit fürs Töten sicherzustellen, sondern um die lebensorientierte Beratung zuverlässig zu dokumentieren» (Walter Bayerlein).

Im Frühjahr 1997 hörte ich, dass eine römische Weisung bevorstehe, die den deutschen Bischöfen den Ausstieg aus dem gesetzlichen System der Schwangerschaftskonfliktberatung vorschrieb. In einem Brief vom 28. April warnte ich Kardinal Ratzinger eindringlich vor einem solchen Schritt. Eine solche Weisung, schrieb ich, würde «Bischöfe und Kirchenvolk in tiefe Gewissenskonflikte stürzen ... Die katholischen Frauen, die sich in den Beratungsstellen mit Eifer für das Leben der Ungeborenen engagiert haben, würden ohne Grund vor den Kopf gestoßen. Katholische Laien, Richter, Parlamentarier, Publizisten, die sich – gegen eine massive Mehrheit der öffentlichen Meinung – für präzise Schutzbestimmungen eingesetzt haben (z. B. in Bayern), würden von ihrer Kirche öffentlich desavouiert ...» Ich schloss mit den Sätzen: «Sie wissen, dass ich weder zum Dramatisieren neige noch unter dem leide, was unser gemeinsamer Freund Hans Urs von Balthasar den ‹antirömischen Affekt› nannte. Aber ich kenne den deutschen Katholizismus gründlich, und ich versichere Ihnen: mit einer römischen Weisung im angedeuteten Sinn wäre eine Schmerzgrenze überschritten. Daher diese dringliche und freimütige Warnung – aus Sorge um das Schicksal unserer Kirche, das uns gemeinsam am Herzen liegt.»

Eine Antwort erhielt ich nicht. Die Dinge nahmen ihren Lauf. Zwar scheint es auch im Vatikan in dieser Sache verschiedene Meinungen gegeben zu haben: Angelo Sodano, der Kardinalstaatssekretär, hörte man, habe Verständnis für den deutschen Standpunkt geäußert, Joseph Ratzinger, der Präfekt der Glaubenskongregation, sei allerdings von Anfang an ein Gegner der deutschen Regelung gewesen. Am 11. Januar 1998 – sieben Monate, nachdem es angekündigt war! – erging das Schreiben des Papstes an die deutschen Bischöfe, in dem die Ausstellung eines Beratungsscheins durch katholische Dienststellen für die Zukunft unterbunden wurde. Das bedeutete den Ausstieg der Kirche aus dem Beratungssystem überhaupt. Die überwiegende Mehrzahl der deutschen Bischöfe, an der Spitze der Vorsitzende, Bischof Karl Leh-

mann, der bis zuletzt für eine Fortführung der Konfliktberatung ge-
kämpft hatte, geriet dadurch in eine schwierige Lage. Die katholischen
Beraterinnen – eben noch für ihr Tun von zahlreichen Bischöfen belo-
bigt – sollten ihre Tätigkeit beenden, ohne dass ein Ersatz für die katholische Beratung bereitstand.

Die Würfel waren längst gefallen, als ich im November 1999 endlich
mit Kardinal Ratzinger über den Vorgang sprechen konnte. Das war
bei einer Tagung der Pariser Universität «2000 ans après quoi?», bei
der wir beide sprachen – neben Rémi Brague, Kurt Flasch, René Girard,
Julia Kristeva, George Steiner und anderen. Wir trafen uns in der Pariser Nuntiatur. Ich schilderte dem Kardinal die Lage in Deutschland, die
Enttäuschung und Erbitterung, die das Schreiben des Papstes unter den
meisten Katholiken ausgelöst hatte. Ich warf ihm vor, dass er den Papst
einseitig beraten habe – was er heftig bestritt: Niemand habe Johannes
Paul II. von seiner «integralen Auffassung» des Lebensschutzes abbrin-
gen können.

Wir kamen auf die generelle Haltung der Kirche gegenüber Abtrei-
bungen zu sprechen. Ich fragte, warum Rom die Fristenregelungen in
aller Welt offensichtlich ohne besonderen Widerstand hinnehme und
sich kaum bemühe, auf die dortige Gesetzgebung Einfluss zu nehmen –
sich aber geradezu zornig gegen ein Land wende, in dem Abtreibung
ausdrücklich als Unrecht bezeichnet werde und wo man versuche, dem
Schwangerschaftsabbruch durch Beratung einen Riegel vorzuschieben –
einen zugegebenermaßen brüchigen Riegel, aber doch einen Riegel, der
anderswo fehle. Seine Antwort, die Fristenregelungsländer betreffend,
lautete (wörtlich): «Da sind wir nicht involviert.» Ich war empört und
deutete an, das hielte ich für die Antwort des Pilatus. Sei das wirklich
die angemessene Haltung der Kirche: sich nur ja nicht einzumischen,
damit man am Ende die Hände in Unschuld waschen könne – dafür
aber die Engagierten, die eine mögliche Chance nutzten, zu tadeln und
sie an ihrem Tun zu hindern? Ratzinger wurde zornig. Kurzerhand
führte er den Widerstand gegen die päpstlichen Regelungen auf Glau-
bensschwäche, ja Glaubenslosigkeit zurück. War es die «déformation
professionelle» des berufsmäßigen Glaubenswächters, der überall den
Glauben in Gefahr sah, auch bei Fragen, über die man verschiedener
Meinung sein konnte? Wir gingen unverrichteter Dinge auseinander – in der Sache unversöhnt.

Von Anfang an hatte ich in meinen Stellungnahmen zur Konfliktberatung darauf hingewiesen, dass man schwerwiegende Entscheidungen dieser Art, die tief in die gesellschaftliche Struktur in Deutschland eingriffen, nicht ohne Gespräche mit der evangelischen Seite treffen konnte. Denn durch den Rückzug der Katholiken wurde ja das Gewicht der christlichen Stimmen in der Beratung insgesamt geschwächt. In den verbliebenen katholischen Beratungsstellen (ohne «Schein») sanken die Konfliktberatungen bald auf den Nullpunkt. Die Kirche hatte ein wichtiges Aktionsfeld in der Gesellschaft ohne Not preisgegeben. Noch mehr: Sie ließ die Ungeborenen, um deren Leben die Beraterinnen in vielen Gesprächen rangen, ohne Schutz. Das konnte man, wenn man ein Wirken der Katholiken in der Gesellschaft für wichtig und nötig hielt, nicht einfach hinnehmen. Ich schloss mich Friedrich Kronenberg, Walter Bayerlein, Rita Waschbüsch und anderen an, die mit Hilfe des Zentralkomitees der deutschen Katholiken 1999 eine eigene Beratungsorganisation nach bürgerlichem Recht, aber in katholischem Geist mit dem Namen «Donum vitae» (Geschenk des Lebens) gründeten. Angriffe unerleuchteter Eiferer ertrug ich in Geduld. Gegen die beschämende, auf römischen Druck und gegen besseres Wissen abgegebene Erklärung der deutschen Bischöfe, Donum vitae stehe «außerhalb der katholischen Kirche» (2006), habe ich mich allerdings in einem «Zwischenruf» zur Wehr gesetzt – gemeinsam mit Hanna-Renate Laurien, Annette Schavan, Walter Bayerlein, Hanspeter Heinz, Friedrich Kronenberg und Bernhard Vogel.

Kardinal Ratzingers Verhalten in der Frage der Schwangerschaftskonfliktberatung enttäuschte mich. Ich war verwundert über seine mangelnde ökumenische Sensibilität in einer Sache, über welche die katholischen und evangelischen Christen in seinem Heimatland längst einig waren. Umso gespannter war ich auf die ersten Schritte des neuen Papstes in Sachen Ökumene; aufmerksam verfolgte ich seine Äußerungen, seine Aktivitäten.

Wie zu erwarten, rückte unter Benedikt XVI. das Verhältnis zur Orthodoxie in den Mittelpunkt der ökumenischen Bemühungen. Es war offensichtlich, dass der neue Papst die Ostkirchen schätzte, ja liebte: ihre Gottesdienste und Gebete, das große patristische und mystische Erbe, die von der gottesdienstlichen Einbettung und Umhüllung noch kaum getrennte Theologie. War die Katholische Kirche nicht mit der Orthodoxie über vieles einig, so mochte er denken, über die Bedeutung von Gottesdienst und Liturgie, über die zentrale Stellung des evangelischen Räte und des Mönchslebens, über die Ablehnung des Frauenpriestertums? Relativierte dieser Vorrat an Gemeinsamkeiten nicht die Bedeutung der verbliebenen Konfliktpunkte? Bot sich von da nicht ein Brückenschlag an zwischen den beiden Kirchen, ein Schritt zur endgültigen Versöhnung der bald tausend Jahre (seit 1054) Getrennten?

Der Schlüssel zur Orthodoxie dürfte heute nicht mehr – zumindest nicht mehr allein – in Istanbul liegen, beim Ehren-Oberhaupt Bartholomaios I., einem geborenen Ökumeniker. Eher liegt er in Moskau, da die Russische Orthodoxe Kirche (ROK) inzwischen die größte Kirche der Orthodoxie ist und mehr als die Hälfte aller orthodoxen Gläubigen umfasst. In Istanbul, in Griechenland und Rumänien hatte schon Johannes Paul II. eine Entspannung, eine Verbesserung des Klimas erreichen können. Gegenüber Moskau blieb ihm das versagt. Einen Polen wollte die russische Orthodoxie auf keinen Fall als Notar der (längst erfolgten) Annäherung in theologischen Grundsatzfragen beider Kirchen sehen. Ein Deutscher – ein Nichtpole überhaupt – hatte da die besseren Karten.

Tatsächlich gelang es Benedikt, die unter Johannes Paul II. ausgebrochene «Eiszeit» zu beenden – auch mit Hilfe des unermüdlichen und kompetenten Mittlers Kardinal Walter Kasper. Doch wesentliche Streitfragen bestanden weiter. Sie erwiesen sich als kaum lösbar. Einmal war die Rückkehr der in der kommunistischen Zeit verfolgten griechischen Katholiken in die Öffentlichkeit nach der Wende ein ständiger Anstoß für die Orthodoxen. Sodann betrachteten sie die Präsenz anderer christlicher Kirchen überhaupt mit Mißtrauen und witterten überall Missionsabsichten und «Proselytenmacherei». Wie einen Schutzschild trugen sie die These des «kanonischen Territoriums» – «Wo wir sind, darf kein anderer sein» – vor sich her, zur Abwehr «der anderen». Und bei Berührungen mit westlichen Kirchen befürchtete man die Ansteckungsgefahr – Individualismus, Liberalismus, Glaubensabfall.

Auch im evangelisch-katholischen Verhältnis gab es viele Schwierigkeiten – freilich auch beachtliche Schnittmengen der Gemeinsamkeit. Die «Gemeinsame Erklärung zur Rechtfertigungslehre», verkündet 1999 in Augsburg, der Stadt des ersten Religionsfriedens, war ein kühner und ermutigender Schritt, obwohl sie speziell das Weltluthertum betraf, nicht die Kirchen der Reformation im Ganzen. Das katholisch-anglikanische Verhältnis verbesserte sich. Doch je mehr sich die theologische Diskussion auf die zentralen Fragen des Kirchen- und Amtsverständnisses zubewegte, desto geringer wurden die Aussichten auf eine leichte oder gar rasche Einigung. So dürfte man wohl die Haltung Benedikts XVI. gegenüber den Kirchen der Reformation als eher abwartend bezeichnen – während diese Kirchen umgekehrt ihre ökumenischen Bemühungen in den letzten Jahren immer mehr mit der Suche nach dem eigenen Profil verbanden.

Im Übrigen war Ökumene-Politik nicht allein eine Sache des Papstes. Immer wieder war ich überrascht, wie schwer sich die zuständigen kurialen Dikasterien und Räte taten, in ökumenischen, aber auch in anderen Fragen zu einer abgestimmten, gemeinsamen Haltung zu kommen. Immer wieder gab es in der vatikanischen Kirchenpolitik ein Auf und Ab, ein Vor und Zurück, manchmal einen regelrechten Schlingerkurs – so schon bei der Bereinigung der niederländischen Krise, bei der Auseinandersetzung mit der lateinamerikanischen Befreiungstheologie und später beim Umgang mit der Lefebvre-Bewegung, der Pius-Bruderschaft.

Das hing damit zusammen, dass dem Vatikan das wichtige Instrument der Ressort-Koordination fehlte. Es gab im römischen Zentrum keine «Regierung», keinen verantwortlichen Ministerrat, kein regelmäßig tagendes Kabinett. Es gab nur, ganz oben, den Papst mit seiner unbeschränkten «Richtlinienkompetenz» – und es gab, ganz unten, die einzelnen, hochorganisierten, in sich übrigens durchweg kollegial verfassten «Ministerien». Es fehlte das Mittelstück: ein Kollegium, in dem aktuelle Fragen behandelt, das Vorgehen unter den einzelnen Ressorts abgestimmt und in eingehender Diskussion eine kollegiale Gesamtverantwortung gebildet wurde, die dann auch die Überstimmten band.

Schon ein profanes Kabinett muss im Chaos enden, wenn Abstimmung und Koordination der freien Initiative der einzelnen Ressorts unterliegen. Wieviel mehr gilt das für das geistliche Rom! Wohin «Regierungslosigkeit» auch in einem geistlichen Staat führen kann, haben die Ereignisse von 2009 gezeigt: die Rücknahme der Exkommunikation gegenüber den Bischöfen der «Priesterbruderschaft St. Pius X.» ausgerechnet in dem Moment, in dem die Leugnung des Holocaust durch einen von ihnen (Bischof Williamson) öffentlich bekannt wurde. Das war nicht nur – wie der vatikanische «Pressesaal» hinterher zugab – ein «Kommunikationsproblem». Es berührte die Struktur des vatikanischen Regierens schlechthin. Papst Paul VI. hatte nach dem Zweiten

Vaticanum einen päpstlichen «Ministerrat» gefordert – und für kurze Zeit auch eingerichtet. Unter Johannes Paul II., dem Missionar und «Außenminister», der oft auf Reisen war, verfiel dieses Instrument. Unter Benedikt XVI., wo man es nötiger denn je gebraucht hätte, war es dann gänzlich außer Übung geraten.

Muss man angesichts solcher und ähnlicher Vorfälle die Hoffnung auf weitere Fortschritte der Ökumene aufgeben? Ich meine nicht. Aber es wird weiterhin viel Geduld brauchen, wenn man weiterkommen will. Nur wenn die (in allen Kirchen vorhandene!) Selbstgenügsamkeit überwunden wird, nur wenn der Schmerz der Trennung lebendiger und stärker ist als die Gewöhnung an den Status quo, kann die Ökumene Fortschritte machen.

In ihrem heutigen Zustand können die christlichen Kirchen den Inhalt des Christentums nicht in gleichen Worten aussagen, nicht mit einer einzigen Stimme darlegen. Die uneinige Christenheit ist nur in einem eins: im Namen Christi. Das ist freilich kein ökumenisches Minimalprogramm, keine Notlösung; vielmehr enthält der Bezug auf Christus die Fülle aller möglichen Bestimmungen des Christentums.

Vielleicht war es das Wichtigste am bisherigen ökumenischen Gespräch, dass die Konfessionen sich kennenlernten – dass sie lernten, in erster Linie *miteinander* und nicht *übereinander* zu reden. Viele frühere Animositäten und Feindseligkeiten konnten auf diese Weise überwunden werden. Oft verwandelte sich der andere im Gespräch aus einem Gegenüber in einen Partner, eine Person. Freilich sah man ihn nun auch in seinen Unzulänglichkeiten und Menschlichkeiten. Doch ist das so schlimm? Wir sollten unsere Neugier auf den anderen richten und nicht ruhen, bis wir ihn besser kennen – bis sich Phantome in Einsichten, Zerrbilder in Realitäten verwandelt haben.

Heute ist klar: nur das unverkürzt Evangelische, Katholische, Orthodoxe kann wirklich in den Dialog eingehen. Insofern, meine ich, müssen wir alle, wenn uns die Ökumene am Herzen liegt, noch sehr viel katholischer, evangelischer, rechtgläubiger werden. Ökumene liegt nicht in der Mitte *zwischen* den Konfessionen, sondern in der Mitte des Bekenntnisses selbst. Nur so kommen wir dem Paradox der Ökumene näher: dass wir «Kirchen bleiben und eine Kirche werden», wie es Joseph Ratzinger 1964 eindrucksvoll formuliert hat.

32. Literatur: der ausgebliebene Gulag-Schock

«... liegt nicht der Reichtum einer Literatur auch darin, dass sie viele Gegensätze, viele Unvereinbarkeiten einschließt?»

Mit Heinrich Böll und Günter Grass traf und stritt ich mich in den späten sechziger und in den siebziger Jahren, in und nach der Studentenrevolte. Die Themen lagen in der Luft: Radikalenerlass, Demokratieverständnis, die Sprache der neuen Linken, der Terrorismus, der Weg der Bundesrepublik Deutschland. An Günter Grass schickte ich im Herbst 1973 meinen Essay «Aktuelle Tendenzen der politischen Sprache», in dem ich die Sprache der neuen Linken untersuchte. Ich erhielt einen abweisenden Brief. «Ihren Vortrag habe ich mit Interesse gelesen. So treffend Sie einige Symptome der politischen Sprache herausstellen und aus Ihrer Sicht kritisch würdigen, so unübersehbar fällt auf, daß Ihnen offenbar die Ursachen für diese Entwicklung verborgen geblieben sind» (Brief an mich vom 26. November 1973). Ähnlich unergiebig war ein Gespräch, das wir in Emil Obermanns «Pro und Contra»-Sendung führten: Grass verteidigte den Eurokommunismus, ohne ein Gegenargument zur Kenntnis zu nehmen; ich vertrat eine kritische Position (und ging natürlich unter).

Unvoreingenommener und gründlicher ließ sich Heinrich Böll auf meine Argumente ein. Ich hatte ihn kritisiert, weil mir seine Erzählung «Die verlorene Ehre der Katharina Blum» voller Klischees zu stecken schien – das Schicksal einer jungen Frau mit gemäßigt linken Ansichten, verfolgt und in den Tod getrieben – wie könnte es anders sein – von der «Rechtspresse»! Aber gab es nicht auch Menschen, die durch linken Psychoterror in gesellschaftliche Isolation, ja in den Selbstmord getrieben wurden? In den Jahren der Studentenrevolte hatte ich zwei solcher Fälle aus der Nähe erlebt. Wer schrieb *diese* Katharina-Blum-Geschichten auf? Niemand, sie blieben ungeschrieben, hätten wohl damals auch keinen Verleger gefunden. Böll schien über meine Beobachtungen beunruhigt, er suchte meine Befürchtungen zu entkräften. Ein längerer Briefwechsel entstand, der 1977 veröffentlicht wurde. Böll blieb versöhnlich, brach keine Brücke ab. Am 11. April 1975 schrieb er mir: «Die meisten Mißverständnisse beruhen ja auf Wörtlichkeitsdifferenzen, und ich glaube sogar, daß manchmal die Pistolen nur deshalb sprechen (oder besser: brüllen), weil da einige Münder nicht nur stumm, auch einige Ohren taub waren.» Heinrich Böll war nie taub für andere Argumente. So emotional, so naiv, so leidenschaftlich (und leidenschaftlich-ungerecht) er sein konnte, man stieß bei ihm nie auf Verbohrtheit, auf Frageverbote und Denk-Abwehr (wie bei so vielen anderen).

1975 geriet Böll in heftigen Streit mit Helmut Schelsky. Der hatte ihn in seinem Buch «Die Arbeit tun die anderen» als «Kardinal und Märtyrer» heftig angegriffen. Ach, das war viel zu hoch gegriffen; wer Böll kannte, der wusste, dass ihm alles Episkopale, Kardinale gänzlich abging. Ein Streitgespräch fand statt im Studio Freimann des Bayerischen Rundfunks in München; anschließend saß ich mit beiden Herren im «Aumeister» im Englischen Garten zusammen. Ich freute mich, dass sie nach einer halben Stunde nicht mehr über Politik sprachen, sondern über ihre Ansichten zu Kunst und Sport, ihre Gesundheit, ihre Männerkrankheiten, und dabei die Entdeckung machten: So böse war der andere gar nicht. Leider ging die kleine Szene gleich wieder unter in den Kämpfen und Schlachtrufen der Literaturpolitik.

1978 luden französische Studenten Böll und mich zu einem Streitgespräch nach Paris ein. Der Titel der Veranstaltung lautete: «La République Fédérale d'Allemagne – Démocratie idéale ou État policier?» Natürlich hatte Heinrich Böll leichteres Spiel als ich – er wurde als Schriftsteller mit der «idealen Demokratie», ich dagegen als Politiker mit dem «Polizeistaat» identifiziert. Alfred Grosser hatte als Moderator alle Mühe, den brodelnden Hörsaal zu beruhigen. Aber durfte man Bölls politische Ansichten einfach so stehen lassen? Verdiente nicht auch ein berühmter Mann manchmal Widerspruch? Am anderen Tag trafen wir uns zufällig in der Rue de Vaugirard und gingen in ein Café, unsere Frauen waren dabei. Böll mit Baskenmütze, leiser Stimme und dem berühmten traurigen Hundeblick war überaus liebenswürdig und verständnisvoll – zu seiner Ehre muss ich sagen, dass er die Situation am Abend zuvor nicht für sich ausgenützt, sondern eher Öl auf die Wogen gegossen hatte. Wir schieden friedlich voneinander.

Der Politik verdanke ich auch die Bekanntschaft mit Hilde Domin. 1968 hatte ich ein kleines Buch gegen die NPD geschrieben, die sich damals gefährlich auszubreiten schien – eine Kampfschrift gegen die alten und neuen Freunde der starken Hand. Darauf rief mich Frau Domin in München an, breitete ihre deutschen Sorgen aus, auch über die Achtundsechziger, wollte meinen Rat. Wenig später lernte ich sie persönlich kennen. Ihrem sprudelnden Temperament, ihrer raschen Auffassungs- und Formulierungsgabe war ich als langsamer Alemanne kaum gewachsen. An ihr wie an Marie Luise Kaschnitz beeindruckte mich, wie diese Frauen es verstanden, Kunst und politisches Urteil, Innerlichkeit und Engagement ohne Bruch zu verbinden – oft besser, klüger, abwägender als ihre männlichen Kollegen.

Als dritte nenne ich Marieluise Fleißer, mit der ich 1973, ein Jahr vor ihrem Tod, in München ein längeres Gespräch führen konnte. Sie wurde in den sechziger und siebziger Jahren nach langem Fast-Vergessensein von ihren «Söhnen» – Rainer Werner Fassbinder, Franz Xaver Kroetz und Martin Sperr – sowie von dem verdienten Editor ihrer Werke Günther Rühle neu entdeckt. Wir unterhielten uns über klösterliche Erziehung – sie war bei den Englischen Fräulein gewesen –, über Dialekte und Schriftsprache, über das Süddeutsche und das Hochdeutsche, über ihre frühen Berliner Erfolge und die nachfolgende «Vorhölle» ihres Lebens in Ingolstadt, wo sie im Geschäft ihres Mannes hinter dem Ladentisch stand, Zigarren verkaufte und kaum noch zum Schreiben kam. Und natürlich sprachen wir über Bert Brecht – Fatum und Fatalität in ihrem Leben. Auf meine Veranlassung erhielt Marieluise Fleißer den Bayerischen Verdienstorden – eine bescheidene Anerkennung für die wohl größte realistische Schriftstellerin deutscher Sprache im 20. Jahrhundert. Viel später, sie war schon lange tot, hielt ich im Münchner Hauptbahnhof am 5. Juni 1997 eine kleine Rede zum Start des ICE 1084, der auf meinen Vorschlag hin von Bahnchef Heinz Dürr den Namen «Marieluise Fleißer» erhalten hatte.

Ende der siebziger Jahre kam ich in München mit Horst Bienek ins Gespräch. Er war damals Sekretär der Abteilung Literatur der Bayerischen Akademie der Schönen Künste. Gemeinsam bereiteten wir, unterstützt von Eberhard Dünninger, eine Tagung vor, die deutsche Schriftsteller mit dem osteuropäischen Exil zusammenbringen sollte. Sie fand vom 18. bis 20. Juni 1979 in München statt. Zahl und Rang der Exilautoren waren eindrucksvoll: Nekrassow, Sinjawski, Goma, Mnacko, Etkind, Skutina, Kundera, Laub, Filip, Wirpsa und viele andere waren anwesend. Zahlreiche junge Russen waren gekommen. Es herrschte eine fröhlich unbotmäßige Stimmung. Eines Abends sang Alexander Kwostenko spontan Protest- und Spottlieder auf die Partei. Bienek schrieb hinterher: «... wie da die Gesichter aufleuchteten ... eine solche Heiterkeit, spontane Fröhlichkeit haben wohl die ehrwür-

18. November 1982: Hans Jonas nimmt die Ernennungsurkunde für die Eric-Voegelin-Professur an der Universität München entgegen.

Friedrich Dürrenmatt empfängt den Jean-Paul-Preis für sein literarisches Gesamtwerk (1985)

digen Räume dieser Akademie in den letzten zwanzig Jahren nicht erlebt ...» (Brief an mich vom 29. Juni 1979).

Aber wo waren die Westdeutschen, die Autoren der Bundesrepublik? Gewiss, einige wichtige waren da, Bieler, Dorst, Kunze, Holthusen, Hermann Lenz, Golo Mann. Aber andere, tonangebende, fehlten. Sie meinten, es sich politisch nicht leisten zu können, in der Gesellschaft von Exilautoren aufzutreten. Es war eine, wie die «Neue Zürcher Zeitung» am 26. Juni schrieb, «unausgeglichene Begegnung». «Dass unter den Ländern der Bundesrepublik Bayern es sich zur Aufgabe gemacht hatte, die Autoren vorab der jüngsten Emigrationswelle von jenseits der europäischen Trennungslinie in München zu versammeln, erschien manchem ebenso symptomatisch wie das Fernbleiben etlicher deutschsprachiger Schriftsteller ... Hat tatsächlich jeder seinen Weg zu gehen, unbelehrbar, fremden Berichten unzugänglich? Die aus Paris hergereisten russischen Emigranten bestritten es. Sie beriefen sich auf einen Stimmungswandel unter der französischen Intelligenz – die Bezeichnung ‹nouveaux philosophes› fiel –, und sie machten zu Recht geltend, dass der Kreis um André Glucksmann stark unter dem Eindruck der sowjetischen Dissidentenbewegung stehe ... Frankreichs Intellektuelle scheinen sich nach Jahrzehnten zur Auffassung durchgerungen zu haben, dass Jean-Paul Sartres Forderung – die Übel in sich sozialistisch nennenden Ländern nicht zur Sprache zu bringen, da dies die französische Arbeiterschaft verzweifeln ließe – nicht mehr haltbar und vor allem nicht mehr praktikabel ist; in der Bundesrepublik dagegen, wo Teilung und Nachkriegswirklichkeit für lange Zeit andere ideologische Positionen geschaffen hatten, wehrt sich nun eine Nachfolgegeneration gegen die von Solschenyzin vollzogene Gleichsetzung von Sozialismus und Gulag; dass viele ihrer Vertreter sowjetischen Emigranten gleichsam als Leuten mit falschem Bewusstsein von vornherein aus dem Weg gehen, bleibt deswegen nicht minder bedauerlich.»

In der Tat hatte das, was man später den Gulag-Schock nannte, in den achtziger Jahren die intellektuelle Szene in Frankreich, England, den USA zu verändern begonnen – das wurde mir klar bei diesem Münchner Kongress. In Deutschland war dieser Schock ausgeblieben. (Ich warte auf ihn noch heute.) Das erklärt vieles, entschuldigt es aber nicht. Es empörte mich, dass es unter den deutschen Schriftstellern keinen Konsens darüber gab, Unrecht und Verfolgung zu verurteilen, gleich unter welchem Himmelsstrich und welcher Flagge sie auftraten;

Als Laudator für Walter Kempowski bei der Verleihung des Literaturpreises der Konrad-Adenauer-Stiftung in Weimar (1994)

Mit Reiner Kunze in Passau (September 2002)

dass bei vielen eine doppelte Buchführung herrschte in der Bewertung der Zustände in Ost und West, der DDR und der Bundesrepublik Deutschland – eine moralische Ambivalenz, die, gut deutsch, mit Staatsräson-Erwägungen verdeckt und vertuscht wurde (bei uns die Freiheit, drüben Gehorsam und Unterordnung – um des «Friedens» willen!). Wie sollte das gut gehen mit einem Volk, dessen intellektuelle Sprecher sich über Unrecht nicht mehr zu empören wussten, die sich in eine sophistische Rechtfertigung der Gewalt flüchteten?

Das Verhalten vieler Intellektueller, vieler Medien – und des DGB! – gegenüber der polnischen Solidarnosc 1980/81 bestätigte meine schlimmsten Befürchtungen: Man war in diesen Kreisen nahe daran, der Verhängung des Kriegsrechts in Polen Beifall zu zollen. Es war dann glücklicherweise wieder Heinrich Böll, der aus der Reihe tanzte und die Ehre der deutschen Schriftsteller rettete: Er nannte die Weigerung des DGB, mit der polnischen Solidarnosc Verbindung aufzunehmen, das Festhalten an den tausendfach kompromittierten «Offiziellen» als Gesprächspartnern schlicht einen Skandal.

Ich verstand mich spontan und ohne große Worte mit den Schriftstellern, die aus der DDR, aus Mittel- und Osteuropa zu uns kamen, oft als Flüchtlinge – Reiner Kunze, Sarah Kirsch, Efim Etkind, Wladimir Woinowitsch und anderen. Josif Brodskij, dem späteren Nobelpreisträger, ermöglichte ich im Juni 1973 durch einen Zuschuss des Bayerischen Kultusministeriums eine Lesung in München – nachdem die sozialliberale Bundesregierung mit Rücksicht auf den Staatsgast Breschnew einen Besuch des von Moskau ausgebürgerten, in den USA lebenden Dichters in der Bundesrepublik für «politisch unzweckmäßig» erklärt und einen Reisekostenzuschuss verweigert hatte. Auch Reiner Kunze und seiner Frau sowie Wladimir Woinowitsch habe ich bei ihrer Übersiedlung konkret helfen können – die Einzelheiten mögen hier auf sich beruhen. Meine Frau und ich waren glücklich, Sarah Kirsch nach ihrer ersten Lesung in München in unserem Haus begrüßen zu können. An die Gespräche mit Horst Bienek, dem Mitarbeiter Bert Brechts, dem Häftling im stalinistischen Workuta, dem Chronisten Schlesiens und seiner jüngsten Geschichte, denke ich bis heute gern und dankbar zurück. Da er den Gulag aus eigener Anschauung kannte, war er gefeit gegen Illusionen, gegen die Versuchung des Sich-Abfindens, gegen intellektuelle Korruption.

Nicht dass die Politik der einzige Ton, das einzige Thema bei meinen

Eröffnung der Musikakademie Marktoberdorf am 12. Mai 1984

Beim Schubertspiel mit Wolfgang Sawallisch

Begegnungen mit Schriftstellern gewesen wäre. Es gab auch Schriftsteller, mit denen ich kaum je über Politik gesprochen habe – Carl Amery, Tankred Dorst, Martin Walser. Bei Walser war es in den siebziger und achtziger Jahren gar nicht so leicht, das Thema zu vermeiden. Aber seltsam, während mich der Streit mit Grass und Böll reizte, ja manchmal sogar ergötzte, hatte ich bei Walser einfach keine Lust darauf. War es der breite Vorrat des Alemannisch-Gemeinsamen, der uns einte? Die Bubenfreude am Stöbern in süddeutschen Sprachverliesen – Konjunktiven, Optativen, Hilfszeitwörtern, Konstruktionen, die heute keiner mehr kennt? Ich weiß es nicht. Sympathien gehen oft querfeldein, sie folgen nicht dem Lehrbuch und dem Collegium logicum. Jedenfalls: Für Walser interessierte ich mich immer.

An Allerheiligen 1986, wenige Tage nach meinem Ausscheiden aus dem bayerischen Kabinett machte ich mit Münchner Studenten eine – schon vorher geplante und vorbereitete – literarische Reise an den Bodensee. In Konstanz und seiner Umgebung führte uns Arno Borst, der große Mediävist, persönlich durch die Region, durch die örtliche Landschafts-, Staats- und Mönchgeschichte. Dann besuchten wir Martin Walser in seinem Haus zu Füßen der Birnau. Der Hausherr empfing mich an der Tür, indem er mir zu meiner neugewonnenen Freiheit gratulierte. Wir unterhielten uns über das Erzählen, über ästhetische Fragen. Walser kam langsam in Fahrt – ein Alemanne auch er. In der ersten Viertelstunde stockte er, suchte nach Worten, in der zweiten sprach er schon zusammenhängende Sätze, in der dritten wurde er brillant. Die Argumente gewannen an Schärfe, sein Standort wurde deutlich. Aus dem runden versöhnlichen Gesicht tauchte ein kleineres, härteres hervor – der Angreifer, der Polemiker, ein Mann, der zornig, bitter, höhnisch sein konnte.

Anderntags waren wir, nicht weit weg vom Bodensee, bei Ernst Jünger in Wilflingen zu Gast. Welch ein Gegensatz zu Walser: die Sprechweise des über Neunzigjährigen von Anfang an scharf, klar, direkt, unbekümmert, selbstsicher – noch immer die des Beobachters, der seine Schlüsse zieht, des Offiziers, der Weisungen gibt. Die jungen Leute, bei Walser offen und gleichgestimmt, waren bei Jünger zurückhaltender, unsicherer. Das war nicht nur eine andere Generation, ein anderer Jahrgang – es war eine andere Welt. Der alte Mann fing Kritik gelassen auf. Das Arbeitszimmer in dem Stauffenbergschen Forsthaus, wo wir saßen, roch nach den Seifenschachteln von Roger Gaillet, in denen er seine Käfersammlung aufbewahrt hatte. Das «Stierlein», Jüngers Frau, vermittelte diskret zwischen dem alten Fremdenlegionär, der immer noch zu Abenteuern aufgelegt schien (Mitterand und Kohl hatten ihn soeben zu seinem 90. Geburtstag besucht) und der staunenden Jugend, für die alles schon ein weit zurückliegendes Stück Geschichte war.

Walser und Jünger: Die beiden Herren hatten gewiss nicht viel gemeinsam, sie waren einander – damals – wohl auch nicht besonders grün. Aber liegt nicht der Reichtum einer Literatur auch darin, dass sie viele Gegensätze, viele Unvereinbarkeiten einschließt?

Am 30. Oktober 1988 hielt Martin Walser in den Münchner Kammerspielen eine Rede über Deutschland. Sie erregte Aufsehen. Was der Autor vortrug, war nicht abgesichert, vieles war unbotmäßig gegenüber herrschenden Meinungen. So war der Widerspruch schon programmiert. Doch der gehörte schon immer zu einer guten Rede.

Es ging um das – damals noch gespaltene – Deutschland. Walser äußerte eine für viele fast ketzerische Empfindung: die Verwirrung und den Schmerz der Teilung, des Zerissenseins. «Wenn die Geschichte gutgegangen wäre», sagte er, «würde ich heute Abend in Leipzig ins Theater gehen und morgen wäre ich in Dresden, und dass ich dabei in Deutschland wäre, wäre das Unwichtigste. Aber weil es fehlt, hält Thüringen mich besetzt mit Heiligen und Handwerkern, mit Spielzeug und Esszeug, mit Köhlern und Wäldern … Das liegt am Jahrgang. Jüngere sind frei davon … Aber auch jahrgangsnähere Zeitgenossen sind freier davon als ich. Das ist die Erfahrung, über die ich zu berichten habe.»

Wer Walsers Münchner Rede heute liest, nach mehr als zwanzig Jahren, der wundert sich, dass sie damals eine so heftige Polemik entfesselte. Aber offenbar hatte der Schriftsteller ein Tabu gebrochen. Über den Fall Deutschland waren ja die Akten längst geschlossen, und wer Urteilsrevision betrieb, von Wiedervereinigung sprach, der störte die herrschende Meinungsruhe. Dass dann die Wiedervereinigung tatsächlich kam, machte die Sache nicht besser. Walser hatte die Dinge früher kommen sehen als andere, er hatte recht gehabt und recht behalten – eine Sünde, die bei uns schwer verziehen wird.

Von vielen Autoren müsste ich erzählen, die ich im Lauf der Jahre kennenlernte. Der international Berühmteste war der Schwarzafrikaner Léopold Sédar Senghor, Politiker und Dichter, Professor für afrikanische Sprachen, aber auch mit einer Lehrbefugnis für Griechisch, Latein und Französisch versehen, Verkünder der «négritude», der damals meistgebrauchten Formel für die Werte der afrikanischen Zivilisation. Im Mai 1977 musste ich ihn ganz offiziell in Bayern empfangen. Er schenkte mir seine «Poèmes». Ich staunte nicht schlecht, als er in seiner Tischrede das Lob der europäisch-afrikanischen Zusammenarbeit anstimmte – und es verdeutlichte an seinem eigenen Leben: sei doch seine Frau, sagte er, eine Weiße, eine Europäerin, ja sogar – aus Nordfrankreich gebürtig – eine «Germanin»!

Auch mit Golo Mann traf ich mich immer wieder, wenn er nach München kam. Wir gingen durch die wiederhergestellten Straßen, er suchte nach den wenigen erhaltenen alten Geschäften, erzählte Geschichten von Tambosi, Erbshäuser, Dallmayr, berichtete aus seiner Jugendzeit. In seiner Familie war er – vorsichtig gesagt – ein spät entdeckter Schatz. Sprichwörtlich war seine Distanz zum Vater. Sie hatte eine persönliche, aber auch eine sachliche Seite: Bewusst hatte sich der Sohn in der Geschichtswissenschaft verankert, nicht in der Literatur. Dennoch habe ich GM nie abschätzig über TM reden hören. Im Gegenteil, einmal meinte er, als wir über Thomas Manns politische Irrtümer sprachen, fast entschuldigend: sein Vater sei in seiner Dichtung ein paar Mal – er nannte die Josephsromane – Dante nahegekommen, das müsse genügen. «Von einem solchen Menschen kann man nicht auch noch politische Geschicklichkeit verlangen.»

Golo Mann bekämpfte die hessischen «Rahmenrichtlinien Deutsch», er hielt sie für einen Anschlag auf die deutsche Sprache. Gemeinsam mit Hanna-Renate Laurien bezog er deutlich und entschieden Position gegen die Abkehr von der Literatur, dagegen, dass man plötzlich das «gesprochene Deutsch» zur pädagogischen Norm erheben wollte. In den siebziger Jahren näherte er sich deutlich der Position der Unionsparteien an, und dies nicht nur in der Kulturpolitik. 1980 unterstützte er Strauß als Kanzlerkandidaten. Mir selbst war Golo Mann von Anfang an freundlich zugetan, was mir bei publizistischen Angriffen oft geholfen hat.

Endlich Hermann Lenz. Als ich ihn 1976 in der Deutschen Akademie für Sprache und Dichtung kennenlernte, hatte ich das altmodische, fast atavistische Gefühl: endlich ein Dichter! Die anderen in dieser ehrenwerten Runde waren ja überwiegend – wie ich selbst – Vermittler, Interpreten, Professoren, Kritiker. Hermann Lenz aber war ein Dichter, ein Erfinder auf eigene Faust; er schrieb nicht einfach, wann er Lust hatte – er musste schreiben, unter allen Umständen, selbst wenn der Erfolg ausblieb.

Und in der Tat: Auf den Erfolg musste Hermann Lenz lange warten. Die Kunst der Selbstdarstellung, der Selbstinszenierung beherrschte der stille Schwabe nicht. Dabei war er frühzeitig bekannt. In Fritz Martinis «Deutscher Literaturgeschichte» steht er bereits in der zweiten Auflage von 1950 mit seinen Erzählungen «Das doppelte Gesicht» (1949) verzeichnet, mitteninne zwischen Günter Eich und Elisabeth Langgässer (von Siegfried Lenz, dem später viel Bekannteren, noch nicht die leiseste masurische Spur!). Joseph Breitbach zeigte mir schon Ende der fünfziger Jahre in seiner Pariser Wohnung die Erstausgaben von Hermann Lenz' Büchern, die er sorgfältig gesammelt hatte. Doch Lenz blieb ein Geheimtip. Er blieb es, bis Peter Handke 1973 in einem spektakulären Artikel in der «Süddeutschen Zeitung» mit Nachdruck dazu aufforderte, ihn zu lesen. Handke sei gedankt. Er hat auf einen Meister, einen Lehrer hingewiesen zu einer Zeit, als es unter Jüngeren wohlfeil wurde, Meister und Väter zu schmähen und sie mit Tagebüchern aus dem Dritten Reich zu «erledigen». Was man übrigens bei Hermann Lenz schon deshalb nicht kann, weil er über das Dritte Reich von Anfang an Bescheid wusste.

Immer wieder muss ich bei diesem Schwaben, der in seinen Büchern ein imaginäres Wien erträumt, aber auch ein reales Deutschland geschildert hat, an versunkene Möglichkeiten, versäumte Gelegenheiten unserer Geschichte – auch unserer Sprachgeschichte – denken. Was wäre geschehen, wenn 1866 anders ausgegangen wäre, wenn sich unsere Hochsprache nicht bei Hannover, sondern vielleicht bei Darmstadt oder weiter südlich eingependelt hätte? Wäre dann der schwäbische innere Bezirk (wie auch der schweizerische, der bayerische, der österreichische) nicht stärker ins Zentrum unserer Literatur gerückt? Wären nicht schon Nestroy und Pocci und Gotthelf im 19. Jahrhundert zu Klassikern geworden – was Brecht und Horváth und Marieluise Fleißer erst im 20. Jahrhundert gelang, als die uniformierenden hochdeutschen Sprachimperative allmählich ihre alte Kraft verloren? Hätte nicht sogar Mörike – «Eduard», wie er bei Hermann Lenz vertraulich genannt wird – sich schwäbischer, süddeutscher geben dürfen, herber und unklassischer, der antikischen Hüllen und Hutzelmännleins-Verkleidungen ledig?

Müßige Frage. Auf jeden Fall freue ich mich, dass es Hermann Lenz gab, dass ich in München oft mit ihm sprechen konnte, dass ich ihn und seine tapfere Frau Hanna über viele Jahre hin begleiten durfte. In meinem kleinen Poeten-Reigen steht er für die stilleren, versteckteren Geister, die nicht täglich in den Schlagzeilen auftauchen, die sich nicht unaufhörlich kämpfend und debattierend zu Wort melden. Dabei war er alles andere als unpolitisch – man lese nur die Politiker-Porträts in seinen Eugen-Rapp-Romanen, von Brüning und Adenauer bis zu Joschka Fischer. Gibt es etwas Vergleichbares in der deutschen Nachkriegsliteratur?

Ironie der Literaturgeschichte: Lenz' Epik war genau die Realisierung dessen, was die «Gruppe 47» als literarisches Programm gefordert hatte – eine Literatur zu ebener Erde, eine realistische Darstellung der Geschehnisse des 20. Jahrhunderts im Deutschland des Kaiserreiches, der Weimarer Republik, des Dritten Reiches, der Nachkriegszeit. Aber nicht ein Autor aus der Reihe der bekannten Siebenundvierziger, sondern ausgerechnet der von der Gruppe 47 abgewiesene Schwabe Hermann Lenz hat dieses Programm realisiert. Heute sind die Eugen-Rapp-Romane geradezu so etwas wie die «Rougon-Macquarts» der Bundesrepublik.

Es sollte unbedingt mehr Verbindungen geben zwischen Literatur und Politik. Ich wünsche mir wenigstens so etwas wie einen kleinen Grenzverkehr. Literatur wendet sich ja an alle, die lesen können und lesen wollen. Sie hat nichts davon, wenn sie zur ästhetischen Verschlusssache gemacht wird – vakuumverpackt in Feuilletons, ängstlich betreut von großen und kleinen Mandarinen. Literatur gehört an die Öffentlichkeit. In diesem Sinn bin ich immer dafür eingetreten, dass Literaten nicht vor der realen Politik zurückscheuen sollten – und Politiker nicht vor der Literatur.

Da sind wir freilich in Deutschland noch weit zurück und können von Engländern, Franzosen, Italienern, Polen nur lernen. Dort gibt es Autoren, die politische Abläufe verstehen, die ein Urteil haben über Politik, die sogar selbst Politik betreiben – und es gibt nicht wenige Politiker, die mit der Sprache umgehen können. Eigentlich kaum glaubhaft – dennoch wahr.

33. Aus dem Leben eines Organisten

«Wo hat ein respektheischender Organist das Zeug zum Minister?»

Eigentlich bin ich gar kein richtiger Organist. Ich hatte zwar Privatstunden, habe aber nie ein Examen gemacht, weder ein C- noch ein B- noch ein A-Examen. (Freundliche Zuhörer stufen mich zwischen B und A ein.) Aber ich habe das Orgelspiel in einer jahrzehntelangen Praxis (seit 1942) erlernt und im Lauf der Jahre eine ganze Reihe von Orgelkonzerten gegeben; auch Schallplatten, Kassetten und CDs existieren von mir und Tonbänder bei Rundfunkanstalten. «Hilfsorganist» – das dürfte durchgehen. Bis heute spiele ich Orgel in meiner Pfarrkirche Maria Immaculata in München. Ich freue mich jede Woche auf den Sonntagmorgen, an dem ich den Gesang der Gemeinde begleiten darf. Orgelspielen ist mein ältester Beruf.

Mein Pfarrherr in Freiburg setzte mich 1942 einfach auf die Orgelbank: «Du kannst doch Klavier spielen – lern Orgel!» Der Organist war im Krieg. Von da an saß ich sonntags, oft auch werktags, an der Orgel, lernte umgehen mit dem Volk, dem Kirchenchor, den Zelebranten und Sängern am Altar. Dann war der Krieg zu Ende, der Organist, Joseph Hagenunger, kam aus russischer Kriegsgefangenschaft zurück. Er brachte mir liturgisches Orgelspiel und Improvisieren bei, und ich begleitete bei Festmessen den Kirchenchor – und bald wanderte ich weiter zu anderen Kirchen, anderen Orgeln in Freiburg und Umgebung.

Mit der Zeit wurde ich ein wenig kühner. Ich begleitete Kirchenchöre, trat bei Jugendkonzerten als Solist auf, gab erstmals Orgelkonzerte in der Adelhauserkirche, im Augustinermuseum in Freiburg. Im Juli 1953 nahm ich mit dem Musikkreis der katholischen Jugend meine erste Schallplatte für den Christophorus-Verlag auf: Händels Konzert für Orgel und Orchester Nr. 2 in B-Dur aus Opus 4. Die Platte war ein kleines Format, eine 45 UpM, der Umschlag war orange und weiß; ich habe noch ein Exemplar und hüte es andächtig.

Kirchenorganisten, besonders katholische, müssen ständig «improvisieren», denn die beweglichen Teile der Messe sind unterschiedlich lang, die Geistlichen lesen und singen schnell oder langsam, je nach Temperament – und auch das Volk singt einmal gravitätisch-langsam, einmal rascher und drängender; kurzum, man muss beweglich sein, auf die Verhältnisse eingehen, manchmal sich beeilen, manchmal Lücken füllen und Pausen überbrücken – nicht selten mit dem berühmt-berüchtigten «Organistenzwirn». Aber aus der Not kann man eine Tugend machen, aus Verlegenheiten etwas Neues, Anspruchsvolles. In und aus der Praxis ergeben sich viele Anregungen. Vorspiele, Nachspiele, Zwischenspiele – das muss ja nicht immer Literatur sein, so wichtig und schön die Werke der großen Meister sind. Man kann auch die eigene Fantasie spielen lassen.

In den fünfziger Jahren, als ich in Paris Archiv- und Bibliotheksstudien betrieb, hörte ich in Saint-Sulpice Marcel Dupré improvisieren – und in der Trinité-Kirche Olivier Messiaen. Sie spielten unvergleichlich – im doppelten Sinn des Wortes. Jeder hatte seinen eigenen unverwechselbaren, unaustauschbaren Stil. Und wenn sie beim Offertorium oder bei der Kommunion ein altes Stück von Nicolas de Grigny oder Claude Balbastre spielten: Wie herrlich klangen diese Preziosen vor dem Hintergrund der zeitgenössischen Klangwelt dieser großen Organisten! Demgegenüber waren in deutschen Gottesdiensten die Antiquitäten fast zur Alltäglichkeit geworden, das Klassische, Bewährte herrschte vor – und wurde deshalb kaum mehr wahrgenommen. Walter Krafts Improvisationen bei Konzerten im Freiburger Münster – seltene Ausnahmen ohnehin – befremdeten die an Bekanntes gewohnten Gäste eher, als dass sie sie anzogen und fesselten – «das ist doch alles sehr kühn und verwirrend», sagte eine Dame neben mir ein wenig ratlos.

Irgendwann zu Anfang der sechziger Jahre – ich lebte schon in München – hörte ich Franz Lehrndorfers «Improvisationen über Weihnachtslieder», eine rasch berühmt gewordene CALIG-Schallplatte. Das war eine kühne, neue, subtile, manchmal fast freche Kunst. Lehrndorfer nahm die bekannten Melodien, umrahmte und umspielte sie mit pointierten und witzigen Einfällen, ließ den Cantus im raschen Laufwerk verschwinden und wieder auftauchen, ließ ihn schwelgerisch aufblühen oder motorisch im Bass daherstampfen. Er ließ die Zungenregister singen und tremolieren, kostete den Gefühlswert der alten Lieder aus, Erinnerungen an vergangene Pastoralmusik beschwörend und Pop-Effekte nicht scheuend – er machte aus Schlussfugen, ungeachtet beträchtlicher Virtuosität, eine einladende «fröhliche Wissenschaft». Der Hörer fühlte sich verführt und mitgerissen. Es war unmöglich, von Lehrndorfers

Beim 80. Geburtstag von Carl Orff am 10. Juli 1975 in München

*Mit Gwyneth Jones im Circus Roncalli als Begleiter am Klavier am
19. Oktober 1983*

Witz und Klangsinn nicht begeistert zu sein. Auch Carl Orff hat ihm hohe Anerkennung bezeugt. Die Adepten eines gravitätischen Legato-Stils freilich hielten sich die Bärte: Durfte man mit der Königin der Instrumente so umgehen, sie so ungestüm ins Tanzen, Schwirren, Stampfen bringen, als sei sie ein Saloninstrument, ein trillernder Pfeifenchor, eine wuchtig dröhnende Lokomotive?

Ich hatte in München beim Ausbau des Geschwister-Scholl-Instituts unter lauter Wissenschaft die Musik und die Orgel ein wenig aus dem Auge verloren. Immerhin, die restaurierte Wirth-Orgel im schwäbischen Allerheiligen bei Jettingen durfte ich im Juni 1974 einweihen – Bruno Merk hatte mich dazu eingeladen. Und auch in München ergaben sich bald wieder engere Beziehungen zu Orgeln und Organisten. Aber öffentlich gespielt habe ich doch in meinen ersten Münchner Jahren nur selten. Freunde meinten schon, ich hätte das Orgelspiel ganz aufgegeben. Vielleicht wäre es wirklich so gekommen. Dass der Fall nicht eintrat, das danke ich Franz Lehrndorfer.

Im Sommer 1974 machte unsere Familie Urlaub in der Nähe der Wies-Kirche. Eines Abends spielte ich nach der Komplet in der Kirche ein paar Stücke – wenn ich mich recht erinnere, Clérambault und Mozart. Ich wusste nicht, dass Franz Lehrndorfer, der in der Nähe einen musikalischen Ferienkurs abhielt, unter den Hörern war. Mein Erstaunen und meine Freude waren groß, als er mich nach dem Spiel in der Kirche begrüßte. Wir verstanden uns rasch. Ich kannte den Organisten und Professor ja seit vielen Jahren – freilich nur aus Gottesdiensten und Konzerten im Münchner Liebfrauendom und aus Schallplatten, nicht persönlich. Ich erzählte ihm von meiner Freiburger Organisten-Vergangenheit. Er meinte, ich solle doch wieder einmal in der Öffentlichkeit spielen. Um den Anfang zu machen, lud er mich zu einem Konzert im Dom in München im folgenden Jahr ein. Ich bekam richtig Herzklopfen.

Das Konzert fand am 28. August 1975 statt – mit Werken von Clérambault, Sweelinck, Bach, Guilmant und Reger. Lehrndorfer erklärte mir die Dom-Orgel und beriet mich bei der Registrierung. Ich war stolz, dass er mein Pedalspiel und meine Artikulation passabel fand. Das Konzert wurde von der Presse – die doch sonst Prominenten gern am Zeug flickt, und ich war damals Kultusminister! – freundlich aufgenommen. Die Süddeutsche Zeitung schrieb am 30. August: «Sollte ein Lokalpatriot ausnahmsweise auf kulturellem Gebiet argu-

Orgelkonzert auf Einladung von Prof. Franz Lehrndorfer in der Münchner Frauenkirche am 28. August 1975. Meine Tochter Agnes Katharina assistiert.

Gespräch mit Prof. Edgar Krapp im Anschluß an das Konzert. Links meine Schwester Helen, rechts meine Tochter Barbara.

mentieren – dem Mann kann geholfen werden. Denn wo hat ein respektheischender Organist das Zeug zum Minister?»

In den folgenden Jahren habe ich, ermuntert durch den Münchner Auftakt, zahlreiche Konzerte gegeben, vor allem in Deutschland, von Freiburg bis Speyer, Bamberg und Nürnberg, von Görlitz, Erfurt, Dresden bis Wuppertal. Einige Male spielte ich auch im Ausland, so in Istanbul, in Ankara, in Jerusalem, in St. Petersburg. Mein Repertoire wuchs im Lauf der Zeit. Was die ältere Musik anging, so konnte ich alles spielen, von den alten Niederländern und Italienern bis zu Bach und Händel, Mozart und Mendelssohn. Liszt und Reger dagegen und die modernen Franzosen beherrsche ich nur in Auswahl. (Dafür Hindemith und Gaston Litaize wieder vollständig.) Von Olivier Messiaen habe ich mir nur die «Ascension» zu eigen gemacht, ein frühes Werk – ich spielte sie manchmal bei Hochzeiten, unter anderem bei meinem Freund und Kollegen Manfred Hättich in Freiburg. Für andere Stücke des großen Meisters hätte ich unendlich mehr Übzeit gebraucht, als ich sie zur Verfügung hatte – und natürlich auch professionelle Virtuosität, über die ich als Laienorganist nicht verfügte.

Viele bedeutende Organisten lernte ich im Lauf der Jahre kennen. Werner Jacob lud mich nach Nürnberg ein, Wilhelm Kümpel nach Erfurt, Ludwig Doerr (und später Klemens Schnorr) nach Freiburg. Viele gute Ratschläge danke ich neben Franz Lehrndorfer vor allem Edgar Krapp, Hedwig Bilgram und Anton Nowakowski. Auch Orgelfirmen besuchte ich und kam mit Orgelbauern ins Gespräch: mit Hans Gerd Klais in Bonn, mit Johannes Führer in München, mit Ingeborg Eule in Bautzen. Für Frau Eule habe ich die größte Bewunderung: Sie hatte die ererbte renommierte Firma als freiwillige Geschäftsführerin des VEB Eule souverän und entsagend durch die vierzig Jahre DDR gesteuert, ehe sie nach der Wende den Betrieb wieder in die eigene Verantwortung übernahm.

Ein Höhepunkt war das «Europäische Musikjahr» 1985, das dem Gedenken an Bach, Händel und Scarlatti gewidmet war und das ich als Vorsitzender des Deutschen Nationalkomitees im Auftrag des Europarats in der Türkei eröffnen durfte: Mit dem Philharmonischen Orchester Ankara unter Hikmet Simsek spielte ich am 15. und 16. Februar zwei Händel-Orgelkonzerte und hielt einen Vortrag «Bach und Händel, ihre Kunst und Wirkung», den der Direktor der Musikhochschule Izmir, ein Hindemith-Schüler, ins Türkische übersetzte. Es war fast ein

Staatsakt. Im Publikum war die Witwe des Staatspräsidenten Inönü unter den Zuhörern. (Paul Hindemith hatte in den dreißiger Jahren die Türkei musikalisch beraten und einen regen Austausch mit deutschen und österreichischen Musikern eingeleitet.)

Von meinen Schallplatten und CDs, die ich an süddeutschen Orgeln aufnahm (Ottobeuren, Irsee, Fürstenfeldbruck) gelangten einige auch nach Moskau. Dort übernahm sie Elena Golentchik, Leiterin von Radio Moskau Musik, in das Programm des Senders (der heute leider nicht mehr existiert) und sprach bei dieser Gelegenheit einführende Worte über Orgeln und Orgelmusik – für Russland, das Orgeln nur in Konzerthallen kannte (die Orthodoxie duldet keine Orgeln!), eine Neuheit. Ich kannte die Dame, eine Musikwissenschaftlerin und Tschaikowski-Spezialistin, vom Kissinger Sommer. – Einige Jahre später, 1998, konnte ich in Moskau mit drei anderen Münchner Organisten eine in Frankreich «aufgelassene», in München restaurierte und nach Russland transferierte Orgel einweihen. Der Pfarrherr, Père Bernard Le Léannec, hatte in München studiert, und als er nach der Wende eine neue Orgel brauchte, wandte er sich an die Ludwigskirche in München; dort brachte eine tatkräftige Ärztin, Dr. Josephine Prager, die Aktion «Eine Orgel für Moskau» in Gang – ein Geschenk der Ludwigskirche in München an die Ludwigskirche in Moskau, die in der Nähe der berüchtigten Lubljanka liegt.

Um in Russland zu bleiben: ganz in unserer Nähe, im «Russenhaus» am Perlacher Forst in München, wohnte Elena Glasunow, die Tochter des Komponisten Alexander Glasunow, von Beruf Pianistin, Ehefrau des Schriftstellers Herbert Günther. Wir waren der alten Dame in ihren letzten Lebensjahren eng verbunden. Oft kam sie zu uns – zu einem richtigen russischen Tee: «Trinken wir Teechen, vergessen wir Kümmerchen!» Elena beauftragte mich testamentarisch, den in München aufbewahrten Nachlass ihres Vaters der Stadt St. Petersburg, seiner Geburtsstadt, zu übergeben. Diesen Auftrag führte ich nach ihrem Tod aus. Am 29. Mai 2003 wurde im Scheremetjew-Palais in St. Petersburg eine Ständige Glasunow-Ausstellung eröffnet, die alles über den Komponisten enthielt, Noten, Entwürfe, Bilder, seinen Flügel, seinen Frack, seinen Dirigentenstab – das alles in der passenden Nachbarschaft des Saales, der Anna Achmatowa gewidmet war. Drei Jahre später spielte ich in einer wieder «arbeitenden», aber noch immer total verdunkelten Petersburger Kirche – sie war lange ein Kino gewesen – Glasunows

«Prélude et Fugue» d-moll op. 98, das Marcel Dupré postum aus dem Pariser Nachlass des Komponisten herausgegeben hatte.

Wieviele der großen Musiker, die ich kannte, sind nun schon lange Jahre tot! Marcel Dupré, Olivier Messiaen und Paul Hindemith habe ich schon erwähnt. Alfred Schnittke, den ich in Bad Kissingen oft getroffen und gesprochen hatte, starb am 3. August 1998 in Hamburg. Obwohl er zu sagen pflegte: «In meinen Adern fließt kein Tropfen russisches Blut» – er war Wolgadeutscher und Jude –, wollte er doch in Russland begraben werden. In der Tat gehörte der Künstler, der souverän mit mehreren musikalischen Sprachen spielte, zur russischen Musik des 20. Jahrhunderts – der letzte moderne Klassiker dieses Landes nach Schostakowitsch und Prokofjew. Adelheid und ich stießen, als wir Ende August in Moskau waren, bei einem Spaziergang im Neujungfrauen-Friedhof auf sein Grab. Die Kränze waren noch frisch – und auf dem Foto am Grab war sein schmales Gesicht zu sehen, umgeben von seinen langen Locken, die wie eine Krone wirkten.

Auf der anderen atlantischen Seite der Welt begegnete ich Herman Berlinski, dem vielleicht bedeutendsten Erneuerer synagogaler Musik – mit Einschluss der Orgel – im 20. Jahrhundert, dem Schöpfer eindrucksvoller Orgelwerke wie «The Burning Bush» (1957). Ich hatte ihn in den neunziger Jahren in Washington kennengelernt, war mit ihm auf die Orgeln im «National Shrine» und im Tempel Emanu-El gestiegen, sah ihm beim mühsamen Einüben seiner expressionistischen Chormusik in einer reformierten jüdischen Gemeinde zu – einer Gemeinde, die solche Musik nicht nur tolerierte, sondern anerkannte und schätzte. Leider ist das umfangreiche musikalische Werk Berlinskis in Deutschland bis heute fast unbekannt. Konzerte in der Bundesrepublik fanden nur wenige Zuhörer. Wenigstens gelang es dem verdienten Initiator der Zeitschrift «Orgel International» in Freiburg, dem jungen Musikwissenschaftler Markus Zimmermann, Anfang 1999 in einer Synagogen-Nummer den Komponisten Berlinski zu würdigen und selbst zu Wort kommen zu lassen.

Berlinski starb am 27. September 2001 in Washington. Im Jahr zuvor konnten meine Frau und ich noch ein Gespräch mit ihm im Haus von Patricia Simon in Grünwald führen. Berlinski war ein faszinierender Erzähler. Er berichtete, wie seine Eltern 1905 aus dem damals russischen Lodz nach Leipzig geflohen waren, um der Judenverfolgung zu entgehen; wie er selbst nach Studien in Leipzig 1933 nach Paris emig-

rierte, um der neuen Verfolgung durch die Nazis zu entrinnen; wie er
bei Nadia Boulanger und Alfred Cortot studierte und später Marcel
Dupré und Charles-Marie Widor kennenlernte; wie er, nach einem
Zwischenspiel bei der Fremdenlegion, 1941 glücklich in die USA ent-
kam; wie dann der Übertritt von der orthodoxen zur reformierten
Gemeinde ihm den bisher verschlossenen Zugang zu seinem geliebten
Instrument, der Orgel, eröffnete – und wie er als freischaffender Komponist versuchte, in seinem Werk das jüdische Erbe mit der musikalischen Moderne zu verbinden.

Es gelang ihm schließlich – doch seine Kunst blieb außerhalb der
jüdischen Liturgie. Gewiss, es war große «Geistliche Musik», Musik,
die sich unmittelbar auf die künstlerische Überlieferung des Abendlandes, vor allem auf Johann Sebastian Bach, aber auch auf seinen Freund
Olivier Messiaen berufen konnte. Doch in München, in Frankfurt, in
Berlin fand der jüdische Künstler nach dem Krieg für seine Musik nirgends eine synagogale Heimstätte. Die Orgeln, sogar die neugebauten,
blieben in den Synagogen stumm, wurden nicht gespielt. So boten sich
dem Komponisten Berlinski, von dem man gesagt hat, er habe in der
Musik die «Schönheit des Heiligen» neuentdeckt, für seine Konzerte
nur die katholischen Kirchen an, gewissermaßen als «Außenstellen» –
so St. Ursula und St. Bonifaz in München. Ein wenig resigniert schrieb
er mir zu Weihnachten 2000 – es war der letzte Brief, den ich von ihm
erhielt – : «Weder die Kirche, und noch viel weniger die Synagoge, haben sich gegenüber der die Liturgie überwältigenden geistlichen Musik
als allzu gastfreundlich erwiesen. Das war wahrscheinlich auch ein
Grund, weshalb Bachs große geistliche Werke so lange auf ihre Wieder-
auferstehung warten mussten.»

Auch Orgeln können sterben. Im September 2000 fand in der kroati-
schen Barockstadt Varazdin – die damals noch die Spuren des jüngsten
Krieges trug – ein Europäischer Kongress statt. Er war von Christoph
Bossert, Harald Vogel, Markus Zimmermann und anderen vorbereitet
worden. Das Ziel war es, eine Stiftung «Die Orgel als europäisches Kul-
turgut» zu gründen. Es ging speziell um die Rettung oder den Wiederaufbau bedrohter, halb oder ganz zerstörter Orgeln in Osteuropa. Organisten, Orgelfreunde, Orgelbauer trafen sich dazu mit Persönlichkeiten
aus Kirche und Politik. Wir machten den Meisterorganisten Fernando
Tagliavini zu unserem Ehrenpräsidenten. Er war ein begeisterter Verfechter der gemeinsamen Sache – und ganz nebenher entdeckte er in

Dalmatien, an der Küste, viele venezianische Orgeln, was ihn, den gebürtigen Venezianer, entzückte.

Mittel-, Ost- und Südosteuropa bilden eine große Orgellandschaft. Doch diese Landschaft zeigte sich nach 1989 in einem Zustand des Verfalls. Zwar hatte hier kein Bau- und Veränderungsboom den Schatz historischer Orgeln angetastet oder zerstört (wie oft im Westen); vor allem in kleinen Orten erwies sich die Armut oft als guter Denkmalpfleger. Aber da die alten Werke kaum betreut (und oft nicht mehr gespielt) werden, waren viele von ihnen verfallen. Allein in Tschechien rechnete man mit 2000 Denkmalorgeln – die meisten davon in einem bedenklichen Zustand.

Der Kongress übernahm einstimmig den von mir formulierten Schlussappell, der dazu aufrief, eine europaweite Orgeldokumentation in Gang zu bringen (das ist inzwischen begonnen) und die Orgeln in Mittel- und Osteuropa nicht nur zu erhalten, sondern sie zu revitalisieren, sie spielbar zu machen und sie ihren liturgischen und künstlerischen Bestimmungen zurückzugeben (das lässt noch auf sich warten). «Denn sie sind ein unentbehrlicher Bestandteil des europäischen kulturellen Erbes. Sie dürfen nicht verfallen. Europa hat nur dann eine Zukunft, wenn in ihm nicht nur das Nützliche Bestand hat, sondern auch das Schöne.»

Zum Schluss: Was ist eine Orgel? Eigentlich nichts anderes als eine grandiose Summe von Blasinstrumenten, verstetigt durch mechanische Windzufuhr – und damit gleichsam dem Menschenmund, dem Auf und Ab menschlicher Affekte entzogen. Sie ist das Gegenstück zu den Saiteninstrumenten (und Menschenstimmen) mit ihrer schwellenden Dynamik – das Gegenstück auch zum modernen Orchester, diesem noblen Ausdruck menschlicher Gefühle und Leidenschaften. Im Gegensatz zu den Streichinstrumenten ist die Orgel ganz auf Gleichmaß und ruhiges Ausbreiten der Klangformen gestellt, wirklich «tönend bewegte Form» (Eduard Hanslick) – ein Stück älterer Musikübung im modernen Instrumentenkosmos.

Das hindert nicht, dass bei aller Starre der Töne, bei aller terrassenhaften Form und Festigkeit der Klangstruktur die Orgel in ihren Registern fast unendliche Nuancen von Klängen und Klangkombinationen bereithält: vom leisen Summen schwacher Bässe bis zum Schnarren tiefer Zungenstimmen, vom entmaterialisierten Klang der Flötenchöre bis zum Klirren und Strahlen der Mixturen, von satten Prinzipalen bis zu dumpfen Gedackten und weitbecherigen Vierfüßen – aber ich komme ins Schwärmen!

Auch ein technisches Wunderwerk ist die Orgel. Daher steckt in jedem richtigen Organisten auch ein Handwerker, ein halber oder ganzer Orgelbauer. Wie viele Nachmittage habe ich in meiner Jugend nicht nur auf Orgeln, sondern in Orgelwerken verbracht – beim Studium des Blasebalgs, der Windkanäle und Windladen, beim Stimmen ganzer Heerscharen von Pfeifen, von den überlebensgroßen Bass-Säulen bis zu den zigarettenkleinen Winzlingen mit frechem spitzem Pfiff. Die Technik drängte sich damals noch nicht so vor wie heute, Setzerkombinationen, gar amerikanische, waren eine vielbestaunte Seltenheit. Heute haben computergesteuerte Registraturen das Feld der Klänge und die Möglichkeiten des Wechsels fast ins Uferlose ausgeweitet – nicht immer mit musikalischem Gewinn. Ich jedenfalls gebe dem Handfesten, dem Sichtbaren und Tastbaren am Spieltisch den Vorzug: Nichts geht mir über die alten kräftigen Registerzüge, oft in Elfenbein oder Ebenholz, auf holländischen oder elsässischen Orgeln; und nichts rührt mich mehr als das bescheidene Pedal der herrlichen Heilig-Geist-Orgel in Ottobeuren, dessen kleine unverbundene Stümpfe vom Organisten die Trittsicherheit einer Bergziege verlangen.

Keine Orgel ist wie die andere. Das gilt schon für die äußere Erscheinung. Oft ist ein alter Prospekt mit seinem Licht- und Formenspiel, seiner kühnen, wuchtigen oder zierlichen Architektur nicht nur ein Fest für die Augen – er gibt auch Aufschluss über Liturgie und gottesdienstliche Praxis, über die Ikonographie, über Kirchen- und Volksgeschichte. Erst recht gilt das für den inneren Aufbau. Schon die Zahl der Register, der technischen Hilfsmittel ist Legion, oft mit schönen kuriosen Namen. Zu meiner vergnüglichsten Lektüre gehört das von Wilfried Prael und anderen herausgegebene «Orgelwoordenboek» in 11 Sprachen (Zwijndrecht 1989). Welche köstlichen Dinge findet man hier: vom holländischen «Orgelkas» (Gehäuse) bis zur französischen «Tuyoterie» (Pfeifenwerk), vom deutschen «Wellenärmchen» bis zum schwedischen «stötfangarbälg» (Stoßbalg), vom englischen «speaker» (meint eine klingende Pfeife) bis zum dänischen «tarmhaengsel» (Scharnier). Orgelsprache ist ein wahres Jägerlatein – unverständlich für Außenseiter, aber herrlich ausdrucksfähig und vieldeutig für die Eingeweihten.

So hoffe ich noch einige schöne Orgeln in meinem Leben kennenzulernen. Jede Orgel ist eine Neuentdeckung. Ich mustere den Prospekt,
setze mich auf die Orgelbank, ziehe die Register und spiele wie seit vielen Jahren – «zur Ehre Gottes und lässiger Ergötzung des Gemüths»
(Johann Sebastian Bach).

34. Im Alter

«Ein ganz klein wenig Geschichte und viel, viel Himmel»

Wie fühlt man sich im Alter? Was tut und treibt man den lieben langen
Tag? Eigentlich geht alles noch ganz gut, sage ich – vielen Dank für die
Nachfrage! Hände und Füße tun ihren Dienst, der Leib, der «Bruder
Esel» (Franz von Assisi), ist in ordentlichem Zustand, der Kopf ist auf-
geräumt und arbeitet zufriedenstellend, trotz einiger altersüblicher Ge-
dächtnisausfälle.

Gewiss, wenn man älter wird, muss man schon einmal öfter zu den
Kunststopfern und Änderungsschneidern – will sagen: zu den Ärzten.
Aber das ist glücklicherweise noch kein Dauerzustand, es kommt und
geht. Wie ich mich fühle tagaus, tagein? Auf entsprechende Fragen
gebe ich immer die gleiche Antwort: «Unverdient gut!»

Auch die Gegend, in der wir wohnen, Adelheid und ich (die Kinder
sind längst aus dem Haus), ist schön: nicht viel Verkehr, viel Grün, genug Sonne und Wind. Manchmal schüttelt sich die Rotbuche auf der
anderen Straßenseite im Regen. Menschen begegnen sich an der Kreuzung, grüßen einander und plaudern. Kinder warten frühmorgens auf
den Schulbus. Wildenten, die von der Isar heraufkommen, setzen auf
den Nachbardächern zur Landung an. Prächtig sind die Sonnenauf-
gänge und –untergänge. Früher beachteten wir sie gar nicht. Aber im
Alter wird man aufmerksamer auf die ungewohnten Farbenspiele am
Himmel. Sehnsüchtig klammert man sich an einen Streifen Gelb und
Rot, als läge das ganze Leben darin, das uns noch bleibt.

Natürlich gehen wir auch spazieren, flussaufwärts, gegen Geiselgas-
teig und Grünwald zu, vorbei an spielenden Kindern, immer wieder
überholt von Joggern, Radlern, Hunden. Vorsichtshalber habe ich das
Handy dabei, das bei Anrufen wie ein Maikäfer in meiner Hosentasche

Die Kinder werden groß. Sie singen beim 60. Geburtstag des Vaters (1991).
Rechts die Enkelinnen Laura und Magdalena.

Ein alter Mann verbeugt sich und dankt (als Organist bei einem Konzert des
Windsbacher Knabenchors in der Frauenkirche in Günzburg).

summt. Wir hören die Vögel. Buntspechte hämmern und trommeln ihren Percussionston, umherstreifende Eichelhäher kreischen im Chor, Amseln klingen wie Holzflöten, Spatzen tschilpen – ein Getöse in vielen Tonlagen, ein riesiges Cluster, das die Stille erfüllt.

Im Rückblick scheinen sich die Lebensalter zu vermischen. Beim Wandern entlang dem Bahngleis im Perlacher Forst sehe ich die Löwenzahnfelder am Weg – und denke an die Zeit als Kind, als ich für unsern kleinen Stallhasen im vierten Stock der Oberau 79 in Freiburg auf den Wiesen ringsherum das Futter suchte. Oder ich höre das dünne Gebimmel einer Kirche von der anderen Seite des Flusses – und erinnere mich an das dezimierte Geläut im Krieg, als die meisten Glocken eingeschmolzen waren.

Große Reisen sind im Alter nicht mehr angesagt. Wir wollen die Zahl der Turbo-Rentner nicht vermehren, sie ist ohnehin groß genug. Aber Adelheid und ich, wir erinnern uns gern an vergangene Reisen. Immer wieder schauen wir die Bilder ferner Städte und Länder an, die wir einmal besucht haben. Meine Frau als Naturmensch hat alles im Kopf, im Gedächtnis. Sie hat einen angeborenen Richtungssinn. Ich brauche einen Atlas. Alte Gewohnheit: Ich fahre mit dem Finger auf der Landkarte die Reisewege entlang. Ich reise auf Speziallandkarten kilometerweit durch Regionen, Länder, Kontinente – selbst im Zug, auf dem Sofa, im Bett mit der Leselampe.

Nach Freiburg, wo ich geboren bin, komme ich noch ziemlich oft. Meine Schwester lebt dort in hohem Alter. Die Gegend, wo ich aufwuchs, hat nicht mehr ihr altes Gesicht, man erkennt sie kaum wieder. Wo früher Bäckereien, Metzgereien, Schreibwaren- und Zigarrenläden waren, da findet man heute Fitness- und Tanzstudios, Reisebüros und Fahrschulen. Bistros haben die alten Wirtschaften verdrängt. Alles ist beweglich, luftig, volatil geworden. Und selbst wenn irgendwo noch Betten, Daunen, Kissen verkauft werden, leibhaftige Symbole der Ruhe und Sesshaftigkeit, da müssen es «Wasserbetten zu Hammerpreisen» und «die leichtesten Daunen der Welt» sein.

Seltsam, dass wir bei unseren Reisen immer wieder der Vergangenheit begegnen. Zum Beispiel in Bandiagara im westafrikanischen Mali, wo unsere Älteste und ihr Mann einige Jahre Entwicklungsarbeit leisteten. Das Lehmhaus, in dem sie wohnten, war, was Bau und Komfort angeht, nicht weit entfernt von den bescheidenen Bauernhäusern am Oberrhein in meiner Jugend. Und im geräumigen Hof, wo die Tische und Stühle oft eingehüllt wurden vom gelben Sand, fühlte ich mich an die Höfe und Gärten jener Zeit erinnert: Alle Tiere waren da – in Bandiagara auch Affen und Geckos –, alle Kinder lärmten und tanzten durcheinander auf bloßen Füßen; und ringsum fuhr keine Eisenbahn, kein Auto, nicht einmal ein Fahrrad.

Oder ich erinnere mich an Tante Josephine in Denver, die in einem kleinen Blockhaus am Fuß der Rocky Mountains wohnte. Als ich sie Ende der neunziger Jahre besuchte, fegte ein Schneeteppich durch die Luft. Der Himmel war weiß. Die Temperatur war jäh gesunken. Und plötzlich erinnerte die Landschaft rings um das Blockhaus an den Schwarzwald im Winter, wie ich ihn in meiner Kindheit erlebte – den Schwarzwald, aus dem vor langer, langer Zeit der Schäfer Albert mit seiner Herde nach Hausen an der Möhlin gekommen war, wo er das junge «Schössele» kennenlernte und sich in sie verliebte. Später – sie war in der Inflationszeit nach Amerika gegangen – fuhr er ihr nach, suchte sie wochenlang im Mittleren Westen, fand sie schließlich, worauf die beiden heirateten und ein glückliches Paar wurden. Das sind die Geschichten, die man sich in der Alten wie in der Neuen Welt am Kaminfeuer erzählt. Längst ist auch Josephine, die letzte meiner Tanten vom Oberrhein, gestorben. Aber ihre vier Kinder und ihre acht Enkel leben noch – und einmal trafen wir uns in einem dunklen, nur durch Punktleuchten erhellten Wirtshaus in den Rocky Mountains – ein interkontinentales Familientreffen.

Oder ich stehe 1974, als ich meine Schwester Gretel in Japan besuche, in Kyoto in einem Seidenladen, inmitten einer Fülle kostbarer, mit erlesenen Ornamenten geschmückter Tücher, Hemden, Krawatten – und erinnere mich plötzlich wieder an die Fächer, die bestickten Schläger, die Kimonos, welche die große Schwester ihrem kleinen Bruder noch zu Anfang des Krieges nach Freiburg geschickt hatte, ehe der Kontakt – nach Pearl Harbor – abriß. Ich besuche japanische Gärten mit ihrer strengen Architektur und ihren winzigen Abmessungen, ich taste mich durch die Wasserwege, Stege, Steine, Gartenlampen – und denke zwei Jahre zurück, als ich in München, im Englischen Garten, namens der Bayerischen Staatsregierung das Teehaus KanShoAn entgegennehmen durfte, das der Großmeister der Urasenke-Teeschule aus Kyoto gestiftet hatte und wo seither die japanische Teezeremonie unterrichtet und vorgeführt wird – ein Geschenk Japans an die Olympiastadt München 1972.

Zu den Reisen, die Adelheid und ich unternahmen, gehörte auch eine Wüstenwanderung von Jersualem nach Jericho Ende der achtziger Jahre. Das Wadi-el-Quelt ist ein uralter Wüstenweg, ein tief einge-schnittener Canyon, in dessen steilen, oft überhängenden Wänden sich Höhlen und Schlupfwinkel verbergen. Hier spielt die biblische Ge-schichte vom Mann, der auf dem Weg nach Jerusalem unter die Räuber fiel und den ein Fremder aus Samaria rettete. Adelheid und ich, wir wanderten viele Stunden, aufgeräumt und fröhlich, obwohl wir nur wenig sprachen; denn man muss im Wadi auf Steine und Geröll schauen, damit man sich nicht die Knöchel bricht – und die grandiose Einsamkeit der Wüste läßt Gespräche ganz von selbst verstummen. Was soll man lange erzählen von den täglichen kleinen Querelen zu-hause im Angesicht der aschenfarbigen Berge ohne Leben? Was soll der häusliche Kleinkram, wenn man «im Tal des Todesschattens» wandert und jäh an einer engen Stelle das Licht vergehen sieht? «Es steht schlimm um ein Leben, wenn es die Wüste nicht besteht oder sie mei-det ... Es steht schlimm um eine Welt, wenn in ihr kein Platz mehr ist für die Wüste und den leeren Raum» (Alfred Delp).

Alles ist eitel – das erfährt man im Alter. Man muss lernen loszulas-sen, sagt meine Frau zu Recht. Wie klug war das Mittelalter mit seiner «Ars moriendi», seiner «Kunst des Sterbens». Wie sinnig und wohlbe-gründet fordern barocke Litaneien zum Gebet «um die Gnade eines guten Todes» auf. Kinder haben oft einen scharfen Blick. In den achtzi-ger Jahren sagte eine Tochter einmal: «Es ist ganz einfach: Der Papa möchte in die Geschichte eingehen – die Mama in den Himmel!» Da ist ein bisschen was Richtiges dran. Zwar bin ich nur eine winzige Fuß-note in der Geschichte Bayerns, Deutschlands und seiner Kultur – aber gerade diese paar Zeilen sind mir wichtig, ich leugne es nicht. Und immer wieder ertappe ich mich bei demselben Gedanken: Könnte man nicht vielleicht doch beides verbinden – ein ganz klein wenig Ge-schichte und am Ende viel viel Himmel?

Es ist eine seltsame Zeit, das Alter. Alles ist paradox. Man hat ge-lernt, man hat Erfahrung gewonnen, man ist im Besitz vieler Mittel – aber man muss den Besitz bald aus der Hand geben. Man hat mehr Zeit, aber die Zeit läuft ab. Der Stil wird klarer, aber die Hand zittert. Kein Zweifel: Die Zeit nach dem Beruf, nach der Öffentlichkeit, ist die schönste Zeit im Leben. Schade, dass sie auch die letzte ist.

Ich schließe mit einer Gedichtzeile von Marie Noël: «O mein Gott, der du mich hältst, halte mich gut! Hilf mir beim Hinabsteigen!»

Nachwort

Dieses Buch enthält Erinnerungen. Es ist ein selbstentworfenes Abbild meines Lebens, kein systematisches Werk der Zeitgeschichte – obwohl natürlich die chronologische Abfolge des Erlebten überprüft ist und einige Aktenstücke und Zitate hier zum ersten Mal veröffentlicht werden.

Es ist kein «Blick zurück im Zorn». Meinem mittlerweile langen Leben, den bösen und den guten Jahren, die ich erlebt habe, stehe ich ganz gelassen gegenüber. Ich möchte keine Zeit, keine Erfahrung missen. Ich bin dankbar für alles. Überhaupt lobe ich lieber, als dass ich tadle (auch in diesem Buch). «Abrechnungen», zumal im Alter, sollte man vermeiden.

Während ich meine Erinnerungen niederschrieb, las ich Johannes Frieds kluges Buch «Der Schleier der Erinnerung» (2004), in dem die Grundzüge einer «historischen Memorik» entwickelt werden. Fried hat recht: Das Gedächtnis kann trügen. Die Erinnerung kann sich täuschen. Oft verschleiert sie, was gewesen ist. Aber gilt nicht auch das Gegenteil? Kann Erinnerung nicht auch aufdeckend, entschleiernd wirken? Mir ist, als ich schrieb und an vergangene Ereignisse und Begegnungen zurückdachte, vieles plötzlich klargeworden, was mir seinerzeit, als ich es erlebte, keineswegs in seiner Bedeutung aufgegangen war. Manchmal braucht es eben einen gehörigen Abstand, damit Dinge sich enthüllen und offenbaren. Oft genug sorgt die Erinnerung für ein unerwartetes nachträgliches Aha-Erlebnis.

Im Gedächtnis reichert sich das Vergangene an und verändert sich. Ich habe nicht versucht, in jedem Fall den «Urtext» des Erlebten unter den späteren Anreicherungen hervorzuholen – ohnehin wird ein solcher Versuch nie ganz gelingen. Ich wechsle beim Erzählen immer wieder die Perspektiven zwischen einst und jetzt, pendle beweglich zwischen dem Geschehenen und den späteren Erinnerungs-Reflexen – wohl wissend, dass beides nicht identisch ist, aber unlösbar miteinander zusammenhängt.

In meinem Lebenslauf überschneiden sich mehrere Linien: Wissenschaft und Politik, Religion, Musik und Pädagogik. Dazu kommen viele Begegnungen mit Gelehrten, Politikern, Kirchenleuten, Künstlern, mit Studenten, Kindern, Lehrern, Eltern. Ob diese Perspektivik (die alles andere ist als ein beliebiges Vielerlei) meine Erinnerungen auch für heutige Leser interessant machen kann? Ich hoffe es jedenfalls. Wir leben ja in einer Zeit, in der man täglich unendlich viele Informationen bekommt, in der aber oft schattenhaft und unklar bleibt, was sie für das eigene Lebens-Ganze bedeuten – für ein Leben, zu dem unabweislich Religion und Politik, Wissenschaft und Kunst gehören. Wie will man aber in der heutigen Zeit Wissenschaft und Politik betreiben ohne einen unbefangenen Blick rundum, ohne die tägliche Einfühlung in das Denken anderer Menschen, ohne eine angemessene historische und soziale Perspektive?

Am Schluss habe ich vielen Menschen Dank zu sagen, die mich beim Schreiben begleitet und unterstützt haben: voran meiner Frau und meinen Kindern, denen dieses Buch gewidmet ist, sodann meiner Schwester Helen Maier und meinen Vettern Bernhard Maier und Georg Bohrer und einer ganzen Reihe von Kollegen, Schülern und Freunden – sie alle aufzuzählen, würde zu weit führen. Ich danke mehreren Archiven, Bibliotheken, Rundfunkanstalten, Zeitschriften und Zeitungen für bereitwillig erteilte Auskünfte und Erläuterungen. Dem Verlag C.H.Beck und seinen Mitarbeiterinnen und Mitarbeitern, insbesondere Herrn Detlef Felken, danke ich für die reibungslose, immer anregende Zusammenarbeit. Einen Dank verdient hat auch mein Computer, der unter der Last der vielen Namen und Fakten nicht zusammenbrach, sondern still und ohne Murren seinen Dienst verrichtete.

Herrn Markus Zimmermann (Freiburg) bin ich sehr verbunden für die Durchsicht des Textes, für launig-treffende Anmerkungen und für die Anregung, jeweils einen Satz aus einem Kapitel an den Anfang zu setzen (die meisten Motto-Vorschläge in diesem Buch stammen von ihm).

Nicht vergessen seien die, die mich zu dieser Autobiographie ermuntert haben: vor allem Wolfgang Beck, Rudolf Morsey, Heinrich Oberreuter und Markus Zimmermann. Ihnen sei beim Abschluss dieser Arbeit besonders herzlich gedankt. Der Autor, unverbesserlicher Optimist, wünscht sich, dass der Text ihren Erwartungen standhalten möge.

München, an Neujahr 2011   Hans Maier

Bildnachweis

amw Pressedienst, München: S. *379 (unten)*
Bischöfliches Ordinariat, Mainz: S. *361 (unten – Fotografin: Barbara Nichtweiß)*
Bundesarchiv, Koblenz (B 145 Bild-F044597-0008 – *Fotograf: Lothar Schaack*)):
S. *283 (oben)*
dpa Picture-Alliance, Frankfurt: S. *237 (oben – Fotograf: Istvan Bajzat), 295 (unten –
Fotograf: Martin Athenstädt), 391 (unten – Fotograf: Frank Leonhardt))*
Katholische Akademie in Bayern, München: S. *317 (unten – Fotograf: Gerd Pfeiffer)*

Aus dem Privatarchiv des Autors stammen folgende Abbildungen: S. *13 (beide), 18
(beide), 23 (unten), 27 (beide), 34 (beide), 59 (beide), 74 (oben), 81 (beide), 110
(beide), 129 (beide), 142 (beide), S. 181 (beide), 193 (beide), 213 (beide), 221 (beide),
237 (unten), 257 (beide), 273 (beide), 283 (unten), 288 (beide), 293 (beide), 295
(oben), 307 (beide), 317 (oben), 335 (beide), 339 (beide), 343 (beide), 361 (oben),
379 (oben), 381 (beide), 383 (beide), 391 (oben), 393 (beide), 401 (beide)*

Die übrigen Abbildungen wurden folgenden Büchern entnommen:
Ulrike Rödling, Munzingen. Ein Dorf im Wandel der Zeit, Freiburg 1991: S. *23 (oben)*
Clemens Rehm (Hg.): Franz Schnabel – eine andere Geschichte. Historiker, Demokrat,
Pädagoge, Freiburg im Breisgau 2002: S. *74 (unten)*

Verlag und Autor danken den Bildgebern für die Erlaubnis zum Abdruck der Abbildungen in diesem Band. Leider war es nicht in allen Fällen möglich, die Inhaber der
Rechte zu ermitteln. Es wird deshalb gegebenenfalls um Nachricht gebeten.

Personenregister

Aus dem Verlagsprogramm

Hans Maier
Gesammelte Schriften

„Hans Maiers Werke in fünf Bänden …
sind eine Fundgrube des Wissens, vergleichbar mit
einem Nachschlagewerk. Die Vornehmheit der Sprache,
die unumstößlichen Standpunkte seines Urteils –
all dies zeigt den wägenden
Chronisten des Kulturgeschehens."

Alois Rummel, Rheinischer Merkur

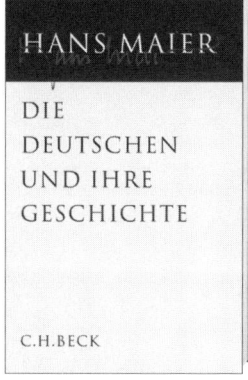

Band 1:
Revolution und Kirche

Zur Frühgeschichte der
christlichen Demokratie.
Mit einem Nachwort von
Bronislaw Geremek.
359 Seiten. Leinen.
ISBN 978-3-406-55016-4

Band 2:
Politische Religionen

Mit einem Nachwort von
Michael Burleigh.
331 Seiten. Leinen.
ISBN 978-3-406-56216-7

Band 3:
**Kultur und politische
Welt**

Mit einem Nachwort von
Harald Weinrich.
472 Seiten. Leinen.
ISBN 978-3-406-57156-5

Band 4:
**Die ältere deutsche
Staats- und
Verwaltungslehre**

Mit einem Nachwort von
Michael Stolleis.
488 Seiten. Leinen.
ISBN 978-3-406-57157-2

Band 5:
**Die Deutschen und ihre
Geschichte**

Mit einem Nachwort von
Hans-Peter Schwarz.
388 Seiten. Leinen.
ISBN 978-3-406-57158-9

C.H.BECK
www.chbeck.de